统计学

Statistics

向书坚　张学毅　主编

北京大学出版社
PEKING UNIVERSITY PRESS

图书在版编目(CIP)数据

统计学/向书坚等主编. —北京:北京大学出版社,2007.12
(21 世纪经济与管理精编教材·公共基础课系列)
ISBN 978-7-301-12892-3

Ⅰ. 统… Ⅱ. 向… Ⅲ. 统计学-高等学校-教材 Ⅳ. C8

中国版本图书馆 CIP 数据核字(2007)第 170029 号

书　　　名：统计学
著作责任者：向书坚　张学毅　主编
责 任 编 辑：贾米娜
标 准 书 号：ISBN 978-7-301-12892-3/O·0736
出 版 发 行：北京大学出版社
地　　　址：北京市海淀区成府路 205 号　100871
网　　　址：http://www.pup.cn　电子邮箱：em@pup.pku.edu.cn
电　　　话：邮购部 62752015　发行部 62750672　编辑部 62752926
　　　　　　出版部 62754962
印　刷　者：北京飞达印刷有限责任公司
经　销　者：新华书店
　　　　　　730 毫米×980 毫米　16 开本　26 印张　490 千字
　　　　　　2007 年 12 月第 1 版　2011 年 9 月第 4 次印刷
印　　　数：13001—16000 册
定　　　价：34.00 元

未经许可,不得以任何方式复制或抄袭本书之部分或全部内容。
版权所有,侵权必究
举报电话：010-62752024　电子邮箱：fd@pup.pku.edu.cn

作者简介

向书坚,中南财经政法大学信息学院院长,教授,博士生导师。1999年入选财政部"跨世纪学科带头人",2002年荣获国家统计局"优秀统计教师"奖,2004年被授予"湖北省有突出贡献的中青年专家"称号,2007年入选"教育部新世纪优秀人才支持计划"。兼任中国统计学会常务理事、第五届全国统计教材编审委员会委员、湖北省统计学会副会长、武汉市统计学会副会长。在《统计研究》、《管理世界》等重要学术期刊上发表论文40余篇,主持完成省部级科研课题3项,主持国家社科基金课题1项,荣获省部级优秀科研成果奖6项。

张学毅,中南财经政法大学信息学院副教授,经济学博士,中南财经政法大学优秀主讲教师。主要研究方向:金融统计的理论与方法、宏观经济统计分析。主持省部级科研课题2项,发表论文20余篇。

内 容 简 介

本书是经济类、管理类本科各专业核心课程的教材。本书从我国高等财经院校各专业统计学教学的实际情况出发,充分借鉴国内外教材的优点,本着"重基础、重应用"的原则,精选了教学内容,避免了烦琐的数学推导和证明,系统地介绍了统计学的基本思想、基本理论和基本方法。本书的每一章都由一个案例开始,引导相关内容的介绍,紧密结合 Excel 和 SPSS 的应用,充分反映了教育部制定的"统计学教学大纲"的目标和要求。内容主要包括导论、统计数据和收集、数据分布特征的描述、抽样分布、统计推断、非参数统计、方差分析与正交试验设计初步、相关与回归分析、时间数列分析与预测、统计指数、综合评价方法等。本书可供高等财经院校各专业使用,也适合自学使用。

前　言

作为认识社会现象和自然现象有力武器之一的统计学,是一门收集、整理和分析统计数据的方法论科学,其目的是探索数据内在的数量规律性,以达到对客观事物的科学认识。在当今信息社会和知识经济时代,不论是国家宏观经济运行与管理,还是公司企业微观经济运行与管理,不论是社会经济生产活动,还是人们的日常消费活动,都会产生巨大的数据流量。众所周知,数据中含有信息。但是,任何现实数据都难免受到随机因素的干扰。要从数据中提取有用的信息,找出数据中存在的数量关系和数量规律,必须借助于统计理论和方法消除与信息并存的随机干扰因素,从而将结论建立在统计证据的基础之上。目前,所有学科研究都已认可了统计证据的重要性。无论从事自然科学研究,还是人文社会科学研究,都需要统计学的知识和技术。统计学已成为各学科不可或缺的研究工具,统计知识已成为各类专业人员的必备知识。为了满足各方面的需要,我们特意编写了这本《统计学》。本教材总结了我们长期的教学经验,并参阅了国内外许多同类的优秀教材,它既可以作为高等学校经济管理类专业的教材,也可作为其他专业和广大实际工作者的参考书。

当人们谈论统计学时,往往会认为统计学是一门非常深奥的方法论科学,涉及复杂的公式推理证明和大量的计算,需要有良好的数学基础才能学好统计学知识。其实,由于计算机技术的迅速发展,统计理论与方法的应用水平同二十多年前相比已经不可同日而语。数据库的广泛应用使人们能够轻易地获取数据,各种统计软件的出现使人们摆脱了数据处理过程中的烦琐计算,从而有更多的时间和精力去学习、了解和探索统计方法的基本原理。为了使读者更好地学习统计学,掌握统计理论与方法,本教材在编写中力求体现以下几个特点:

(1) 内容体系完整。作为一门方法论科学,统计学既适用于社会科学,也适用于自然科学,这要求其内容体系完整、科学。因此,本教材的内容涵盖了描述统计和推断统计,系统地介绍了统计数据的收集与整理、数据分布特征的描述、概率与概率分布、抽样与参数估计、假设检验、方差分析、相关与回归分析、时间数列分析、统计指数、非参数统计、综合评价方法等统计理论与方法。

(2) 阐释说明简单。从理论上说,学习统计学需要具有良好的数学基础但高等院校财经管理类各专业本科生中,有一部分学生在高中阶段主修理科,有一部分主修文科。前者的数学基础好,后者的数学基础则相对较弱。为此,在编写中基本上回避了对公式的推导证明,而将重点放在统计方法的定性阐释和具体运用上,简单明了,可以消除读者的畏难情绪,激发其学习统计学的兴趣,从而掌握统计学的基本理论和方法。

(3) 案例导入为先。读者学习统计学,其目的在于了解统计思想,运用统计方法分析实际问题。因此,本教材在每一章首先给出实际案例,增强读者的感性认识,并根据实际数据提出本章相关的统计问题,正文则围绕这些问题讨论和介绍相应统计方法的基本思想和原理。案例导入为先,期望使读者通过对案例的学习而将感性认识上升到理性的高度,并能举一反三,触类旁通,将所学统计方法用以解决实际问题。

(4) 统计软件相辅。信息社会,人们需要处理的数据量与日俱增,手工计算远远不能满足需要。因此,读者应该了解和掌握数据处理软件的基本操作方法,懂得如何利用计算机技术收集、整理和分析统计数据,运用相关专业知识理解数据的内在规律性。目前常用的统计软件有 SAS、SPSS、STATA、STATISTICA、EVIEWS、MINITAB 等,此外,Office 办公系统中的 Excel 软件也具有基本的统计计算功能。由于篇幅所限,难以系统介绍各种统计软件的操作方法,本教材进行数据处理时只能根据需要分别采用 SPSS 和 Excel 软件给出相应的计算结果。

本教材由向书坚教授和张学毅副教授任主编。本书各章编写的分工如下:第一、三、八章,向书坚;第二、七章,张学毅;第九、十章,肖腊珍;第四章,魏捷;第五章,龚承刚;第六章,李锐;第十一章,朱喜安、魏捷。

本书的出版得到了各方面的帮助。感谢中南财经政法大学信息学院和统计系各位领导以及同仁的支持;感谢北京大学出版社的张昕同志,正是他的关心和支持,才使本书得以顺利出版。

本书在编写过程中,多次开会讨论写作大纲、内容和基本规范,力图奉献给读者一本令人较满意的教材,但由于统计理论和方法处于不断更新与发展之中,加之作者的水平有限,仍然难以达到各方面的要求。书中难免有疏漏或错误之处,恳请同行和读者多提宝贵意见,以便我们进一步修改和完善。

编　者

2007 年 5 月

目　　录

第一章　导论 ·· 1
　　案　　例　旅游黄金周挖掘多少"黄金" ·· 1
　　第一节　什么是统计学 ·· 1
　　第二节　统计学的产生与发展 ·· 7
　　第三节　统计学的分科及与其他学科的关系 ································· 11
　　第四节　统计学中的几个基本概念 ·· 13

第二章　统计数据的收集、整理与显示 ·· 22
　　案　　例　如何开展关于大学生上网的问卷调查 ··························· 22
　　第一节　统计数据的来源 ··· 23
　　第二节　调查设计 ··· 29
　　第三节　统计数据整理 ··· 35
　　第四节　统计表的设计 ··· 58

第三章　数据分布特征的描述 ·· 63
　　案　　例　哪一门课程的考试成绩最好 ·· 63
　　第一节　分布集中趋势的测度 ·· 64
　　第二节　集中趋势——位置平均数 ·· 74
　　第三节　离中趋势的测度 ··· 85
　　第四节　偏态与峰态的测度 ·· 93

第四章　抽样分布 ··· 102
　　案　　例　如何解读考试信息 ·· 102
　　第一节　随机变量的概率分布 ·· 102
　　第二节　大数定律和中心极限定理 ·· 114
　　第三节　统计量的抽样分布 ·· 116

第五章　统计推断 ··· 121
　　案　　例　男性对女性还有吸引力吗 ··· 121

  第一节 总体参数估计 …………………………………………… 121
  第二节 样本容量的确定 …………………………………………… 128
  第三节 总体参数检验 ……………………………………………… 130

第六章 非参数统计 …………………………………………………… 147
  案 例 如何评价国际大都市的生活消费指数 ……………………… 147
  第一节 引言 ………………………………………………………… 148
  第二节 单样本非参数检验 ………………………………………… 151
  第三节 两样本的非参数检验 ……………………………………… 165
  第四节 秩相关检验 ………………………………………………… 175

第七章 方差分析与正交试验设计初步 ………………………………… 182
  案 例 染整工艺对布的缩水率有影响吗 …………………………… 182
  第一节 方差分析的基本思想 ……………………………………… 183
  第二节 单因素方差分析 …………………………………………… 185
  第三节 双因素方差分析 …………………………………………… 191
  第四节 正交试验设计初步 ………………………………………… 200

第八章 相关与回归分析 ………………………………………………… 217
  案 例 可支配收入影响消费支出吗 ………………………………… 217
  第一节 相关分析 …………………………………………………… 218
  第二节 一元线性回归分析 ………………………………………… 227
  第三节 多元线性回归分析 ………………………………………… 242
  第四节 非线性回归分析 …………………………………………… 257

第九章 时间数列分析与预测 …………………………………………… 268
  案 例 我国经济发展趋势如何 ……………………………………… 268
  第一节 时间数列概述 ……………………………………………… 269
  第二节 时间数列比较分析 ………………………………………… 271
  第三节 时间数列平均分析 ………………………………………… 275
  第四节 长期趋势的测定 …………………………………………… 285
  第五节 季节波动与循环变动的测定 ……………………………… 305
  第六节 时间数列的预测 …………………………………………… 313

第十章 统计指数 ………………………………………………………… 324
  案 例 如何反映不同商品价格的综合变化幅度 …………………… 324

第一节　统计指数概述……………………………………………325
　　第二节　统计指数的编制方法……………………………………327
　　第三节　统计指数的应用…………………………………………339
　　第四节　指数体系和因素分析……………………………………343
　　第五节　指数数列…………………………………………………352

第十一章　综合评价方法……………………………………………359
　　案　例　哪个地区经济发展水平最高……………………………359
　　第一节　综合评价概述……………………………………………360
　　第二节　特征指标的选择与数据的处理…………………………366
　　第三节　权数的确定和几种常用的综合评价方法………………373

参考文献………………………………………………………………379

附录　常用统计表……………………………………………………380

第一章 导　　论

 案例

旅游黄金周挖掘多少"黄金"

据国家统计局和国家旅游局统计,2006年"十一"黄金周期间,全国共接待旅游者1.33亿人次,同比增长19.3%;实现旅游收入559亿元,同比增长20.7%;在所实现的559亿元旅游收入中,民航客运收入24.5亿元,与2005年同期持平;铁路客运收入13.1亿元,同比增长6.9%。[①]

试根据上述报道回答以下问题:
1. 这些数据是不是统计数据?
2. 数据是如何得来的?
3. 这些数据能够给我们什么启示?

为此,本章将讨论以下几个问题:什么是统计学,统计学的产生与发展,统计学的分科及与其他学科的关系,统计学中的几个基本概念。

第一节　什么是统计学

一、统计与统计学的含义

在我们的日常工作和生活中,到处都有统计数据,都会存在与统计相关的问题。我们每个人都会自觉或不自觉地关心统计数据。作为学生,参加完各种考试之后会关心自己的考试成绩和名次,想知道全班同学的及格率、平均成绩;作为大学老师,不仅关心学生的考试成绩,还非常关心学生的考研率、就业率,并且还想利用有关数据对影响学生学习成绩的因素进行分析;作为企业管理人员,每天需要掌握生产销售情况、本企业产品的市场占有率、产品的合格率等;作为政

---

① 资料来源:http://www.ctripol.com/Article/hangyexinxi/2006-10-10/20061010000017.html。

府领导,关心的问题更多,诸如 GDP(国内生产总值)的总量和增长率、投资额、消费额、物价指数、失业率等。日常工作与生活中的这些数字就是我们所关心的统计数据。统计数据的存在虽然具有普遍性,却并不是天然就有的,需要利用统计方法进行收集和整理才能得到。因此,当我们谈及什么是统计时,它通常有三种解释:统计工作、统计资料和统计学。

统计工作是人们对客观事物数量方面进行调查研究的认识活动,包括数据资料的收集、整理和分析。各级政府部门都设有相应的统计机构从事统计数据的收集、整理工作,各个企事业单位也都配备专职或兼职人员从事统计工作,其职能不仅仅限于填报统计报表,更重要的职能在于对统计数据进行分析,发现事物发展变化的规律。

统计资料是统计工作的成果,包括调查得到的经过整理具有信息价值的各种统计数据、图表和文字资料。例如,"2006 年,中国共发生道路交通事故 378 781 起,比 2005 年减少 71 473 起,下降 15.9%;造成 89 455 人死亡,同比减少 9 283 人,下降 9.4%"[①]。这则报道中的数字都是统计数据。

统计学是一门收集、整理和分析统计数据的方法论科学,其目的是探索数据的内在数量规律性,以达到对客观事物的科学认识。要达到这个认识目的,首先要搜集能够反映或说明客观现象的数字资料,这是统计活动首要的、基本的环节。搜集资料,就是计数和获取数据的过程。统计资料的质量如何,关系到能否得出客观、正确的结论。因此,要搞好统计调查活动,设法提高统计调查的水平。

统计整理在统计活动过程中处于承上启下的位置。一方面,它是统计搜集资料工作的继续;另一方面,它又是统计分析的前提,能够为统计分析准备系统的资料。统计整理,就是运用各种合适的形式展示和表述统计资料。统计整理的内容包括:资料的审核和甄别、分组分类、编制频数分布、绘制资料分布图等。

统计数据的分析是统计学的核心内容,它是通过统计描述和统计推断的方法探索数据内在规律的过程。

二、统计学与统计数据

在英文中,"statistics"一词有两个含义:当它以单数名词出现时,表示作为一门科学的统计学;当它以复数名词出现时,表示统计数据或统计资料。从中可以看出,统计学与统计数据之间有着密不可分的关系。统计学是由一套收集和处理统计数据的方法所组成的,这些方法来源于对统计数据的研究,目的也在于对统计数据的研究。统计数据不用统计方法去分析就仅仅是一堆数据而已,无

---

① 资料来源:http://yhnews.zjol.com.cn/xwzx/shxw/t20070102_113519.htm。

法得出任何有益的结论。

统计学提供了探索数据内在规律的一套方法。那么,什么是统计数据的内在数量规律性?为什么统计方法能通过对数据的分析找出其内在的数量规律性?我们用下面的几个例子来说明。

例1.1 旅游问题。根据本章案例,"2006年'十一'黄金周期间,全国共接待旅游者1.33亿人次,同比增长19.3%;实现旅游收入599亿元,同比增长20.7%"。对于前面提出的问题,我们可以回答如下:这些数据是统计数据,它是国家统计局和国家旅游局通过抽样调查得出的结果。这些数据显示,随着居民收入的不断增加,在解决温饱之后人们倾向于外出旅游,领略自然风光,浏览名胜古迹,陶冶情操,提高生活质量,从而使得2006年"十一"黄金周全国接待旅游者人次比上年同期增长19.3%,旅游收入比上年同期增长20.7%。这就是根据旅游统计数据得出的数量变化规律。"在所实现的599亿元旅游收入中,民航客运收入24.5亿元,与2005年同期持平;铁路客运收入13.1亿元,同比增长6.9%"。这几个数据表明,民航客运收入没有增加,铁路客运收入增长速度远远低于旅游收入,原因主要在于,这几年我国高速公路建设取得了显著成效,高速公路四通八达,相对于乘坐飞机和火车而言,短途旅客更愿意选择快速便捷的巴士出行。此外,根据统计调查所获得的统计数据,我们还可以进一步了解旅游者的年龄结构、性别结构、文化程度结构、收入水平结构等方面的数量规律。

例1.2 男女性别问题。就单独的一个家庭来观察,每个家庭的新生婴儿的性别可能是男性,也可能是女性。如果不对生育人口进行任何限制,有些家庭的几个孩子可能都是男孩,而有些家庭的几个孩子则可能都是女孩。从表面上看,新生婴儿的性别比例似乎没有什么规律可循。但如果对大量的家庭新生婴儿进行观察,就会发现新生婴儿中男孩略多于女孩,大致为每出生100个女孩,相应地就有107个男孩出生。这个性别比例107:100就是新生婴儿性别比的数量规律,而且古今中外这一比例都大致相同,这是由人类自然发展的内在规律所决定的。人类社会要发展,就要保持男女人数上的大致相同。尽管从新生婴儿来看,男性婴儿略多于女性,似乎并不平衡,但由于男性婴儿的死亡率高于女性婴儿,到了中年时,男女人数就大体相同了。进入中老年后,男性的死亡率仍然高于女性,导致男性的预期寿命比女性短,老年男性反而比老年女性少了。生育人口在性别上保持大体平衡,保证了人类社会的进化和发展。对人口性别比例的研究是统计学的起源之一,也是统计方法所探讨的数量规律性之一。

例1.3 投掷硬币问题。我们都知道投掷硬币的游戏,随机地投掷一次硬币,出现正面还是出现反面,完全是偶然的。但随着我们投掷次数的不断增加,就会发现投一枚匀质硬币出现正面和反面的次数大体相同,即比值接近于0.5。投掷的次数越多,就越接近于0.5这一稳定的数值。这里的0.5就是投掷硬币出现某一特定结果的概率,也就是投掷硬币时所呈现的数量规律性。

上述例子说明,通过多次观察或试验得到大量的统计数据,利用统计方法是可以探索出其内在的数量规律性的。因为客观事物本身是必然性与偶然性的对立统一,必然性是在事物的内部联系中必然会产生的东西,它反映了事物的本质特征;偶然性是在事物发展变化过程中表现出来的不具有确定性的东西,它反映了事物表现形式上的差异。偶然性只能使事物在量的表现上呈现差异,而不能使事物发生本质的变化。如果客观事物只有必然性一个方面的特征,它的表现形式就会比较简单,我们可以很容易地把握它的规律性。正是由于偶然性的存在,才使事物的表现形式与必然的规律性之间产生偏移,从而形成了表面形式上的千差万别,使得必然性的数量规律性被掩盖在表面的差异之中了。统计数据作为客观事物的一种数量表现,是事物必然性与偶然性共同作用的结果。偶然性使得对同一事物的多次观察得到的统计数据是有差异的,而必然性则隐含在统计数据本身。因此,统计学的任务就在于运用统计方法对统计数据进行深入研究,剔除偶然性产生的影响,透过事物的表象,探索事物的本质特征和数量规律。

三、统计数据的基本类型

(一) 分类数据、顺序数据、数值型数据

统计数据按其采用的计量尺度不同可以分为分类数据、顺序数据、数值型数据。

分类数据是指只能归入某一类别的非数字型数据。分类数据是按品质属性对事物进行分类的结果,反映各个类型的数量结果。它是由分类尺度计量形成的。例如,人口按性别分为男、女两类,按民族可以分为 56 类,这属于分类数据;企业按照所有制形式分为国有、集体、私营、合资、独资企业等,这也属于分类数据。分类数据只能区分事物的不同类别,不能说明不同类别数据的大小和好坏。比如,人口按性别分为男、女两类,可以了解男性和女性人口的数量及所占的比重,却不能说明男性比女性好还是不好。

顺序数据是指归于某一有序类别的非数字型数据。顺序数据也是按品质属性对事物进行分类的结果,但这些类别是有先后、高低或好坏之分的。它是由顺序尺度计量形成的。例如,产品按质量好坏可以分为一等品、二等品、三等品等;考试成绩分为优秀、良好、中等、及格和不及格五个类别;居民家庭按收入高低分为最高收入户、高收入户、中等偏上收入户、中等收入户、中等偏下收入户、低收入户、最低收入户等 7 个组。这些都是顺序数据。

分类数据和顺序数据的相似之处在于,二者都是非数字型数据;二者的不同之处在于,分类数据中的不同类别没有大小、先后、好坏之分,而顺序数据则有好坏、先后之分。分类数据和顺序数据的分组标志都是品质属性,往往用文字表示,故常称为品质数据。但在实际工作中,为了便于统计处理,也可以对不同类别赋值。比如用"1"表示"男性",用"0"表示"女性";用"7"表示最高收入户,用"6"表示高收入户……用"1"表示最低收入户。此时的数字仅仅是一种符号,不具有数字的实际含义。

数值型数据是指按数字尺度测量得到的观察值,也就是直接反映事物数量特征的数据。数值型数据是使用自然单位或度量衡单位对事物进行测量的结果,表现为具体的数字。如中国历年的国内生产总值、全国总人口、经济增长速度以及个人的年龄、工龄、受教育年数等,都属于数值型数据。现实生活中我们所处理的数据大多数都是数值型数据。

(二)观测数据和实验数据

统计数据按其收集方法不同,可以分为观测数据和实验数据。

观测数据是指通过调查或观测而收集到的数据。如通过下发统计报表收集的数据,采用普查、抽样调查、重点调查、典型调查、问卷调查等方式获得的数据。社会科学中,人们获得的数据通常都是观测数据。如前所述的接待旅客人数、实现的旅游收入等都是观测数据。

实验数据是指在实验中控制实验对象而收集到的数据。例如,在评价肥胖对血压的影响时,研究人员要在人们饮食、烟酒习惯都保持不变的情况下收集数据,以便尽可能减少这些变量对血压的影响。为了研究一种新药的疗效,将被实验对象分为实验组和对照组,在被实验者不知情的背景下,一个组服用新药,另一个组服用安慰剂,以此获得的新药疗效数据属于实验数据。自然科学领域的大多数数据都是实验数据。

(三)截面数据、时间序列数据和混合数据

统计数据按被描述的对象和时间的关系不同分为截面数据、时间序列数据和混合数据。

截面数据是指对不同单位在同一个时间点上收集的数据。例如2006年全国各个省区的国内生产总值数据;2007年6月某班50个大学生每个人的消费支出额。截面数据可以描述同一种现象在不同空间或单位之间的变化情况。

时间序列数据是指对同一个单位的一个或多个变量在不同时间上收集到的数据。例如1990—2006年中国在各年的国内生产总值、固定资产投资、年末总人口等。时间序列数据可以描述现象在不同时间发展变化的情况。

混合数据是指在数据集中含有时间序列和截面数据成分的数据。例如1990—2006年中国各个省区的总人口、国内生产总值、消费价格指数等。混合数据不仅可以反映同类事物在不同时间的变化情况,而且可以反映在不同空间的变化情况。

四、统计学的性质

如前所述,统计学是一门收集、整理和分析统计数据的方法论科学,其目的是探索数据的内在数量规律性,以达到对客观事物的科学认识。为了更好地理解统计学的性质,我们应明确以下三个方面的问题:

(1) 统计学研究的对象是客观现象的数量方面。早期统计所研究的问题有人口调查、出生与死亡的登记、保险业中赔款额和保险金的确定等,后来又扩大到社会经济和生物实验等方面。随着人类活动各种实践的需要,各个领域都要研究事物的数量方面,以及密切联系数量方面来研究事物的本质,因此,统计的应用越来越广泛。目前不论社会的、自然的或实验的,凡是有大量数据出现的地方,都要用到统计学;凡能以数量来表现的均可作为统计学的研究对象。统计方法已渗透到其他科学领域,成为当前最活跃的学科之一。

(2) 统计学研究的是群体现象的数量特征与规律性。客观世界是十分复杂的,但根据其不同的性质加以分类就形成了各种群体。在统计学中把所研究的某类客观现象的群体称作总体。所以,统计学所研究的是总体的数量特征及其分布的规律性。总体是由许多个体组成的,各个个体在数量特征上受必然和偶然两种因素的支配,必然因素反映了该总体的特征,但由于受偶然因素的影响又是有差异的,如何通过这些个体的差异来描述或推断总体的特征就产生了统计学。假如我们仅仅是要知道某一个中学生的身高,只要用尺子对他测量一下就可以知道,不需要学习统计学也能解决。进一步说,要了解某个中学全部学生的身高,而这群中学生的身高都是相同的,不存在差异,那么只要测量其中一个学生的身高就可知道其他学生的身高,也不是统计学所要解决的问题。只有当要了解这群中学生的身高,而其中每一个学生的身高又有差异时,就需要描述这群中学生(总体)的身高分布及概括其特征,如平均身高等,这时才产生统计问题。此外,如果对某一中学生测量身高时有误差,每次测量的误差又是随机的,这时要了解这一学生的身高通常只能根据有限次的观察加以推断。这就产生了统计推断的问题。当然,要了解总体的特征和分布的规律离不开搜集个体的数据,但这仅仅是研究总体的一种手段,统计研究的最终目的是研究总体的数量特征及其规律性。

(3) 统计学是一门方法论的科学。在统计学界,对统计学性质的判断存在实质性科学和方法论科学之争。我们认为,统计学是实用性很强的科学,就统计工作来说,它总是研究实际问题的,统计的方法也是从现实问题中产生的。然而,统计学的发展有一个过程,早期的国势学派和政治算术学派虽然也利用一些统计方法来记述和分析现实问题,但这时还没有形成独立的统计学。随着统计方法的应用日益广泛,其内容也不断发展和充实,尤其是概率论的发展为统计方法提供了理论基础,使统计的方法相对独立地形成了自己的科学体系,即统计学。其内容包括如何去搜集资料,如何对搜集的资料加以整理、概括和表征,以及如何对取得的数据进行分析和推断等一系列方法。这些方法和原理构成了统计学的基本内容。目前统计方法已成为科学研究和各种管理的重要工具,统计学也在不断地发展之中。

第二节 统计学的产生与发展

人类的统计实践是随着计数活动而产生的。因此,对统计发展的历史可追溯到远古的原始社会。但是,使人类的统计实践上升到理论,并予以总结和概括成为一门系统的科学——统计学,却是近代的事情,距今只有三百多年的历史。回顾一下统计科学的渊源及其发展过程,对于我们了解统计学的研究对象和性质,学习统计学的理论和方法,提高我们的统计实践和理论水平都是十分必要的。

最早的统计原是国家重要事项的记录,例如,中国从公元前21世纪夏禹立国开始,统计不仅被用来详细记录重大历史活动成果,还被新兴的奴隶制国家用作治国的手段;在古代埃及、希腊和罗马的历史中,也有关于国情国力的记载。经过漫长的历史长河,尤其是封建社会末期经济的发展,统计实践客观上需要从理论上对其加以总结和概括,这就产生了统计学。从统计学的产生和发展过程来看,大致可以划分为三个时期:古典统计学时期、近代统计学时期和现代统计学时期。

一、古典统计学时期

这是指17世纪中叶至18世纪中叶统计学的萌芽时期,当时主要有国势学派和政治算术学派两大学派。

(一) 国势学派

国势学派又称记述学派,产生于17—18世纪的德国。所谓国势学,就是指以文字记述国家显著事项的学说。由于当时德国许多大学设有国势学这门课程,故国势学派亦称德意志大学教授派。其主要代表人物为德国 Helmstad 大学的教授 H. 康令 (H. Coning, 1606—1681) 和 Marbury 大学的教授 G. 阿亨瓦尔 (G. Achenwall)。最早讲授国势学的是康令,他第一个在德国赫尔莫斯达德大学讲授"欧洲最近国势学",奠定了国势学的基础。阿亨瓦尔在哥丁根大学开设"国家学"课程,其主要著作是《欧洲各国国势学概论》。他们所做的工作主要是对国家重要事项的记录,因此又被称为记述学派。这些记录记载着关于国家组织、人口、军队、领土、居民职业以及资源财产等事项,偏重于事件的叙述,而忽视数量分析。严格地说,这一学派的研究对象和研究方法都不符合统计学的要求,只是登记了一些记述性资料,借以说明管理国家的方法。因此,这个学派被统计史学家称为"有其名而无其实"。当然,国势学派对统计学的创立和发展还是作出了不少贡献:一是国势学派为统计学这门新兴的学科起了一个至今仍为世界公认的名词——"统计学"(statistics),并提出了至今仍为统计学者所采用的一些术语,如"统计数字资料"、"数字对比"等;二是国势学派建立的最重要的概念就是"显著事项",它事实上是建立统计指标和使统计对象数量化的重要前提;三是国势学派在研究各国的显著事项时,主要是系统地运用对比的方法来研究各国实力的强弱,统计图表实际上也是"对比"思想的形象化的产物。

(二) 政治算术学派

统计理论在英国与德国几乎同时产生。由于两国的社会背景、经济发展和思想渊源不同,统计理论亦各具特色。在英国,当时从事统计研究的学派被称为政治算术学派。虽然政治算术学派与国势学派的研究,都与各国的国情、国力这一内容有关,但国势学派主要采用文字记述的方法,而政治算术学派则采用数量分析的方法。因此,从严格意义上来说,以政治算术学派作为统计学的开端更为合适。

政治算术学派产生于 17 世纪中叶的英国,主要代表人物是威廉·配第(William Patty,1623—1687)和约翰·格朗特(John Graunt,1620—1674)。

威廉·配第在其代表作《政治算术》(1676)一书中,运用大量的数字资料对英国、法国和荷兰三国的经济实力进行了比较研究,做了前人没有做过的从数量方面来研究社会经济现象的工作。正是在这个意义上,马克思称配第是"政治经济学之父,在某种程度上也可以说是统计学的创始人"。

配第的朋友约翰·格朗特在其《对死亡表的自然观察和政治观察》(1662)一书中,通过大量观察法,研究并发现了一系列人口统计规律,如男婴出生多于女婴,基本上为 14∶13;男性的死亡率高于女性;新生儿在大城市的死亡率较高;一般疾病和事故的死亡率较稳定,而传染病的死亡率波动较大。此外,格朗特还在研究中运用各种方法对统计资料进行间接的推算,以便相互印证。由于约翰·格朗特的这些研究成果,该书被许多统计学家誉为"真正统计科学的肇端"。

政治算术学派在统计发展史上有着重要的地位。首先,它不仅满足于社会经济现象的数量登记、列表、汇总、记述等过程,还要求把这些统计经验加以全面系统的总结,并从中提炼出某些理论原则。这个学派在搜集资料方面,较明确地提出了大量观察法、典型调查、定期调查等思想;在处理资料方面,较为广泛地运用了分类、制表及各种指标来浓缩与显现数量资料所包含的信息。其次,政治算术学派第一次运用可度量的方法,力求把自己的论证建立在具体的、有说服力的数字上面,依靠数字来解释和说明社会经济生活。然而,政治算术学派毕竟还处于统计发展的初创阶段,它只是用简单的、粗略的算术方法对社会经济现象进行计量和比较。

二、近代统计学时期

18世纪末到19世纪末的一百多年中,统计学有了很大的发展,又形成了许多学派,其中主要是数理统计学派和社会统计学派。

(一) 数理统计学派

数理统计学派产生于19世纪中叶,它是在概率论已有相当发展的基础上,把概率论引进统计学而形成的。其奠基人是比利时物理学家和统计学家A.凯特勒(A. Quetelet,1796—1874),代表作有《论人类》、《概率论书简》和《社会物理学》等。

凯特勒师承法国数学家、统计学家P.S.拉普拉斯(P. S. Laplace,1794—1827),主张用研究自然科学的方法研究社会经济现象。他正式将概率论引进统计学,使统计学进入了一个新的阶段;他最先用大数定律论证了社会生活现象纷繁复杂、变化不定的偶然性中存在着规律性,并且提出了误差理论,用来解决统计上的准确性问题。国际统计学界有人称凯特勒为"统计学之父",就在于他发现了大量现象的统计规律性并开创性地应用了许多统计方法。凯特勒把统计学发展中的三个主要源泉,即德国的国势学派、英国的政治算术派和意大利、法国的古典概率派加以统一、改造并融合成具有近代意义的统计学,促使统计学向新的境界发展。可以说,凯特勒是古典统计学的完成者,又是近代统计学的先驱者,在统计发展史上具有承上启下、继往开来的地位。同时,凯特勒也是数理统计学派的奠基人,因为数理统计就是在概率论的基础上发展起来的。随着统计学的发展,对概率论的运用逐步增加;同时,自然科学的迅速发展和技术的不断进步,对数理统计方法又提出了进一步的要求。这样,数理统计学就从统计学中分离出来自成一派。由于这一学派主要在英美等国发展起来,故又称英美数理统计学派。

(二) 社会统计学派

自凯特勒后,统计学的发展开始变得丰富而复杂起来。由于统计学在社会领域和自然领域被运用的对象不同,其发展也呈现出不同的方向和特色。19世纪后半叶,正当致力于自然领域研究的英美数理统计学派刚开始发展的时候,在德国竟兴起了与之不同的社会统计学派。这个学派是近代各种统计学派中比较独特的一派。由于它在理论上比政治算术学派更加完善,在时间上比数理统计学派提前成熟,因此很快占领了"市场",对国际统计学界影响较大,流传较广。

社会统计学派由德国大学教授 K. G. A. 克尼斯(K. G. A. Knies,1821—1898)首创,主要代表人物为 C. L. E. 恩格尔(C. L. E. Engel,1821—1896)和 G. V. 梅尔(G. V. Mayr,1841—1925)等人。他们认为,统计学是一门社会科学,是研究社会现象变动原因和规律性的实质性科学,以此同数理统计学派的通用方法论相对立。社会统计学派认为,统计学研究的是社会总体而不是个别的社会现象;而且,由于社会现象的复杂性和整体性,必须对总体进行大量观察和分析,研究其内在联系才能揭示社会现象的规律。这是社会统计学派"实质性科学"的显著特点。从学术渊源上看,他们融合了国势学派和政治算术学派的观点,继承和发扬了凯特勒强调研究社会现象的传统,把政府统计与社会调查结合起来,形成了自己的特色。

三、现代统计学时期

这个时期是指 20 世纪初迄今的统计学发展时期。20 世纪 20 年代以来,数理统计学发展的主流从描述统计学转向推断统计学。19 世纪末到 20 世纪初的统计学主要是关于描述统计学中的一些基本概念及资料的搜集、整理、图示和分析等,后来逐步增加了概率论和推断统计的内容。直到 20 世纪 30 年代,R. A. 费雪(R. A. Fisher, 1890—1962)的推断统计学才促使数理统计进入现代范畴。

费雪是推断统计学的建立者,他对统计学进行了深入独到的研究,开辟了方差分析、试验设计等统计分支,给出了戈塞特 t-分布的简洁证明,论证了相关系数的抽样分布,提出了 t-检验、F-检验、相关系数检验,并编制了相应的检验概率表。费雪的代表著作包括《供研究人员使用的统计方法》(1925)、《试验设计》(1955)、《统计方法与统计推断》(1956)等。费雪在统计学发展史上有着辉煌崇高的地位,美国统计学家 P. 约翰逊(P. Johnson)在《现代统计方法:描述和推断》(1959)一书中指出:"从 1920 年一直到今天的这段时期,称为统计学的费雪时代是恰当的,他的名字和他的著作,受到一切不带偏见的人的尊敬和传播。"

J. 内曼(J. Neyman)和 E. 皮尔逊(E. Pearson)是继费雪之后杰出的统计学家。他们二人经过多年的合作,共同完善了现代统计学的核心内容——区间估计和假设检验的理论。20 世纪 50 年代,A. 瓦尔德(A. Wald)提出了"统计决策理论"和质量检验的"序贯分析",进一步推动了统计学研究和应用的范围。随着计算机在统计中的应用,由 J. 威夏特(J. Wishart)、H. 赫特林(H. Hotelling)等人发展起来的多变量统计,又重新活跃起来。20 世纪五六十年代以来,稳健统计、时间序列、抽样理论、统计诊断、探索性分析、贝叶斯统计等,皆取得了重要的进展。

统计学的产生虽然可以追溯到 17 世纪,但它的快速发展却是自凯特勒之后出现的。伴随着应用数学在 20 世纪的崛起,统计学的进步更是迅速有加。从世界范围看,自20世纪60年代以后,统计学的发展有三个明显的趋势:第一,随着数学的发展,统计学依赖和吸收的数学方法越来越多;第二,向其他学科领域不断渗透,或者说,以统计学为基础的边缘学科不断形成;第三,随着统计学应用的日益广泛和深入,特别是借助电子计算机后,统计学所发挥的功效日益增强。

统计发展史表明,统计学是从设置指标研究社会经济现象的数量开始的,随着社会的发展和实践的需要,统计学家对统计方法的不断丰富和完善,统计学也在不断发展和演变。从当前世界各国统计研究的状况来看,统计学已不仅为研究社会经济现象的数量方面,也为研究自然技术现象的数量方面提供了各种统计方法;它既研究确定现象的数量方面,又研究随机现象的数量方面;从统计学的发展趋势来看,它的作用与功能已从描述事物现状、反映事物规律向抽样推断、预测未来变化的方向发展。

第三节 统计学的分科及与其他学科的关系

一、统计学的分科

统计方法已被应用到自然科学和社会科学的众多领域,统计学也已发展成为由若干分支科学组成的学科体系。从统计方法的构成看,统计学可以分为描述统计学和推断统计学;从统计方法研究和统计方法的应用角度来看,统计学可以分为理论统计学和应用统计学。

(一) 描述统计学和推断统计学

描述统计学(descriptive statistics)研究如何取得反映客观现象的数据,并通过图表形式对所收集的数据进行加工处理和显示,进而通过综合、概括与分析得出反映客观现象的规律性数量特征。内容包括统计数据的收集方法、数据的加工处理方法、数据的显示方法、数据分布特征的概括与分析方法等。

推断统计学(inferential statistics)则是研究如何根据样本数据去推断总体数量特征的方法,它是在对样本数据进行描述的基础上,对统计总体的未知数量特征作出以概率形式表述的推断。

描述统计学和推断统计学的划分,一方面反映了统计方法发展的前后两个阶段,同时也反映了应用统计方法探索客观事物数量规律性的不同过程。统计研究过程的起点是统计数据,终点是探索客观现象内在的数量规律性。在这一过程中,如果搜集到的是总体数据(如普查数据),则经过描述统计之后就可以达到认识总体数量规律性的目的了;如果所获得的只是研究总体的一部分数据(样本数据),要找到总体的数量规律性,则必须应用概率论的理论,并根据样本信息对总体进行科学的推断。

显然,描述统计和推断统计是统计方法的两个组成部分。描述统计是整个统计学的基础,推断统计则是现代统计学的主要内容。由于在对现实问题的研究中,所获得的数据主要是样本数据,因此,推断统计在现代统计学中的地位和作用越来越重要,已成为统计学的核心内容。当然,这并不等于说描述统计不重要,如果没有描述统计收集可靠的统计数据并提供有效的样本信息,即使再科学的统计推断方法也难以得出切合实际的结论。从描述统计学发展到推断统计学,既反映了统计学发展的巨大成就,也是统计学发展成熟的重要标志。

(二) 理论统计学和应用统计学

理论统计学(theoretical statistics)是指统计学的数学原理,它主要研究统计学的一般理论和统计方法的数学理论。由于现代统计学用到了几乎所有方面的数学知识,从事统计理论和方法研究的人员需要有坚实的数学基础。此外,由于概率论是统计推断的数学和理论基础,因而广义地讲统计学也应该包括概率论在内。理论统计学是统计方法的理论基础,没有理论统计学的发展,统计学也不可能发展成为像今天这样一个完善的科学知识体系。

在统计研究领域,从事理论统计学研究的人相对来说是很少的一部分,而大部分人从事的则是应用统计学(applied statistics)的研究。应用统计学研究的是如何应用统计方法去解决实际问题。统计学是一门收集和分析数据的科学。由于在自然科学及社会科学研究领域中,都需要通过数据分析来解决实际问题,因此,统计方法的应用几乎扩展到了所有的科学研究领域。例如,统计方法在生物学中的应用形成了生物统计学,在医学中的应用形成了医疗卫生统计学,在农业试验、育种等方面的应用形成了农业统计学。统计方法在经济和社会科学研究领域的应用也形成了若干分支学科。例如,统计方法在经济领域的应用形成了经济统计学及其若干分支,在管理领域的应用形成了管理统计学,在社会学研究和社会管理中的应用形成了社会统计学,在人口学中的应用形成了人口统计学,等等。以上这些应用统计学的不同分支所应用的基本统计方法都是一样的,即都是描述统计和推断统计的主要方法。但由于各应用领域都有其特殊性,统计方法在应用中又形成了一些不同的特点。

二、统计学与其他学科的关系

(一) 统计学与数学的关系

统计学与数学有密切的关系,但又有本质的区别。由于现代统计学用到了大量的数学知识,因此,研究理论统计学的人需要有较深的数学知识,应用统计方法的人也要具备良好的数学基础。这就造成了一种错觉,似乎统计学只是数学的一个分支,但这种理解是不妥当的。实际上,数学只是为统计理论和统计方法的发展提供了数学基础,而统计学的主要特征是研究数据;另一方面,统计方法与数学方法一样,并不能独立地直接研究和探索客观现象的规律,而是给各学科提供了一种研究和探索客观规律的数量统计方法。虽然从表面上看,统计学与数学都是研究数量规律的,都是与数字打交道的,但实际上二者却有着明显的差别。首先,数学研究的是抽象的数量规律,而统计学研究的则是具体的、客观事物的数量规律;数学研究的是没有量纲或单位的抽象的数,而统计学研究的则是有具体实物或计量单位的数据。其次,统计学与数学研究中所使用的逻辑方法也是不同的,数学研究所使用的是纯粹的演绎,而统计学则是演绎与归纳相结合,占主导地位的是归纳。数学家可以坐在屋里,凭借聪明的大脑从假设命题出发推导出漂亮的结果,而统计学家则要深入实际收集数据,并与具体的实际问题相结合,经过大量的归纳才能得出有益的结论。

(二) 统计学与其他学科的关系

统计学是一门应用性很强的学科,同时,由于几乎所有的学科都要研究和分析数据,因而,统计学与几乎所有的学科领域都有着或多或少的联系。这种联系表现为,统计方法可以帮助其他学科探索学科内在的数量规律性,而对这种数量规律性的解释并进而研究各学科内在的规律,只能由各学科的研究来完成。比如,古老的大量观察法已经发现了新生婴儿的性别比是 107∶100,但为什么会是这样的比例、形成这一比例的原因则应由人类遗传学或医学来研究和解释,而非统计方法所能解决的了。再如,利用统计方法对吸烟和不吸烟者患肺癌的数据进行分析,得出吸烟是导致肺癌的原因之一,但为什么吸烟能导致肺癌,这就需要医学进行解释了。

由此我们可以看出统计学能做什么和不能做什么。可以这样说,统计方法仅仅是一种有用的、定量分析的工具,而不是万能的,不能解决你想要解决的所有问题。能否用统计方法解决各学科的具体问题,首先要看使用统计工具的人是否能正确选择统计方法,其次还要在定量分析的同时进行必要的定性分析,也就是要在定性分析的基础上进行定量分析,然后再应用各学科的专业知识对统计分析的结果作出合理的解释和分析,才能得出令人满意的结论。尽管各学科所需要的统计知识不同,使用统计方法的复杂程度大不相同,统计学也不能解决各学科的所有问题,但统计方法在各学科的研究中会发挥越来越重要的作用。

第四节 统计学中的几个基本概念

统计学的研究对象是客观现象的统计规律。它从现象的个体出发,研究现象总体的数量特征,并通过对总体数量特征的分析,认识现象的规律性。为此需要了解统计总体、样本、单位、标志、指标、指标体系等统计学中使用的基本概念。

一、统计总体与样本

（一）统计总体与总体单位

统计总体就是根据一定目的确定的所要研究事物的全体。它是由客观存在的、具有某种共同性质的许多个别事物构成的整体，简称为总体。构成统计总体的个别事物则称为总体单位。

例如，我们要研究 2005 年全国新设立外商投资企业的生产经营情况，那么 2005 年末全国登记在册的当年新设立的 44 001 家外商投资企业就是一个总体，2005 年新设立的每一个外商投资企业则是总体单位。[①] 这些企业可以结合在一起构成总体，是因为各个单位具有共同的性质，称为同质性，即它们都是"外商投资企业"。具体来说，外商投资企业是指"外国公司、企业和其他经济组织或个人按照平等互利的原则，经中国政府批准，在中华人民共和国境内直接投资兴办的企业。它包括中外合资经营企业、中外合作经营企业和外资企业"。这个概念既给出了外商投资企业的内涵，也给出了其外延，确定了我们所要研究的总体范围。

总体的数量特征都是从每个总体单位的特征加以逐级汇总而体现出来的，所以总体单位是构成总体的基础。从数学角度来看，如果说总体是集合的概念，那单位就是集合的元素。随着研究目的的不同，总体单位可以是人物、机构等实体单位，也可以是现象、活动过程等非实体单位。例如，如果要研究全省的工业增加值，那么全省的工业企业是总体，每个工业企业是单位；如果要研究全省的粮食亩产水平，那么全省的粮食播种面积（亩数）是总体，每块地则是总体单位，等等。

总体和单位的概念也是相对而言的，随着研究目的的不同、总体范围的不同而发生变化。同一个研究对象，在一种情况下为总体，在另一种情况下又变成了单位。例如，要研究某高等学校各系的在校学生人数时，某高等学校为总体，每个系为总体单位，而当要研究全省高等学校的在校学生人数时，则全省高等学校成了总体，而每一个高等学校又成了总体单位。

有的总体单位以自然计量单位来表示，如人口以人为单位，家庭以户为单位，车床以台为单位等。这种单位都是不能细分的整数单位。有的总体单位是以物理计量单位来表示的，如时间、长度、面积、容积等。这就可以加以细分，单位可大可小。例如，研究粮食收获率，总体单位可以是每公顷、每亩、每平方米等；研究农产品价格时，总体单位可以是每吨、每公斤等。这种单位从理论上说，

---

① 资料来源：http://www.gov.cn/zwhd/2006-01/14/content_158527.htm。

可以细分到无穷小的单位,根据研究所需的精密度而定。因此,作为一个总体,必须具有以下特征:

其一,同质性。同质性是指构成总体的个别事物在某个方面(或某一点上)必须具有相同的性质,这是构成总体的必要条件。只有根据客观事物的本质联系才能正确界定统计总体;也只有在总体各单位性质一致的前提下,才能综合其数量差异,反映其数量特征。例如,如果想了解一个企业生产工人的工资水平,总体则应是该企业全部的生产工人,而不应包括高级管理人员,否则,计算出来的平均月工资就不能反映生产工人的实际工资水平。因为高级管理人员的工资往往大大高于生产工人的工资,二者不具有同质性。

其二,变异性。变异性是指构成总体的个别事物除了至少在某一个方面具有相同的性质以外,其他方面应该存在差异,这是进行统计研究的前提。比如,要了解某企业生产工人的工资水平,如果每个工人的工资都相同,没有差异,也就没有必要进行统计研究了。事实上,由于各个工人在性别、工龄、文化程度、技术级别等方面存在差异,其工资水平必然不同。正因为有差异,才有必要进行统计研究。

其三,大量性。大量性是指构成总体的个别事物要足够多,这是探究客观事物规律性的基础。因为统计研究的目的是揭示客观现象的规律性,而这种规律性只有从大量事物的本质联系中才能表现出来。所以,要求统计总体应该由大量的总体单位构成。根据总体中包含的单位数是否有限,总体可以分为有限总体和无限总体两类。若总体中所包含的单位数是有限的,则称为有限总体。例如,2006年末全国总人口为131 448万人,这是一个很大的总体,但人数总是有限可数的。对有限总体既可以进行全面调查,也可以进行非全面调查(如抽样调查)。若总体所包含的单位数是无限的,则称为无限总体。例如,对于连续大量生产的某种产品零件而言,其总产量就是一个无限总体。对无限总体不能进行全面调查,只能进行抽样调查。

(二) 样本

通常将所要研究的事物全体构成的总体称为全及总体;从全及总体中抽取出来,作为代表这一总体的部分单位组成的集合体称为样本。虽然样本的单位与全及总体相比,只是很少的一部分,但样本是从总体中产生并代表它的,基于这种关系,全及总体可以称为母体,而样本则是子样。样本也是由许多单位构成的,也符合总体的概念,由样本单位组成的总体称为抽样总体。样本有以下显著的特点:

其一,构成样本的单位必须取自全及总体内部,不允许总体外部的单位参加抽样过程。这是因为抽样的目的是要推断总体,统计推断和其他推算不同,后者可以由相关的现象做参照,所以未必属于同一总体,而统计推断则是利用样本作为总体的代表,必须是全及总体的一部分。所以在抽样之前,要根据全及总体的有关资料编制抽样框,以便从中抽取样本单位。

其二,从一个全及总体中可以抽取许多个样本,也就是说,统计研究目的一旦确定,全及总体随之相应地确定,总体各单位的性质和范围都是不变的,而样本就不是这样。因为按照随机原则从总体中抽选样本单位时,会有许多不同的组合,究竟哪些总体单位能够被抽中成为样本单位事先无法确定,因此,样本各单位的取值是可变的,不同的单位就有不同的样本,样本的数目与每个样本的单位数以及抽样方法有关。比如,从某个足球队的10位球员中随机抽选3位检查其是否服用兴奋剂,再以此为依据来估计全队球员服用兴奋剂的比重。此时,如果不考虑被抽中单位的先后顺序,而且被抽中的球员不再放回总体参加第二次抽选,可能的样本组合为120个,即$C_{10}^3 = 10!/[3!(10-3)!] = 120$,也就是说可以组成120个不同的样本,每个样本中包含3个单位。

其三,样本具有代表性。抽取样本不是目的,而是手段,是用它来推断总体的,因此存在样本的代表性问题。从直观来看,样本计算的抽样指标与相应的全及总体指标的误差越小,则样本的代表性就越好。但是抽样误差也是变量,所以抽样误差总是就平均意义上来说的。样本代表性的高低与样本的单位数、抽样方法以及抽样的组织形式有关,减少抽样误差,提高样本的代表性,是统计学需要研究的重要课题。

其四,样本具有客观性。从全及总体中抽取样本,必须排除主观因素的影响。抽取样本可以用随机抽样的方法,也可以用非随机抽样的方法,不论采用哪种方法,都应该保持取样的客观性,保证样本单位中选或不中选,既不受调查者个人爱好,也不受被调查者合作态度的影响。这里主观因素的干扰往往是非抽样误差的根源,在很大程度上影响到样本的代表性。但是抽取样本总是涉及调查者与被调查者双方的关系,要完全排除主观因素的影响的确是不容易的事。所以在抽样之前,应该制定取样的客观原则,以保证总体中每一单位都有相同的中选或不中选的机会。

二、标志与标志表现

标志是指总体单位所具有的属性和特征。每个总体单位从不同的角度考察,可以有多种属性和特征。例如,甲企业现有职工5 000人,如果研究目的在于了解职工队伍的基本情况,5 000个职工构成总体,则每一个职工为总体单位。此时,每一个职工都具有职业、性别、民族、工种、年龄、文化程度、工资等属性和特征。这些属性和特征的名称就是标志。

标志表现是指各种属性和特征在总体单位身上的具体体现。假如上例甲企业中有个职工叫李林,其职业为"行政管理"、性别为"男性"、民族为"汉族"、年龄为"38 岁"、文化程度为"大学本科"、月工资为"1 800 元"等。这里的"行政管理"、"男性"、"汉族"、"38 岁"、"大学本科"、"1 800 元"等都是标志表现。

标志在总体单位之间各有一定的具体表现,有的相同,有的不同。凡是在总体各单位之间的具体表现完全相同的标志,称为不变标志,如某企业工人的职业就是不变标志。而其他标志,在各个工人之间就可能不同,这种具体表现不同的标志,就称为可变标志。任何总体至少有一个共同的使各单位能结合在一起的不变标志,这是总体同质性的基础。可变标志是统计调查研究的内容,因为如果总体单位只有不变标志,任何一个单位都可以代表全体,那么统计调查研究也就没有必要了。

标志又有品质标志和数量标志之分。凡是只能用文字表示的标志,如性别、民族等,均称为品质标志。性别标志具体表现为男女,而民族标志具体表现为汉、蒙、回、满等。凡是可以用数值表示的标志,均称为数量标志,如职工的年龄、工资等。年龄标志具体表现为不同的岁数,而工资标志具体表现为不同的工资额。品质标志和数量标志这两类标志在统计研究中都很重要,是形成统计指标的基础。

三、统计指标与指标体系

（一）统计指标

统计指标是反映统计总体数量特征的概念和数值。

例 1.4 江苏省教育厅 2007 年 3 月 29 日公布了江苏省 2006 年高校毕业生就业率白皮书:截至 2006 年 12 月 31 日,全省高校毕业生总就业率达 95.57%,高于全国平均水平近 11 个百分点。其中,毕业研究生的就业率为 96.03%,本科毕业生的就业率为 95.65%,专科毕业生的就业率为 95.43%。[①]

例 1.5 2006 年中国全年国内生产总值达到 209 407 亿元,比上年增长 10.7%。固定资产投资过快增长的势头得到遏制,全社会固定资产投资增长 24%,增幅比上年回落 2 个百分点。居民消费快速增长,社会消费品零售总额增长 13.7%,实际增长 12.6%,增速为过去 4 年来的最高水平。全年外贸出口增长 27.2%,增幅比上年回落 1.2 个百分点;进口增长 20%,增幅比上年提高 2.4 个百分点。国民经济快速增长有力地带动了就业规模的扩大,全国城镇新增就业 1 184 万人,比上年多增 214 万人;年末城镇登记失业率 4.1%,比上年末下降 0.1 个百分点。[②]

例 1.4 中的数据反映了江苏省不同层次毕业生的就业率,说明了毕业生这

---

① 资料来源:http://www.js.xinhuanet.com/xin_wen_zhong_xin/2007-03-30/content_9650795.htm。
② 资料来源:http://www.gov.cn/ztzl/jjshjd/content_554242.htm。

个总体的相关数量特征;例1.5中的数据则反映了我国2006年国内生产、投资、居民消费、就业等方面取得的成就,说明了国民经济总体在这几个方面的数量特征。

由此可见,统计指标是由两项基本要素构成的,即指标的概念(名称)和指标的取值。指标的概念(名称)是对所研究现象本质的抽象概括,也是对总体数量特征的质的规定性。因此必须有一定的理论依据,使统计指标的概念和社会经济或科学技术的范畴相吻合。同时,统计指标又必须对理论范畴加以具体化,以便达到量化的目的,例如生产资料、消费资料的概念在经济学中是明确的,但是在实际生活中煤炭、电究竟是生产资料还是消费资料就必须具体规定。又如,工资的含义在经济学中也是明确的,但在实际生活中职工的奖金、福利是不是也属于工资就必须加以具体规定。

指标的数值反映的是所研究现象在具体时间、地点、条件下的规模、水平、结构等特征,它是具体的而不是抽象的数字。所以,一个完整的统计指标除了具有指标名称和指标数值以外,还应该包括时间状态、空间范围、计量单位、计量方法等限定,而不能随意变动,同时,必须注意由于上述条件的变化而引起数值的可比性问题。

标志反映总体单位的属性和特征,而指标则反映总体的数量特征。标志和指标的关系如同单位和总体的关系一样,是个别和整体的关系。总体由各单位构成,而指标则通过各标志的具体表现综合得到。首先通过实际调查取得反映有关个体的标志表现,再进行汇总综合才形成相应的指标。由于标志分为品质标志和数量标志两种,品质标志的具体表现不是数量,只能对标志表现所对应的单位进行总计形成总体单位数统计指标。例如,班级同学的性别标志表现为男性、女性,而相应的统计指标表现为男同学多少人、女同学多少人等。数量标志的标志表现为具体数值,对其综合计算结果,既可以得到总体单位数统计指标,也可以得到总体标志总量统计指标。例如,对总体各地块的面积和粮食产量进行汇总,既可以得到总体粮食播种面积总亩数,也可以得到总体粮食总产量。

统计指标按其所反映的数量特点不同,可以分为数量指标和质量指标。凡是反映现象总规模、总水平和工作总量的统计指标均称为数量指标。例如人口总数、企业总数、职工总数、工资总额、国内生产总值、商品流转额、商品进出口总额等,这些指标不论是总体单位总量或是总体标志值总量都反映现象或过程的总规模和水平,所以数量指标也称为总量指标,用绝对数来表示。

凡是反映现象相对水平和工作质量的统计指标称为质量指标。例如粮食平均亩产量、职工平均工资、人口密度、出生率、死亡率、工人出勤率、空气污染指数等。质量指标是总量指标的派生指标,用相对数或平均数来表示,以反映现象之间的内在联系和对比关系。

一个总体中,数量指标和质量指标既有区别,又密切联系,相互制约。复杂现象总体的变化往往既受数量因素变动的影响,又受质量因素变动的影响。在不同的条件下,哪些因素的作用是主要的,又可能完全不同。我们只有具体分析每个因素作用的方向和程度,才能比较全面地反映社会经济现象的发展规律。例如,粮食总产量的增加既可以靠扩大播种面积,也可以通过提高单位面积产量来实现。究竟以扩大面积为主,还是以提高单产为主,各地条件不同,应该具体分析,尽可能发掘潜力,提高效益。

(二) 指标体系

单个统计指标只反映总体的某一个数量特征,说明现象某一侧面的情况。但是客观现象是错综复杂的,具有多方面的联系。要反映客观现象的全貌,描述现象发展的全过程,只靠单个统计指标是不够的,而应该设立统计指标体系。

统计指标体系是由一系列相互联系的统计指标所组成的有机整体,用以反映所研究现象各方面相互依存、相互制约的关系。例如,工业企业生产活动是在一定生产经营主体的组织下,由资本金、劳力、物资、技术、设备、生产、供应、销售等相互联系的各部分构成的整体。为了反映企业生产经营的全貌,应设立产量、产值、品种、质量、职工人数、劳动生产率、工资总额、原材料、设备、财务成本等指标群,来组成工业企业统计指标体系。其中,产品产量、总产值、增加值、品种、质量指标等构成企业生产统计指标体系,而固定资金、流动资金、生产费用、产品成本、销售利润则构成企业财务指标体系。

为了反映全国人民的生活水平是否达到小康社会的标准,则应通过一系列统计指标来体现。因此,全面小康指标体系至少包含以下指标:人均 GDP、人均可支配收入、人均住房使用面积、人均蛋白质摄入量、恩格尔系数、人均预期寿命、文教娱乐支出比重、森林覆盖率等。

指标体系的设置不但是客观现象的反映,而且也是人们对客观事物认识的结果。随着客观事物的发展变化以及实践经验和理论研究的积累,指标体系也将不断改进、更新并日趋完善。

四、变量和变量值

可以取不同值的量称为变量。总体单位的数量标志大多是可变的,也即其标志表现是有差异的,如年龄、工资、文化程度等。这种可变的数量标志就是变量,各单位的标志值就是变量值。这是对总体内部各单位的差异作静态考察的变量。另外,从动态上来看,说明总体数量特征的指标,其指标数值随着时间的变化而变化,形成时间序列的资料,这种统计指标也是变量,前后不同的指标数值就是变量值。统计所要研究的客观事物的数量主要就是这种静态和动态上的变量,研究的是它们的分布状况、特征表现、相互之间的关系和变化的规律。

变量按其所受影响因素的不同,可分为确定性变量和随机变量。确定性变量是受确定性因素影响的变量,也即影响变量值变化的因素是明确的、可解释的、人为的或受人控制的。受这种因素影响的变量值发生多大的变化、变化的方向也是可以确定的。例如,职工工资总额,不外乎受职工人数和平均工资两个因素的影响,这两个因素都是人为控制的变量,它们对工资总额影响的大小和方向也都是确定的。随机变量则是受随机因素影响的变量。所谓随机因素,是指各种不确定的、偶然性的因素。这种因素影响变量值的大小和变化方向都是不确定的,通常是微小的。例如,在同样条件下加工的某种零件,其尺寸大小总是存在差异的,造成这种差异的原因可能是原材料的质量、供电电压、气温和环境的变化以及生产工人的注意力等,这些因素都是不确定的。自然现象的变量大多属于随机变量,例如气候的变化、潮水的涨落、人体身高和体重的差异等。社会经济现象既有确定性变量,也有随机变量;许多经济变量既受确定性因素的影响,又受随机因素的影响。因此,社会经济统计研究往往要根据具体的目的和要求,对这种复杂变量或是作为确定性变量处理,或是作为随机变量处理。

变量按其数值形式的不同,可以分为离散型变量和连续型变量。离散型变量是指其值只能取整数的变量,如职工人数、设备台数、企业个数、学生人数、汽车辆数等,其变量值一般是通过计数的方法取得的。

连续型变量是指其取值是连续不断的,相邻两个变量值之间可以无限取值,可以取整数,也可以取小数。例如人的身高、体重及零件尺寸、粮食产量、收入等。

本章小结

本章主要讨论了什么是统计学,统计学的产生与发展,统计学的分科及与其他学科的关系,统计学中的几个基本概念。

(1) 当人们谈及统计时,通常有统计工作、统计资料和统计学三种解释。统计工作是人们对客观事物数量方面进行调查研究的认识活动;统计资料则是统计工作的成果,包括调查得到的经过整理具有信息价值的各种统计数据、图表和文字资料。统计学是一门收集、整理和分析统计数据的方法论科学,其目的是探索数据的内在数量规律性,以达到对客观事物的科学认识。统计数据可以划分为不同的类型:一是按其采用的计量尺度的不同,可以分为分类数据、顺序数据、数值型数据;二是按其收集方法的不同,可以分为观测数据和实验数据;三是按被描述对象和时间关系的不同,可以分为截面数据、时间数列数据和混合数据。

(2) 从统计学的产生和发展过程来看,大致可以划分为古典统计学、近代统计学和现代统计学三个时期。古典统计学时期是指17世纪中叶至18世纪中叶统计学的萌芽时期;近代统计学时期是指18世纪末到19世纪末的一百多年;

现代统计学时期是20世纪初迄今统计学的发展时期。从统计方法的构成看,统计学可以分为描述统计学和推断统计学;从统计方法研究和统计方法的应用角度来看,统计学可以分为理论统计学和应用统计学。描述统计学研究如何取得反映客观现象的数据,并通过图表形式对所收集的数据进行加工处理和显示,进而通过综合、概括与分析得出反映客观现象的规律性数量特征。推断统计学则是研究如何根据样本数据去推断总体数量特征的方法。理论统计学是指统计学的数学原理,它主要研究统计学的一般理论和统计方法的数学理论。应用统计学则是研究如何应用统计方法去解决实际问题。

(3) 统计总体是由客观存在的、具有某种共同性质的许多个别事物构成的整体,简称为总体。构成统计总体的个别事物则称为总体单位。标志是指总体单位所具有的属性和特征。统计指标是反映统计总体数量特征的概念和数值。统计指标按其所反映的数量特点不同,可以分为数量指标和质量指标。统计指标体系是由一系列相互联系的统计指标所组成的有机整体。变量是指可以取不同值的量。变量按其所受影响因素的不同,可分为确定性变量和随机变量。按其数值形式的不同,可以分为离散型变量和连续型变量。

本章重点理解和掌握"统计"一词的三种基本含义、统计数据的基本分类以及统计学中的几个主要概念。难点在于理解统计学的性质,总体与总体单位、标志与统计指标之间的关系。

思考与练习

1.1 统计一词有哪几种含义?
1.2 如何理解统计学的性质?
1.3 统计数据有哪些基本分类?
1.4 统计学的产生与发展经历了哪几个时期?每个时期的代表性人物有哪些?
1.5 什么是描述统计学和推断统计学?
1.6 什么是理论统计学和应用统计学?
1.7 统计学与数学有何区别和联系?
1.8 什么是统计总体?它具有何特点?
1.9 什么是样本?它具有何特点?
1.10 什么是标志与标志表现?
1.11 什么是统计指标与指标体系?
1.12 什么是变量?它有哪些类型?

第二章 统计数据的收集、整理与显示

 案例

如何开展关于大学生上网的问卷调查

某大学学生工作部门想了解本校大学生上网的情况,打算采用问卷的方式,匿名调查。会计学专业的李萍同学提供了如下的问卷内容:

1. 你的性别(　　)
   A. 男　　　　　　　B. 女
2. 你所在的年级(　　)
   A. 大一　　　　B. 大二　　　　C. 大三　　　　D. 大四
3. 你平均每天上网的时间大概是多长?(　　)
   A. 1个小时以下(包括不上网)　　　B. 1—2个小时
   C. 2—5个小时　　　　　　　　　　D. 5个小时以上
4. 你主要是为了什么而上网?(　　)(此题可多选)
   A. 浏览网页　　　　　　　　　　　B. 收发电子邮件
   C. 玩游戏　　　　　　　　　　　　D. 交友聊天
   E. 下载软件或资料　　　　　　　　F. 跟帖灌水
   G. 娱乐休闲　　　　　　　　　　　H. 其他
5. 你最感兴趣的是以下哪些方面的内容?(　　)
   A. 新闻时事　　B. 校友录　　C. 娱乐　　D. 体育　　E. 其他
6. 你认为上网与学习的关系是怎样的?(　　)
   A. 上网耽误学习　　　　　　　　　B. 上网可促进学习
   C. 可以增强综合素质　　　　　　　D. 其他

由这份问卷,我们想知道如下的问题:
1. 上述问卷的设计原则是什么?
2. 问题的设计应该注意哪些方面?
3. 答案的设计应该注意什么原则?

4. 得到了资料是不是就可以马上进行分析了?

及时取得准确、全面的数据是进行统计分析的首要环节,本章主要介绍收集、整理和显示数据的常用方法,包括数据的来源渠道、统计调查的方式、数据的搜集方法、调查设计原理、数据的整理方法、数据的展示形式和统计表的设计要求等,至于统计分析方法则将在以后的章节中介绍。

第一节 统计数据的来源

一切数据最初都来源于调查与实验,但并非我们每次都必须开展调查或者进行实验,如果相隔时间不长且别人已经有相关的数据,我们就可以从公开出版物中获得,这对于使用者来说既可以节省人力和财力,又可以缩短获得数据的时间。因此,对于数据使用者来说,一是可以通过查询现有的公开资料得到有关数据,二是可以通过调查或者实验去取得有关数据。我们称直接来源于自己进行调查与实验的数据为初级统计数据或者直接数据,而将来源于他人通过调查与实验的数据称为次级统计数据或者间接数据。

一、次级统计数据的来源

次级统计数据主要是从公开渠道获得的数据,如公开出版的报纸、杂志、书籍及相关网站中的数据,有些未公开的数据在获得数据所有者允许的情况下也可以使用。

刊登我国年度宏观数据的刊物主要是国家、地区和行业或部门的年鉴。例如,《中国统计年鉴》、《中国统计摘要》、《中国经济年鉴》、《中国农村统计年鉴》、《中国城市统计年鉴》、《中国社会统计年鉴》、《中国人口统计年鉴》、《中国劳动统计年鉴》、《中国工业经济统计年鉴》、《中国财政年鉴》、《中国金融年鉴》以及全国各省、市、自治区、直辖市、新疆生产建设兵团的统计年鉴等。通过中华人民共和国国家统计局网站的统计链接,我们很容易得到国内外统计网站中的各种有关数据。

对于某些特定行业的数据,如证券业数据,我们可以从各证券报、中国证券监督管理委员会、上海证券交易所、深圳证券交易所、各证券公司等单位的网站数据库和出版发行的刊物中取得有关数据。各上市公司的季报、半年报、年报中的各种数据属于公开数据,可以直接使用,但如果存在后续的补充报告,在使用时应该及时调整。

对于未公开的微观经济数据,由于涉及企业的内部机密或个人的隐私权,我们在采用有关数据时一定要征得相关单位和个人的同意,在发表研究成果时还应尽量避免直接公布原始数据。

刊登世界各国宏观数据的刊物主要由联合国统计司（UNSD）、世界银行（WB）、国际货币基金组织（IMF）、世界贸易组织（WTO）、世界卫生组织（WHO）、国际能源机构（IEA）、国际清算银行（BIS）、欧盟统计局（EUROSTAT）、亚洲开发银行（ADB）、国际电信联盟（ITU）等国际性组织编制出版。有些使用面广的资料，在取得版权后，由我国有关机构翻译成中文出版。例如《世界经济年鉴》、《世界发展报告》、《国外经济统计资料》等。

根据研究目的的不同，次级数据的选择应该有所差异，不能随意照抄别人已经用过的数据，避免误用或滥用。在选择次级数据时应该注意如下几个问题：

（1）应根据研究目的选择次级数据。

（2）注意次级数据变量名称的含义是否发生过变化。随着历史的变迁，有些次级数据变量名称的内涵或外延发生了变化，在采用数据时应该进行调整。

（3）注意次级数据的计算口径和计算方法是否一致。

（4）注意尊重次级数据所有者的权益。一是要合法采用次级数据；二是要注明数据的来源出处，这样既尊重他人的劳动成果，又便于阅读者核实。

二、初级统计数据的来源

初级统计数据的来源渠道主要有两个：一是专门组织的调查；二是科学试验。前者是社会经济数据的主要来源，后者是自然科学数据的主要来源。本书着重讨论取得社会经济数据的方式和方法。

（一）统计调查方式

常用的统计调查方式主要有普查、统计报表调查和抽样调查等。

1. 普查

普查是国家为了详细地了解某项重要的国情国力而专门组织的一次性全面调查，主要用来调查属于一定时点上现象的总体特征，如全国人口普查、国有资产普查、全国工业普查、全国第三产业普查等。有些现象不必要或不可能采用全面统计报表形式来搜集全面统计资料时，采用普查比较适宜。相对于全面统计报表，普查能取得内容更详尽、分类更细致的统计资料，但普查耗费的人力、物力、财力较多，不宜经常进行，而应根据实际需要间隔一定的时间进行，比如我国从1990年起每隔10年进行一次全国人口普查。

普查的基本形式有两种：一种是设立专门的普查机构，配备一定的普查人员，对调查单位直接进行登记，如历次全国人口普查就是采用这种形式；另一种是利用企事业单位的原始记录和核算资料，设计一系列调查表，这些基层报告单位根据普查的要求自行填报，如全国科技人才普查即是如此。

普查是一种全面性调查，涉及面广，参与调查的人员多，为了保证统计资料

的准确性、及时性和全面性,具体组织普查时,必须注意以下几个问题:

(1) 要规定统一的标准时点。普查主要是为了取得一定时点上的统计资料,统一规定资料所属的标准时点,以免登记时出现重复和遗漏。

(2) 严格设定必需的调查项目。普查涉及面广、工作量大,在确定调查项目时,必须严格筛选。可要可不要的项目坚决不要,做到既满足统计研究目的的需要,又节省调查经费。

(3) 尽可能地缩短普查登记期限。在调查范围内,不同地区、不同部门的普查登记工作应尽可能在短时间内同时完成,以便进行最后的汇总整理,保证资料的时效性。

(4) 按一定的周期进行同类普查。普查是一次性全面调查,要求隔一段时期进行一次,同类普查的间隔期应尽可能相等。周期性地进行普查,便于作动态比较分析,有利于更好地掌握被研究现象的变化规律。

2. 统计报表调查

统计报表调查是指按照国家统一规定的表格形式、统一的指标、统一的报送程序和报送时间,自下而上逐级提供基本统计资料的一种调查组织形式。我国现行的统计报表,包括国民经济基本统计报表和专业统计报表。基本统计报表由国家统计部门统一制定,在国民经济各个部门及各个地区统一实施,主要用来搜集国民经济各部门及社会发展情况的统计资料,为各级党政领导部门制定各项方针政策、编制国民经济中长期发展计划提供数据依据。专业统计报表是各有关部门根据本部门的实际情况,为了专业管理的需要而制定的,只能在本部门或系统内部实施,用来搜集本部门的业务统计资料,是基本统计报表的补充。

统计报表调查与其他调查组织形式相比具有如下优点:

(1) 在报表实施范围内,各报告单位按期报送,可保证调查资料的全面性、连续性和及时性;

(2) 统计报表调查事先已作为一种制度布置到基层报告单位,要求各单位根据原始记录和统计台账提供报表所需的资料,从而保证了资料来源的可靠性和准确性;

(3) 由于统计报表调查是逐级整理上报,统计资料可以使各级地方政府和部门及时了解和掌握本地区、本部门的基本情况。

当然,统计报表调查也存在某些局限性。比如,它涉及的范围广、内容多,花费的人力、物力较多;在统计法制不健全、执行不严的情况下,统计报表调查在逐级上报过程中容易受到有关人员主观因素的干扰,从而影响资料的准确性;统计报表中的指标项目相对固定,当被研究现象变化较快时,统计报表缺乏应有的灵活性。

3. 抽样调查

抽样调查是一种非常重要的非全面调查组织形式。它是按照随机原则从被研究的总体中抽取一部分单位组成样本,根据样本的调查结果对总体的数量特征作出具有一定可靠程度的推断的一种统计调查方式。随机原则是抽样调查所必须遵循的基本原则,它是指在抽样过程中,样本单位的抽取不能受任何主观因素及其他系统因素的影响,保证总体中各个单位都有同等的机会被抽选出来的原则。只有遵循随机原则,才能保证抽选出来的样本单位的分布近似于总体的分布,从而确保样本对总体的代表性。

与其他非全面调查形式相比,抽样调查具有如下特点:

第一,从总体中随机抽取样本单位。抽样的随机性使抽样调查方法能建立在概率论的理论基础上,从而能够运用概率论所阐述的原理,对总体进行推断;抽样的随机性也使抽选的样本的分布与总体的分布相似,保证样本充分地代表总体,再现总体的结构,从而根据样本所提供的信息推断未知总体的数量特征。

第二,抽样调查的目的是根据样本的数量特征推断总体的数量特征。统计研究的目的是认识现象总体的数量特征,统计报表和普查虽然可以取得总体的全面统计资料,但并不是所有情况下都有必要或有可能采用这些组织形式。概率统计证明,样本数量特征与总体数量特征之间存在着内在的联系,通过认识样本与总体之间误差分布的规律性,可以在一定可靠程度保证下估计总体的数量特征。

第三,抽样误差可以事先计算并且加以控制。根据抽样调查结果推断总体的数量特征,不可避免地会产生误差,但抽样调查是建立在概率论这一科学理论的基础之上的,这不仅可以掌握抽样误差的分布规律,而且可以根据有关资料事先对抽样误差进行计算,还可以通过调整样本容量和运用适当的抽样技术等方法对抽样误差加以控制。

(二) 数据的搜集方法

无论采用何种调查方式进行调查,调查人员向被调查单位搜集统计数据时,都必须根据调查的目的和要求选择某一具体的数据搜集方法。按照各自不同的特点,搜集统计数据的基本方法有访问调查法、问卷调查法、德尔菲法、电话调查法、电脑辅助调查法、小组座谈法、观察法、实验法、网络调查法等。需要注意的是,这些基本方法中有些可以相互结合成具有不同特点的新方法。

1. 访问调查法

访问调查法是调查者通过与被调查者的当面交谈而得到所需资料的调查方法。在访问调查中,调查人员可以直接了解被调查者对调查问题的态度、观点、举止和调查现场的环境等,为判断调查资料的准确程度提供一定的依据。与其他调查法相比,访问调查法的特点有:回答率较高、数据比较准确、可使用较复杂的问卷、调查成本高等。

按照调查对象的不同,访问调查法可分为居民入户调查和个别采访两种。

居民入户调查是指调查人员直接到事先确定的居民家中,依据问卷或者调查提纲进行面对面的调查。个别采访是调查人员就某个专门的问题,有目的地选择一些在该方面有特殊经历或特殊经验的人进行访问,以获得比较丰富资料的调查方法。例如,对焦点人物、先进或落后人物的采访等。

按照对调查过程控制程度的不同,访问调查法又可分为非标准式访问和标准式访问两种。非标准式访问是调查人员根据某个主题,由调查人员与被调查者自由交谈而获得资料的方法。非标准式访问的优点是访问具有较大的弹性,有利于发挥访问者和被访问者的主动性、创造性,从而获得准确的资料。当然,这种访问调查对调查者的素质要求比较高,调查资料一般侧重于质的方面。标准式访问是调查人员按照事先设计好的标准化问卷上的顺序逐一提问而获得资料的数据搜集方法。标准式访问的优点是能够对调查过程进行控制,便于对调查结果进行定量分析。

2. 问卷调查法

问卷是统计调查中用来搜集资料的一种工具,其形式是一份预先精心设计好的问题表格,主要用来测定人们的行为、态度和特征。

问卷调查就是将若干份事先设计好的统一的问卷,通过邮局或调查员送到每一个被调查者的手中,由被调查者自己填答问题,然后仍通过邮局寄回或由调查员收回的一种调查方法。问卷调查可以通过邮寄的方式进行,因此可以由很少的调查员在很短的时间内调查许多人,从而节约时间和调查经费,此外问卷中一般不要求署名,这减轻了被调查者的心理压力,有利于被调查者如实地填答问卷中的某些隐秘性问题。问卷调查中所使用的问题主要由封闭式问题(即单选或多选问题)组成,有利于对调查结果进行定量处理和分析。当然,进行问卷调查要求被调查者有一定的文化水平及责任心和合作精神,否则难以保证问卷的回收率,从而影响调查资料的质量。由于问卷调查的应用非常广泛,后面将会详细介绍其内容。

3. 德尔菲法

德尔菲法是指按照规定的程序,采用邮寄或电子邮件的方式,反复多次地收集各地专家的看法,使不同意见趋于一致的调查方法。德尔菲法有匿名性、定量化和轮回反馈式等特点。专家们互不通气,匿名发表意见,便于获得真实有效的资料。反复地询问也能使调查结果更加准确可靠。实施这种方法的一般步骤为:拟定意见征询表、选定适量的征询专家、分几轮征询专家的意见、进行资料的处理等,最后作出调查结论。

4. 电话调查法

电话调查法是调查人员按照事先准备好的问题,利用电话与被调查者进行交流而获得资料的数据搜集方法。当今社会,电话的普及程度越来越高,这为电话调查法的应用提供了广阔的前景。电话调查中所提问题的含义要明确,数量不宜过多。随着计算机的飞跃发展,人们在电话调查法的基础上又发展出一个新的调查法——电脑辅助调查法。电脑辅助调查法是在电话调查时,调查者将设计好的抽样方案、问题和答案输入电脑,整个调查过程,包括电话拨号、结果记录、数据处理和展示,都由计算机完成的数据搜集方法。在进行电脑辅助调查时,需要依靠电脑辅助调查系统(computer-assisted telephone interviewing system)进行,调查员坐在计算机显示器前,依据荧屏上显示的问题逐一向被调查者提问,并将答案输入电脑,也可完全由计算机完成提问和记录的过程。这种方法的优点是时效性强、费用低,能较快地搜集有关数据。

5. 小组座谈法

小组座谈法是由一个经过训练的主持人,以座谈会的形式,通过同一个小组的被调查者进行交谈而获得资料的方法。由于参与者比较多,要想取得预期效果,不仅要求调查者在事前做好充分的准备,包括设计调查提纲、确定参与会议的人数以及选择会议的时间、地点和环境等,还要求其具有驾驭会场的能力。小组座谈法的优点是效率高、深入细致,但发言容易受到其他人的影响,在涉及个人隐私、保密及其他敏感性话题时,也不宜采用这种方法。

6. 观察法

观察法是调查人员到现场对调查单位直接检验、计数或测量,登记所得到的结果的方法。例如,农作物收获量调查,调查人员到所抽中的地块参与收割和计量;某商品库存量调查,调查人员到商店及有关单位柜台或仓库清点该商品的库存。观察法有自然、客观、直接的特点。由于采用观察的方法,无须被调查者作任何反映,因而常常可获得比较真实的信息。

7. 实验法

实验法是在某个特殊的实验环境下,对被调查者进行实验以取得资料的调查方法。例如,企业要比较两种新产品的优劣,可通过试销实验,来决定发展的重点。实验法一般包括提出研究假设、进行实验设计、选择实验对象、控制实验环境和收集实验数据等步骤。实验法具有方法科学、反映客观、过程容易控制等优点,但也有时间长、费用高、实验对象选择的难度大等不足。

8. 网络调查法

网络调查(又称网上调查)是指利用国际互联网作为技术载体和信息交换平台进行调查的数据搜集方法。其业务流程大体包括方案设计、问卷上网、问卷检查、数据处理与分析、调查报告等。网络调查具有匿名性、成本低、速度快、调查对象广泛等特点,调查结果相对可靠。现在电子邮件调查、网页调查、免费下载工具调查、民意调查、超前性问题调查等已被广泛使用。当然,网上调查也存在结果的可信度不高、代表性差、难以消除重复填报等问题。

第二节 调查设计

搜集统计资料一般涉及面广,参与人员多,既要保证搜集到的统计资料准确、及时、全面、系统,又要尽量节省调查经费。因此,在每次调查活动开始之前,必须做好各种准备工作,事先设计一个切实可行的搜集统计资料的方案,以便调查内容、方法、时间各方面统一起来,使调查工作有计划、有组织地进行,从而达到预期的目的。

一、调查方案的结构

一般而言,一份完整的调查方案,应该包括以下基本内容:

1. 调查目的

确定调查目的是搜集统计资料时首先要解决的问题,不同的调查目的决定着不同的调查对象、调查内容、调查方式及调查时间和经费等一系列问题。否则,资料的搜集工作就会陷入盲目、混乱的状态,既花费了大量的资源,又不能搜集到真正需要的统计资料。在确定调查目的时,要注意抓住主要矛盾,突出重点问题,使调查目的明确、具体,这样后续工作才能做到有的放矢,提高统计工作的质量。

2. 调查对象、调查单位和报告单位

调查对象就是根据调查目的确定的、在某种性质上相同的许多个体单位所组成的集合。调查单位就是调查对象范围内的各个个体单位。调查对象和调查单位分别是总体和总体单位在调查阶段的具体化。例如,为了研究我国全民所有制工业企业的生产经营情况,需要进行统计调查。这时,全国所有的国有制工业企业是调查对象,而每一个全民所有制工业企业则是调查单位。又如,根据2006年全国教育事业发展统计公报,[①]普通高等学校教职工187.26万人,比上年增加13.05万人;专任教师107.6万人,比上年增加11.02万人。假若想研究我国普通高等学校专任教师的收入水平及其生活状况,就需要采取全面或非全面调查的形式搜集其年收入额、支出额及其构成情况。在这一调查目的下,全国85.84万普通高校专任教师是调查对象,每一位专任教师则是调查单位。

调查单位与报告单位是两个不同的概念。调查单位是调查项目的承担者,而报告单位则是负责向调查研究机构提供所需统计资料的基层单位。调查单位与报告单位有时是同一个单位,有时则是不同的单位。当调查单位是企事业单

---

① 资料来源:http://www.moe.gov.cn/edoas/website18/info29036.htm。

位及其他经济实体时,调查单位一般来说也就是报告单位,如上面两个例子中的调查单位就与报告单位相同。当调查单位是"物"时,那么这种"物"的"主人"就是报告单位,如工业企业生产设备普查中,每台工业生产设备是调查单位,而每个工业企业便是报告单位。

3. 调查项目与调查表

调查项目就是反映调查单位特征的变量。通常情况下,变量有很多,但并不是每一个变量都是我们需要调查的项目。确定调查项目就是为了满足统计研究的目的,明确向调查单位搜集哪些资料,登记哪些变量的具体表现。因此,在确定调查项目之前,最好能设计一些反映总体特征的统计指标及指标体系,以便更好地选择那些必不可少的变量作为调查项目。由于变量的具体表现是我们计算有关统计指标的基础,因此,为了保证原始统计资料的准确性,在确定调查项目时必须注意如下几个问题:

(1) 调查项目的含义必须明确,不能模棱两可;

(2) 考虑取得资料的可行性,有些调查项目虽然需要,但在现有条件下难以取得资料的则不应列入;

(3) 调查项目的答案应满足完备性和互斥性,如果要求选择回答,则必须列出所有可能的答案,以免出现重复或遗漏;

(4) 确定不同时期同类调查的调查项目时,前后时期的调查项目应互相衔接,以便进行动态比较分析。

调查表是指把所要调查的项目按照一定的结构和顺序排列后形成的表格。它是调查项目的表现形式,也是向调查单位取得原始统计资料的重要工具。利用调查表进行调查,能够条理清晰地填写需要搜集的资料,也便于调查结束后对资料进行整理。

根据一份表格上容纳调查单位的多少,调查表可以分为一览表和单一表。一览表是指一份表格上可以登记两个及两个以上调查单位有关调查项目的调查表;单一表是指一份表格上只登记一个调查单位有关调查项目的调查表。设计调查表时采用一览表还是单一表,取决于调查目的和调查项目的多少。一般情况下,调查项目多宜采用单一表,调查项目少则应采用一览表。调查表的下端还应有填表说明,其内容包括各调查项目的定义、计算方法、资料所属时间及其应注意的事项,以确保统计资料的质量。

4. 调查时间、调查方式与方法

调查时间是指调查资料所属的时间。如果研究的现象是时期现象,则要规定调查资料所属的起止时间;如果研究的是时点现象,则应规定统一的标准时点。例如,要统计1992年全国全民所有制工业企业的工业增加值,调查时间就应是1992年1月1日至12月31日的整个日历年度;而我国第五次全国人口普查规定的标准时点则是2000年11月1日零点。

客观现象的复杂性决定了搜集资料的组织形式和方法的多样性。在每次调查之前,需要根据被调查现象的不同特点及调查目的的要求,确定比较适宜的调查方式与方法,以利于安排人员及预算调查经费。

5. 调查的组织工作

在搜集资料的方案中,还必须做好调查的组织工作。只有组织工作严密细致,才能保证统计调查的顺利进行。组织工作主要包括调查人员的培训、调查经费的筹措。要进行调查,不可避免地要花费人力、物力和财力,诸如调查人员培训费、外出调查差旅费、住宿费、办公费、调查表格印刷费、邮寄费等各种费用,在开始调查前要根据调查任务的性质及目的,分别向有关部门筹措这些经费,确保调查的顺利进行。

二、问卷设计

在市场调查中,调查的内容主要通过问卷来体现,问卷设计的好坏直接关系到调查数据的质量。因此,我们需要掌握问卷的基本内容及其设计要求。

(一)问卷的结构

问卷(questionnaires)又称问卷表,是以书面的形式,按照设计好的顺序,由一系列问题和相应的备选答案组成的表格。由于问卷在形式上易于被受访者接受,问题通俗易懂,实施方便,在实践中不仅被广泛使用到对市场的调查中,而且在访问调查法、德尔菲法、电话调查法、电脑辅助调查法、网络调查法中也采用问卷取得资料。一般来说,问卷在结构上由问卷标题、问卷说明、填写要求、甄别部分、主体内容、编码和背景等部分组成。

(1)问卷标题。问卷标题是对问卷内容的高度概括,一般在问卷表的上方居中的位置。问卷标题应该言简意赅,有助于回答者了解问卷的基本内容,并产生回答的兴趣。例如,"湖北省电信行业居民忠诚度调查问卷"、"洛阳市居民安全感调查问卷"、"成都市小灵通调查问卷"等,一看标题就可以知道调查的内容涉及什么方面。

(2)问卷说明。问卷说明又称前言或引言,一般以简短的文字阐明调查的目的和意义,消除被调查者的顾虑,争取被调查者的支持。问卷说明的语气要诚恳,文字要精练。

(3)填写要求。填写要求是对填写的要求、方法和注意事项的说明,一般用文字或符号对如何填写进行示范性的指导。例如,在问卷中列示出以下填写要求:对问卷中涉及具体数字的项目,如人数、时间、年龄等,请填写数字;对有选择的项目,请将答案的序号填在规定的地方,或者在选择的答案序号上打"√";请看清是只能选择一个答案还是可以选择多个答案等。

（4）甄别部分。这是通过设计一些问题对被调查者进行过滤，筛选掉不符合条件的被调查者，从而得到满足条件的调查对象。为了得到公正客观的资料，问卷中一般要筛选掉与调查主题有直接利害关系的人。例如，在对居民安全感调查时，若遇到公安、警察一般要终止访问；在调查市民对政府工作的满意程度时，遇到公务员一般要终止访问；在调查某产品的市场占有率时，遇到该产品生产厂家的员工一般也要终止访问。

（5）主体内容。主体内容由若干问题及其相应的选择答案组成，是问卷中最重要的部分。问题设计的好坏直接关系到调查目的能否实现、数据整理和分析能否顺利进行。在后面有专门的内容讨论如何设计好主体内容。

（6）编码。编码是指问卷的编号及问卷中的问题和答案用数字表示的代码，主要用于识别问卷、调查者、被调查者、问题和答案的序号等，便于整理，并在有疑问时便于检查和更正。

（7）背景。背景是有关被调查者个人特征的信息，包括被调查者的性别、年龄、职业、文化程度、职务、职称、收入等级等，便于调查者对被调查者进行分类分析。

（二）提问项目的设计

问卷的主体内容是由根据调查目的和要求而设计的问题和备选答案构成的，问题设计的质量将直接影响到调查目的能否达到。在设计问题时要注意：提问的内容应该尽可能地短；用词要通俗、准确；避免诱导性提问、否定式提问、对敏感性问题的直接提问；一项提问一般只能围绕一个问题进行，不能涉及多个问题等。

由于问题出现的次序可能会对被调查者的答题兴趣和答题质量产生影响，因此在设计问卷时，如何科学合理地安排问题的顺序，以获得准确的资料，是我们必须认真对待的重要工作。一般可按照如下的规则进行：

（1）问题的顺序安排应注意逻辑性。从总体上按照人们思维的逻辑性安排问题，可有效地避免因问题顺序的混乱给被调查者造成答题困难的现象。问题顺序的排列，可按时间顺序排列，也可按空间顺序排列；可按功能顺序排列，也可按类别顺序排列等。

（2）问题的顺序安排应注意兴趣。例如，将能够引起被调查者兴趣的问题放在前面，而将容易引起被调查者紧张、焦虑的问题放在后面；先问有关个人行为方面的问题，而将个人情感、态度方面的问题放在后面问等，这些都是保证问卷顺利完成的重要方面。

（3）问题的顺序安排应注意先易后难。为了便于被调查者答题，应该注意问题顺序的循序渐进，一般应该将比较容易答的题目放在前面，比较难回答的题目放在后面；将一般性问题放在前面，将敏感性问题放在后面。

(4) 开放性问题一般放在最后。由于开放性问题一般会占用被调查者较多的回答时间,故一般应放在最后,以便被调查者有充分的时间思考和组织语言。当然,这也不能机械对待,而要具体问题具体分析。

例 2.1 请问您认为哪个电视台办的娱乐节目最好看?

这个问题的时间定义不明,可以改为:

请问您认为最近一个月哪个电视台办的娱乐节目最好看?

例 2.2 您认为白猫牌洗衣粉的洗涤效果和漂白效果怎么样?

由于它涉及多个问题,可以改为两个问题提问:

您认为白猫牌洗衣粉的洗涤效果怎么样?

您认为白猫牌洗衣粉的漂白效果怎么样?

例 2.3 您认为冰川牌羽绒服的保暖效果好吗?

这个问题有暗示冰川牌羽绒服的保暖效果好的含义,可以改为:

您认为冰川牌羽绒服的保暖效果怎么样?

例 2.4 您觉得我校计算机基础的课堂教学质量差吗?

这个问题既有暗示计算机基础的课堂教学质量差的含义,又不是人们习惯的肯定陈述的提问,可以改为:

您觉得我校计算机基础的课堂教学质量怎么样?

例 2.5 您觉得我国居民消费价格指数的设计科学吗?

由于人们对某一方面专业知识的掌握程度有差异,居民消费价格指数的概念及其设计原理并非所有人都了解,属于比较专业的知识。在问卷调查中的用词应该通俗化,以便能为调查对象中的绝大多数人所理解,避免采用过于专业的术语。

例 2.6 您的年收入有多少?

对于这类被调查者不愿意外人知道的敏感性问题,一是除非非常有必要,否则应避免提问。因为人们可能采用虚报的方式应付回答,以至于调查数据失真。二是在研究目的要求涉及个人收入、私人交往对象、家庭生活状况、政治观点等敏感性问题时,一般要采用婉转的间接提问法,尽可能降低被调查者的反感程度。

(三) 回答项目的设计

按照答案之间的关系,可把提问分为开放性问题和封闭性问题两大类。开放性问题属于自由回答型;封闭性问题属于选择回答型,其回答的方法又可分为两项选择法、多项选择法、顺序选择法、评定尺度法、双向列联法等。

1. 提问项目为开放性问题时

开放性问题是指问卷没有提供任何参考答案,由被调查者根据题目的基本要求,按照自己的理解自由地选择回答形式的一类问题。开放性问题可以采用填空和自由回答两种方式。填空方式的开放性问题可举例如下:

例 2.7 请问您今年平均每月的通信费用是多少？

例 2.8 您最喜欢使用的笔记本电脑是什么品牌的？

自由回答方式的开放性问题可举例如下：

例 2.9 请问您认为中国的高考形式应该作哪些方面的改革？

例 2.10 请问您喜欢××产品的理由是什么？

开放性问题的优点是便于被调查者详细地表达自己的观点,适合于潜在答案较多的问题。缺点是可能占用被调查者较多的时间,致使部分被调查者放弃回答；答案不统一,给资料整理和分析带来困难。

2. 提问项目为封闭性问题时

封闭性问题是指调查者已经设计好若干个答案,被调查者只需从中选择一个或一个以上答案的问题。对封闭性问题的设计,答案要遵循穷尽性和互斥性的原则,即既不能遗漏,又不能有相互重叠的内容。如果有很多可供选择的答案,在列出主要的答案后,用"其他"二字代表未列出的答案。

（1）两项选择法。这是指提出的问题只有两种备选答案的提问方法。备选答案一般用"是"与"否",或者"有"与"无",或者"好"与"坏",或者"喜欢"与"不喜欢"等来表示。由于回答非此即彼,被调查者没有更多的选择。

例 2.11 你喜欢使用方正笔记本电脑吗？（在同意的方框中划"√"）

① 喜欢□　　　　② 不喜欢□

（2）多项选择法。这是指提出的问题有两种以上的备选答案,被调查者可以从备选答案中选择一个或多个回答的提问方法。在答案互相排斥时,只能选择一项答案,这是单项选择；在答案不互相排斥时,可以选择多项答案,这是多项选择。

例 2.12 你现在使用手机的品牌是什么？（在同意的方框中划"√"）

① 诺基亚□　　　② 摩托罗拉□　　　③ 三星□
④ 波导□　　　　⑤ LG□　　　　　　⑥ 其他□

对于绝大多数人而言,当前使用的手机一般只有一个,因而是单项选择。

例 2.13 你曾经使用过的手机的品牌有哪些？（在选择的方框中划"√"）

① 诺基亚□　　　② 摩托罗拉□　　　③ 三星□
④ 波导□　　　　⑤ LG□　　　　　　⑥ 其他□

对于曾经使用过的手机,答案既可以是一个,又可以是多个。

（3）顺序选择法。这是在有多个答案选择时,被调查者根据自己的偏好程度判断各答案的重要性,并按顺序列出答案的方法。这类答案的设计要求设计者充分考虑被调查者理解能力的差异,让他们能够顺利地写出答案的顺序。

例 2.14 传递内容较多的书面材料时,你所选择的传递方式的顺序是：
（在您认为最有效的方式后面的方框中写"1",其次写"2",以此类推。）

① 手机发送□ ② 传真打印稿□
③ 邮寄打印稿□ ④ 用 E-mail 发送□
⑤ 其他□

例2.15 请您按照喜欢的程度对以下品牌洗发水的前三个进行编号：
① 飘柔□ ② 海飞丝□ ③ 舒蕾□ ④ 风影□
⑤ 潘婷□ ⑥ 沙宣□ ⑦ 润持□ ⑧ 顺爽□

（4）评定尺度法。运用评定尺度法时，问题的答案由表示不同等级的形容词按照一定的顺序排列而成。

例2.16 您对中国电信的服务是否满意？（在选择的方框中划"√"）
① 非常不满意□ ② 不满意□ ③ 一般□
④ 满意□ ⑤ 非常满意□

（5）双向列联法。这是运用表格的形式，综合反映两方面问题的方法。表的横向和纵向分别反映两类问题，具有节省问卷篇幅、便于比较和内容综合的特点。

例2.17 为了解教师的教学质量，请在你赞成项目的空格内划"√"。

项目	好	一般	差
1. 教学工作认真负责，敬业勤勉			
2. 注意言传身教			
3. 教学内容充实，重点突出			
4. 表述（口头表达和板书）清楚			
5. 注重对学习方法和能力的培养			
6. 讲课富有启发性			
7. 理论联系实际			
8. 使用普通话			
9. 仪表庄重，上课精神饱满			

第三节 统计数据整理

通过统计调查搜集到的原始统计数据是个别的、分散的，只能说明总体各单位的具体情况，还不能反映总体的综合数量特征，达不到认识统计总体的目的。因此，在统计调查之后、统计分析之前，还需要对原始数据加以整理，使之系统化、条理化，这样才能反映总体的特征。统计数据整理是实现从个别单位的变量表现过渡到总体数量特征的必要阶段，是统计研究必不可少的中间环节，起着承前启后的作用。统计资料整理的质量如何，会直接影响统计分析的效果。本节的内容包括数据整理的程序、品质数据的整理与展示、数值型数据的整理与展示等。

一、统计数据整理的基本程序

（一）审核

在分组汇总之前，要对原始统计数据进行认真审核，主要审核资料的及时性、准确性和完整性。

（1）及时性检查，就是检查需要的统计数据是否在规定的时间内已经上报到调查机构，缺一两个单位的资料都会影响整个汇总工作。

（2）完整性检查，一是看所有的调查表格或问卷是否收齐，二是看所有的调查项目的答案是否完整。发现有问题应立即同被调查者或报告单位联系，采取补救措施。资料不完整，得出的结论就难以说明现象总体的本质特征。

（3）准确性检查，就是检查原始资料是否准确可靠，这是原始资料审核的中心。其审核方法有两个：一是逻辑检查，即根据调查项目之间的内在联系，检查各项目的答案是否合理，是否符合逻辑，答案之间有无矛盾之处。如有不符合逻辑或不合理的答案，应查明原因，及时纠正。二是计算检查，即检查调查表中各项数字的计算方法、计算口径、计算结果有无差错，数字之间该平衡的是否平衡了。若发现错误，能更正的则代其更正，原因难以查明的则退回给调查者或报告单位，查明原因，予以更正。

（二）分类或分组

对原始数据进行审核，确认准确无误后，根据统计研究目的和要求，对这些数据进行科学的分类或分组。分类数据和顺序数据主要是进行分类整理，数值型数据主要是进行分组整理。通过编制频数分布表，可汇总计算各个组的有关指标。具体的分类和分组方法将在后面详细介绍。

（三）编表作图

将汇总整理的结果用适当的表格形式表现出来，使统计数据系统化、条理化。如有必要，也可以绘制适当的统计图来表现汇总整理的结果，反映总体的分布特征。

二、品质数据的整理与展示

（一）分类数据的整理与展示

由于分类数据自身的特点就是对数据的分类，因而在整理时只需要列出所分的类别，计算出各类的频数或频率，频数分布表就形成了。还可选择适当的图形进行展示，以便对数据的特征有更直观的认识。

1. 频数和频数分布

频数是指落在某类中的数据的个数，又称为次数。

第二章 统计数据的收集、整理与显示

在分类的基础上,将总体的所有单位按类进行整理,形成总体单位在各组间的分布,称为频数分布或次数分布。

频数分布的构成要素有两个:一是品质变量的各种具体表现或数量变量值所形成的组。二是与各个组相对应的总体单位数,即频数,又称次数;或各组单位数占总体单位总数的比重,即频率,可以用百分数表示,也可以用小数表示。

频数分布可以用表的形式反映,也可以用图形来表现。用表来反映的称为频数分布表,而用图表现的频数分布称为频数分布图。频率分布既可以采用手工编制,又可以采用计算机编制,在数据较多时,一般采用计算机编制。

例2.18 某酱油企业为了解本公司产品在当地的市场占有率,组织了专门的市场调查小组,调查员在随机抽取一家超市后,对某天上午的60名顾客购买的酱油品牌进行了登记,原始数据如表2-1所示。

表2-1 顾客购买的酱油品牌名称

	A	B	C	D	E	F	G	H	I	J
1	李锦记	1	金狮	5	加加	6	美味鲜	2	李锦记	1
2	美味鲜	2	海天	3	珠江桥	4	加加	6	海天	3
3	海天	3	加加	6	金狮	5	珠江桥	4	金狮	5
4	海天	3	美味鲜	2	加加	6	金狮	5	海天	3
5	珠江桥	4	加加	6	美味鲜	2	珠江桥	4	李锦记	1
6	金狮	5	珠江桥	4	加加	6	金狮	5	海天	3
7	海天	3	金狮	5	珠江桥	4	海天	3	金狮	5
8	加加	6	海天	3	金狮	5	李锦记	1	海天	3
9	美味鲜	2	海天	3	珠江桥	4	金狮	5	李锦记	1
10	加加	6	珠江桥	4	金狮	5	海天	3	美味鲜	2
11	珠江桥	4	金狮	5	海天	3	加加	6	海天	3
12	金狮	5	海天	3	李锦记	1	美味鲜	2	李锦记	1

要利用Excel编制分类数据的频数分布表,需要把各类用一个数字代码来表示。在本例中,各类指定的代码是:

1——李锦记; 2——美味鲜; 3——海天;
4——珠江桥; 5——金狮; 6——加加。

在Excel中,将各品牌代码输入到Excel工作表的B1:B60,并将所有品牌的代码单做一列,为"接收区域",即工作表的C2:C7。创建频数分布表和柱形图的步骤如下:

第一步:在"工具"下拉菜单中选择"数据分析"。

第二步:在"数据分析"的选择栏中选择"直方图",单击"确定"项。

第三步:用鼠标圈定或键盘输入对话框"输入区域"框中的数据区域(本例为B1:B60);

用鼠标圈定或键盘输入对话框"接收区域"框中的代码区域(本例为 C2:C7);

在"输出选项"中选择"输出区域"并键入结果输出的区域(本例为 D2);选择"图表输出";在这里暂不选择"Pareto 图"和"累积百分率"。单击"确定"选项。Excel 输出的结果如表 2-2 所示。

表 2-2 Excel 输出的频数结果

	A	B	C	D	E	F
1	李锦记	1				
2	美味鲜	2	1	接收	频率	
3	海天	3	2	1	7	
4	海天	3	3	2	7	
5	珠江桥	4	4	3	15	
6	金狮	5	5	4	9	
7	海天	3	6	5	13	
8	加加	6		6	9	
9	美味鲜	2		其他	0	
10	加加	6				
11	珠江桥	4				
12	金狮	5				
13	金狮	5				
14	海天	3				
15	加加	6				
16	美味鲜	2				
17	加加	6				
18	珠江桥	4				
19	金狮	5				
20	海天	3				

为了便于阅读,可用品牌名称代替表 2-2 中的"接收",用"频数"代替表中的"频率",用各品牌的名称代替其品牌代码,用"合计"代替表中的"其他",将频数总和 60 输入到 E9 中,并计算出各自的比例和百分比,结果如表 2-3 所示。

表 2-3 不同品牌酱油的频数分布

D	E	F	G
品牌名称	频数(个)	比重	百分比(%)
李锦记	7	0.117	11.667
美味鲜	7	0.117	11.667
海天	15	0.250	25.000
珠江桥	9	0.150	15.000
金狮	13	0.217	21.667
加加	9	0.150	15.000
合计	60	1.000	100.000

2. 分类数据的图示

用图形的方式展示频数分布具有生动、直观的特点,分类数据的图示方法主要包括条形图、Pareto 图、对比条形图和饼图,一般都采用计算机描绘。

(1) 条形图

若将各类别放在纵轴,用宽度相同、长度不等的横条表示各类的频数多少,这样形成的图形称为条形图。有了频数分布表后可直接应用 Excel 中的"图表向导",选择"条形图",单击"下一步",在"数据区域"内键入数据类别和相应的次数的位置(在例 2.18 中为 D3:E8),单击"完成",即可得到条形图(图 2-1)。

若想标明有关次数,可连击任一横条,在"数据系列格式"中选择"数据标志"的"显示值",单击"确定"后,各次数的值就标在了横条上。柱子的自动生成色是蓝色,可在"图案"的"颜色"中选择任意颜色,即可改变横条的颜色。

连击图上面或右边的边框,在"绘图区格式"中选择边框"无";连击条形图内的空白处,出现"绘图区格式",可选择右边"颜色"中的任意颜色,即可改变底色。

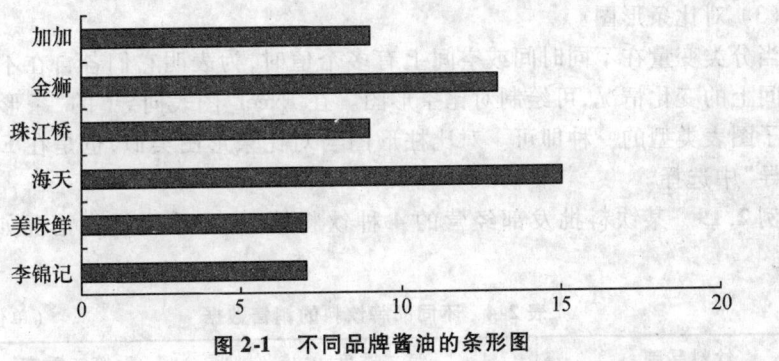

图 2-1　不同品牌酱油的条形图

将各类别放在横轴,用宽度相同、高度不等的柱子表示各类的频数多少,这样形成的图形称为柱形图(图 2-2)。操作方法类似于条形图,也是在"图表向导"中选择。

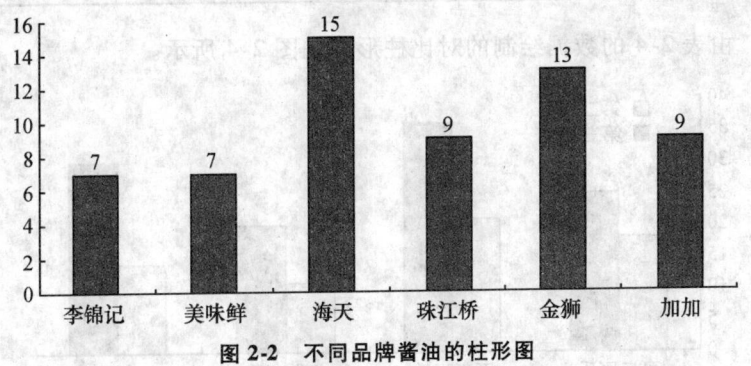

图 2-2　不同品牌酱油的柱形图

(2) Pareto 图

Pareto 图可以说是按次数多少排序后的柱形图。在制作频数分布表时选择

Pareto 图,会出现两个并排的频数分布表,对右边的频数分布表中各品牌的代码用其名称代替,删除最下面的"其他",使用 Delete 键删除图中的"接收"、"直方图"、"频率"和最右边的数字"0";连击任一柱子,在"数据系列格式"中选择"数据标志"的"显示值";连击图上面或右边的边框,在"绘图区格式"中选择边框"无",单击"确定"后即可完成 Pareto 图(图 2-3)。

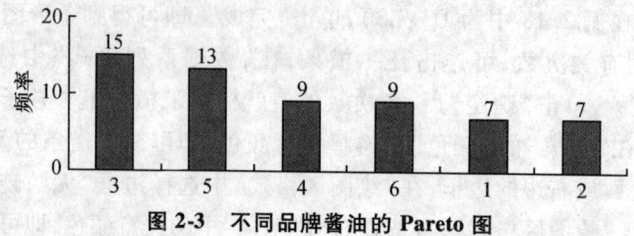

图 2-3　不同品牌酱油的 Pareto 图

(3) 对比条形图

当分类变量在不同时间或空间上有多个值时,为表明它们各自在不同时间或空间上的变化情况,可绘制对比条形图。在 Excel "图表向导"的"条形图"中,选择子图表类型的一种即可。对比柱形图与对比条形图类似,也是在 Excel "图表向导"中选择。

例 2.19　某饮料批发部经营的 4 种饮料第二、三季度销售情况如表 2-4 所示。

表 2-4　不同品牌饮料的销售数据　　　　　　（单位:万箱）

饮料品牌	第二季度	第三季度
可口可乐	18	25
百事可乐	21	36
非常可乐	11	20
红牛	14	30

解　由表 2-4 的数据绘制的对比柱形图如图 2-4 所示。

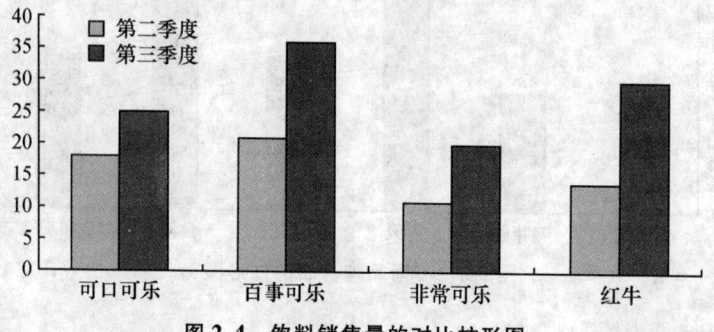

图 2-4　饮料销售量的对比柱形图

(4)饼图

有了频数分布表后,在 Excel"图表向导"的"饼图"中,单击"下一步",键入数据区域;单击"下一步",在数据标志中选择"显示百分比及数据标志",即可完成饼图的绘制。根据例2.18酱油品牌数据制作的饼图如图2-5所示。

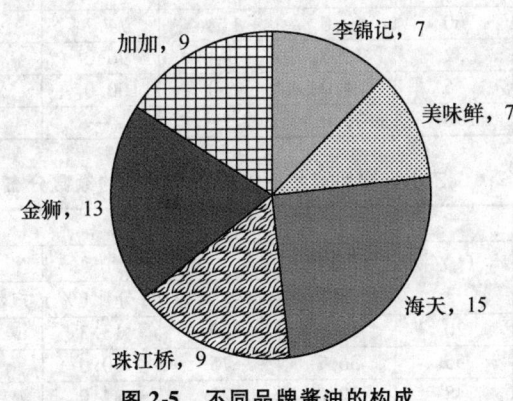

图 2-5　不同品牌酱油的构成

(二) 顺序数据的整理与展示

关于分类数据整理与展示的所有方法都适用于顺序数据,但顺序数据还有一些适合自己的方法并不能应用于分类数据,如累计频数分布表和累计频数分布图。

1. 累计频数和累计频率

累计频数是指将顺序数据中各组的次数按一定的方向逐级累计所得的结果。它有向上累计和向下累计之分。从顺序数据的最低一组逐级向最高一组累计频数,称为向上累计;从顺序数据的最高一组逐级向最低一组累计频数,称为向下累计。

例 2.20　为了解小区物业管理的质量,研究人员随机抽取了甲、乙两个大型居民小区,就"您对该小区的物业管理质量是否满意"的问题,各调查了150户居民,结果如表2-5和表2-6所示。

表2-5 甲小区居民对物业管理质量评价的频数分布

回答类型	甲小区					
	户数（户）	百分比（%）	向上累计		向下累计	
			户数（户）	百分比（%）	户数（户）	百分比（%）
非常不满意	12	8.0	12	8.0	150	100.0
不满意	40	26.7	52	34.7	138	92.0
一般	60	40.0	112	74.7	98	65.3
满意	32	21.3	144	96.0	38	25.3
非常满意	6	4.0	150	100.0	6	4.0
合计	150	100.0	—	—	—	—

表2-6 乙小区居民对物业管理质量评价的频数分布

回答类型	乙小区					
	户数（户）	百分比（%）	向上累计		向下累计	
			户数（户）	百分比（%）	户数（户）	百分比（%）
非常不满意	20	13.3	20	13.3	150	100.0
不满意	55	36.7	75	50.0	130	86.7
一般	48	32.0	123	82.0	75	50.0
满意	24	16.0	147	98.0	27	18.0
非常满意	3	2.0	150	100.0	3	2.0
合计	150	100.0	—	—	—	—

2. 顺序数据的图示

（1）累计频数分布图

利用顺序数据的累计频数分布表，将顺序类别及累计的频数复制在 Excel 的空白处，就构成了"图表向导"中"折线图"的数据区域，单击"下一步"，在数据标志中选择"显示值"，单击"完成"即可。例 2.20 的累计频数分布图如图 2-6 所示。

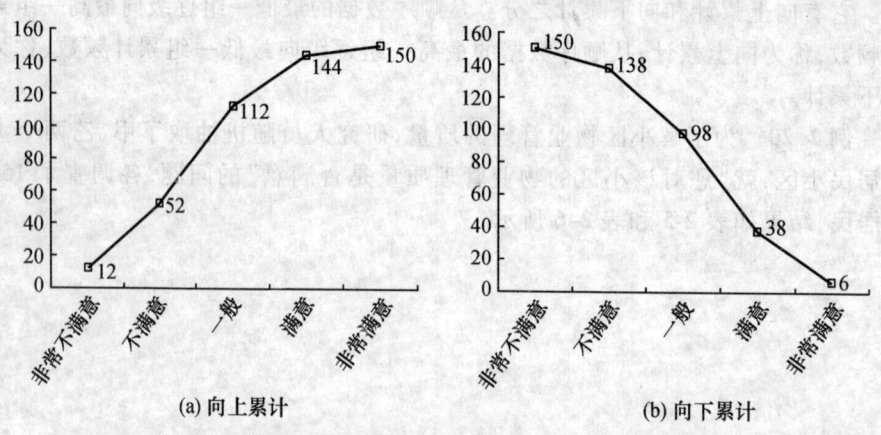

图2-6 甲小区居民对物业管理质量评价的累计频数分布图

(2) 环形图

环形图与饼图既相似,又有区别。环形图的中间是一个"空洞",环上的每一段表示顺序数据的一个类别。在表示多个总体或样本数据不同类别的差异时,环形图用不同的环以示区别,这是饼图不能做到的。

对于例 2.20,将甲乙两个小区居民评价的频数分布或频率分布复制在 Excel 的空白处,就构成了"图表向导"中"圆环图"的数据区域,单击"下一步",再单击"下一步",在数据标志中选择"显示值"或者选择"显示百分比",单击"完成"即可。例 2.20 的环形图如图 2-7 所示,内环表示甲小区居民对物业管理质量评价的分布,外环表示乙小区居民对物业管理质量评价的分布。

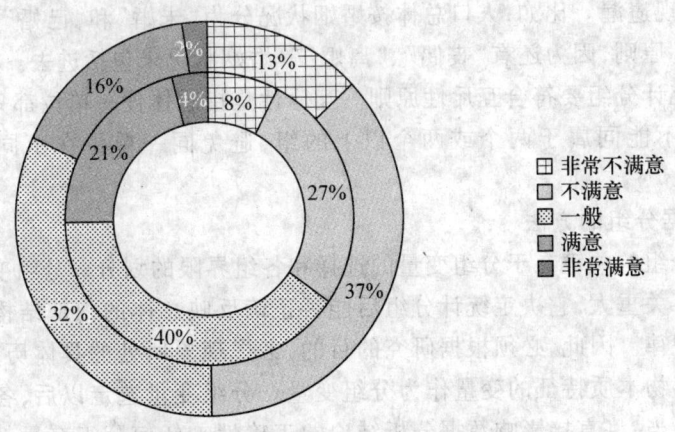

图 2-7　甲乙两个小区居民评价的频数分布

三、数值型数据的整理

根据分类数据、顺序数据和数值型数据的关系,关于分类数据、顺序数据整理与展示的所有方法都适用于数值型数据,但还有一些适合于数值型数据的方法并不适合于分类数据和顺序数据。数值型数据的特点是数据表现为数字,因而在整理时一般是先进行分组,以便观察数据的分布特征。

(一) 数据分组

1. 数据分组的概念

数据分组是根据被研究现象的特征和研究目的,按照一个或几个重要变量,将原始数据划分为性质不同的若干个组成部分的一种统计方法。

构成总体的各个单位,既具有共性,也具有各自的特殊性。各单位的共性是构成一个统计总体的基础,但总体单位的同质性是相对的,而各单位的许多变异变量表现出的各种差异性却是绝对存在的,它反映了事物之间质的区别,是进行统计分组的客观依据。对原始数据进行分组,主要是为了划分现象的类型,研事物内部结构的变化规律,以及现象之间的依存关系。

2. 数据分组应注意的问题

不论采用简单分组还是复合分组,作为科学的统计分组必须注意:

(1)保持组内总体单位的同质性和组间总体单位的差异性。数据分组兼有"分"与"合"两层含义,对总体而言是"分",即把总体内不同性质的单位分别归入不同的组,体现组间单位的差异性;对总体单位而言则是"合",即把性质相同的单位合在一起,使组内各单位具有同质性。

(2)统计分组要符合穷举性原则。穷举性又称完备性,是指总体的任一单位都有所归属,各单位都找到适合自己的组,这样分组的结果就能包括全部单位,不会出现遗漏。比如,人口总体按婚姻状况分为"未婚"和"已婚"两组,就不满足穷举性原则,因为还有"丧偶"、"离婚"等婚姻状况未包括进去。

(3)统计分组要符合互斥性原则。互斥性是指总体任一单位都只能归属于一个组,而不能同属于两个或两个以上的组,避免同一单位在不同组中重复出现。

3. 数据分组的方法

数据分组的关键在于分组变量的选择和各组界限的划分。分组变量选择的正确与否事关重大,它决定统计分组后能否正确反映总体的内部结构及数量特征和变化规律。因此,必须根据研究的目的,考虑现象所处的具体历史条件,选择能反映事物本质特征的变量作为分组变量。分组变量选定以后,各组界限的划分是否恰当,将直接影响数据分析结论的正确性。任何分组变量都包含着许多差异,都可能从中划定出不同的分组界限,若划分不当,必将混淆各组的性质差别。由于数值型数据具体表现为许多不同的变量值,这些单个变量值只能反映现象数量上的差异,不能明确反映现象性质上的区别,这就造成划分各组界限不太容易。因此,在划分各组界限时,要了解变量值的最大可能变异范围,再根据客观事物本身从量变到质变的内在规律性,来规定各组间的数量界限。

数据分组根据分组变量的多少可以分为简单分组和复合分组。简单分组又称单一分组,是对被研究现象总体只按一个变量进行分组。如人口按年龄分组,企业按利润额分组,考生按成绩分组等。简单分组说明问题简单明了,但它只能反映现象在某个方面的分布。如人口按年龄分组,可以反映年龄的分布情况,而在地域、性别、文化程度等方面的分布就反映不出来。因此,可以对原始数据采用不同的标志分别进行简单分组,再按序排列形成平行分组体系。

复合分组就是对原始数据按两个或两个以上变量进行层叠式分组。其分组方法是在确定分组变量中的主要变量和辅助变量后,先按主要变量进行分组,然后在第一次分组的基础上再按辅助变量进行第二次分组,按所选变量的顺序,在前一次分组的基础上进行分组,直到最后一层为止。

复合分组选择两个或两个以上变量进行层叠分组,可以从不同角度了解总体内部的构成,能更全面、更深入地说明总体的本质特征。但是,如果分组变量过多,会出现组数庞大、层次复杂、结构松散等情况,反而不能清楚地说明总体的特征。实际工作中,选择 2—3 个重要变量进行复合分组比较适宜。但对于总体单位较少的情况,采用复合分组有时难以反映总体的内部结构特征,因此一般不采用这种方法。

数据分组,还需要明确是采用单个变量值分组,还是采用由两个变量值形成的区间(即组距)分组,这取决于各数量变量值的变动范围。当变量值的变动范围很小,即使用每个变量值作为一组,所得到的组数也只有少数几个组时,则可采用单个变量值分组。再如,大学本科学生按年龄分组,虽然总体单位数很多,但各个学生年龄差别不大,则可以采用每个年龄(如 16 岁、17 岁、……)作为一组来编制频率分布。当然,实际工作中有时出于特定目的的需要,变量值的变动范围虽然很大,但也采用单个变量值分组,如我国人口统计中,既按不同年龄段分组,也按单个年龄值分组为:0 岁、1 岁、2 岁、……80 岁……

如果变量值的变动范围很大,采用单个变量值分组所得到的组数很多,难以反映总体的分布规律,则应该采用组距分组。采用组距分组时,由于决定事物性质的数量界限会因人的主观认识不同而异,不同的人对同一资料会得到不同的频率分布,但是使频率分布尽可能准确地反映总体的分布规律是基本的要求。下面结合例题来讨论组距分组频数分布的编制问题。

例 2.21 已知某城市甲居民区 80 户家庭 2007 年 8 月的人均通信支出额的资料(如表 2-7 所示),试编制这些家庭人均通信支出额的频数分布表。

表 2-7 80 户家庭 2007 年 8 月的人均通信支出额   单位:元

	A	B	C	D	E	F	G	H
1	80	148	115	212	239	227	100	138
2	90	143	140	204	217	236	118	144
3	240	150	159	359	276	236	131	161
4	247	174	338	315	278	210	195	240
5	285	197	183	308	260	328	259	275
6	294	180	198	108	162	264	276	263
7	297	244	228	121	170	186	345	248
8	224	254	226	162	156	189	206	288
9	200	267	213	178	127	168	235	314
10	203	233	218	192	120	128	218	237

解 由于原始数据比较多,在对数据进行排序后,宜采用组距分组编制频数分布表。

(1) 确定组数

组数取决于原始数据中数据的多少和变量值极差的大小,极差等于数据中最大变量值与最小变量值之差,亦称全距。一般而言,数据越多,极差越大,分组数目就应该越多一些。但根据惯例,人们很少使用少于 6 个或大于 16 个的分组数目。

美国学者 Sturges 提出,当总体的分布接近正态分布时,可以根据数据个数 n 来近似地确定分组数目 k,经验公式为:

$$k = 1 + \frac{\lg n}{\lg 2} \quad (2.1)$$

根据式(2.1),可得到如下的分组数目查对表(表 2-8)。

表 2-8 经验分组数目查对表

n	15—24	25—44	45—89	90—179	180—359	360—719	720—1 439
k	5	6	7	8	9	10	11

式(2.1)只能作为确定组数的参考,不能生搬硬套,因为原始数据的分布并不都是接近正态分布的,需要结合实际情况进行分析后决定是否采用。

例 2.21 中 80 户家庭人均通信支出额的资料,经粗略观察,接近于正态分布,按表 2-8 可确定组数为 7。

(2) 确定组距

一般情况下,用两个变量值组成的一个区间作为一个组时,该组的较小变量值叫下限,较大变量值叫上限,下限与上限之间的距离叫组距。如果相邻两个组的组限不相等,则有

$$某组组距 = 本组上限 - 前组上限 \quad (2.2)$$

如果相邻两个组的组限相等,即本组下限等于前组上限时,可按式(2.2)计算组距,即

$$某组组距 = 本组上限 - 本组下限 \quad (2.3)$$

如中学生按成绩分组,"80—90"分一组的下限为 80 分,上限为 90 分,组距 = 90 - 80 = 10(分)。如果每个组的组距相等,叫等距分组。若各个组的组距不完全相等,叫不等距分组。采用等距分组,便于分析总体的内部结构,但也可以根据研究目的和资料的特殊性而采用不等距分组。

在等距分组情况下,组数确定以后,组距也就基本确定了。组距、组数与极差之间的关系用式(2.4)表示即为:

$$组距 = 极差 \div 组数 \quad (2.4)$$

按式(2.4)计算出来的理论组距不一定是 5 或 10 的整数倍,但为了应用方便,实际组距最好取接近理论组距且为 5 或 10 的整数倍的数。如例 2.21 中,极

差 = 375 - 85 = 290(元),组数取为 7,故理论组距 = 290 ÷ 7 = 41.43(元),则我们取实际组距为 40 元。

(3) 确定组限

组限即为相邻两组的界限,有下限和上限之分。变量的性质不同,组限的确定方法也不同。对于离散变量,相邻组的组限相连但不重叠,即本期上限与后一组下限能按序连接,但不相等。比如,高等学校学生各个班的规模按人数分为:15—24 人、25—34 人、35—44 人、45—54 人……对于连续变量,相邻组的组限必须重叠,即本组上限等于后一组的下限,而本组下限又等于前一组的上限,以免遗漏数据,如考生按成绩分组为:"50—60 分"、"60—70 分"、"70—80 分"、"80—90 分"、"90—100 分"等。

实际工作中,有时为了方便,确定离散变量的组限时也按连续变量的组限确定方法处理。如果遇到某变量值刚好等于相邻组的组限时,习惯上是将这个变量值归入下限所在的一组,亦为"上组限不在内"原则,但最后一组的上限应包括在本组中。比如,甲考生的成绩为 70 分,那么这个 70 分应归入"70—80 分"一组,而不是"60—70 分"一组;若乙考生的成绩为 100 分,刚好等于最后一组的上限,则应归入"90—100 分"一组。

如果资料中存在极小值或极大值,通常采用开口组,即第一组不取下限,最后一组不取上限。如某班学生考试成绩绝大多数在 50—80 分之间,只有某个学生的成绩为 35 分,那么第一组可设为"60 分以下";若有另一个学生的成绩为 95 分,而"80—90 分"一组中没有数据,则取最后一组为"80 分以上"。当然,第一组和最后一组可以单独设为开口组,也可以同时设为开口组,视数据的具体情况而定。

另外,确定组限时,要求第一组的下限略小于或等于最小变量值,最后一组的上限略大于或等于最大变量值。

按上述要求,例 2.21 可设为"80—120 元"、"120—160 元"、……"280—320 元"、"320—360 元"7 组,如表 2-9 所示。

(4) 编制频率分布表

利用 Excel 工作表编制数值型数据的频数分布表时,要先对原始数据进行排序,作为 A 列的数据区域(例 2.21 为 A1:A80),再取各组的上限放在 B 列组成接收区域(例 2.21 为 B2:B8)。

运用在"工具"下拉菜单中的"数据分析",选择"直方图",单击"确定"项;将数据区域和接收区域键入;在"输出选项"中选择"输出区域"并键入结果输出的区域(例 2.21 为 C2);选择"图表输出";单击"确定"选项。

由于 Excel 输出结果的接收栏不是组距分组的形式,故直接对结果进行修改,用 80—120 代替 120,用 120—160 代替 160……将"其他"改为"合计",合计栏的值改为 80,用"人均通信支出额"代替"接收",用"频数"代替"频率",并计算出频率和百分比,得到表 2-9。

表 2-9　80 户家庭人均通信支出额的频数分布

	A	B	C	D	E	F
1	80					
2	90	120	人均通信支出额	频数(户)	频率	百分比(%)
3	100	160	80—120	7	0.0875	8.75
4	108	200	120—160	12	0.1500	15.00
5	115	240	160—200	17	0.2125	21.25
6	118	280	200—240	21	0.2625	26.25
7	120	320	240—280	12	0.1500	15.00
8	121	360	280—320	7	0.0875	8.75
9	127		320—360	4	0.0500	5.00
10	128		合计	80	1.0000	100.00

4. 组中值的计算

组中值是各组的下限与上限之间的中点数值。计算组中值的常用方法是取上限和下限的简单平均数,即:

$$组中值 = \frac{下限 + 上限}{2} \tag{2.5}$$

比如,表 2-9 中第一组(80—120)的组中值 $= \frac{80+120}{2} = 100(元)$;

最后一组(320—360)的组中值 $= \frac{(320+360)}{2} = 340(元)$。

式(2.5)适用于有下限和上限的闭口组。对于开口组,假定其组内数值的变化范围与相邻组一样,并以相邻组的组距作为开口组的假定组距,由此,开口组的假定组限为:

$$缺下限的开口组的假定下限 = 本组上限值 - 相邻组组距 \tag{2.6}$$
$$缺上限的开口组的假定上限 = 本组下限值 + 相邻组组距 \tag{2.7}$$

将上述假定组限公式代入组中值的基本公式中整理可得开口组的组中值计算公式:

$$缺下限的开口组组中值 = 上限值 - \frac{相邻组组距}{2} \tag{2.8}$$

$$缺上限的开口组组中值 = 下限值 + \frac{相邻组组距}{2} \tag{2.9}$$

(二) 累计频数分布

在频数分布的基础上，将各组频数依次累计，即形成累计频数分布。采用由小到大累计频数分布是将各组的频数，由变量值小的组向变量值大的组依次累计，它用于说明某一组上限以下各组的频数之和，除以数据个数即可表明某一组上限以下各组的单位总和占总体单位总和的比重，反映了某一组上限以下的总体单位分布状况。如由表2-9可知，80户家庭人均通信支出额在280元以下的户数占86.25%。

由大到小累计频数分布是将各组的频数，由变量值大的组向变量值小的组依次累计，它用于说明某一组下限以上各组的累计频数之和，除以数据个数即可表明某一组下限以上各组的单位总和占总体单位总和的比重，反映了某一组下限以上的总体单位分布状况。如由表2-9可知，80户家庭人均通信支出额在200元以上的家庭占55%。

四、数值型数据的图示

用来反映分类数据和顺序数据的图表，一般都能够用于反映数值型数据的分布，但有些反映数值型数据分布的图表却不能应用于另外两个数据类型。对于已经分组的数值型数据，一般采用直方图反映其数据特征；对于未分组的数值型数据，一般采用茎叶图和箱线图反映其数据特征。另外，对于时间序列数据，一般采用线图反映其发展变化的趋势和规律性；对于多变量数据，一般采用二维或三维散点图、气泡图、雷达图等反映其数据特征。

(一) 直方图

对于分组数据直方图(histogram)的制作，可分以下几步完成：

第一步：编制频数分布表(如例2.21的表2-8)，对频数分布表进行改造：将"人均通信支出额"改为"40—80"，将"频数"改为数字"0"，将"合计"改为"360—400"，将数"80"改为"0"，这样做的目的是使直方图左右两边空白处的大小相等，具有美观性。

第二步：对于改造后的频数分布表，应用"图表向导"，在输入数据区域后，单击"确定"项，产生柱形图(图2-8)。

第三步：连击图内空白处，出现"图表区格式"对话框，在"图案"的区域颜色选项上选择无色，单击"确定"项；连击任一柱子，出现"数据系列格式"对话框，在"数据标志"栏单击"显示值"，将"选项"的间距宽度由150改为0；单击"确定"项；删除改造后频数分布表中第一组的分组标志值"40—80"，删除改造后频数分布表中最后一组的分组标志值"360—400"；用Delete键删除直方图左右两边组的频数"0"。至此，直方图最终完成，如图2-9所示。

从直观上看，人均通信支出额直方图左右两边的数据，基本呈现正态分布状

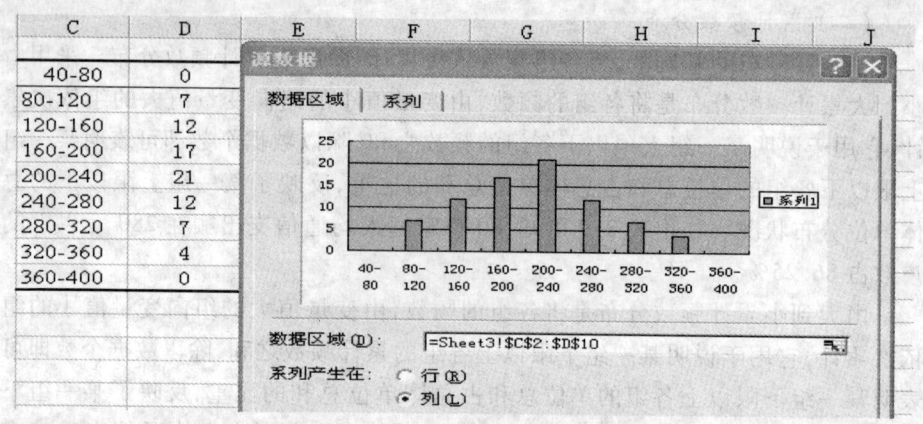

图 2-8 人均通信支出的柱形图

态,但并非标准正态分布状态。

由于例 2.21 的分组采用等距分组,故图 2-9 中矩形的高度就表示频数的分布。但如果采用的是不等距分组,则需要用各个矩形的面积来表示其频数的分布。

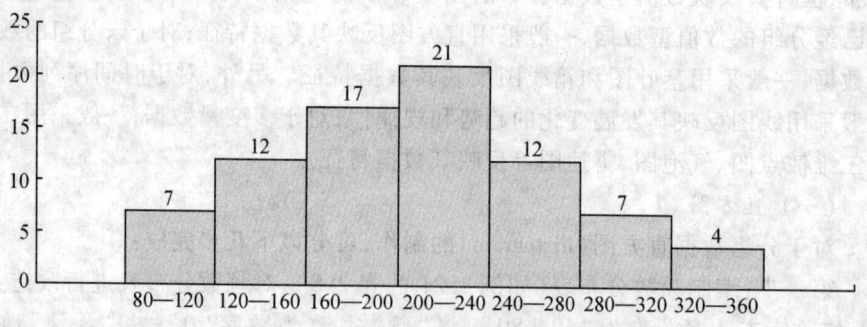

图 2-9 人均通信支出的直方图

(二) 茎叶图

茎叶图(stem-and-leaf display)是由"茎"和"叶"两部分组成,反映原始数据分布的图形。这里的"叶"由所有数据的最后一个或者两个数字组成,前面的数字构成"茎"。当数据的位数不大时,"叶"由最后一个数字组成;当数据的位数较大时,"叶"由最后两个数字组成。例如,由最后一个数字组成"叶"时,386 分成 38|6,53 分成 5|3 等;由最后两个数字组成"叶"时,1 091 分成 10|91,3 653 分成 36|53 等。前面的部分是树茎,后面的部分是树叶。再按由小到大排序后,由例 2.21 原始数据中后 30 个数据制作的茎叶图如图 2-10 所示。

树茎	树叶	数据个数
23	56 679	5
24	00 478	5
25	49	2

图 2-10 人均通信支出的茎叶图

相比之下,直方图比较适合于描述有较多数据的分布,而茎叶图比较适合于描述有较少数据(一般指少于 30 个)的分布。大多数统计软件中都有产生茎叶图的程序。

(三) 箱线图

箱线图(box plot)是利用几个描述性特征值来反映原始数据分布的图形。它由一个箱子和两条线段组成。由于所采用的特征值不同,箱线图有这样几种类型:中位数/四分位数/极差(Median/Quart/Range)箱线图、均值/标准误差/标准差(Mean/SE/SD)箱线图、均值/标准差/1.96 倍的标准差(Mean/SD/1.96 * SD)箱线图、均值/标准误差/1.96 倍的标准误差(Mean/SE/1.96 * SE)箱线图。这里仅介绍最常用的中位数/四分位数/极差箱线图的制作方法,其他类型箱线图的制作与此类似。在常用统计软件(例如 SPSS、STATISTICA 和 SAS)中都有箱线图制作的模块。

中位数/四分位数/极差箱线图是由一组数据的最大值 Max、最小值 Min、中位数 M_e、上四分位数 Q_U 和下四分位数 Q_L 组成的,又称为五数图。先用上四分位数和下四分位数组成箱子的两端,再用最小值连接下四分位数,用最大值连接上四分位数,中位数在最大值和最小值的正中间(一定在箱内)。其一般形式如图 2-11 所示。

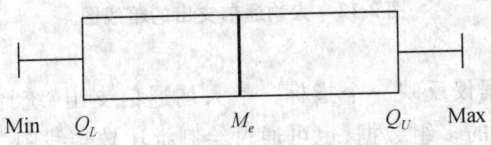

图 2-11 中位数/四分位数/极差箱线图

图 2-11 中长方形的两个端边在下四分位数和上四分位数的位置,中间一条线为中位数位置,最左边的线是最小值的位置,最右边的线是最大值的位置。在使用数据作图时,一般在下方或者左方画一条标明刻度的线段。

绘制箱线图必须先对原始数据按照从小到大的顺序进行排序,中位数 M_e、上四分位数 Q_U 和下四分位数 Q_L 的位置一般按照下列公式计算:

$$M_e \text{ 的位置} = \frac{n+1}{2} \qquad (2.10)$$

$$Q_L \text{ 的位置} = \frac{n+1}{4} \qquad (2.11)$$

$$Q_U \text{ 的位置} = \frac{3 \times (n+1)}{4} \qquad (2.12)$$

如果计算的位置值不是整数,则视相邻两数与这个位置的距离按比例计算有关数值。例如在例2.21中,$n=80$,中位数M_e的位置在40.5,而处在第40和41的位置上的数据分别是210和212,进行简单平均得$M_e=211$。

下四分位数Q_L的位置在20.25,处在第20和21的位置上的数据分别是161和162,Q_L的值按式(2.11)计算为:

$$Q_L \text{ 的值} = 161 + (162 - 161) \times 0.25 = 161.25$$

上四分位数Q_U的位置在60.75,处在第60和61的位置上的数据分别是248和254,Q_U的值按式(2.12)计算为:

$$Q_U \text{ 的值} = 248 + (254 - 248) \times 0.75 = 252.5$$

由例2.21的数据使用Excel绘制的箱线图如图2-12所示。

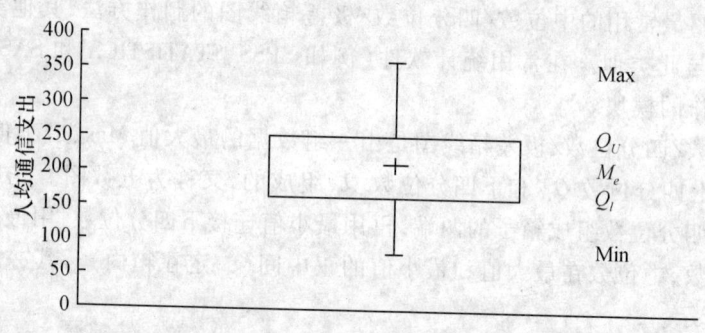

图2-12 人均通信支出的箱线图

例2.21的数据仅反映一个指标——人均通信支出,统计上称为单批数据。若有反映多个指标的多组数据,也可通过绘制批比较箱线图,进行多组数据分布特征的比较。

例2.22 从某中学高中二年级理科5班的学生中随机抽取10人,对期中考试的成绩进行调查,6门课程均按总分100分出题,有关数据如表2-10所示。试编制各科成绩的批比较箱线图,并分析各科成绩的分布特征。

表 2-10 10 名理科学生的考试成绩

1		学生序号									
2	课程名称	1	2	3	4	5	6	7	8	9	10
3	语文	78	88	86	94	94	80	90	92	95	78
4	数学	85	87	88	96	90	92	82	84	88	89
5	英语	87	94	96	94	88	94	86	88	90	89
6	物理	94	88	94	87	92	89	78	80	98	91
7	化学	88	96	87	90	94	86	72	75	89	93
8	生物	93	90	91	96	89	88	80	82	78	80

解 先作按课程成绩编制的箱线图。若采用 Excel,则需要先计算各科成绩的最大值、最小值、中位数、上四分位数和下四分位数。借助于股价图的"开盘—盘高—盘低—收盘图"(第二个子图表类型),在图表数据源对话框的数据区域中将"系列产生在列"修改为"系列产生在行",在绘图区单击右键,选取"数据源→系列→添加",在"名称"右侧用鼠标选取添加的第五个单元格的名称,在"值"右侧用鼠标选取其值。若计算机安装有专门的统计软件时,可直接使用软件作箱线图。图 2-13① 和图 2-14② 是由 SPSS 绘制的箱线图。

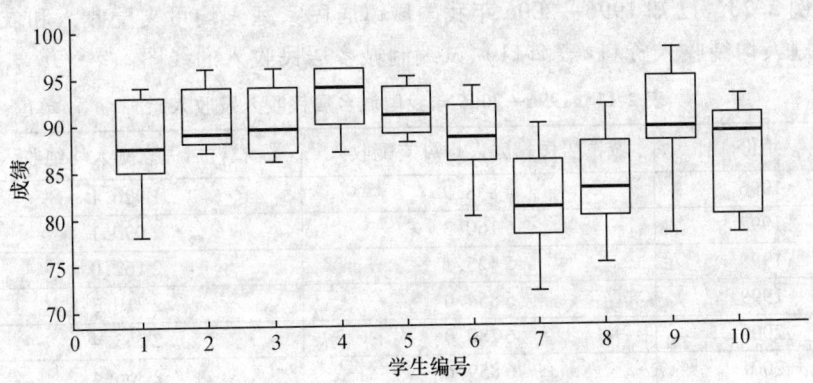

图 2-13 10 名学生成绩的箱线图

从图 2-13 中可以看出,第四名学生的总体成绩最好,第七名学生的总体成绩最差,第五名学生的总体成绩最均衡,而第十名学生有偏科现象。

---

① 按学生编号分类的批比较。
② 按课程分类的批比较箱线图。

从图 2-14 中可以看出,英语和物理的总体成绩最好(中位数较高),数学课的全班成绩最集中(箱子较短),语文课成绩参差不齐,比较分散。

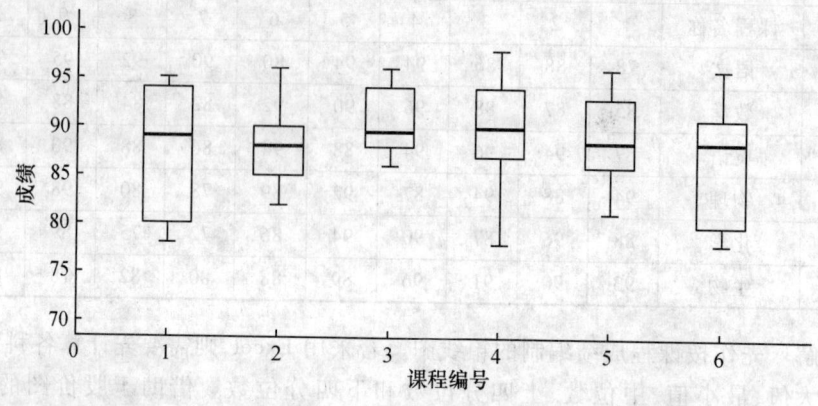

图 2-14　6 门课程成绩的箱线图

(四) 线图

对于时间序列数据,可用 Excel 中"图表向导"的"折线图"绘制。只要在数据区域输入数据的位置,单击"下一步",并在数据标志中选择"显示值",单击"完成"即完成线图的制作。

例 2.23　已知 1996—2006 年我国城镇居民家庭人均可支配收入和农村居民家庭人均纯收入资料(表 2-11),试编制城乡居民收入的线图。

表 2-11　1996—2006 年我国城乡居民收入及收入比　　　单位:元/年

年份	城镇居民家庭人均可支配收入	农村居民家庭人均纯收入
1996	4 838.9	1 926.1
1997	5 160.3	2 090.1
1998	5 425.1	2 162.0
1999	5 854.0	2 210.3
2000	6 280.0	2 253.4
2001	6 859.6	2 366.4
2002	7 702.8	2 475.6
2003	8 472.2	2 622.2
2004	9 421.6	2 936.4
2005	10 493.0	3 255.0
2006	11 759.0	3 587.0

资料来源:2004 年之前的数据来自国家统计局网站;2004 年之后的数据来自农业信息网和东方财富网。

解　用 Excel 中"图表向导"的"折线图",在数据区域输入数据的位置(B2:C12),单击"完成"即完成线图的制作(图 2-15)。

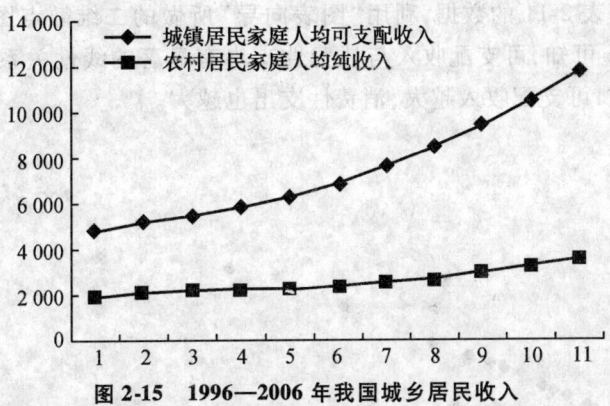

图 2-15　1996—2006 年我国城乡居民收入

横轴数字表示时间序号,1 表示 1996 年,2 表示 1997 年,……11 表示 2006 年。由图 2-15 可知,1999 年以后城乡居民收入比率有扩大的趋势。

(五) 多变量数据的图示

对于反映现象多个指标的多变量数据,以上的方法将难以清楚地展示其数据特点,一般宜采用散点图、气泡图、雷达图、星座图、连接向量图等进行展示。这里介绍在 Excel 的"图表向导"中能够应用的二维散点图、气泡图和雷达图。

1. 二维散点图

散点图包括二维散点图和三维散点图。在 Excel 的"图表向导"中 XY 散点图是反映两个变量相互关系的图形,它以前一列变量 X 作为横轴,以后一列变量 Y 作为纵轴。

例 2.24　某市 1991—2006 年居民人均可支配收入与人均消费性支出资料如表 2-12 所示,试编制人均可支配收入与人均消费性支出的二维散点图,并说明它们的关系。

表 2-12　1990—2006 年可支配收入与消费性支出资料

年份	可支配收入 y	消费性支出 CC	年份	可支配收入 y	消费性支出 CC
1991	659.25	576	1999	2 181.65	1 936
1992	685.92	615	2000	2 485.46	2 167
1993	834.15	726	2001	3 008.97	2 509
1994	1 075.26	992	2 202	4 277.38	3 530
1995	1 293.24	1 170	2003	5 868.48	4 669
1996	1 437.09	1 282	2004	7 171.91	5 868
1997	1 723.44	1 648	2005	8 158.74	6 763
1998	1 975.64	1 812	2006	8 438.89	6 820

解 根据表2-11的数据,利用"图表向导"所做的二维散点图如图2-16所示。由图2-16可知,可支配收入与消费性支出有显著的线性关系,观察值几乎在一条直线上,可支配收入越大,消费性支出也越大。

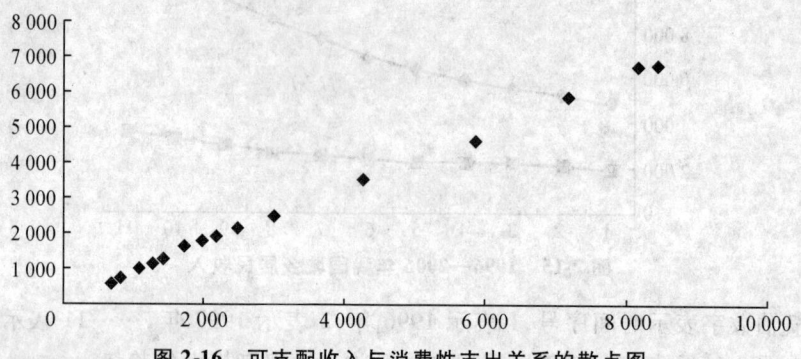

图2-16 可支配收入与消费性支出关系的散点图

2. 气泡图

气泡图(bubble chart)是反映三个变量之间的关系的图形。与二维散点图不同,它用两个自变量作为横轴和纵轴,而因变量的大小用图中的气泡大小来表示。

例2.25 某产品的价格x_1、居民收入x_2和产品需求量y的资料如表2-13所示,试绘制其相互关系的气泡图。

表2-13 产品的价格、居民收入和产品需求量数据

价格 x_1	居民收入 x_2	产品需求量 y
8	300	50
9	300	60
7	400	65
6	500	70
7	600	75
6	1 200	80
5	1 300	90
4	1 100	100
5	1 000	100
3	1 300	110

解 根据表2-13的数据,利用"图表向导"所做的气泡图如图2-17所示。

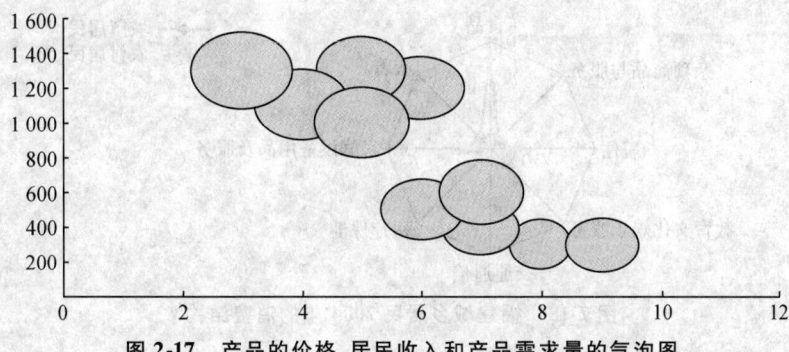

图 2-17　产品的价格、居民收入和产品需求量的气泡图

由图 2-17 可知,价格越低、收入越高,产品的需求量就越大。

3. 雷达图

雷达图(radar chart)又称蜘蛛图,是展示多个变量之间关系的常用方法。若有 K 个变量,其雷达图的做法是:先画一个圆,并将圆 K 等分,然后由圆心与这 K 个点构成 K 条射线,得到 K 个变量的坐标轴,标明刻度后,将各个变量的值的坐标连在一起,这样形成的多边形就是一个雷达图。

例 2.26　福建省城乡居民 2004 年消费结构资料如表 2-14 所示,试绘制雷达图。

表 2-14　福建省城乡居民 2004 年消费结构数据

项目	城镇居民	农村居民
食品	41.59	46.71
衣着	7.33	5.29
家庭设备用品及服务	10.65	14.27
医疗保健	5.33	5.13
交通通信	5.85	4.51
教育文化娱乐服务	12.93	10.15
居住	12.87	10.38
杂项商品与服务	3.45	3.56

资料来源于陈莞桢:"福建城乡居民消费行为之比较",《闽江学院学报》,2006 年 3 月。

解　根据表 2-14 中的数据,利用"图表向导"所做的雷达图如图 2-18 所示(数据区域 A1:C9)。

由图 2-18 可知,2004 年城乡居民的食品支出占消费支出的比重是最大的,且农村居民食品支出的比重高于城镇;杂项商品与服务所占的比重都是最小的;除了食品和家庭设备用品及服务外,城镇居民支出的比重都高于农村。

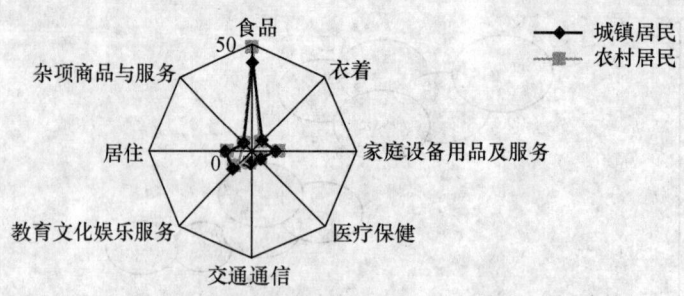

图 2-18　福建城乡居民 2004 年的消费结构

第四节　统计表的设计

统计表是表现数据的另外一种形式。数据的收集、整理和分析的各环节都要用到统计表。统计表不仅是表现数据和汇总数据的必要手段,更是进行统计分析的有效工具。利用统计表汇总数据,也便于检查数据的完整性和准确性。在运用统计表撰写分析报告时,能够节省篇幅,起到简明易懂的作用。

一、统计表的结构

根据使用者的要求和数据的特点,统计表有多种具体形式,但不论哪种形式的统计表,从外形看都由表头、行标题、列标题和数字资料四个部分组成。

表头部分主要说明统计表的名称,一般包括表号、总标题,在所有数字资料的计量单位相同时,其计量单位在表的右上角注明。

行标题通常用来表示横向变量的名称,一般在表的左边。

列标题通常用来表示纵向变量的名称,一般在表的上边。

数字资料是说明现象特征的数据,处在统计表的中间部分,数字资料都要有明确的计量单位。

表 2-15 就是一个常见的统计表形式。

表 2-15　2006 年某市四个区的基本情况表　　←——　表头

| | 人口数
(万人) | 面积
(平方公里) | GDP
(亿元) | 财政收入
(亿元) |　←——　列标题
|---|---|---|---|---|
| 甲区 | | | | |
| 乙区 | | | | |
| 丙区 | | | | |
| 丁区 | | | | |
| 合计 | | | | |

行标题在左侧{甲区 乙区 丙区 丁区}　　数字资料在中间部分

资料来源:2007年某市统计年鉴。　　　　　　　　　　　←——　附加

二、统计表的设计规则

为了使统计表能清楚地说明被研究现象的特征,要求统计表满足科学、实用、简练、美观的设计原则。具体来说,编制统计表时应注意如下几点:

(1) 合理安排统计表的结构。采用恰当的横竖比例,有时可以交换行标题和列标题,避免过高或过长的统计表形式。

(2) 统计表的总标题、行标题、列标题都要能简明扼要地说明有关内容,当各变量的计量单位不同时,应在标题内注明或单独注明数据所属的时间、地点和单位。

(3) 统计表的左右两端一律不封口;表的上下两端一般用粗线,其他的中间线都用细线隔开;为使统计表简单明了,在必要时列标题之间可用细线分开,而行标题中间一般不用横线分开;对于处在最后一行的合计栏,一般要用细线与行标题分开。

(4) 表中数据一般采用右对齐形式,有小数点时以小数点对齐,同栏数据要具有同一精确度;不要求填写或不可能有答案的表格单元,一般用"—"表示,在数字资料区不能出现"同上"、"同左"等文字。

(5) 若使用的是次级资料,应在表的下方注明资料来源,既显示对原作者的尊重,又便于读者查对。有时还需要在表的下方附上简明的指标解释。

本章小结

(1) 统计数据的来源。统计数据的来源包括次级统计数据和初级统计数据。次级统计数据主要是从公开渠道获得的数据,初级统计数据主要来源于专门组织的调查和科学试验。常用的统计调查方式主要有普查、统计报表调查和抽样调查等。搜集统计数据的具体方法有访问调查法、问卷调查法、德尔菲法、电话调查法、电脑辅助调查法、小组座谈法、观察法、实验法、网络调查法等,它们各有不同的特点。

(2) 调查设计。调查方案的结构包括调查目的、调查对象、调查单位和报告单位、调查项目与调查表、调查时间、调查组织形式与方法、调查的组织工作。问卷在结构上由问卷标题、问卷说明、填写要求、甄别部分、主体内容、编码、背景等部分组成。主体内容包括问题和答案。问题包括封闭性问题和开放性问题。提问的内容应该尽可能地短,用词要通俗、准确,避免诱导性提问,一项提问一般只能围绕一个问题进行。在安排问题的顺序时应注意逻辑性和兴趣,先易后难,将开放性问题放在最后。在设计封闭性问题的答案时可选择两项选择法、多项选择法、顺序选择法、评定尺度法、双向列联法等方法。

(3) 统计数据的整理。统计数据整理的基本程序:第一步审核,审核资料的及时性、准确性和完整性;第二步分类或分组;第三步编表作图。分类数据的整理与展示方法包括频数分布表、条形图、Parto图、对比条形图和饼图。顺序数据的整理与展示方法还包括累计频数分布表、累计频数分布图、环形图等。数值型数据在分组时,应该保持组内总体单位的同质性和组间总体单位的差异性;统计分组要符合穷举性和互斥性原则。数值型数据在展示时,对于已经分组的采用直方图,对于未分组的可采用茎叶图和箱线图。对于时间序列数据可采用线图,对于多变量数据可采用二维或三维散点图、气泡图、雷达图等。

(4) 统计表的设计。统计表从外形看都由表头、行标题、列标题和数字资料四个部分组成。统计表的设计应该遵循有关规则。

思考与练习

2.1 简述统计调查的主要方式及其各自的特点。

2.2 统计数据的具体收集方法有哪些?

2.3 一份完整的调查方案应该包括哪些内容?

2.4 什么是问卷?在结构上它由哪几个部分组成?

2.5 设计问卷的提问项目时一般应注意遵循哪些规则?

2.6 封闭性问题答案的设计有哪些类型可供选择?

2.7 简述统计数据整理的基本程序。

2.8 分类数据和顺序数据的图示方法各有哪些?

2.9 数据分组的方法有哪些?

2.10 统计表由哪几个部分组成?

2.11 简述统计表的设计规则。

2.12 试设计一份调查大学生对本科教学计划意见的问卷,对此问题进行调查,并将调查结果制成统计表和统计图。

2.13 请从网络上下载一份调查问卷,对其进行评价后,提出修改意见。

2.14 调查本班同学的来源地(按省或按市),制作频数分布表、条形图、柱形图和Parto图。

2.15 某调查公司对省内各市2007年度评选的"三八"红旗手的状况进行了调查,得到如下的百分比信息:

(1) 所从事的行业:服务业41%,制造业35%,政府机关8%,个体户3%,其他13%;

(2) 学历状况:高中30%,本科45%,硕士15%,博士4%,其他6%;

(3) 婚姻状况:有配偶85%,未婚6%,其他9%。

要求:试利用上述信息对这些先进人物作出描述。

2.16 为了解某市商品住宅的价格变动情况,调查机构随机抽取了25个样本,实际销售价格资料如下(单位:元):

		销售价格		
5 660	5 595	6 060	5 500	5 630
5 899	6 295	5 749	5 820	5 843
5 710	5 950	5 720	5 575	5 760
6 090	5 770	5 682	6 016	5 650
5 425	5 367	6 480	5 945	6 120

要求：试根据上表资料绘制茎叶图。

2.17 D超市30天的销售额资料如下（单位：万元）：

59	93	35	41	92	63
40	97	65	46	45	84
56	42	84	57	43	94
36	56	89	63	54	42
53	64	31	90	51	48

要求：试根据上表资料进行数据分组，并绘制这组数据的频数直方图。

2.18 2006年世界十大富豪和中国内地十大富豪资产的资料如下：

世界（亿美元）		中国内地（亿元）	
姓名	资产	姓名	资产
比尔·盖茨	500	黄光裕	180.9
沃伦·巴菲特	420	许荣茂	173.6
卡洛斯·贺鲁	300	荣智健	158.0
英格瓦·坎普拉德	280	朱孟依	152.4
拉克什米·米塔尔	235	张茵	115.0
保罗·艾伦	220	张力	115.2
伯纳德·阿诺特	215	施正荣	113.0
阿尔瓦利德·塔拉尔	200	刘永行	91.7
肯尼斯·汤姆森家族	196	郭广昌	90.8
李嘉诚	188	鲁冠球	90.5

要求：试按照1美元=7元人民币的汇率，画出相应的对比柱形图和环形图。

2.19 试通过对次级资料的收集，绘制1990—2006年我国国内生产总值（GDP）的线图（按当年价格计算，单位：亿元）。

2.20 某大型乳制品加工企业2006年在全国4个大区的销售额如下（单位：百万元）：

月份	华北	华东	华中	华南
1	110	160	81	62
2	115	160	82	68
3	107	174	76	70
4	105	189	77	71
5	101	192	80	69
6	99	140	77	73
7	96	154	76	78
8	100	170	69	77
9	108	177	66	89
10	113	188	75	92
11	125	151	89	95
12	129	179	95	98

要求：试根据上表资料绘制箱线图，并分析各大区销售额的分布特征。

第三章 数据分布特征的描述

案例

哪一门课程的考试成绩最好

2005年某校统计学专业50名考生的研究生入学考试成绩如表3-1所示。

表3-1 统计学专业研究生入学考试成绩 单位:分

学生编号	政治	英语	数学	统计学	学生编号	政治	英语	数学	统计学
1	79	69	84	90	21	61	55	80	73
2	82	66	84	94	22	72	66	54	73
3	81	67	80	87	23	60	62	54	85
4	74	66	75	97	24	67	52	66	90
5	70	66	86	93	25	64	60	67	64
6	73	63	79	81	26	72	45	58	82
7	72	71	64	88	27	73	43	63	76
8	68	58	79	92	28	65	55	61	75
9	69	68	75	86	29	70	49	54	85
10	74	53	89	87	30	63	56	56	76
11	71	56	70	85	31	70	52	51	78
12	72	66	64	80	32	72	50	62	71
13	72	63	47	92	33	70	61	51	58
14	71	55	73	85	34	53	65	74	62
15	67	62	56	82	35	56	58	38	83
16	70	49	69	86	36	61	46	34	91
17	73	63	53	80	37	57	63	72	65
18	76	79	43	75	38	64	54	50	64
19	81	71	59	64	39	55	56	34	77
20	74	54	52	82	40	52	58	59	67

（续表）

学生编号	政治	英语	数学	统计学	学生编号	政治	英语	数学	统计学
41	63	62	35	69	46	57	45	37	58
42	72	54	33	56	47	47	53	32	58
43	55	58	43	67	48	49	65	32	60
44	62	45	20	70	49	66	54	17	65
45	69	56	32	55	50	52	45	25	35

试根据上表资料回答以下问题：

(1) 50 名考生每一门课程的平均成绩是多少？

(2) 每一门课程考试成绩的离散程度是多少？

(3) 哪一门课程的平均成绩最具有代表性？

(4) 每一门课程考试成绩的分布状态如何？

对统计数据进行整理后，对数据分布的形状和特征就有了一个基本的了解。为了进一步掌握数据分布的特征和规律，还需要找到反映数据分布特征的各个代表值，即特征值。统计数据分布的特征，可以从三个方面进行测度和描述：一是数据分布的集中趋势，反映各数据向其中心值靠拢或聚集的程度，如算术平均数；二是数据分布的离中趋势，反映各数据远离其中心值的程度，如标准差；三是分布的偏态和峰度，反映数据分布的形状。这三个方面分别反映了数据分布特征的不同侧面，其中第一、第二个方面是主要的。本章重点讨论分布集中趋势的测度指标，包括算术平均数、调和平均数和几何平均数等数值平均数以及众数和中位数等位置平均数，以及数据分布离散趋势的测度指标，包括全距、四分位差、平均差、标准差、离散系数等。

第一节 分布集中趋势的测度

集中趋势是指一组数据向其中心值靠拢的倾向，测度集中趋势也就是寻找数据一般水平的代表值或中心值。取得集中趋势代表值的方法通常有两种：一是从一组数据（即各个变量值）中抽象出具有一般水平的量，这个量不是某一个具体变量值，但又要反映这些数据的一般水平，这种平均数称为数值平均数。数值平均数有算术平均数、调和平均数、几何平均数等形式。二是先将一组数据的变量值按一定顺序排列，然后取某一位置的变量值来反映这些数据的一般水平，把这个特殊位置上的数值看做是平均数，称为位置平均数。位置平均数有众数、中位数等形式。

一、算术平均数

算术平均数,通常简称均值,是指将一组数据相加后除以数据的个数所得到的一个数值。算术平均数是集中趋势测度中最重要的一种,也是所有平均数中应用最广泛的平均数。它主要适用于数值型数据,而不适用于分类数据和顺序数据。根据所掌握的数据不同,计算算术平均数的方法略有差别。

(一)简单算术平均数

如果掌握的是未分组整理的原始资料,则直接将各个数据加总,再除以数据的个数即得到平均数,并称之为简单算术平均数。

设一组数据为 $x_1,x_2,x_3,\cdots,x_n$,则算术平均数用 $\bar{x}$ 表示,其计算公式为:

$$\bar{x} = \frac{x_1 + x_2 + \cdots + x_n}{n} = \frac{\sum_{i=1}^{n} x_i}{n} = \frac{\sum x}{n} \tag{3.1}$$

例 3.1 根据表 3-1 中的数据,分别计算 50 个考生政治课和统计学课的平均成绩。

解 根据式(3.1)计算如下:

$$\text{政治平均成绩} \ \bar{x} = \frac{79 + 82 + 81 + \cdots + 52}{50} = \frac{3\ 338}{50} = 66.76(\text{分})$$

$$\text{统计学平均成绩} \ \bar{x} = \frac{90 + 94 + 87 + \cdots + 35}{50} = \frac{3\ 794}{50} = 75.88(\text{分})$$

(二)加权算术平均数

根据分组整理的数据计算平均数时,需要先用每个组的变量值或组中值分别乘以各自的频数或频率,然后加总再除以总次数或总频率,即得到算术平均数。其计算公式为:

$$\bar{x} = \frac{x_1 f_1 + x_2 f_2 + \cdots + x_k f_k}{f_1 + f_2 + \cdots + f_k} = \frac{\sum_{i=1}^{k} x_i f_i}{\sum_{i=1}^{k} f_i} = \frac{\sum xf}{\sum f} \tag{3.2}$$

式中:f_i 代表 i 组变量值出现的频数;

k 表示数据分布中的组数;

x_i 表示第 i 组的变量值或组中值。

如果各组的频数是以频率来表示的,则式(3.2)可表示为:

$$\bar{x} = \sum_{i=1}^{k} x_i \frac{f_i}{\sum f} = x_1 \cdot \frac{f_1}{\sum f} + x_2 \cdot \frac{f_2}{\sum f} + \cdots + x_k \cdot \frac{f_k}{\sum f} \tag{3.3}$$

例 3.2 2005 年某市红星幼儿园共有 458 名儿童,其年龄资料如表 3-2 所示。

表 3-2 红星幼儿园儿童年龄数据分布表

按年龄分组(岁)	人数(人)	百分比(%)
3	90	19.66
4	130	28.38
5	120	26.20
6	118	25.76
合计	458	100.00

要求:试计算该幼儿园儿童的平均年龄。

解 由于各年龄组的儿童人数不相等,不能直接将表 3-2 中的 4 个年龄数据加总除以 4,必须先用各组年龄乘以相应组的儿童人数,得到各组数据和,然后再除以儿童总人数,才能得到平均年龄。

计算过程如表 3-3 所示。

表 3-3 儿童平均年龄计算表

按年龄分组(岁)x	人数(人)f	百分比(%)$(f/\sum f)$	xf	$x \cdot (f/\sum f)$
3	90	19.66	270	58.98
4	130	28.38	520	113.52
5	120	26.20	600	131.00
6	118	25.76	708	154.56
合计	458	100.00	2 908	458.06

根据式(3.2)计算如下:

$$\text{平均年龄 } \bar{x} = \frac{3 \times 90 + 4 \times 130 + 5 \times 120 + 6 \times 118}{458} = \frac{2\,098}{458} = 4.58(\text{岁})$$

如果根据各组人数比例计算,则根据式(3.3)计算如下:

$$\bar{x} = \frac{3 \times 19.66 + 4 \times 28.38 + 5 \times 26.20 + 6 \times 25.76}{100} = \frac{458.06}{100} = 4.58(\text{岁})$$

例 3.3 对表 3-1 中 50 名学生的统计学成绩分组整理得到表 3-4。

表 3-4 50 名学生统计学考试成绩分布表

按成绩分组(分)	组中值 x	人数(人)f	百分比(%)
60 分以下	55	6	12
60—70	65	10	20
70—80	75	10	20
80—90	85	16	32
90 分以上	95	8	16
合计	—	50	100

要求:试计算50名学生统计学考试的平均成绩。

解 计算过程如表3-5所示。

表3-5 50名学生统计学考试平均成绩计算表

按成绩分组(分)	组中值 x	人数(人)f	百分比(%) $(f/\sum f)$	xf	$x(f/\sum f)(\%)$
60分以下	55	6	12	330	660
60—70	65	10	20	650	1 300
70—80	75	10	20	750	1 500
80—90	85	16	32	1 360	2 720
90分以上	95	8	16	760	1 520
合计	—	50	100	3 850	7 700

根据式(3.2)计算如下:

$$\text{平均成绩}\ \bar{x} = \frac{55 \times 6 + 65 \times 10 + 75 \times 10 + 85 \times 16 + 95 \times 8}{50}$$

$$= \frac{3\ 850}{50} = 77(\text{分})$$

如果根据各组人数的百分比计算,则根据公式(3.3)计算如下:

$$\text{平均成绩}\ \bar{x} = \frac{55 \times 12 + 65 \times 20 + 75 \times 20 + 85 \times 32 + 95 \times 16}{100}$$

$$= \frac{7\ 700}{100} = 77(\text{分})$$

比较例3.2与例3.3可以发现,二者的计算公式一样,差异在于两个例题中数据表现形式有所不同。例3.2中每个组只有一个数据,而例3.3中每个组是由一个数据区间即组距构成的。因此,根据例3.3计算平均数,首先需要计算每个组的组中值,再以组中值作为每个组的代表值参与平均数的计算。

用各组的组中值代表其实际数据计算算术平均数时,通常假定各组数据在组内是均匀分布的,相应的组中值近似等于各组的平均数。如果实际数据与这一假定吻合,则计算的结果比较准确,否则就会出现较大的误差。在实际生活中,如果难以获得原始数据,而只能根据分组整理以后的数据计算算术平均数时,必须注意的一点就是,根据分组数据计算的平均数只是实际平均数的近似值。如根据例3.3计算的50名学生的统计学考试平均成绩为77分,而根据表3-1原始数据计算的实际平均成绩则为75.88分,误差为1.48%{[(77 - 75.88)/75.88] × 100}。

根据式(3.1)计算的平均数称为简单算术平均数,其数值的大小只与变量值的大小有关。根据式(3.2)和式(3.3)计算的平均数称为加权算术平均数,其数值的大小不仅受各组变量值(或组中值)大小的影响,而且受各组变量值出现

的频数 f_i 或频率 $(f_i/\sum f_i)$ 大小的影响。如果某一组的权数较大,说明该组的数据较多,那么该组数据的大小对平均数的影响就越大,反之则越小。可见,各组频数的多少(或频率的高低)对平均的结果起着一种权衡轻重的作用,因而这一衡量变量值相对重要性的数值称为权数。这里所谓的权数的大小,不仅仅是就权数本身数值的大小而言的,而且是指各组频数占总频数的比重,即权数系数 $(f_i/\sum f_i)$。

加权算术平均数中,各个变量值的权数要起作用必须具备两个条件:一是各个变量值之间有差异,否则若各个变量值都相等,从而没有差异,则权数将不起作用;二是各个变量值的权数有差异,否则若各个变量值的权数都相等,从而没有差异,则权数也将不起作用。如果各个权数都相等,则可以计算简单算术平均数。从这个意义上说,简单算术平均数是加权算术平均数在权数相等时的特例。

(三) 算术平均数的性质

算术平均数在统计学中具有重要的地位,它是进行统计分析和统计推断的基础。首先,从统计思想上看,平均数是一组数据的重心所在,是数据正负离差相互抵消后的必然结果。计算平均数的目的就是消除偶然因素对数据产生的影响,以反映事物必然性的数量特征。其次,算术平均数是反映数据分布集中趋势的特征值之一。从数据分布态势看,通常与平均数离差越小的变量值出现的次数越多,与平均数离差越大的变量值出现的次数越少,则体现出一种向平均数集中的趋势。最后,算术平均数具有以下一些重要的数学性质,这些数学性质在实际工作中有着广泛的应用(如在相关分析和方差分析及建立回归方程中),同时也体现了算术平均数的统计思想。

(1) 各变量值与其算术平均数的离差之和等于零,即 $\sum (x - \bar{x})f = 0$。

证明:$\sum (x - \bar{x})f = \sum xf - \bar{x}\sum f = \sum xf - \dfrac{\sum xf}{\sum f}\sum f = 0$

2. 各变量值与其算术平均数的离差平方和最小,即 $\sum (x - \bar{x})^2 f =$ 最小值,亦即

$$\sum (x - \bar{x})^2 f \leq \sum (x - A)^2 f$$

式中 A 为任意常数。

证明:设 A 为任意常数,$c = \bar{x} - A, A = \bar{x} - c$,以 A 为中心的离差平方和为:

$$\sum (x - A)^2 f = \sum [x - (\bar{x} - c)]^2 f = \sum [(x - \bar{x}) + c]^2 f$$
$$= \sum (x - \bar{x})^2 f + 2c \sum (x - \bar{x})f + c^2 \sum f$$
$$= \sum (x - \bar{x})^2 f + c^2 \sum f$$

$$\because c^2 \sum f \geq 0$$

$$\therefore \sum (x - A)^2 f \geq \sum (x - \bar{x})^2 f$$

即

$$\sum (x - \bar{x})^2 f \leq \sum (x - A)^2 f$$

二、调和平均数

调和平均数也称倒数平均数,它是对变量的倒数求平均,然后再取倒数而得到的平均数,以 H_m 表示。由于所掌握的资料不同,与算术平均数类似,调和平均数也有简单调和平均数和加权调和平均数两种形式。其计算公式分别为:

$$H_m = \frac{n}{\frac{1}{x_1} + \frac{1}{x_2} + \cdots + \frac{1}{x_n}} = \frac{n}{\sum_{i=1}^{n} \frac{1}{x_i}} \tag{3.4}$$

$$H_m = \frac{m_1 + m_2 + \cdots + m_k}{\frac{m_1}{x_1} + \frac{m_2}{x_2} + \cdots + \frac{m_k}{x_k}} = \frac{\sum_{i=1}^{k} m_i}{\sum_{i=1}^{k} \frac{m_i}{x_i}} \tag{3.5}$$

式中:x_i 表示第 i 个变量值,m_i 表示与第 i 个变量值对应的权数。

例 3.4 假设甲、乙、丙三种苹果的价格分别为每斤 2.4 元、1.8 元及 1.5 元。(1)若三种苹果各买 1 斤,试问所购苹果的平均价格为多少?(2)若三种苹果各买 1 元,试问所购苹果的平均价格又为多少?(3)如果甲、乙、丙三种苹果分别购买 5 元、8 元和 10 元,试问其平均价格为多少?

解 计算平均价格的基本形式是用所付金额除以所购数量,因此,只要算出所支付的金额及其所购买的数量,就可以很容易地得出平均价格。

(1)若不同价格的三种苹果各买 1 斤,共买了 3 斤,支付金额为 5.7 元,则采用简单算术平均法计算平均价格:

$$平均价格 \bar{x} = \frac{2.4 + 1.8 + 1.5}{3} = \frac{5.7}{3} = 1.9(元/斤)$$

注意,上式中的分子实际上是三个金额相加,而不是三种价格相加。商品的价格是不能直接加总的。

(2)若三种苹果各买 1 元钱,则不能采用简单算术平均法计算,必须从计算平均价格的基本公式出发,计算所支付的金额和购买的数量。①计算所付金额:三种不同价格的苹果各买 1 元,则所付金额为 3 元;②计算所购买的数量:分别用 1 元除以三种不同的价格,得到每 1 元所购买的数量,即甲种苹果购买了 0.42 斤,乙种苹果购买了 0.56 斤,丙种苹果购买了 0.67 斤,3 元总共买了 1.65 斤;③计算平均每 1 元购买了多少苹果,用 1.65 斤除以 3 元得到每 1 元购买了

0.55 斤苹果;④换成价格表现形式——每斤多少元,用 1 元除以 0.55 斤,得到每斤 1.82 元。

整个计算过程用公式表示如下:

$$平均价格\ H = \frac{1}{\frac{\frac{1}{2.4}+\frac{1}{1.8}+\frac{1}{1.5}}{3}} = \frac{1}{\frac{0.42+0.56+0.67}{3}}$$

$$= \frac{1}{\frac{1.65}{3}} = \frac{3}{1.65} = 1.82(元/斤)$$

(3) 如果甲、乙、丙三种苹果分别购买 5 元、8 元和 10 元,则应该采用加权调和平均法计算,即根据公式(3.5)计算如下:

$$平均价格\ H = \frac{5+8+10}{\frac{5}{2.4}+\frac{8}{1.8}+\frac{10}{1.5}} = \frac{23}{13.19} = 1.74(元/斤)$$

在实际工作中,由于所获得的数据不同,有时不能直接采用算术平均数的公式计算平均指标,这时就需要使用调和平均数的形式计算。

例 3.5 某水果批发市场某日苹果、梨及橘子三种水果的批发价格及成交量资料如表 3-6 所示。试计算这三种水果的平均批发价格。

表 3-6　三种水果批发价格及成交量数据

水果名称	批发价格(元/公斤)	成交量(公斤)
苹果	3.6	8 000
梨	4.2	12 000
橘子	2.8	15 000
合计	—	35 000

解　根据平均价格的计算公式(成交额÷成交量),采用加权算术平均法计算三种水果的平均批发价格如下:

$$平均批发价格\ \bar{x} = \frac{成交额}{成交量} = \frac{\sum xf}{\sum f}$$

$$= \frac{3.6\times 8\,000+4.2\times 12\,000+2.8\times 15\,000}{35\,000}$$

$$= 3.46(元/公斤)$$

例 3.6　(续例 3.5)某水果批发市场某日苹果、梨及橘子三种水果的批发价格及成交额资料如表 3-7 所示。试计算该三种水果的平均批发价格。

表 3-7 三种水果批发价格及成交额数据

水果名称	批发价格(元/公斤)	成交额(元)
苹果	3.6	28 800
梨	4.2	50 400
橘子	2.8	42 000
合计	—	121 200

解 根据平均价格的计算公式(成交额÷成交量),由于成交量未知,需要利用批发价格和成交额先求出成交量数据,再用成交额除以成交量得到平均价格。此时,应采用加权调和平均法计算三种水果的平均批发价格,即

$$\text{平均批发价格 } H_m = \frac{\text{成交额}}{\text{成交量}} = \frac{\text{成交额}}{\sum \frac{\text{成交额}}{\text{批发价格}}} = \frac{\sum m}{\sum \frac{m}{x}}$$

$$= \frac{28\,800 + 50\,400 + 42\,000}{\frac{28\,800}{3.6} + \frac{50\,400}{4.2} + \frac{42\,000}{2.8}} = \frac{121\,200}{35\,000} = 3.46(\text{元/公斤})$$

比较例 3.5 和例 3.6,二者的计算结果完全一致。从数学定义角度看,算术平均数与调和平均数是不一样的,但在社会经济应用领域,调和平均数实际上只是算术平均数的另一种表现形式,二者本质上是一致的,唯一的区别是计算时使用了不同的数据。

计算比率的平均数时,如果已知比率及其基本计算式的分母资料,则采用加权算术平均法;如果已知比率及其基本计算式的分子资料,则采用加权调和平均法。

例 3.7 某市某行业 150 个企业的产值利润率及相关资料如表 3-8 所示。

表 3-8 某行业产值和利润情况表

产值利润率(%)	第一季度		第二季度	
	企业数(个)	实际产值(万元)	企业数(个)	实际利润(万元)
5—10	30	5 700	50	710
10—20	70	20 500	80	3 514
20—30	50	22 500	20	2 250
合计	150	48 700	150	6 474

要求:试分别计算该行业 150 个企业第一季度和第二季度的平均产值利润率。

解 表 3-8 中给出的是按产值利润率分组的企业个数、每个组的实际产值和实际利润资料。企业个数在此不起权数的作用。应该注意的是,产值利润率

是一个相对指标（比率），而不是平均指标。为了计算全行业的平均产值利润率，必须以产值利润率的基本公式为依据，即

$$产值利润率 = \frac{实际利润}{实际产值} \times 100\%$$

选择适当的权数资料、适当的平均数形式，对各组企业的产值利润率进行加权平均。容易看出，计算第一季度的平均产值利润率，应该采用实际产值加权，利用算术平均法计算，即有

$$\begin{aligned}第一季度的平均\\产值利润率\end{aligned} = \frac{\sum xf}{\sum f} = \frac{0.075 \times 5\,700 + 0.15 \times 20\,500 + 0.25 \times 22\,500}{5\,700 + 20\,500 + 22\,500}$$

$$= \frac{9\,127.5}{48\,700} = 18.74\%$$

而计算第二季度的平均产值利润率，则应该采用实际利润加权，利用调和平均法计算，即有

$$\begin{aligned}第二季度的平均\\产值利润率\end{aligned} = \frac{\sum m}{\sum \frac{m}{x}} = \frac{710 + 3\,514 + 2\,250}{\frac{710}{0.075} + \frac{3\,514}{0.15} + \frac{2\,250}{0.25}}$$

$$= \frac{6\,474}{41\,893.3} = 15.45\%$$

比较上述结果可以看出，第二季度的产值利润率比第一季度有所下降，需要查找原因，采取适当的措施以提高该行业的产值利润率。

三、几何平均数

几何平均数也称几何均值，它是 n 个变量值乘积的 n 次方根。几何平均法是计算平均比率或平均发展速度最适用的一种方法。如果分布数列中各变量值呈几何级数变化或频率分布极不对称，也常采用几何平均法来计算平均数。根据统计资料的不同，几何平均数也有简单几何平均数和加权几何平均数之分。

对于未分组的资料，几何平均数的计算公式为

$$G_m = \sqrt[n]{x_1 \cdot x_2 \cdot x_3 \cdot \cdots \cdot x_n} = \sqrt[n]{\prod_{i=1}^{n} x_i} \qquad (3.6)$$

式中，G_m 表示几何平均数，$\prod$ 表示连乘符号。

对于分组资料，几何平均数的计算公式为

$$\bar{x}_G = \sqrt[\sum f]{x_1^{f_1} \cdot x_2^{f_2} \cdot x_3^{f_3} \cdot \cdots \cdot x_k^{f_k}} = \sqrt[\sum f]{\prod_{i=1}^{k} x_i^{f_i}} \qquad (3.7)$$

式中，f_i 表示各个变量值出现的次数。

例3.8 已知某市2001—2005年国内生产总值的发展速度(以上年为100%)分别为112%、108%、114%、116%和113%。试计算这5年国内生产总值的平均发展速度。

解 由式(3.6)可得：

$$平均发展速度\ G_m = \sqrt[5]{x_1 \cdot x_2 \cdot x_3 \cdot x_4 \cdot x_5}$$
$$= \sqrt[5]{112\% \times 108\% \times 114\% \times 116\% \times 113\%}$$
$$= 112.57\%$$

注意，如果已知的是各年的增长速度，要计算若干年的平均增长速度，则需要先将增长率加上100%得到发展速度，再根据上述方法计算平均发展速度，最后用平均发展速度减100%得到平均增长速度。

例3.9 甲投资银行某项投资的年利率是按复利计算的，将过去20年的年利率资料整理为如表3-9所示的数列。

表3-9 投资年利率数据

年利率(%)	本利率(%)	年数(年)
5	105	3
7	107	5
8	108	7
10	110	3
15	115	2
合计	—	—

要求：试计算20年的平均年利率。

解 根据式(3.7)计算20年的平均本利率：

$$平均本利率\ G_m = \sqrt[20]{105\%^3 \times 107\%^5 \times 108\%^7 \times 110\%^3 \times 115\%^2}$$
$$= 108.27\%$$

平均年利率即为8.27%。

例3.10 某流水生产线有前后衔接的5道工序，各工序产品某日的合格率分别为95%、92%、90%、85%、80%。要求：计算整个流水生产线产品的平均合格率。

解 根据式(3.6)可得：

$$平均合格率\ G = \sqrt[5]{0.95 \times 0.92 \times 0.90 \times 0.85 \times 0.80}$$
$$= \sqrt[5]{0.5349} = 88.24\%$$

即整个流水生产线产品的平均合格率为88.24%。

几何平均数在实际应用中受到很多限制。如果被平均的变量值中有一个为零,则不能计算几何平均数;如果变量值为负数,开偶次根会形成虚根,失去意义。因此,几何平均数在实际应用中的范围比算术平均数要窄。

几何平均数的特点为:

(1) 几何平均数受极端值的影响较算术平均数小。

(2) 如果变量值有负值,计算出的几何平均数就会成为负数或虚数。

(3) 它仅适用于具有等比或近似等比关系的数据。

(4) 几何平均数的对数是各变量值对数的算术平均数。

第二节 集中趋势——位置平均数

位置平均数,就是根据总体中处于特殊位置上的个别单位或部分单位的标志值来确定的代表值,它对于整个总体来说,具有非常直观的代表性,因此,常被用来反映分布的集中趋势。常用的位置平均数有众数和中位数。

一、众数

(一) 众数的含义

众数是指一组数据中出现次数最多的变量值,用 M_o 表示。

众数可以直观地说明分布的集中趋势,并用它来作为反映变量值一般水平的代表值。例如,为了掌握集贸市场某种蔬菜的价格水平,不必登记该商品的全部成交额与成交量再加以平均,只需用某日市场上最普遍(即成交量最多)的成交价格即可。以此代表当日的市场行情,既简便又富有代表性。不仅如此,在某些场合只有众数才适合作为总体的代表值。如服装、鞋袜、帽子等商品的生产和销售,企业的销售部门为了了解和满足消费者的需要,所关心的不是这些商品的号码、尺寸、规格、型号的算术平均数,而是它们的众数。至于如何确定众数,则需要根据所掌握的资料而定。

(二) 众数的计算方法

1. 观察法求众数

如果数据已经按单个变量值归类整理成频率分布表或者是分类数据表,则次数出现最多或频率最高的那个变量值即为众数。

例 3.11 某制鞋厂为了了解消费者最需要的男皮鞋的型号,就调查了某百货商场 2005 年 10 月男皮鞋的销售情况,得到的资料如表 3-10 所示。

第三章 数据分布特征的描述

表 3-10 某商场 2005 年 10 月男皮鞋销售情况

规格(厘米)	销售量(双)	频率(%)	由小到大累计次数(人)	由大到小累计次数(人)
24.0	50	5	50	1 000
24.5	80	8	130	950
25.0	210	21	340	870
25.5	320	32	660	660
26.0	180	18	840	340
26.5	100	10	940	160
27.0	60	6	1 000	60
合计	1 000	100	—	—

要求:试根据表 3-10 的资料计算男皮鞋销售量的众数。

解 从表 3-10 可以看出,销售量最多的是规格为 25.5 厘米的鞋号,销售量为 320 双,占 32%,故众数为 25.5 厘米。如果我们计算算术平均数,则平均号码为 25.52 厘米,而这个号码显然是没有实际意义的,那么,直接用 25.5 厘米作为顾客对男皮鞋所需尺寸的集中趋势是既便捷又符合实际的。

例 3.12 某高校电影院在安排 2005 年影片放映计划时,为了更好地满足学生的需要,分别按性别随机抽取 100 名男女学生,登记其对影片类型的取向。统计结果如表 3-11 所示。

表 3-11 200 名学生对影片类型的取向分布表

按影片性质分类	男生		女生		合计	
	人数(人)	比重(%)	人数(人)	比重(%)	人数(人)	比重(%)
言情片	8	8	23	23	31	15.5
喜剧片	12	12	20	20	32	16.0
生活片	15	15	18	18	33	16.5
动作片	24	24	12	12	36	18.0
战争片	17	17	10	10	27	13.5
科幻片	14	14	8	8	22	11.0
其他	10	10	9	9	19	9.5
合计	100	100	100	100	200	100

要求:试分析学生对影片取向的集中趋势。

解 从表 3-11 的数据分布可以看出,7 种类型的影片中,男生最喜欢看动作片,人数为 24 人,占 24%,众数即为动作片这种影片类型;女生最喜欢看言情片,人数为 23 人,占 23%,众数即为言情片这种影片类型;男女生对影片类型的取向,综合而言是动作片,人数为 36 人,占 18%,相应地,众数为动作片这种影片类型。

从上述例题可知,众数不仅适用于测度顺序数据和数值型数据的集中趋势,而且适用于测度不能计算平均数的分类数据的集中趋势。

2. 插值法求众数

如果是组距分组形成的分布数列,当频率分布属于完全对称分布,而且众数所在组的变量值分布比较均匀时,也可以利用观察法求众数,即以众数组的组中值作为所求的众数。通常,完全的对称分布并不存在,众数组前后各组的次数不一定相等,众数并不等于组中值,因此需要采用插值法求众数。

所谓插值法就是先找到众数所在的组,然后按该组次数与前后相邻两组分布次数之差所占的比重来推算众数值。如果众数组前一组的次数大于后一组的次数,则众数值小于其所在组的组中值;反之,众数值则大于其所在组的组中值;若众数组前后相邻组的次数相等,则众数值等于其所在组的组中值。计算众数有上限和下限公式之分:

$$下限公式:M_o = L + \frac{\Delta_1}{\Delta_1 + \Delta_2} \times d \qquad (3.8)$$

$$上限公式:M_o = U - \frac{\Delta_2}{\Delta_1 + \Delta_2} \times d \qquad (3.9)$$

式中:L 为众数所在组的下限;

U 为众数所在组的上限;

Δ_1 为众数所在组次数与其下限相邻组的次数之差;

Δ_2 为众数所在组次数与其上限相邻组的次数之差;

d 为众数所在组的组距。

例 3.13 某车间实行计件工资,2005 年 10 月 120 名工人的月工资资料如表 3-12 所示。

表 3-12 某车间 2004 年 10 月 120 名工人的月工资数据表

月工资(元)	人数(人)	比重(%)	由小到大累计次数	由大到小累计次数
800 以下	15	12.50	15	120
800—1 000	25	20.83	40	105
1 000—1 200	48	40.00	88	80
1 200—1 400	20	16.67	108	32
1 400—1 600	12	10.00	120	12
合计	120	100.00	—	—

要求:试计算月工资的众数。

解 从表 3-12 中的数据可以看出,月工资变量值中最大的次数是 48 人,即众数组为 1 000—1 200 这一组。根据公式(3.8)和(3.9)可得 120 名工人月工资的众数为:

$$M_o = L + \frac{\Delta_1}{\Delta_1 + \Delta_2} \times d$$

$$= 1\,000 + \frac{48 - 25}{(48 - 25) + (48 - 20)} \times 200$$

$$= 1\,000 + \frac{23}{23 + 28} \times 200 = 1\,090.20(元)$$

或

$$M_o = U - \frac{\Delta_2}{\Delta_1 + \Delta_2} \times d$$

$$= 1\,200 - \frac{48 - 20}{(48 - 25) + (48 - 20)} \times 200$$

$$= 1\,200 - \frac{28}{23 + 28} \times 200 = 1\,090.20(元)$$

(三) 众数的特点

(1) 众数是以它在所有变量值中所处的位置确定的一个代表值,它不受分布数列的极大或极小值的影响,从而增强了众数对分布数列的代表性。

(2) 如果数据的分布没有明显的集中趋势或最高峰点时,众数也可能不存在;如果有两个或多个高峰点,也可以有两个或多个众数。只有在数据比较多,而且明显地集中于某个变量值时,计算众数才有意义。

(3) 众数缺乏敏感性。这是由于众数的计算只利用了众数组的数据信息,不像数值平均数那样利用了全部的数据信息。

二、中位数

(一) 中位数的含义

中位数是将数据按大小顺序排列起来,形成一个数列,居于数列中间位置的那个变量值称为中位数。中位数用 M_e 表示。

从中位数的定义可知,所研究的数据中有一半小于中位数,一半大于中位数。中位数的作用与算术平均数相近,也是作为所研究数据的代表值。在一个等差数列或一个正态分布数列中,中位数就等于算术平均数。

在数列中出现极端变量值的情况下,用中位数作为代表值要比用算术平均数更好,因为中位数不受极端变量值的影响;如果研究目的就是为了反映中间水平,当然更应该使用中位数。在统计数据的处理和分析时,也可结合使用中位数。比如,人口年龄结构分析及居民收入水平分析中,就常常需要计算中位数。

(二) 中位数的计算

由于所掌握的资料不同,确定中位数的方法也有差异。

1. 根据未分组数据计算中位数

对于未分组的原始资料,首先必须将所有数据按大小排序,然后根据其所处的位置确定中位数。设排序的结果为:

$$x_1 \leqslant x_2 \leqslant x_3 \leqslant \cdots \leqslant x_n$$

则中位数就可以按下面的方式确定:

$$M_e = \begin{cases} x_{\frac{n+1}{2}} & (n \text{ 为奇数}) \\ \dfrac{x_{\frac{n}{2}} + x_{\frac{n}{2}+1}}{2} & (n \text{ 为偶数}) \end{cases} \tag{3.10}$$

例 3.14 某班第一、第二两个小组统计学期末考试成绩排序结果如表 3-13 所示。

表 3-13　两组学生统计学考试成绩数据表

序号	1	2	3	4	5	6	7	8
第一小组	58	64	72	75	76	78	86	—
第二小组	61	68	74	78	82	85	86	90

要求:试根据上述资料分别计算第一、第二两个小组考试成绩的中位数。

解　两个学习小组的考试成绩已经分别按由低到高的顺序排列。第一小组有 7 名学生,第四位为中位数所处的位置,即第四名学生的成绩 75 分就是中位数。

第二小组有 8 名学生,中位数的位置处于第四和第五名学生之间,即处于中间位置的两名学生成绩的平均数即为中位数。

$$\text{中位数 } M_e = \frac{78 + 82}{2} = 80 \text{(分)}$$

2. 由分组资料确定中位数

如果根据单项变量数列确定中位数(如表 3-10 皮鞋规格的中位数),就需要先计算由小到大或由大到小的累计次数,然后用总次数除以 2 $\left(\text{即} \dfrac{\sum f}{2}\right)$ 以确定中位数所在的位置。累计次数首次超过 $\dfrac{\sum f}{2}$ 所对应的变量值即为中位数。表 3-10 中,销售总量 1 000 双,其 1/2 为 500 双。首次超过 1/2 的累计次数为 660 双,其对应的皮鞋规格为 25.5 公分,因此,中位数就是 25.5 公分。

如果由组距数列确定中位数,应先按 $\dfrac{\sum f}{2}$ 的公式求出中位数所在组的位置,然后再按下限公式或上限公式确定中位数。

下限公式:$M_e = L + \dfrac{(\sum f/2) - S_{m-1}}{f_m} \times d$ \hfill (3.11)

上限公式:$M_e = U - \dfrac{(\sum f/2) - S_{m+1}}{f_m} \times d$ \hfill (3.12)

式中:M_e 为中位数;

L 为中位数所在组的下限;

U 为中位数所在组的上限;

f_m 为中位数所在组的次数;

$\sum f$ 为总次数;

d 为中位数所在组的组距;

S_{m-1} 为中位数所在组以下的累计次数(由小到大累计);

S_{m+1} 为中位数所在组以上的累计次数(由大到小累计)。

例 3.15 (续例 3.13)试根据表 3-12 中的数据确定 120 名工人月工资的中位数。

解 $\dfrac{\sum f}{2} = \dfrac{120}{2} = 60$,首次超过 60 的累计次数为 88,其所对应的组为 1 000—1 200 元,故该组为中位数所在的组。该组 $L = 1\,000$,$S_{m-1} = 40$,$U = 1\,200$,$S_{m+1} = 32$,$f_m = 48$,$d = 200$,根据中位数公式得月工资的中位数

$$M_e = L + \dfrac{(\sum f/2) - S_{m-1}}{f_m} \times d$$

$$= 1\,000 + \dfrac{60 - 40}{48} \times 200 = 1\,083.33(元)$$

$$M_e = U - \dfrac{(\sum f/2) - S_{m+1}}{f_m} \times d$$

$$= 1\,200 - \dfrac{60 - 32}{48} \times 200 = 1\,083.33(元)$$

(三) 中位数的特点

(1) 中位数是以它在所有标志值中所处的位置确定的全体单位标志值的代表值,不受分布数列极大或极小值的影响,从而在一定程度上提高了中位数对分布数列的代表性。

(2) 有些离散型变量的单项式数列,当次数分布偏态时,中位数的代表性会受到影响。

(3) 中位数缺乏敏感性。这是由于中位数的计算只利用了其所在位置的信息,不像数值平均数那样利用了全部数据信息。

三、中位数的扩展

中位数是根据其在数列中所处的位置来确定的一个平均数,作为各变量值的一个代表值,来反映分布数列的集中趋势。为了进一步了解一组数据分布的内部结构,观察变量值在各个区间的一般水平,还可以计算四分位数、十分位数和百分位数。

(一)四分位数

四分位数是指将按大小顺序排列的一组数据划分为四等分的三个变量值,用来说明按大小顺序排列的变量值在某个等分点上的一般水平。

四分位数是通过三个点将全部数据等分为四个部分,其中每部分包含25%的数据。显然,中间的四分位数就是中位数。因此,通常所说的四分位数就是指处在25%位置上的数值(称为下四分位数)和处在75%位置上的数值(上四分位数)。与中位数的计算方法类似,根据未分组数据计算四分位数时,先对数据进行排序,然后再确定四分位数所在的位置。

设下四分位数为 Q_L,上四分位数为 Q_U,对于未分组的原始数据,各四分位数的位置分别为:

$$Q_L \text{ 的位置} = \frac{N+1}{4}; \quad Q_U \text{ 的位置} = \frac{3(N+1)}{4}$$

当四分位数的位置不在某一个具体数值时,可根据四分位数的位置,按比例分摊四分位数所在位置两侧变量值之差的数值。

例 3.16 将例 3.14 中两个学习小组的统计学考试成绩进行合并,如表 3-14 所示。

表 3-14 两个小组考试成绩数据表

序号	1	2	3	4	5	6	7	8
成绩(分)	58	61	64	68	72	74	75	76
序号	9	10	11	12	13	14	15	16
成绩(分)	78	78	82	85	86	86	90	—

要求:(1)计算前 15 个学生统计学考试成绩的四分位数;

(2)如果增加一个学生的成绩 95 分,试计算 16 个学生统计学考试成绩的四分位数。

解 (1) Q_L 的位置 $= \frac{N+1}{4} = \frac{15+1}{4} = 4$,即 Q_L 在第 4 个位置,相应的变量值 68 分就是下四分位数。

Q_U 的位置 $= \frac{3(N+1)}{4} = \frac{3(15+1)}{4} = 12$,即 Q_U 在第 12 个位置,相应的变量

值 85 分就是上四分位数。

(2) Q_L 的位置 $= \dfrac{N+1}{4} = \dfrac{16+1}{4} = 4.25$,即 Q_L 在第 4.25 个位置,采用分割法计算下四分位数:

$$Q_L = X_4 + 0.25 \times (X_5 - X_4) = 68 + 0.25 \times (72 - 68) = 69(\text{分})$$

Q_U 的位置 $= \dfrac{3(N+1)}{4} = \dfrac{3(16+1)}{4} = 12.75$,即 Q_U 在第 12.75 个位置,采用分割法计算上四分位数:

$$Q_U = X_{12} + 0.75 \times (X_{13} - X_{12}) = 85 + 0.75 \times (86 - 85) = 85.75(\text{分})$$

根据组距数列计算四分位数的方法和原理与计算中位数相同,即根据 Q_L、Q_U 的位置 $\dfrac{\sum f}{4}, \dfrac{3\sum f}{4}$ 及相应的累计次数和四分位数所在组的次数来计算。计算公式也有上限公式和下限公式之分,下面仅列出下四分位数和上四分位数的下限公式:

$$Q_L = L_{Q_L} + \dfrac{\dfrac{\sum f}{4} - S_{Q_L - 1}}{f_{Q_L}} \times d_{Q_L} \qquad (3.13)$$

$$Q_U = L_{Q_U} + \dfrac{\dfrac{3\sum f}{4} - S_{Q_U - 1}}{f_{Q_U}} \times d_{Q_U} \qquad (3.14)$$

式中:$\sum f$ 为总次数;

f_{Q_L}、f_{Q_U} 分别为下、上四分位数所在组的次数;

L_{Q_L}、L_{Q_U} 分别为下、上四分位数所在组的下限;

U_{Q_L}、U_{Q_U} 分别为下、上四分位数所在组的上限;

d_{Q_L}、d_{Q_U} 分别为下、上四分位数所在组的组距;

$S_{Q_L - 1}$ 为下四分位数组前一组的"由小到大累计"次数;

$S_{Q_U - 1}$ 为上四分位数组前一组的"由小到大累计"次数。

例 3.17 (续例 3.13)试根据表 3-12 中的数据计算下四分位数和上四分位数。

解 从表 3-12 中可以得知:

Q_L 的位置 $= \dfrac{120}{4} = 30$,由小到大累计次数首次超过 30 的组是 800—1 000 元,该组即为下四分位数所在的组。$S_{Q_L - 1}$ 为 15,f_{Q_L} 为 25,由公式得下四分位数

$$Q_L = L_{Q_L} + \dfrac{\dfrac{\sum f}{4} - S_{Q_L - 1}}{f_{Q_L}} \times d_{Q_L} = 800 + \dfrac{30 - 15}{25} \times 200 = 920(\text{元})$$

Q_U 的位置 $= \dfrac{3 \times 120}{4} = 90$，由小到大累计次数首次超过 90 的组是 1 200—1 400 元，该组即为上四分位数所在的组。S_{Q_U-1} 为 88，f_{Q_U} 为 20，由公式得上四分位数

$$Q_U = L_{Q_U} + \dfrac{\dfrac{3\sum f}{4} - S_{Q_U-1}}{f_{Q_U}} \times d_{Q_U} = 1\,200 + \dfrac{90 - 88}{20} \times 200 = 1\,220(元)$$

（二）十分位数

十分位数是指将按大小顺序排列的一组数据划分为 10 等分的 9 个变量值，用以反映一组数据在各个区间的一般水平。通常以 $D_1, D_2, \cdots, D_9$ 代表第 1，第 2，…，第 9 个十分位数，N 为变量值的个数。各个十分位数所处的位置可按下列公式计算：

$$D_1 \text{ 的位置} = \dfrac{N+1}{10}$$

$$D_2 \text{ 的位置} = \dfrac{2(N+1)}{10}$$

$$\vdots$$

$$D_9 \text{ 的位置} = \dfrac{9(N+1)}{10}$$

十分位数的计算方法与四分位数类似，即先计算出各个十分位数所处的位置。如果 $\dfrac{k(N+1)}{10}(k=1,2,\cdots,9)$ 为整数，则与计算的位置相对应的变量值就是所求的十分位数；如果不是整数，每个位置上的值出现小数，此时，所求的十分位数等于整数位的变量值加上小数乘以前后两项变量值之差的数值。由于计算十分位数完全可以模仿四分位数的方法计算，在此不再举例说明。

（三）百分位数

百分位数是指将按大小顺序排列的一组数据划分为 100 等分的 99 个变量值。通常以 $P_1, P_2, \cdots, P_{99}$ 代表第 1，第 2，…，第 99 个百分位数，N 为变量值的个数。各个百分位数所处的位置可按下列公式计算：

$$P_1 \text{ 的位置} = \dfrac{N+1}{100}$$

$$P_2 \text{ 的位置} = \dfrac{2(N+1)}{100}$$

$$\vdots$$

$$P_{99} \text{ 的位置} = \dfrac{99(N+1)}{100}$$

求出各个百分位数所处的位置后,计算每个百分位数的方法与四分位数类似,故在此不再详细介绍。如果数据比较多,计算百分位数可以更详细地反映数据分布中每个小区间的一般水平,用以补充说明总平均数所反映的集中趋势。

四、几种平均数简评

(一) 评价标准

以上介绍了三种数值平均数和两种位置平均数的计算方法,在实际应用中,究竟计算哪一种平均数,主要取决于统计资料的性质及其研究目的。但是,不论计算何种平均数,都希望所计算的这个平均数是最适合的一个。因此,作为一个良好的反映频数分布集中趋势的平均数,应具有以下6个条件:

(1) 严格确定,即应该是严格根据观察资料计算出来,而不应该只是凭主观估计来确定。

(2) 感应灵敏,即应该是根据所有变量值计算得到,任何一项数值的变化都将使平均数发生变化。

(3) 易于理解,即应该具有简单明了的特征,而不过于带有数学抽象的性质。

(4) 易于计算,即计算过程简单,易于掌握。

(5) 受抽样的影响较小,即抽样变动并不太影响其对总体的代表性。

(6) 易于用代数处理,否则其应用范围将受到影响。

(二) 简评

(1) 算术平均数。算术平均数符合上述6个条件,是最严密、最可靠、最富有代表性且应用范围最广的平均数。但是它容易受极端值的影响,从而会削弱其代表性。当分布数列中存在开口组时,由于开口组的组中值是根据假定计算的,所以会影响平均数的准确性。算术平均数适用于数值型数据。

(2) 调和平均数。调和平均数符合上述(1)、(2)、(5)、(6)4个条件。适用于计算比率(动态比率例外,如发展速度)的平均数。但何时选用调和平均数不易掌握,对其含义也不易理解;调和平均数容易受极端值的影响,而且数列中只要有一个变量值为零,则不能计算调和平均数,故其应用范围受到限制。调和平均数适用于数值型数据。

(3) 几何平均数。几何平均数符合上述(1)、(2)、(5)、(6)4个条件,适用于各比率连乘积等于总比率的条件下计算比率的平均数。但其含义不易理解,而且数列中若有一项为零或负数,计算几何平均数就无意义,其在统计上的应用范围较小。几何平均数适用于数值型数据。

(4) 众数。众数的意义易于理解,单个变量值分组的分布数列的众数也十分容易计算,并且不受极端值的影响。但当数据分布没有明显的集中趋势而趋于均匀分布时,则无众数可言;对不等距分布数列,众数不易确定。有时分布数列中会出现双众数或多众数,难以反映所有数据的一般水平。由于众数的计算并不涉及每一个变量值,故其对变量值变化的反应不灵敏。众数适用于分类数据、顺序数据和数值型数据。

(5) 中位数。中位数符合上述(1)、(3)、(4)、(5) 4个条件。中位数位置居中,不受极端值的影响。当分布数列中存在极端值或组距数列中存在开口组时,计算中位数比较好。但中位数也缺乏灵敏性,没有算术平均数可靠,且不易用代数方法计算。中位数适用于顺序数据和数值型数据。

(三) 众数、中位数和算术平均数的关系

算术平均数、众数和中位数之间的关系与数据分布有关。在数据分布呈完全对称的正态分布时,算术平均数、众数和中位数三者相等;在次数分布非对称时,算术平均数、众数和中位数三者不相等,但具有相对固定的关系。在尾巴拖在右边的正偏态(或右偏态)分布中,众数最小,中位数居中,算术平均数最大,即 $M_o < M_e < \bar{x}$;在尾巴拖在左边的负偏态(或左偏态)分布中,众数最大,中位数居中,算术平均数最小,即 $\bar{x} < M_e < M_o$(图3-1)。

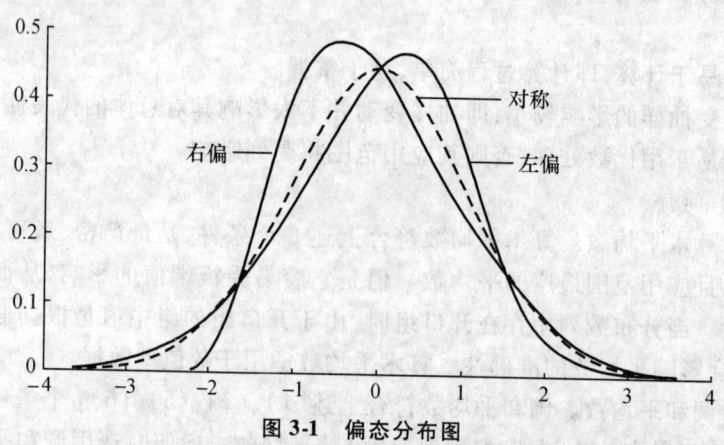

图 3-1 偏态分布图

在统计实务中,可以利用算术平均数、中位数和众数的数量关系判断次数分布的特征。此外还可利用三者的关系进行相互之间的估算。根据经验,在分布偏斜程度不大的情况下,不论右偏或左偏,三者均存在一定的比例关系,即中位数与算术平均数的距离是众数与算术平均数的距离的 1/3,即 $|\bar{x} - M_e| = \frac{1}{3}|\bar{x} - M_o|$。三者之中已知二者时,则可以近似求出第三者。

用公式表示为:$M_e - M_o = 2 \times (\bar{x} - M_e)$,由此可以得到三个推导公式:

$$\bar{x} = \frac{3M_e - M_o}{2}$$

$$M_e = \frac{M_o + 2\bar{x}}{3}$$

$$M_o = 3M_e - 2\bar{x}$$

第三节　离中趋势的测度

集中趋势只是数据分布的一个特征,它所反映的是各变量值向其中心值聚集的程度。而各个变量值之间的差异状况如何,则需要考察数据的分散程度。数据的分散程度是数据分布的另一个重要特征,它所反映的是各个变量值远离其中心值的程度,因此也称为离中趋势。我们知道,集中趋势的各种测度值是对数据一般水平的概括性度量,它对一组数据的代表程度取决于该组数据的离散水平。数据的离散程度越大,集中趋势的测度值对该组数据的代表性就越差;离散程度越小,其代表性就越好。而离中趋势的各种测度值就是对数据离散程度所作的描述。

描述数据的离散程度常用的测度值有全距、四分位差、平均差、标准差以及离散系数,其中标准差最重要。

一、全距(range)

全距也称为极差,是指一组数据的最大值与最小值之差,用 R 表示,即:

$$R = 最大变量值 - 最小变量值 \tag{3.15}$$

全距可以反映一组数据的差异范围。

例 3.18　假设某班有 3 个学习小组,统计学期中考试成绩如表 3-15 所示。

表 3-15　两组学生统计学考试成绩数据表

序号	1	2	3	4	5	6	7
第一小组	65	65	75	75	75	85	85
第二小组	55	65	75	75	75	85	95
第三小组	40	55	65	85	85	95	100

要求:计算三个小组考试成绩的全距。

解　将表 3-15 中各小组的最高分数和最低分数代入公式(3.15)可得:

第一小组全距 $R_1 = 85 - 65 = 20$(分)

第二小组全距 $R_2 = 95 - 55 = 40$(分)

第三小组全距 $R_3 = 100 - 40 = 60$(分)

比较全距可知,尽管三个小组的平均成绩都是 75 分,但代表性不同。第一小组的平均成绩代表性最好,第二小组次之,第三小组最差,因为该组最高100分,最低只有40分,"贫富过于悬殊"。

根据没有开口组的组距分布数列计算全距,可以用最大组的上限值减去最小组的下限值,得到全距的近似值。如果组距分布数列中有开口组,则不能计算全距。

全距是描述数据离散程度的最简单的测度值,计算简单,易于理解,但它容易受极端值的影响。由于全距只是利用了一组数据两端的信息,不能反映出中间数据的分散状况,因而不能准确描述数据的分散程度。

在实际工作中,全距常用来检查产品质量的稳定性,进行质量控制。在正常生产条件下,通常要求产品的尺寸以标准值为基础,正负误差不超过多少,实际上给定的是误差的最大范围,这个范围就是全距。产品的相关数据在一定范围内波动,若数据波动超过给定的范围,就说明有异常情况出现。因此,利用全距有助于及时发现问题,以便采取措施来保证产品质量。

二、异众比率

异众比率是指非众数组的频数之和占总频数的比率,用 V_r 表示。其计算公式为:

$$V_r = \frac{\sum f_i - f_m}{\sum f_i} = 1 - \frac{f_m}{\sum f_i} \qquad (3.16)$$

式中, $\sum f_i$ 为变量值的总频数, f_m 为众数组的频数。

异众比率主要用于衡量众数对一组数据的代表程度。异众比率越大,说明非众数组的频数占总频数的比重越大,众数的代表性就越差;异众比率越小,说明非众数组的频数占总频数的比重越小,众数的代表性就越好。异众比率主要适合测度分类数据的离散程度,当然也适用于测度顺序数据和数值型数据的离散程度。

例 3.19 根据表 3-11 中的数据计算学生对影片取向的异众比率。

解 根据公式(3.16),得:

(1)男生的异众比率: $V_{r男} = \frac{100-24}{100} = 1 - \frac{24}{100} = 76\%$。

(2)女生的异众比率: $V_{r女} = \frac{100-23}{100} = 1 - \frac{23}{100} = 77\%$

(3)全部样本学生的异众比率: $V_r = \frac{200-36}{200} = 1 - \frac{36}{100} = 82\%$

比较上面的三个异众比率,全部样本学生的异众比率最大,说明其众数的代表性最差;男生的异众比率略小于女生的异众比率,说明男生对影片取向的众数的代表性略好于女生对影片取向的众数的代表性。

三、四分位差

四分位差是上四分位数与下四分位数之差的一半。以 QD 表示。其计算公式为:

$$QD = \frac{Q_U - Q_L}{2} \tag{3.17}$$

四分位差表示从下四分位数到中位数的距离以及从中位数到上四分位数的距离,数据分布对称时,这两端的距离应该相等;如果不是完全对称,四分位差可测定四分位数到中位数的平均距离。四分位差越小,表明中位数的代表性越好,数据分布的集中趋势越明显;四分位差越大,表明中位数的代表性越差,数据分布越分散。

由式(3.17)可以计算出例 3.18 中三个小组考试成绩的四分位差:

$$QD_1 = \frac{85 - 65}{2} = 10(\text{分})$$

$$QD_2 = \frac{85 - 65}{2} = 10(\text{分})$$

$$QD_3 = \frac{95 - 55}{2} = 20(\text{分})$$

比较四分位差可知,第一、第二小组的中位数 75 分的代表性比第三小组的中位数 85 分的代表性好。

四分位差可以避免受极端值的影响,也可以测量含有开口组的数据分布的差异程度,但不能反映所有变量值之间的差异程度。

四、平均差

要反映所有变量值之间的差异程度,需要有一个比较参数。如果两两比较其离差,工作量非常大,计算复杂。因此,可以以平均数作为对比参数,分别计算一组数据中各个变量值与其算术平均数的离差,然后再计算这些离差的平均数。但是,离差有正有负,且变量值与算术平均数的离差之和等于零,仍不能综合反映变量值之间的差异程度。如果对离差的正负号不予以考虑,即对离差取绝对值或取平方,则可以避免正负离差抵消等于零,然后再在此基础上计算离差的一般水平。

平均差(average deviation)就是各个变量值与其算术平均数离差的绝对值的平均数,以 AD 表示。它综合反映了各变量值的变动程度,是各个离差的代表值。平均差越大,则表示变量值的离散程度越大,说明平均数的代表性越差;平均差越小,则表示变量值的离散程度越小,说明平均数的代表性越好。

在资料未分组的情况下,平均差的计算公式为:

$$AD = \frac{\sum |x - \bar{x}|}{N} \quad (3.18)$$

在资料已分组的情况下,平均差的计算公式为:

$$AD = \frac{\sum |x - \bar{x}|f}{\sum f} \quad (3.19)$$

例 3.20 试根据例 3.18 所给的资料分别计算第一、第二、第三小组学生考试成绩的平均差,并比较其平均成绩的代表性。

解 由公式(3.17)可以计算例 3.18 中三个小组考试成绩的平均差为

$$AD_1 = \frac{|65-75|+|65-75|+|75-75|+|75-75|+|75-75|+|85-75|+|85-75|}{7}$$

$$= 5.7(\text{分})$$

类似可求得 $AD_2 = 8.75$ 分,$AD_3 = 18.57$ 分。

比较三个平均差可知,第一小组平均成绩的代表性最好,第二小组次之,第三小组最差。

例 3.21 (续例 3.3)试根据表 3-4 中的资料计算 50 个学生统计学考试成绩的平均差。

解 从例 3.3 可知,平均成绩为 77 分。根据公式(3.19)列表计算有关数据,结果如表 3-16 所示。

表 3-16 50 个学生统计学考试成绩平均差计算表

按成绩分组(分)	组中值 x	人数(人)f	$(x-\bar{x})$	$|x-\bar{x}|$	$|x-\bar{x}|f$
60 以下	55	6	-22	22	132
60—70	65	10	-12	12	120
70—80	75	10	-2	2	20
80—90	85	16	8	8	128
90 以上	95	8	18	18	144
合计	—	50			544

将表 3-16 中的计算结果代入式(3.19)中,即得:

$$\text{平均差 } AD = \frac{\sum |x - \bar{x}|f}{\sum f} = \frac{544}{50} = 10.88(\text{分})$$

平均差是一种易于理解、计算简便的离散程度测度值,可以说明数据分布的离中趋势,但因不适宜进行代数运算,使其应用范围受到很大的限制。

五、方差与标准差

方差和标准差是测度数据离散程度最重要、最常用的指标。方差是各个数据与其算术平均数的离差平方的平均数,通常以 σ^2 表示。方差的计量单位不便于从经济意义上进行解释,所以实际统计工作中多用方差的平方根——标准差来测度统计数据的离散程度。标准差又称均方差,一般用 σ 表示。方差和标准差的计算也分为简单平均法和加权平均法。另外,对于总体数据和样本数据,二者的计算公式略有不同。

(一) 总体方差和标准差

设总体方差为 σ^2,对于未经分组整理的原始数据,方差的计算公式为:

$$\sigma^2 = \frac{\sum_{i=1}^{N}(X_i - \bar{X})^2}{N} \qquad (3.20)$$

对于分组数据,方差的计算公式为:

$$\sigma^2 = \frac{\sum_{i=1}^{K}(X_i - \bar{X})^2 f_i}{\sum_{i=1}^{K} f_i} \qquad (3.21)$$

方差的平方根即为标准差,其相应的计算公式为:

对于未分组数据

$$\sigma = \sqrt{\frac{\sum_{i=1}^{N}(X_i - \bar{X})^2}{N}} \qquad (3.22)$$

对于分组数据

$$\sigma = \sqrt{\frac{\sum_{i=1}^{K}(X_i - \bar{X})^2 f_i}{\sum_{i=1}^{K} f_i}} \qquad (3.23)$$

(二) 样本方差和标准差

样本方差与总体方差在计算上的区别是:总体方差是用数据个数或总频数去除离差平方和,而样本方差则是用样本数据个数或总频数减 1 去除离差平方和,其中样本数据个数减 1 即 $(n-1)$ 称为自由度。设样本方差为 S^2,根据未分组数据和分组数据计算样本方差和标准差的公式分别为:

对于未分组数据

$$S^2 = \frac{\sum_{i=1}^{n}(x_i - \bar{x})^2}{n - 1} \qquad (3.24)$$

对于分组数据

$$S^2 = \frac{\sum_{i=1}^{k}(x_i - \bar{x})^2 f_i}{\sum_{i=1}^{k} f_i - 1} \tag{3.25}$$

对于未分组数据

$$S = \sqrt{\frac{\sum_{i=1}^{n}(x - \bar{x})^2}{n - 1}} \tag{3.26}$$

对于分组数据

$$S = \sqrt{\frac{\sum_{i=1}^{k}(x - \bar{x})^2 f_i}{\sum_{i=1}^{k} f_i - 1}} \tag{3.27}$$

例 3.22 （续例 3.3）试根据表 3-4 中的资料计算 50 名学生统计学考试成绩的方差和标准差。

解 从例 3.3 可知，平均成绩为 77 分。因在例 3.3 中没有说明是随机抽取的样本资料，故可将 50 名学生看做一个总体。根据式（3.21）列表计算有关数据，结果如表 3-17 所示。

表 3-17　50 名学生统计学考试成绩方差计算表

按成绩分组（分）	组中值 X	人数（人）f	$(X - \bar{X})$	$(X - \bar{X})^2$	$(X - \bar{X})^2 f$
60 以下	55	6	-22	484	2 904
60—70	65	10	-12	144	1 440
70—80	75	10	-2	4	40
80—90	85	16	8	64	1 024
90 以上	95	8	18	324	2 592
合计	—	50	—	—	8 000

将表 3-17 中的计算结果代入式（3.21）和式（3.23）中，即可得出 50 名学生统计学考试成绩的方差和标准差：

$$\sigma^2 = \frac{\sum_{i=1}^{K}(X_i - \bar{X})^2 f_i}{\sum_{i=1}^{K} f_i} = \frac{8\,000}{50} = 160$$

$$\sigma = \sqrt{\frac{\sum_{i=1}^{K}(X_i - \bar{X})^2 f_i}{\sum_{i=1}^{K} f_i}} = \sqrt{\frac{8\,000}{50}} = \sqrt{160} = 12.65(\text{分})$$

从表 3-17 的分组资料可以看出,考试成绩的组中值与平均数之差有相差 22 分的,也有只相差 2 分的,但平均而言相差 12.65 分。

标准差是反映数据分布离散程度的测度值之一,它不仅可以说明平均数的代表性,而且在实际工作中还可以用来衡量产品的生产质量是否稳定。比如,通过比较不同时期零件尺寸或规格的标准差,就可以判断其质量是否稳定。

例 3.23 考察一台机器的生产能力,利用抽样程序来检验其生产出来的产品质量是否稳定。根据行业标准,如果样本零件尺寸的标准差大于 0.3 厘米,则表明该零件的质量不稳定,需要对该机器进行停工检修。假设搜集的数据如表 3-18 所示。

表 3-18 16 个零件的尺寸数据表

序号	1	2	3	4	5	6	7	8
尺寸(厘米)	34.3	34.5	34.3	34.6	34.4	34.5	34.6	34.8
序号	9	10	11	12	13	14	15	16
尺寸(厘米)	34.1	34.4	34.6	34.5	34.7	34.9	34.4	34.2

要求:试根据上述资料计算样本标准差以判断该机器是否需要停工检修。

解 根据表 3-18 中的数据计算得:

(1) 平均尺寸: $\bar{x} = \dfrac{\sum x}{n} = \dfrac{551.8}{16} = 34.4875$ (厘米)

(2) 标准差: $S = \sqrt{\dfrac{\sum_{i=1}^{n}(x-\bar{x})^2}{n-1}} = \sqrt{\dfrac{0.6782}{16-1}} = 0.2126$ (厘米)

由于计算出来的样本标准差为 0.2126 厘米,小于 0.3 厘米,表明该台机器还不需要停工检修。

方差和标准差是根据全部数据计算的,它反映了每个数据与其均值相比平均相差的数值,因此它能准确地反映出数据的离散程度。方差和标准差是实际中应用最广泛的离散程度测度值。

六、离散系数

上面介绍的各离散程度测度值都是反映数据分散程度的绝对值或平均值,其数值的大小,一方面取决于原变量值本身大小的影响,也就是与变量的均值大小有关,变量值绝对水平越高,离散程度的测度值自然也就越大;绝对水平越低,离散程度的测度值自然也就越小。另一方面,它们与原变量值的计量单位相同,采用不同计量单位计量的变量值,其离散程度的测度值也就不同。因此,对于平均水平不同或计量单位不同的不同组别的变量值,是不能直接用上述离散程度的测度值直接进行比较的。为了消除变量值本身的大小和计量单位的不同对离散程度测度值的影响,需要计算离散系数。

离散系数通常是根据标准差来计算的,因此也称为标准差系数或变异系数。它是一组数据的标准差与其相应的均值之比,是测度数据离散程度的相对指标,其计算公式为:

$$V_\sigma = \frac{\sigma}{\bar{X}} \quad \text{或} \quad V_S = \frac{S}{\bar{x}} \tag{3.28}$$

式中,V_σ 和 V_s 分别表示总体离散系数和样本离散系数。

离散系数用于对不同组别数据的离散程度进行比较时,离散系数大的说明该组数据的离散程度大,离散系数小的说明该组数据的离散程度小。

例 3.24 从某高校 2005 级新生中随机抽取男女学生各 10 名,测得其身高资料如表 3-19 所示。

表 3-19 男女学生身高数据表

男生编号	1	2	3	4	5	6	7	8	9	10
身高(厘米)	168	160	167	171	163	165	167	178	171	173
女生编号	1	2	3	4	5	6	7	8	9	10
身高(厘米)	157	150	153	161	157	158	159	154	155	168

要求:根据表 3-19 的数据计算男女生的平均身高以及标准差系数,说明两组数据的离散程度及平均数的代表性。

解 根据表 3-19 的数据以及计算均值和样本标准差的公式计算得:

(1) $\bar{x}_{男} = \frac{\sum x}{n} = \frac{1683}{10} = 168.3$(厘米)

$s_{男} = \sqrt{\frac{\sum (x - \bar{x}_{男})^2}{n-1}} = \sqrt{\frac{242.1}{10-1}} = 5.1865$(厘米)

$V_{男} = \frac{s_{男}}{\bar{x}_{男}} = \frac{5.1865}{168.3} = 0.0308$

(2) $\bar{x}_{女} = \frac{\sum x}{n} = \frac{1572}{10} = 157.2$(厘米)

$s_{女} = \sqrt{\frac{\sum (x - \bar{x}_{女})^2}{n-1}} = \sqrt{\frac{219.6}{10-1}} = 4.9396$(厘米)

$V_{女} = \frac{s_{女}}{\bar{x}_{女}} = \frac{4.9396}{157.2} = 0.0314$

(3) 比较标准差可以看出,男生身高的离散程度大于女生身高的离散程度,但由于男女生的平均身高不相等,不能直接通过比较标准差的大小来衡量身高的离散程度,应该比较标准差系数的大小来判断。从标准差系数可以看出,男生身高的离散程度小于女生身高的离散程度,这说明男生的平均身高比女生的平均身高更具有代表性。

第四节 偏态与峰态的测度

集中趋势和离散程度是数据分布的两个重要特征,但要全面了解数据分布的特点,还需要知道数据分布的形状是否对称、偏斜的程度以及分布的陡峭或平坦程度。偏态和峰态就是以标准正态分布为标准对数据分布形状的测度。

一、偏态及其测度

偏态是指数据分布的不对称性(skewness)。

前面讨论过众数、中位数和算术平均数之间的关系,比较这三个数值的大小大致可以判断数据分布是否对称,是左偏还是右偏。但这样只能判别偏态的方向,而不能反映偏斜的程度。要测度数据分布的偏斜程度,则需要计算偏态系数。

计算偏态系数的公式有很多,但常用的方法主要有皮尔逊测度法和中心矩法两种。

1. 皮尔逊测度法

皮尔逊测度法就是利用算术平均数与众数的关系来测度数据分布偏斜程度的一种方法。我们知道,对于完全对称分布,算术平均数、众数和中位数三者必然相等,若不相等,则分布呈偏态。在偏态分布情况下,三者之间存在差距。分布越偏斜,算术平均数与众数或中位数的距离越远。因此,通常用算术平均数与众数的差距除以标准差来测定偏态的偏斜程度。计算公式为:

$$SK_p = \frac{\bar{x} - M_o}{\sigma} \tag{3.29}$$

经验证明,在适度偏态的情况下,$-3 \leq SK_p \leq 3$。

当 $\bar{x} = M_o$,$SK_p = 0$ 时,数据分布呈对称分布;

当 $\bar{x} > M_o$,$SK_p > 0$ 时,数据分布呈右(正)偏分布;

当 $\bar{x} < M_o$,$SK_p < 0$ 时,数据分布呈左(负)偏分布。

2. 中心矩法

中心矩法是指用标准差的三次方除三阶中心矩计算偏态系数的一种方法。该偏态系数记为 α。

$$\alpha = \frac{m_3}{\sigma^3} \tag{3.30}$$

式中,m_3 表示三阶中心矩,σ^3 为标准差的三次方。

这里用到的"矩"的概念原是物理学中表示力与力臂对重心关系的术语,统计学把变量与权数对平均数的关系类比于"矩",用它来描述数据分布的性质。一般而言,取变量 x 中的 a 值为中点时,定义

$$M_k = \frac{\sum (x-a)^k f}{\sum f} \tag{3.31}$$

为变量 x 关于 a 的 k 阶矩。当 $a = 0$ 时,即变量以原点为中心,式(3.31)称为 k 阶原点矩。如果 k 为 1,2,3 时,有

一阶原点矩 $M_1 = \dfrac{\sum xf}{\sum f}$,即算术平均数;

二阶原点矩 $M_2 = \dfrac{\sum x^2 f}{\sum f}$,即变量平方的算术平均数;

三阶原点矩 $M_3 = \dfrac{\sum x^3 f}{\sum f}$。

当 $a = \bar{x}$ 时,即变量以算术平均数为中心,式(3.31)称为 k 阶中心矩,用 m_k 表示。如果 k 为 1,2,3 时,有

一阶中心矩 $m_1 = \dfrac{\sum (x-\bar{x})f}{\sum f} = 0$;

二阶中心矩 $m_2 = \dfrac{\sum (x-\bar{x})^2 f}{\sum f} = \sigma^2$;

三阶中心矩 $m_3 = \dfrac{\sum (x-\bar{x})^3 f}{\sum f}$。

中心矩计算比原点矩计算复杂,一般可以按中心矩各项展开得到的原点矩来计算。此处仅给出三阶中心矩的展开计算式:

$$m_3 = M_3 - 3M_2 M_1 + 2M_1^3$$

统计上使用三阶中心矩来计算偏态系数,是因为中心矩本身可以通过高于平均数的离差之和与低于平均数的离差之和的比较来显示分布的对称与非对称性。显然,当高于平均数的离差之和与低于平均数的离差之和相等时,全部离差之和等于零,数据分布呈对称分布;当这两种离差之和不相等,经正、负离差相互抵消之后,结果便可显示出分布的偏斜程度。由于一阶中心矩恒为零,对偶数阶

中心矩而言，离差的偶数次方都是正数，没有正负抵消，所以这两种中心矩都不能用于测度偏态程度，只有奇数次阶的中心矩能满足正负离差和的比较，其中又以三阶中心矩为最简单，故常用 m_3 与 σ^3 对比的相对数来测度偏度。

从式(3.30)可以看出，当 $\alpha=0$ 时，数据分布呈对称分布形态；$\alpha<0$ 时，数据分布呈负(左)偏态；$\alpha>0$ 时，数据分布呈正(右)偏态。α 值越接近于 0，数据分布越趋于对称，α 的绝对值越大，数据分布越偏斜。

二、峰度及其测度

峰度是统计学中描述数据分布的特征值。它以标准正态分布的密度曲线为标准，反映分布曲线顶端相对于正态曲线顶端而言平坦或尖峭的程度。简言之，峰度是反映分布曲线顶峰尖锐程度的特征值。

峰度可以分为高峰度和低峰度两种。若频率分布中各变量值对众数的相对位置都较正态曲线更为密集，因而使其曲线呈陡峭形，则称为高峰度；若频率分布中各变量值对众数的相对位置都较正态曲线更为分散，其曲线较为平缓，则称为低峰度，如图3-2所示。

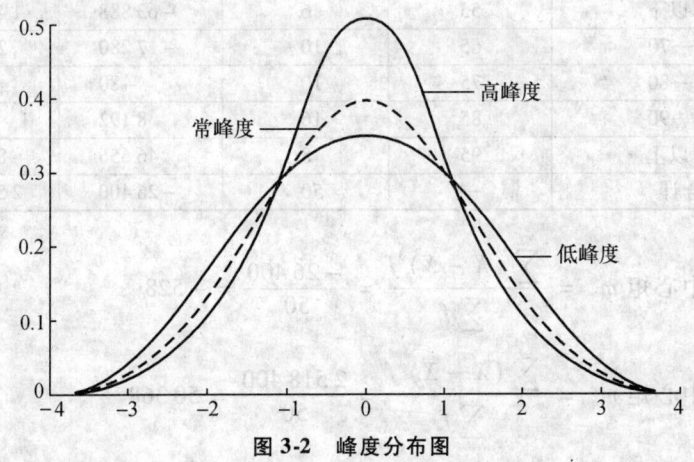

图 3-2　峰度分布图

统计中常用四阶中心矩 m_4 测定峰度，但这只是峰度的绝对测定量，具有计量单位，不能据此比较不同频率分布的峰度。因此，为了便于比较，需要将四阶中心矩 m_4 除以标准差的四次方 σ^4，得到峰度的相对测定量，称为峰度系数，并以 β 表示，其公式为：

$$\beta = \frac{m_4}{\sigma^4} - 3 = \frac{\sum(X-\bar{X})^4 f}{\sum f \cdot \sigma^2} - 3 \tag{3.32}$$

当 $\beta=0$ 时，分布曲线为正态曲线；

当 $\beta>0$ 时，分布曲线为高峰曲线，表明变量值的差异程度小，平均数的代表

性好;

当 $\beta<0$ 时,分布曲线为低峰曲线,表明变量值的差异程度大,平均数的代表性差。

需要注意的是,式(3.32)中也可以不减3,此时的比较标准是3。当 $\beta=3$ 时,数据分布曲线为正态曲线;当 $\beta>3$ 时,数据分布曲线为高峰曲线;当 $\beta<3$ 时,数据分布曲线为低峰曲线。

例3.25 (续例3.3)试根据表3-4中的资料计算50名学生统计学考试成绩分布的偏度与峰度。

解 由于采用中心矩法计算偏度需要使用标准差,计算峰度也需要使用标准差,二者一致,故本例采用中心矩法而不采用皮尔逊测度法计算偏度。根据例3.3以及例3.22的计算结果可知,50名学生的统计学平均成绩为77分,标准差为12.65分。根据偏度和峰度计算公式所需资料列表计算,如表3-20所示。

表3-20 50名学生统计学考试成绩方差计算表

按成绩分组(分)	组中值 X	人数(人)f	$(X-\bar{X})^3 f$	$(X-\bar{X})^4 f$
60以下	55	6	-63 888	1 405 536
60—70	65	10	-17 280	207 360
70—80	75	10	-80	160
80—90	85	16	8 192	65 536
90以上	95	8	46 656	839 808
合计	—	50	-26 400	2 518 400

三阶中心矩 $m_3 = \dfrac{\sum (X-\bar{X})^3 f}{\sum f} = \dfrac{-26\,400}{50} = -528$

四阶中心矩 $m_4 = \dfrac{\sum (X-\bar{X})^4 f}{\sum f} = \dfrac{2\,518\,400}{50} = 50\,368$

偏度系数:$\alpha = \dfrac{m_3}{\sigma^3} = \dfrac{-528}{(12.65)^3} = -0.2608$

峰度系数:$\beta = \dfrac{m_4}{\sigma^4} - 3 = \dfrac{50\,368}{(12.65)^4} - 3 = -1.0331$

从计算结果可以看出,偏度系数小于0,说明50名学生的统计学成绩呈负偏分布,即较高分数的人比较多;峰度系数小于0,说明50名学生的统计学成绩分布为低峰曲线,虽然近似于对称分布,但峰度低于标准正态分布。由于本例题的分组数据和总体数据都比较少,偏度系数和峰度系数都只能近似地反映其频率分布的形态。

三、统计软件 SPSS 应用

对本章案例提出的问题,现利用统计软件 SPSS11.5 进行计算。其步骤如下:

第一步,运行 SPSS,输入数据,建立数据文件"统计专业研究生入学考试成绩";

第二步,通过依次单击下拉菜单"Analyze→Descriptive statistics→Frequencies",出现"Frequencies"对话框;

第三步,单击"Frequencies"对话框左边需要进行描述统计分析的变量,进入右边的"Variables"窗口;

第四步,单击"Frequencies"对话框下方的按钮"Statistics",出现"Frequencies: Statistics"对话框,单击所需要计算的特征值,予以选定。单击"Continue",回到"Frequencies"对话框;

第五步,单击"OK",则出现如表 3-21 所示的计算结果。

表 3-21 统计学专业研究生入学考试成绩分析表

行序			政治	英语	数学	统计学
1	N	Valid	50	50	50	50
2		Missing	0	0	0	0
3	Mean	—	66.76	58.16	56.50	75.88
4	Median	—	69.50	58.00	57.00	77.50
5	Mode	—	72	66	32[a]	85
6	Std. Deviation		8.494	8.029	18.551	12.955
7	Variance		72.145	64.464	344.133	167.822
8	Skewness		-0.503	0.093	-0.224	-0.684
9	Std. Error of Skewness		0.337	0.337	0.337	0.337
10	Kurtosis		-0.343	-0.320	-0.790	0.427
11	Std. Error of Kurtosis		0.662	0.662	0.662	0.662
12	Range	—	35	36	72	62
13	Minimum		47	43	17	35
14	Maximum		82	79	89	97
15	Percentiles	25	61.00	53.00	41.75	65.00
16		50	69.50	58.00	57.00	77.50
17		75	72.00	65.00	72.25	86.00

表 3-21 的第 1—2 行给出了每门课程考试成绩的有效数据和缺失数据的个数。本案例的有效数据为 50 个,没有缺失数据。

表 3-21 的第 3—5 行分别给出了每门课程考试成绩的算术平均数(Mean)、

中位数(Median)和众数(Mode)。其中数学成绩32分和54分都是6个人,故有两个众数,表中只给出了最小的一个众数值。注意,表中给出的各个集中趋势测度值都是根据单项变量数列计算出来的,都是实际结果。前文计算出来的有关平均成绩是根据分组以后的组距数列计算的,二者有所区别。因为每组的变量值往往不是均匀分布的,根据组距数列计算的平均数只是实际平均数的一个近似值。

表3-21 的第6—7行分别给出了每门课程考试成绩的标准差(Std. Deviation)和方差(Variance)。由于每门课程的平均成绩不相等,不能直接根据标准差的大小来比较平均成绩的代表性,而需要计算离散系数(标准差系数)。根据离散系数的计算公式,可以很容易得到每门课程考试成绩的离散系数:政治为 0.1273,英语为 0.1381,数学为 0.3283,统计学为 0.1707。比较四门课程考试成绩的离散系数,可以看出政治平均成绩的代表性最好,数学平均成绩的代表性最差。需要注意的是,统计软件SPSS处理的数据都被视为样本数据,计算的方差和标准差都是样本指标,采用的公式分别是 $\sum(x-\bar{x})^2/(n-1)$ 和 $\sqrt{\sum(x-\bar{x})^2/(n-1)}$。

表3-21 的第8—9行分别给出了每门课程考试成绩的偏度系数(Skewness)和偏度系数的标准误(Std. Error of Skewness)。其中,英语成绩的偏度系数大于0,反映其分布呈右偏(正偏)分布,而政治、数学和统计学三门课程考试成绩的偏度系数都小于0,说明其分布呈左偏(负偏)分布。之所以给出偏度系数的标准误,是因为作为样本数据,偏度系数是一个随机变量,具有相应的期望值和方差,根据其方差即可得出估计标准误。

表3-21 的第10—11行分别给出了每门课程考试成绩的峰度系数(Kurtosis)和峰度系数的标准误(Std. Error of Kurtosis)。其中,统计学成绩的峰度系数大于0,说明其分布属于高峰分布,而政治、英语、数学三门课程考试成绩的峰度系数都小于0,说明其分布属于低峰分布。之所以给出峰度系数的标准误,其缘由类似于偏度系数的标准误。

表3-21 的第12—14行分别给出了每门课程考试成绩的全距(Range)、最小值(Minimum)和最大值(Maximum)。不难看出,全距最小的是政治成绩,为35分,全距最大的是数学成绩,为72分。这说明难度越大的课程,考试成绩的差距越大。

表3-21 的第15—17行分别给出了每门课程考试成绩的三个四分位数。第15行给出的是下四分位数,第16行给出的是中位数,第17行给出的是上四分位数。

从以上计算可以看出,熟练掌握了统计软件之后,计算有关描述统计指标就会非常方便。

本章小结

本章主要从以下三个方面讨论统计数据分布的特征：

（1）数据分布的集中趋势，反映各数据向其中心值靠拢或聚集的程度，如算术平均数、调和平均数和几何平均数等数值平均数以及众数和中位数等位置平均数。算术平均数是指将一组数据相加后除以数据的个数所得到的一个数值；调和平均数也称倒数平均数，它是对变量的倒数求平均，然后再取倒数而得到的平均数；几何平均数也称几何均值，它是 n 个变量值乘积的 n 次方根。几何平均法是计算平均比率或平均发展速度最适用的一种方法。众数是指一组数据中出现次数最多的变量值，可以直观地说明分布的集中趋势；中位数是将数据按大小顺序排列起来，形成一个数列，居于数列中间位置的那个变量值称为中位数。四分位数是指将按大小顺序排列的一组数据划分为四等分的三个变量值，用以说明按大小顺序排列的变量值在某个等分点上的一般水平；十分位数是指将按大小顺序排列的一组数据划分为 10 等分的 9 个变量值，用以反映一组数据在各个区间的一般水平；百分位数是指将按大小顺序排列的一组数据划分为 100 等分的 99 个变量值。

（2）数据分布的离中趋势，反映各数据远离其中心值的程度，如全距、四分位差、平均差、标准差、离散系数等。全距也称极差，是指一组数据的最大值与最小值之差；异众比率是指非众数组的频数占总频数的比率；四分位差就是上四分位数与下四分位数之差的简单算术平均数；平均差就是各个变量值与其算术平均数离差的绝对值的平均数；方差是各个数据与其算术平均数的离差平方的平均数，对方差开平方则得到标准差。对于总体数据和样本数据，二者的计算公式略有不同。离散系数通常是就标准差来计算的，因此，也称为标准差系数或变异系数，它是一组数据的标准差与其相应的均值之比，是测度数据离散程度的相对指标。

（3）分布的偏态和峰度，反映数据分布的形状。偏态是指数据分布的不对称性。要测度数据分布的偏斜程度，则需要计算偏态系数，其常用的方法有皮尔逊测度法和中心矩法两种。峰度是统计学中描述数据分布的特征值，它以正态分布曲线为标准，反映分布曲线顶端相对于正态曲线顶端而言平坦或尖峭的程度。简言之，峰度是反映分布曲线顶峰尖锐程度的特征值。峰度可以分为高峰度和低峰度两种，常用峰度系数反映。

本章的重点是了解和掌握算术平均数、众数、中位数、方差、标准差的含义及其计算方法。注意，比较不同均值的代表性的大小时，应使用离散系数。难点在于偏度和峰度的含义及其计算方法。

思考与练习

3.1 什么是集中趋势?测度集中趋势的主要指标有哪些?

3.2 什么是算术平均数?加权算术平均数与简单算术平均数有何联系?

3.3 什么是调和平均数?调和平均数与算术平均数有何关系?

3.4 什么是几何平均数?其应用场合是什么?

3.5 什么是中位数和众数?二者与算术平均数有何关系?

3.6 什么是离散趋势?测度离散趋势的主要指标有哪些?

3.7 为什么要计算离散系数?

3.8 什么是偏度和峰度?如何根据偏态系数和峰度系数判断数据分布的形态?

3.9 2006年某校学生会为了解在校大学生的消费支出情况,从全校本科学生中按性别随机各抽取100名,其月消费支出额分组资料如下:

月消费支出额(元)	男生(人)	女生(人)
200 以下	6	5
200—300	9	12
300—400	16	25
400—500	24	24
500—600	23	18
600—700	14	10
700 以上	8	6
合计	100	100

要求:根据表中资料,
(1) 分别计算男女学生的平均月消费支出;
(2) 分别计算男女学生月消费支出的中位数和众数;
(3) 分别计算男女学生月消费支出的下四分位数和上四分位数;
(4) 分别计算男女学生月消费支出的平均差和标准差,并比较其平均月消费支出的代表性;
(5) 分别计算男女学生月消费支出分布的偏态系数和峰度系数,判断其分布形态。

3.10 2007年第一季度某药品在三个地区的销售额资料如下:

月份	单价(元/盒)	销售额(万元)		
		甲地区	乙地区	丙地区
1	15	30	45	24
2	14	32	35	28
3	12	36	42	30
合计	—	98	122	82

要求:根据上述资料,

(1) 分别计算甲、乙、丙三个地区第一季度该种药品的平均价格;

(2) 分别计算第一季度各月该种药品的平均价格;

(3) 计算该种药品第一季度总的平均价格。

3.11 2007年5月,某高等职业技术学院200个班的女生比重及学生人数资料如下:

(1) 已知女生比重、班数及各组学生总人数:

女生比重(%)	班数(个)	各组学生总人数(人)
10—20	30	1 560
20—30	35	1 680
30—40	55	2 800
40—50	45	2 080
50 以上	35	1 760
合计	200	9 880

(2) 已知女生比重、班数及各组女生人数:

女生比重(%)	班数(个)	各组女生人数(人)
10—20	30	234
20—30	35	420
30—40	55	980
40—50	45	936
50 以上	35	968
合计	200	3 538

要求:根据上述两组资料分别计算全校女生的比重,并比较两种计算方法的特点。

第四章 抽样分布

如何解读考试信息

为了检查学生一学期学业的完成情况,学校通常在期末举行考试。此时,同学们一边忙于复习应试,一边希望得到来自老师的考试信息。为了同学们复习时的针对性强一些,重点更突出一些,老师的习惯做法是考前辅导。当只告诉同学们分值所占比重较小的考试题型时,同学们会说老师应付我们;当告诉同学们分值所占比重较大的考试题型时,同学们会说老师在认真地对待我们;当告诉同学们所有的考试题型及相对应的分值所占比重时,同学们会说老师爱我们;当进一步告诉同学们100分在教材各应试章节上的分数分布时,同学们会说这个老师太神奇了。

事实上,现实生活中存在着大量的随机现象,对随机现象人们用概率工具作分析,并用概率分布描述其变化规律。为什么同学们说这个老师太神奇了?其实老师并不神奇,只不过是他掌握了各题型分数这个随机变量的分布规律。为了让同学们也变得神奇,本章将讨论随机变量的概率分布、大数定律与中心极限定理、统计量的抽样分布等内容。

第一节 随机变量的概率分布

一、随机变量的定义及其类型

(一)随机变量的定义

在随机试验 E 中,若 X 随着试验结果的不同而随机地取各种不同的数值,并且对取每一个数值或某一范围内的值都有相应的概率,即对任意实数 x,$X < x$ 是随机事件,且概率存在,则称 X 为一个随机变量。

(二)两种类型的随机变量

按随机变量取值特点的不同,通常把随机变量分为两类,即离散型随机变量和连续型随机变量[①]。

1. 离散型随机变量

如果随机变量 X 的所有取值是有限个或都可以逐个列举出来,则称 X 为离散型随机变量。例如,掷骰子试验中"出现的点数"、质量检验中从一批产品里"取到次品的个数"等都是离散型随机变量。

2. 连续型随机变量

如果随机变量 X 的取值不止是有限个或可列无限多个,而是可取到某个区间 $[a,b]$ 或整个数轴上的一切值,则称该随机变量为连续型随机变量。例如,一批电子元件的"使用寿命"、抽样调查中的"测量误差"等都是连续型随机变量。

二、随机变量的概率分布

(一)概率分布的含义及意义

随机变量 X 在其取值范围内,取值与取值概率间一一对应的关系,称为随机变量 X 的概率分布,简称分布,用来描述随机变量 X 变化的统计规律。

通常,认识一个随机变量变化规律的问题,便是确定其分布的问题,而确定分布的现实意义在于便于计算某一事件发生的概率。

(二)离散型随机变量的概率分布

设离散型随机变量 X 的所有可能取值为 $x_1, x_2, \cdots, x_n$,相应的概率为 $p(x_1), p(x_2), \cdots, p(x_n)$,用表 4-1 表示如下。

表 4-1 随机变量 X 的分布

X	x_1	x_2	$\cdots$	x_n
$p(x_i)$	$p(x_1)$	$p(x_2)$	$\cdots$	$p(x_n)$

则称该表格形式为离散型随机变量 X 的概率分布。也可简记为:

$$P(X = x_i) = p(x_i) \quad (i = 1, 2, \cdots, n) \tag{4.1}$$

并称式(4.1)为离散型随机变量 X 的概率函数。

$p(x_i)$ 具有以下性质:

(1) $0 \leqslant p(x_i) \leqslant 1 \quad (i = 1, 2, \cdots, n)$

(2) $\sum_{i}^{n} p(x_i) = 1 \quad (i = 1, 2, \cdots, n)$

离散型随机变量 X 的期望值和方差分别为:

$$\mu = E(X) = \sum_{i} x_i p(x_i)$$

---

① 严格地说,非离散型随机变量包括连续型随机变量和其他非离散型随机变量。这里只讨论连续型随机变量。

$$\sigma^2 = D(X) = E(X-\mu)^2 = \sum_i (x_i - \mu)^2 p(x_i)$$

离散型随机变量 X 的期望值反映其取值的集中趋势,即分布的中心位置。方差反映随机变量 X 对其期望值的离散程度,方差值越小,说明期望值的代表性越好;方差值越大,说明期望值的代表性越差,二者呈反向变化。方差的算术平方根称为标准差。

例 4.1　某次统计学的期末考试试卷中有 5 个考试题型,分别为:填空、单选、多选、简答及计算。各题型的分值在 100 分中所占的比重分别为:10%、20%、15%、10%、45%。现以 X 表示题型,数字 1、2、3、4、5 分别表示填空、单选、多选、简答及计算。易知变量 X 的取值范围为 $\{1,2,3,4,5\}$,X 取其中的任一数字都有可能,故 X 为一离散型随机变量。若同学们考前得到了 X 以下的分布表(表 4-2)。

表 4-2　考试题型的分数分布

X	1	2	3	4	5
$p(x_i)$	0.1	0.2	0.15	0.1	0.45

相信同学们一定不会失望,因为大家得到了本次考试的基本信息。

(三)连续型随机变量的概率分布

由随机变量的定义知,$X \leqslant x$ 为一随机事件,又由于连续型随机变量可取某个区间 $[a,b]$ 或整个数轴上的一切值,所以不能再像对离散型随机变量那样,列出每一个取值及相应的概率,而必须用其他的方法。

首先,用数学函数 $f(x)$ 的形式来描述连续型随机变量 X 的取值。因 $f(x)$ 与 X 的取值是一一对应的关系,故当连续型随机变量 X 用函数 $f(x)$ 来表示时,称 $f(x)$ 为 X 的概率密度函数,简称密度函数。

密度函数 $f(x)$ 的几何意义如图 4-1 所示。

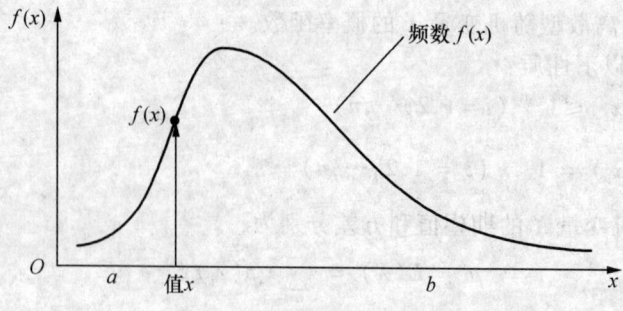

图 4-1　密度函数 $f(x)$ 的几何意义

密度函数 $f(x)$ 具有以下性质:

(1) $f(x) \geqslant 0$

(2) $\int_{-\infty}^{\infty} f(x) dx = 1$

注意:密度函数 $f(x)$ 并不是一个概率。

其次,确定随机事件"$a \leqslant X < b$"发生的概率 $P(a \leqslant X < b)$。

因 $f(x)$ 与 x 轴围成的面积等于 1,故事件"$a \leqslant X < b$"发生的概率为

$$P(a \leqslant X < b) = \int_a^b f(x) dx$$

即由 x 轴、密度函数 $f(x)$、直线 $x = a$ 和 $x = b$ 所围成的阴影部分的面积。概率 $P(a \leqslant X < b)$ 的几何意义如图 4-2 所示。显然,连续型随机变量 X 取某一个确切值的概率为 0。

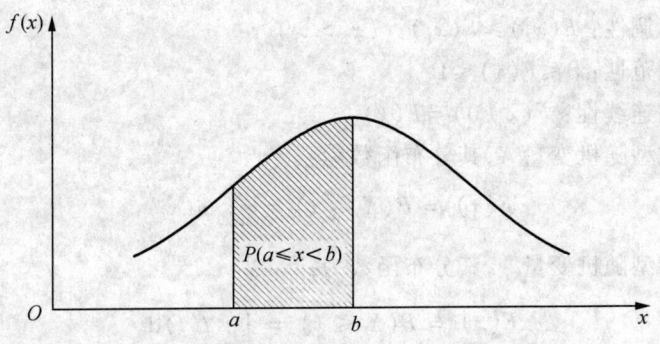

图 4-2 概率 $P(a \leqslant X < b)$ 的几何意义

连续型随机变量 X 的期望值和方差分别为:

$$\mu = E(X) = \int_{-\infty}^{\infty} x f(x) dx$$

$$\sigma^2 = E(X - \mu)^2 = \int_{-\infty}^{\infty} (x - \mu)^2 f(x) dx$$

(四) 随机变量的分布函数

如前所述,离散型随机变量 X 的分布用概率函数来描述,连续型随机变量 X 的分布用密度函数来描述,二者的形式不同,表现各异。为了更方便地表现随机变量的分布,下面引入分布函数。

设 X 是一个随机变量,x 是任意实数,函数

$$F(x) = P(X \leqslant x) \quad (-\infty < x < \infty)$$

称为随机变量 X 的分布函数。

注意:分布函数 $F(x)$ 本身是一个概率,即事件"$X \leqslant x$"发生的概率。

分布函数的几何意义如图4-3所示。

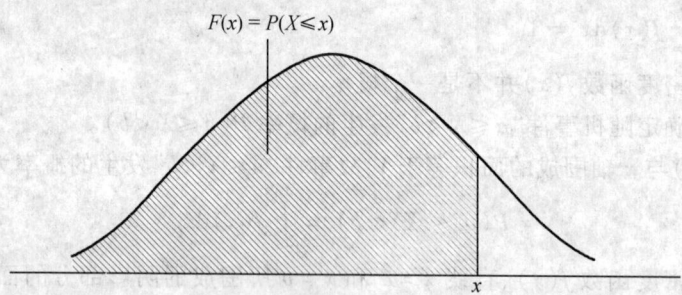

图4-3 分布函数的几何意义

分布函数具有的性质:

(1) 单调性: $F(x_2) \geqslant F(x_1)$ $(x_2 > x_1)$

(2) 规范性: $0 \leqslant F(x) \leqslant 1$

(3) 右连续性: $F(x+0) = F(x)$

对离散型随机变量 X,其分布函数为:

$$F(x) = P(X \leqslant x) = \sum_{x_i < x} p(x_i)$$

对连续型随机变量 X,其分布函数为:

$$F(x) = P(X \leqslant x) = \int_{-\infty}^{x} f(t) \mathrm{d}t$$

显然,连续型随机变量 X 的分布函数 $F(x)$ 与其密度函数 $f(x)$ 是原函数与导函数的关系。因此,由牛顿-莱布尼茨公式有:

$$P(a \leqslant X < b) = \int_a^b f(x) \mathrm{d}x = F(b) - F(a)$$

三、几种常见的概率分布

(一) 正态分布

1. 定义与性质

正态分布由 C. F. 高斯(C. F. Gauss, 1777—1855)作为描述误差相对频数分布的模型而提出,故称高斯分布或误差分布。

如果连续型随机变量 X 的密度函数为:

$$f(x) = \frac{1}{\sqrt{2\pi}\sigma} e^{-\frac{(x-\mu)^2}{2\sigma^2}} \quad (-\infty < x < \infty)$$

则随机变量 X 服从均值为 μ、方差为 σ^2 的正态分布,记为 $X \sim N(\mu, \sigma^2)$。

正态分布的密度函数图形一般称为正态曲线,它是一条以均值为中心的对称钟形曲线,如图 4-4 所示。

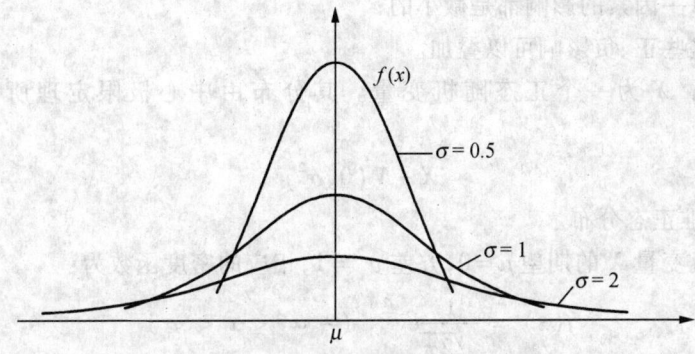

图 4-4 正态曲线

从图 4-4 中,可得到密度函数 $f(x)$ 以下的一些性质:

(1) $f(x) \geq 0$,即整个正态曲线都在 x 轴的上方。

(2) 曲线 $f(x)$ 相对于 $x=\mu$ 对称,并在 $x=\mu$ 处达到最大值,$f(\mu)=\dfrac{1}{\sqrt{2\pi}\sigma}$。

(3) 曲线 $f(x)$ 的中心位置由均值 μ 决定。当 σ 固定时,曲线的形状不变,但 μ 不同时,曲线位置亦不同,故 μ 称为 $f(x)$ 的位置参数。

(4) 曲线 $f(x)$ 的胖瘦形状由标准差 σ 决定。当 μ 固定时,曲线位置不变,但 σ 越大,曲线越胖;σ 越小,曲线越瘦,故 σ 称为 $f(x)$ 的尺度或形状参数。

(5) 当 x 趋于无穷时,曲线 $f(x)$ 以 x 轴为水平渐近线。

(6) 曲线 $f(x)$ 与 x 轴围成的面积等于 1。

从图 4-5 中,可看到参数 μ 和 σ 对曲线形态的影响。

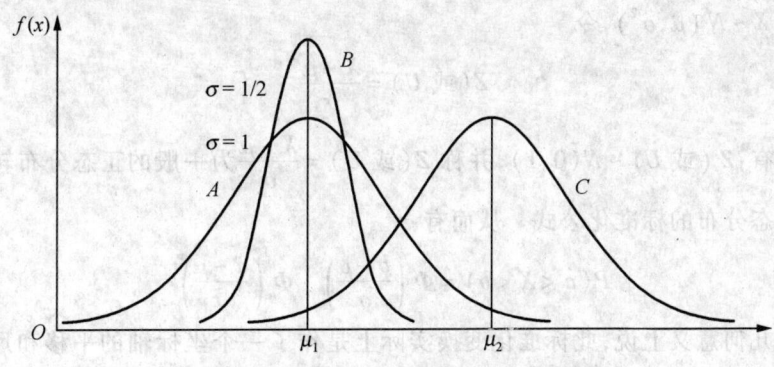

图 4-5 参数 μ 和 σ 对曲线形态的影响

2. 正态随机变量

若随机变量 X 同时满足以下三个条件:

(1) 受众多相互独立的随机因素的影响;
(2) 每一因素的影响都是微小的;
(3) 这些正、负影响可以叠加。

则随机变量 X 为一个正态随机变量。其分布由中心极限定理所决定,分布为:

$$X \sim N(0, \sigma^2)$$

3. 标准正态分布

若随机变量 X 的期望 $\mu = 0$,方差 $\sigma^2 = 1$,相应的密度函数为:

$$f(x) = \frac{1}{\sqrt{2\pi}} e^{-\frac{x^2}{2}} \quad (-\infty < x < \infty)$$

则称随机变量 X 为标准正态随机变量,它的分布为标准正态分布,并记为 $X \sim N(0,1)$。

通常用 $\varphi(x)$ 表示标准正态随机变量的密度函数,用 $\Phi(x)$ 表示其分布函数,即:

$$\varphi(x) = \frac{1}{\sqrt{2\pi}} e^{-\frac{x^2}{2}}$$

$$\Phi(x) = \int_{-\infty}^{x} \varphi(t) dt = \int_{-\infty}^{x} \frac{1}{\sqrt{2\pi}} e^{-\frac{t^2}{2}} dt$$

标准正态分布的重要意义在于,若 $X \sim N(0,1)$,则事件"$a < X < b$"发生的概率 $P(a < X < b) = \Phi(b) - \Phi(a)$,可查本书附录的"标准正态分布概率表"直接得到。

将一个一般的正态分布转化为标准正态分布的方法,便是所谓的标准化法。若 $X \sim N(\mu, \sigma^2)$,令

$$Z(\text{或 } U) = \frac{X - \mu}{\sigma}$$

则有: $Z(\text{或 } U) \sim N(0,1)$,并称 $Z(\text{或 } U) = \frac{X - \mu}{\sigma}$ 为一般的正态分布转化为标准正态分布的标准化公式。从而有:

$$P(a < X < b) = \Phi\left(\frac{b - \mu}{\sigma}\right) - \Phi\left(\frac{a - \mu}{\sigma}\right)$$

从几何意义上说,此标准化变换实际上是作了一个坐标轴的平移和尺度变换,使正态分布的平均数 $\mu = 0$,标准差 $\sigma = 1$,如图 4-6 所示。

4. 正态分布表及上侧分位数

正态分布表见本书附录所示。

设 $X \sim N(0,1)$,由对称性可知,$\Phi(-x) = 1 - \Phi(x)$。称 x_α 为 α 水平的上侧

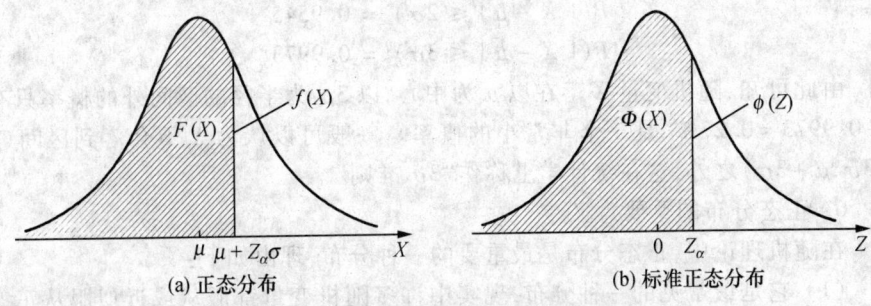

(a) 正态分布　　　　　　　　　(b) 标准正态分布

图 4-6　一般正态分布与标准正态分布的比较

分位数,即 $P(X>x_\alpha)=\alpha$,如图 4-7 所示。

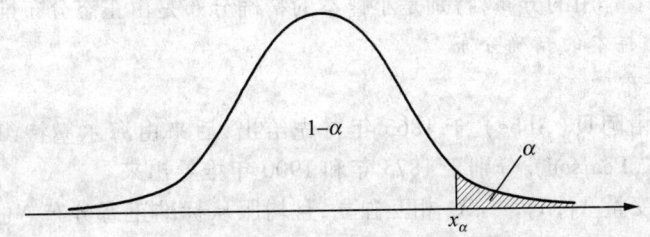

图 4-7　正态分布 α 水平的上侧分位数

5. 3σ 准则

设 $X \sim N(0,1)$,查正态分布表可求得:

$$P(|X|\leq 1)=2\Phi(1)-1=0.6827$$
$$P(|X|\leq 2)=2\Phi(2)-1=0.9545$$
$$P(|X|\leq 3)=2\Phi(3)-1=0.9973$$

这说明,随机变量 X 的取值几乎全部集中在 $[-3,3]$ 的区间内,超出这个区间范围的可能性只有 0.27%。其几何意义见图 4-8 所示。

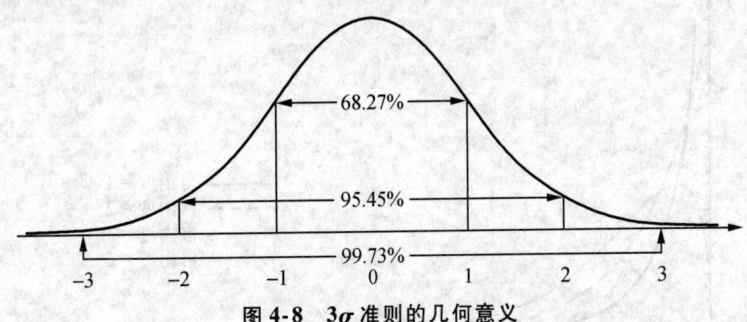

图 4-8　3σ 准则的几何意义

当然,也可将上述结论推广到一般的正态分布,即 $X \sim N(\mu,\sigma^2)$ 时,有:

$$P(|X-\mu|\leq \sigma)=0.6827$$

$$P(|X-\mu|\leq 2\sigma) = 0.9545$$
$$P(|X-\mu|\leq 3\sigma) = 0.9973$$

由此可知,随机变量 X 落在以 μ 为中心,以 3σ 为半径的区间外的概率只有 $1-0.9973=0.27\%$,是一个非常小的概率。一般可以认为 X 不会落到区间 $(\mu-3\sigma,\mu+3\sigma)$ 之外,这在统计学上称作"3σ 准则"。

6. 正态分布的重要意义

在随机理论中,正态分布是最重要的一种分布,理由如下:

(1) 它是最常见的一种分布,现实中许多随机变量都服从或近似服从正态分布。

(2) 在一定的条件下,正态分布是其他分布的近似分布。

(3) 许多有用的分布,特别是小样本的精确分布是由正态分布推导出来的。

(二) 小样本的精确分布

1. χ^2 分布

χ^2 分布由阿贝(Abbe)于 1863 年首先给出,后来由海尔墨特(Hermert)和 K. 皮尔逊(K. Pearson)分别于 1875 年和 1900 年推导出来。

设随机变量 $X_1,X_2,\cdots,X_n$ 相互独立,且均服从标准正态分布 $N(0,1)$,则称随机变量 $\chi^2 = \sum_{i=1}^{n} X_i^2$ 所服从的分布是自由度(df)为 n 的 χ^2 分布,且记 $\chi^2 \sim \chi^2(n)$。它的概率密度函数为:

$$f(x,n) = \begin{cases} A_n e^{-\frac{x}{2}} x^{\frac{n}{2}-1}, & x > 0 \\ 0, & x \leq 0 \end{cases}$$

其中,A_n 是仅与自由度 n 有关的常数。$f(x,n)$ 的图形随自由度 n 的不同而变化,且不对称。

χ^2 分布的密度函数曲线如图 4-9 所示。

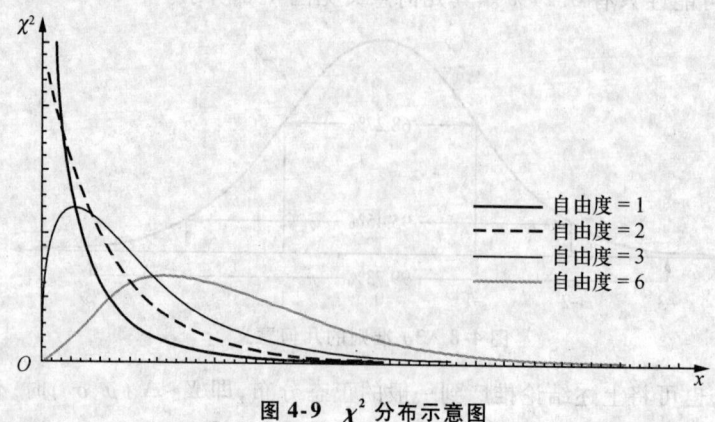

图 4-9 χ^2 分布示意图

从图 4-9 可以看出,当自由度(独立变量的个数)逐渐增大时,密度曲线的形状亦逐渐地变为中间高,两边低,趋于对称;当 $n\to\infty$ 时,χ^2 分布便以正态分布作为其极限分布。

χ^2 分布的数学期望和方差为:
$$E(\chi^2) = n$$
$$D(\chi^2) = 2n$$

χ^2 分布的上侧分位数常定义为:$P(\chi^2 \geqslant \chi_\alpha^2) = \alpha$,其中 χ_α^2 称为 α 水平的上侧分位数。$\chi^2(n)$ 的 α 水平的上侧分位数 $\chi_\alpha^2(n)$ 的值可从本书附录 χ^2 分布表中查得。χ^2 分布上侧分位数的几何意义如图 4-10 所示。

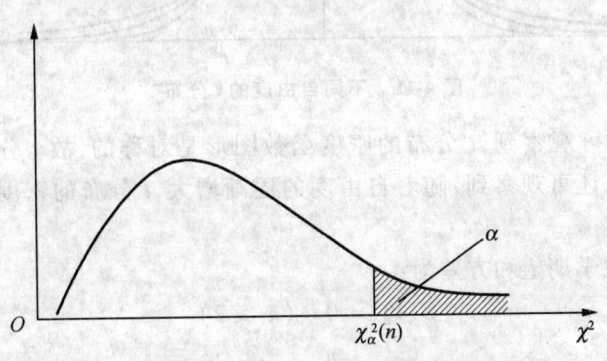

图 4-10 χ^2 分布上侧分位数示意图

2. t 分布

t 分布也称学生氏(student)分布,是由 W. S. 哥塞特(W. S. Gosset)在 1908 年首次提出的,其重要意义在于提供了小样本研究方法。

设随机变量 $X \sim N(0,1)$,随机变量 $Y \sim \chi^2(n)$,且 X 与 Y 相互独立,则称随机变量
$$t = \frac{X}{\sqrt{Y/n}}$$
的分布为自由度为 n 的 t 分布,并记为 $t \sim t(n)$。t 分布的密度函数为:
$$f(t) = C_n \left(1 + \frac{t^2}{n}\right)^{-\frac{n+1}{2}} \quad (-\infty < t < +\infty)$$
其中,C_n 是仅与自由度 n 有关的常数,计算表达式如下:
$$C_n = \frac{\Gamma\left(\frac{n+1}{2}\right)}{\Gamma\left(\frac{n}{2}\right)\sqrt{n\pi}}$$

t 分布的密度函数图形如图 4-11 所示。

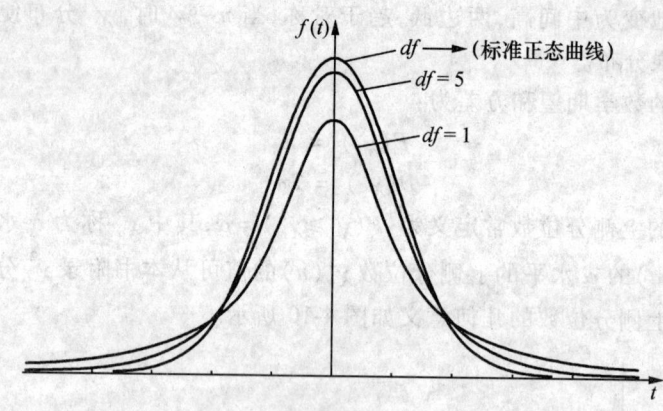

图 4-11 不同自由度的 t 分布

由图 4-11 可观察到，t 分布的密度函数图形是对称的，故 t 分布为对称分布。不仅如此，还可观察到，随着自由度的逐渐增大，t 分布的密度函数亦逐渐逼近正态曲线。

t 分布的数学期望和方差为：

$$E(t) = 0 \quad (n \geq 2)$$

$$D(t) = \frac{n}{n-2} \quad (n \geq 3)$$

t 分布的上侧分位数常定义为：$P(t \geq t_\alpha) = \alpha$，其中 t_α 称为 α 水平的上侧分位数。$t(n)$ α 水平的上侧分位数 $t_\alpha(n)$ 的值可从本书附录 t 分布表中查得。t 分布上侧分位数的几何意义如图 4-12 所示。

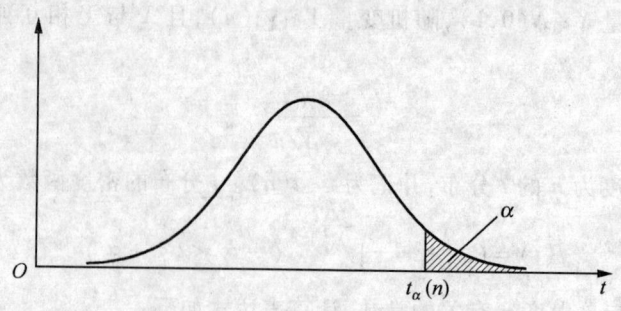

图 4-12 t 分布上侧分位数示意图

3. F 分布

F 分布是由统计学家 R. A. 费雪首次提出的。

设随机变量 X 服从自由度为 n_1 的 χ^2 分布，即 $X \sim \chi^2(n_1)$，随机变量 Y 服从自由度为 n_2 的 χ^2 分布，即 $Y \sim \chi^2(n_2)$，且 X 与 Y 独立，则称随机变量

$$F = \frac{X/n_1}{Y/n_2}$$

服从第一自由度为 n_1,第二自由度为 n_2 的 F 分布,记为 $F \sim F(n_1, n_2)$。

F 分布的密度函数为:

$$f(x, n_1, n_2) = \begin{cases} B(n_1, n_2) \cdot \dfrac{x^{\frac{n_1}{2}-1}}{\left(1 + \dfrac{n_1 x}{n_2}\right)^{\frac{n_1+n_2}{2}}}, & x \geq 0 \\ 0, & x < 0 \end{cases}$$

其中,$B(n_1, n_2)$ 是仅与自由度 n_1, n_2 有关的常数,计算表达式如下:

$$B(n_1, n_2) = \frac{\Gamma\left(\dfrac{n_1 + n_2}{2}\right)}{\Gamma\left(\dfrac{n_1}{2}\right)\Gamma\left(\dfrac{n_2}{2}\right)} \cdot \left(\dfrac{n_1}{n_2}\right)^{\frac{n_1}{2}}$$

注意:F 分布有两个自由度,且两个自由度的位置不可互换。

F 分布的密度函数图形如图 4-13 所示。

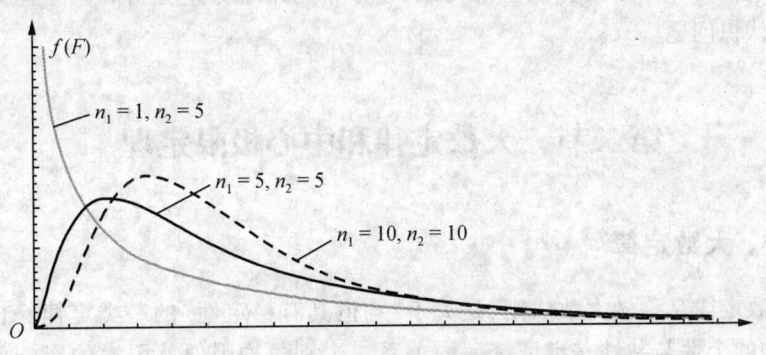

图 4-13　F 分布示意图

由图 4-13 可观察到,F 分布的密度函数图形是不对称的,故 F 分布为非对称分布。不仅如此,还可观察到,随着自由度的逐渐增大,F 分布的密度函数亦逐渐逼近正态曲线,即 F 分布在 $n_1 \to \infty, n_2 \to \infty$ 时的极限分布为正态分布。

F 分布的数学期望和方差为:

$$E(F) = \frac{n_2}{n_2 - 2} \quad (n_2 > 2)$$

$$D(F) = \frac{2n_2^2(n_1 + n_2 - 1)}{n_1(n_2 - 2)(n_2 - 4)} \quad (n_2 > 4)$$

F 分布的上侧分位数常定义为:$P(F \geq F_\alpha) = \alpha$,其中 F_α 称为 α 水平的上侧分位数。$F(n_1, n_2)$ α 水平的上侧分位数 $F_\alpha(n_1, n_2)$ 的值可从本书附录 F 分布表

中查得。F 分布上侧分位数的几何意义如图 4-14 所示。

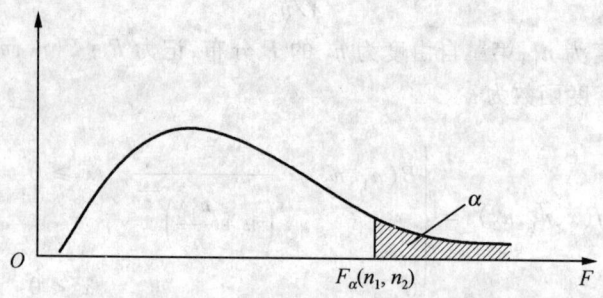

图 4-14　F 分布上侧分位数示意图

F 分布还具有以下性质：

(1) 当 $F \sim F(n_1, n_2)$，$\frac{1}{F} \sim F(n_2, n_1)$

(2) 当 $T \sim t(n)$ 时，$T^2 \sim F(1, n)$

在统计推断理论中，正态分布运用得最为广泛，χ^2 分布常用于一个总体方差的推断，t 分布用于总体期望的推断，F 分布则用于方差分析和两个总体方差关系的认识问题。

第二节　大数定律和中心极限定理

一、大数定律

大数定律又称做大数法则，是关于"均值具有稳定性"的一类定律。哲学上讲，事物的个性与共性是辩证统一的关系。个别事物因偶然因素的影响而产生变异，有各自不同的表现，但是，对总体进行大量观察后平均，就能使偶然因素的影响相互抵消，消除由个别偶然因素引起的极端性影响，从而使总体均值稳定下来，反映出事物变化的一般规律。大数法则正是这一哲学命题的数学证明。

（一）切比雪夫大数定律

设随机变量 $X_1, X_2, \cdots, X_n$ 相互独立，且具有相同的有限期望和方差：$E(X_i) = \mu$，$D(X_i) = \sigma^2$，$(i = 1, 2, \cdots, n)$，则对于任意正数 ε，都有：

$$\lim_{n \to \infty} P \left\{ \left| \frac{1}{n} \sum_{i=1}^{n} X_i - \mu \right| < \varepsilon \right\} = 1$$

该定律说明，当 n 充分大时，独立同分布的一系列随机变量的均值与它们共同的期望值之间的偏差，可以有很大的把握被控制在任意给定的范围之内。

当把随机变量 $X_1, X_2, \cdots, X_n$ 看做是从总体中随机抽出的一个容量为 n 的简单随机样本时，$\frac{1}{n}\sum_{i=1}^{n}X_i$ 正是该样本的均值 $\bar{X}$，μ 正是该总体的期望。大数定律证明，当样本容量 n 充分大时，样本均值与总体均值间的误差可以有很大的把握被控制在任意给定的要求之内，这正是样本估计总体的理论依据。

（二）贝努里大数定律

设 m 是 n 次独立重复试验中事件 A 发生的次数，记事件 A 发生的频率为 p，即 $p = \frac{m}{n}$，而 π 是事件 A 在每次试验中出现的概率，则对于任意小的正数 ε，有：

$$\lim_{n \to \infty} P\{|p - \pi| < \varepsilon\} = 1$$

即当 n 充分大时，事件 A 发生的频率具有稳定性，并依概率收敛于事件 A 出现的概率。

实际上，事件 A 发生的频率 p 在统计学中被称为样本成数（一个特殊的平均数），事件 A 在每次试验中出现的概率 π 被称为总体成数。贝努里大数定律一方面提供了样本成数推断总体成数的理论依据，另一方面也论证了"频率代概率"的概率统计定义。

二、中心极限定理

大数定律说明了当样本容量 n 充分大时，样本均值趋于总体均值，但并不等于总体均值，说明样本推断总体时存在误差。若要控制推断误差，显然须知样本均值这一随机变量的概率分布，可惜大数定律只提供了推断方法，并未给出推断误差的概率分布，而中心极限定理正好弥补了大数定律的这一不足。

（一）林德贝格-勒维（Lindeberg-Levy）中心极限定理

设随机变量 $X_1, X_2, \cdots, X_n$ 相互独立，且服从相同的分布：$E(X_i) = \mu$，$D(X_i) = \sigma^2$，$(i = 1, 2, \cdots, n)$，记

$$W_n = \frac{1}{\sigma\sqrt{n}} \sum_{i=1}^{n} (X_i - \mu)$$

则对于任意实数 x，都有：

$$\lim_{n \to \infty} F_n(x) = \lim_{n \to \infty} P\{W_n \leq x\} = \Phi(x) = \int_{-\infty}^{x} \varphi(t) dt$$

其中：

$$\varphi(x) = \frac{1}{\sqrt{2\pi}} e^{-\frac{x^2}{2}}$$

该定理告诉我们，无论总体服从何种分布，只要它的平均数与标准差客观存在，我们就可以通过增大样本容量 n 的方式，保证样本均值 $\bar{X}$ 近似服从正态分布。样本容量越大，样本均值的分布就越接近正态分布。一般认为，样本容量 n 不少于 30，即 $n \geq 30$ 的样本为大样本，大样本的均值 $\bar{X}$ 近似服从正态分布，即有

$\bar{X} \sim N\left(\mu, \dfrac{\sigma^2}{n}\right)$。

（二）棣莫弗-拉普拉斯（De Moivre-Laplace）中心极限定理

设 n 次独立重复试验中,事件 A 在每次试验中出现的概率为 π（$0<\pi<1$）,记 μ_n 为 n 次试验中事件 A 出现的次数,且记

$$Y_n^* = \dfrac{\mu_n - n\pi}{\sqrt{n\pi(1-\pi)}}$$

则对任意实数 x,都有：

$$\lim_{n\to\infty} F_n(x) = \lim_{n\to\infty} P(Y_n^* \leqslant x) = \Phi(x) = \int_{-\infty}^{x} \varphi(t)\,dt$$

其中：

$$\varphi(x) = \dfrac{1}{\sqrt{2\pi}} e^{-\frac{x^2}{2}}$$

该定理论证了"二项分布的正态近似",说明大样本状态下,无论总体服从何种分布,样本成数 $p\left(p=\dfrac{\mu_n}{n}\right)$ 的概率分布近似于正态分布,即：

$$p \sim N\left(\pi, \dfrac{\pi(1-\pi)}{n}\right)$$

如果说大数定律是关于"均值具有稳定性"的一类定理,它提供了样本估计总体的方法,那么中心极限定理则是关于"估计误差概率分布"的一类定理,它不仅提供了估计方法,而且还提供了控制估计误差的方法。此外,中心极限定理还揭示了正态分布形成的机制,即如果某一个量是许多随机因素综合影响叠加形成的,在这许多影响因素中没有任何一个起着主导作用,那么这个量就是一个服从正态分布的正态随机变量。回归模型中的随机误差项常假定服从正态分布,其依据便在于此。

第三节 统计量的抽样分布

一、常用统计量

设 $(X_1, X_2, \cdots, X_n)$ 是抽自总体 X 的一个容量为 n 的简单随机样本,$G(X_1, X_2, \cdots, X_n)$ 是由该样本构造的一个函数,且不依赖总体的任何参数,则称函数 $G(X_1, X_2, \cdots, X_n)$ 是一个统计量。

由上述定义可知,统计量是样本的函数,体现着样本的综合信息,故统计量又称为样本统计量。因样本的随机性,样本统计量为一随机变量。探讨统计量

的分布规律,正是本节的中心任务。

常用的样本统计量主要有:

(1) 样本均值 $\bar{X} = \frac{1}{n}\sum_{i=1}^{n} X_i$,它反映出总体 X 数学期望的信息。

(2) 样本方差 $S^2 = \frac{1}{n-1}\sum_{i=1}^{n}(X_i - \bar{X})^2$,它反映出总体 X 方差的信息。

(3) 样本成数 $p = \frac{m}{n}$,m 为样本中具有某一特征的单位数,p 反映出总体 X 成数的信息。

此外,还有 $(\bar{X}_A - \bar{X}_B)$ 及 $\frac{S_A^2}{S_B^2}$,它们分别用来反映两个总体期望之间、方差之间数量关系的相关信息。

二、抽样分布

我们知道,总体 X(假定为有限总体)观察值 $(X_1, X_2, \cdots, X_N)$ 的概率分布称为总体分布;随机样本 G 观察值 $(X_1, X_2, \cdots, X_n)$ 的概率分布称为样本分布。

若从某一总体中抽容量为 n 的随机样本共有 m 个,则这 m 个样本的均值 $(\bar{X}_1, \bar{X}_2, \cdots, \bar{X}_m)$ 的概率分布称为样本统计量 $\bar{X}$ 的抽样分布。

统计量的抽样分布理论是整个推断统计学的核心,只有掌握了统计量的抽样分布,才能控制推断误差。下面不加以证明地给出常用统计量的抽样分布。

(一) 样本均值的抽样分布

1. 总体为正态总体,即 $X \sim N(\mu, \sigma^2)$,$(X_1, X_2, \cdots, X_n)$ 为简单随机抽样方式下来自总体 X 的一个容量为 n 的随机样本,该样本的均值与方差分别为 $\bar{X}$ 和 S^2,标准差为 S。

(1) 当总体方差 σ^2 已知时,有

$$\bar{X} \sim N\left(\mu, \frac{\sigma^2}{n}\right) \quad (\text{重复抽样})$$

$$\bar{X} \sim N\left(\mu, \frac{\sigma^2}{n} \cdot \frac{N-n}{N-1}\right) \quad (\text{不重复抽样})$$

(2) 当总体方差 σ^2 未知时,有

$$T = \frac{\bar{X} - \mu}{S/\sqrt{n}} \sim t(n-1)$$

其中,$(n-1)$ 为 T 统计量的自由度。

2. 总体为非正态总体,但为大样本 $(n \geq 30)$ 的情形,由中心极限定理,亦有

$$\bar{X} \sim N\left(\mu, \frac{\sigma^2}{n}\right) \quad (重复抽样)$$

$$\bar{X} \sim N\left(\mu, \frac{\sigma^2}{n} \cdot \frac{N-n}{N-1}\right) \quad (不重复抽样)$$

注意，当总体方差 σ^2 未知时，直接用样本方差 S^2 代替。

（二）样本方差的抽样分布

设总体服从正态分布，即 $X \sim N(\mu, \sigma^2)$，则样本方差 S^2 的分布为：

$$\frac{(n-1)S^2}{\sigma^2} \sim \chi^2(n-1)$$

其中，$(n-1)$ 为 χ^2 统计量的自由度。

（三）样本成数的抽样分布

这里只给出大样本（$n \geq 30$）的情形，由中心极限定理，有：

$$p \sim N\left(\pi, \frac{\pi(1-\pi)}{n}\right) \quad (重复抽样)$$

$$p \sim N\left(\pi, \frac{\pi(1-\pi)}{n} \cdot \frac{N-n}{N-1}\right) \quad (不重复抽样)$$

此外，还有两个独立样本的均值之差、方差之比的抽样分布结论。

设 $(X_1, X_2, \cdots, X_{n_1})$ 抽自正态总体 $N(\mu_1, \sigma_1^2)$，$(Y_1, Y_2, \cdots, Y_{n_2})$ 抽自正态总体 $N(\mu_2, \sigma_2^2)$，且两个样本相互独立，则有：

(1) $(\bar{X} - \bar{Y}) \sim N\left(\mu_1 - \mu_2, \frac{\sigma_1^2}{n_1} + \frac{\sigma_2^2}{n_2}\right)$ （总体方差 σ_1^2, σ_2^2 已知时）

(2) $T = \dfrac{(\bar{X} - \bar{Y}) - (\mu_1 - \mu_2)}{\sqrt{(n_1-1)S_X^2 + (n_2-1)S_Y^2}} \sqrt{\dfrac{n_1 n_2 (n_1 + n_2 - 2)}{n_1 + n_2}} \sim t(n_1 + n_2 - 2)$

（总体方差 σ_1^2, σ_2^2 未知时）

(3) $\dfrac{S_X^2 / \sigma_1^2}{S_Y^2 / \sigma_2^2} \sim F(n_1 - 1, n_2 - 1)$

本章小结

（1）本章的基本概念主要有：随机变量、概率分布、概率函数、密度函数、分布函数、正态分布、大数定律、中心极限定理、统计量、抽样分布。

（2）引入随机变量的概率分布是为了认识随机变量的统计变化规律。对离散型随机变量，其分布函数可以通过概率函数或分布表格的方式展现出来；对连续型随机变量，其分布函数需通过密度函数来定义。

(3) 正态分布在统计推断中起着核心作用。设 $X \sim N(\mu, \sigma^2)$，作变换：$Z = \dfrac{X-\mu}{\sigma}$，则 Z 服从标准正态分布。该变换称为"标准化变换"。

(4) 其他常用的连续型随机变量的分布还有：χ^2 分布、t 分布、F 分布。推断统计中，这三种分布常被称为统计量的三大分布，均为小样本的精确分布。

(5) 大数定律和中心极限定理均为极限定理，是样本推断总体的理论依据。大数定律提供了估计的思想，使"点估计"成为可能；中心极限定理提供了估计误差的分布理论，从而使"区间估计"得以实现。

(6) 统计量的抽样分布理论是整个推断统计学的核心，只有掌握了统计量的抽样分布，才能控制推断误差。故应牢记常用统计量的抽样分布。

思考与练习

4.1 什么是随机变量？有哪些类型？

4.2 概率函数、密度函数、分布函数各自的作用及三者之间的关系如何？

4.3 为什么说当 $T \sim t(n)$ 时，$T^2 \sim F(1, n)$？

4.4 如何理解两类极限定理在推断统计中的重要作用？

4.5 什么是统计量？为什么要引进统计量？

4.6 简述 χ^2 分布、t 分布、F 分布与正态分布之间的关系。

4.7 什么叫抽样分布？常用统计量的抽样分布有哪些？

4.8 设 $X \sim N(3, 4)$，试求：

(1) $P\{|X| > 2\}$

(2) $P\{X > 3\}$

4.9 一工厂生产的电子元件 X（以小时计算）服从期望值 $\mu = 160$ 的正态分布，若要求 $P\{120 < X < 200\} \geq 0.08$，允许标准差 σ 最大为多少？

4.10 设总体 $X \sim N(\mu, 4)$，从中抽取容量为 n 的样本，$\bar{X} = \dfrac{1}{n}\sum_{i=1}^{n} X_i$，试问容量 n 为多少时，才能使 $P\{|\bar{X} - \mu| < 0.1\} \geq 0.95$？

4.11 一商店负责供应 1 000 人的商品，某种商品在一段时间内每人需用一件的概率为 0.6。假定各人在这段时间内购买与否彼此独立，问商店应备多少件这种商品，才能以 99.7% 的概率保证供应？

4.12 袋中有 12 个大小、规格相同的球，其中含有 2 个红球，从中任取 3 个球，求取出的 3 个球中红球个数的概率分布及分布函数。

4.13 设连续型随机变量 X 有密度函数

$$f(x) = \frac{1}{\sqrt{6\pi}} e^{-\frac{x^2-4x+4}{6}} \quad -\infty < x < +\infty$$

试求:(1) $\int_1^3 f(x)\mathrm{d}x$ 的近似值;

(2) 若已知 $\int_c^{+\infty} f(x)\mathrm{d}x = \int_{-\infty}^c f(x)\mathrm{d}x$,求 C 的值。

第五章 统计推断

男性对女性还有吸引力吗

在过去的20年中,女性对男性的评价急剧下降。美国罗普公司发现,相当数量的女性对大男子主义非常敏感,很多问题上都会和男性闹得不愉快,而且这个数量在持续上升。罗普公司把现在的情况与1970年的调查结果进行比较,发现变化很大。例如,1970年有67%的女性认为男性"起码应该温和、绅士、有思想",而现在只有51%的人持相同的观点。有趣的是,调查发现90%以上的女性说她们情愿结婚也不愿独立生活。①

对上例,我们感兴趣的是:现在的女性真的对男性感到失望吗?若感到失望的话,为什么还有90%以上的女性说她们情愿结婚也不愿独立生活呢?

事实证明,样本推断总体是一种科学的、行之有效的统计方法。从逻辑学上看,它运用的是归纳推理而非演绎推理;从数学上看,它运用的是概率论而非数学分析。样本推断总体不仅节约了成本,而且能得到有一定把握的结论。在内容上,样本推断总体要回答的最基本问题包括:一是总体未知参数的值等于多少或在什么范围内变化?二是总体未知参数是否等于或大于、小于某个给定的数值?围绕这两方面的问题,本章将讨论总体参数估计、总体参数检验和样本容量的确定等内容。

第一节 总体参数估计

通常我们知道某个随机变量属于某个分布簇,但是不知道分布的参数。比如,知道某个随机变量服从正态分布,但不知道参数 μ 和 σ^2。这时常常需要根据样本对总体的某种特征作出推断。这就是参数估计问题。如商场经理要推断

---

① 引自 Douglas A. Lind 等著,徐国祥等译:《工商统计学》(第三版)。

每天的平均销售额;电力公司要推断每天的用电量在什么范围变动;铁道部门要推断非节假日平均旅客流量;海关要估计每年的走私额是多少,等等。

参数估计按是否考虑估计误差的大小及发生的概率,估计方法分为点估计和区间估计两大类。

一、点估计

(一) 点估计的定义

点估计就是根据总体参数 θ 与样本统计量 $\hat{\theta}$ 之间的内在联系,直接用样本统计量 $\hat{\theta}$ 作为总体相应参数 θ 的估计量,用样本统计量 $\hat{\theta}$ 的某个取值作为总体参数 θ 的估计值。

点估计不考虑估计误差的大小,故不需确定估计量的概率分布。点估计的主要作用是寻找参数的最佳估计量。

在统计中常使用的点估计量有:$\bar{X}, p, S^2$,分别用来估计总体的 μ, π, σ^2。

(二) 点估计量的评价标准

对总体参数,可用若干种方法得到估计量。比如要估计总体均值 μ,可以样本均值 $\bar{X}$ 作为其估计量,也可以样本中位数 M_e 作为估计量,对于 $\bar{X}$ 和 M_e 来说,哪个更好些?这就引出了估计量的评价标准问题。

一般将同时满足以下三条标准的估计量称为优良估计量。

1. 无偏性

对于参数 θ,若有估计量 $\hat{\theta}$ 满足:$E(\hat{\theta}) = \theta$,则称 $\hat{\theta}$ 为 θ 的无偏估计量。

$\hat{\theta}$ 具有无偏性,其意义是:虽然在一次抽样中 $\hat{\theta} \neq \theta$,但当进行一系列抽样时,$\hat{\theta}$ 的值能在 θ 周围摆动,且 $E(\hat{\theta}) = \theta$,即 $\hat{\theta}_1, \hat{\theta}_2, \cdots, \hat{\theta}_k$ 以 θ 为中心分布,无系统偏差,如图 5-1 所示。当不满足无偏性时,会有什么后果呢?若 $E(\hat{\theta}) > \theta$,将会产生正偏差(图 5-2);若 $E(\hat{\theta}) < \theta$,将会产生负偏差(图 5-3)。

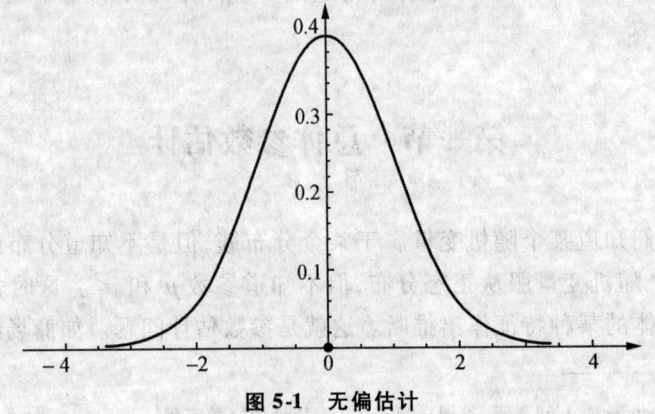

图 5-1 无偏估计

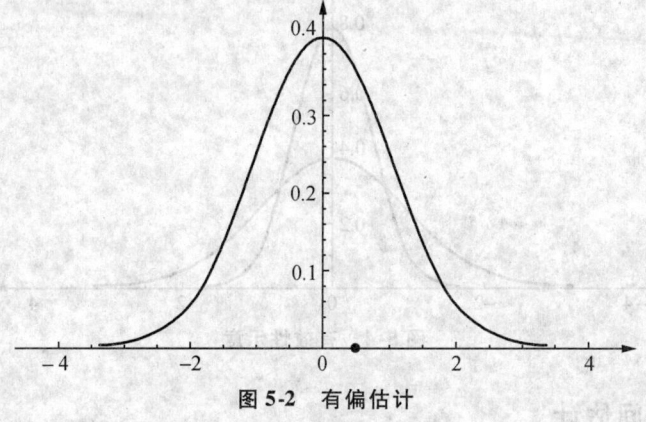

图 5-2 有偏估计

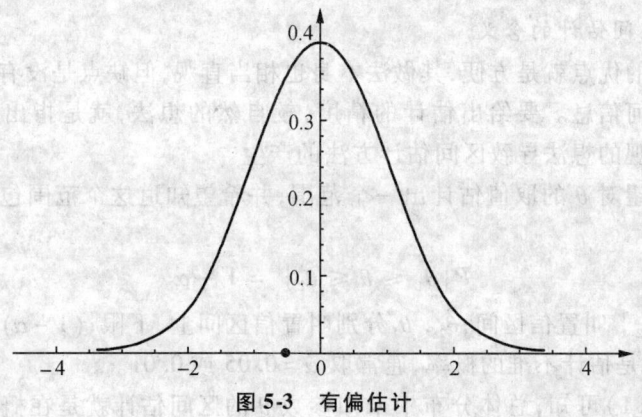

图 5-3 有偏估计

2. 有效性

若有 $E(\hat{\theta}_1)=\theta, E(\hat{\theta}_2)=\theta$,且 $D(\hat{\theta}_1)<D(\hat{\theta}_2)$,则相对 $\hat{\theta}_2$ 来说,$\hat{\theta}_1$ 是 θ 的有效估计量。

$\hat{\theta}_1$ 较之 $\hat{\theta}_2$ 具有有效性的直观意义如图 5-4 所示。图 5-4 中,$\hat{\theta}_1$ 的密度函数曲线相对而言更"瘦"一些。

3. 一致性

当任意给定 $\varepsilon>0$ 时,有

$$\lim_{n\to\infty} P\{|\hat{\theta}-\theta|<\varepsilon\}=1$$

即当 $n\to\infty$ 时,$\hat{\theta}$ 依概率收敛于 θ,则称 $\hat{\theta}$ 为 θ 的一致估计量,$\hat{\theta}$ 具有一致性。

对经常使用的点估计量 $\bar{X},p,S^2$ 来说,可以证明,它们分别是总体 μ,π,σ^2 的无偏、有效且满足一致性要求的优良估计量。

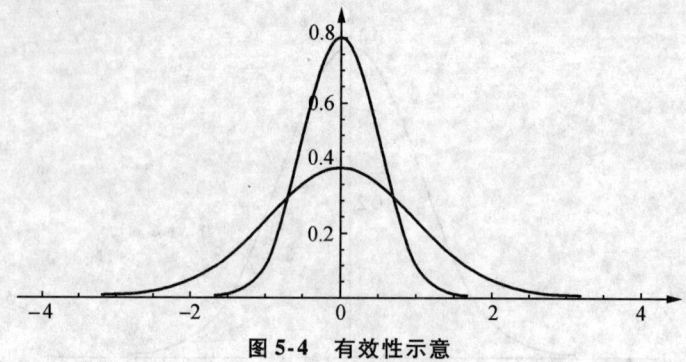

图 5-4 有效性示意

二、区间估计

(一) 区间估计的含义

点估计的优点就是方便,其做法本身也相当直观,但缺点是没有提供关于估计精度的任何信息。要给出估计的精度,较自然的想法,就是指出它的变异程度。这种直观的想法导致区间估计方法的产生。

我们希望对 θ 的取值估计出一个范围,并希望知道这个范围包含 θ 的可靠程度,即:

$$P\{\hat{\theta}_1 \leq \theta \leq \hat{\theta}_2\} = 1 - \alpha \tag{5.1}$$

其中,$[\hat{\theta}_1, \hat{\theta}_2]$ 叫置信区间;$\hat{\theta}_2$、$\hat{\theta}_1$ 分别叫置信区间上、下限;$(1-\alpha)$ 叫置信度或置信水平;α 是估计不准的概率,通常取 $\alpha = 0.05$ 或 0.01。

由式(5.1)可知,总体分布中未知参数 θ 的区间估计就是在概率意义下计算 θ 的变化范围。要想求出被估参数 θ 的置信区间,就必须由样本构造出一个与被估参数 θ 相关联的统计量,并确定该统计量的概率分布。

如同点估计中有估计量的"好坏"评价问题,区间估计中也有两个基本要求:

(1) 置信度:表明估计结果的可靠程度。我们自然希望随机区间 $[\hat{\theta}_1, \hat{\theta}_2]$ 包含被估参数 θ 的概率 $P\{\hat{\theta}_1 < \theta < \hat{\theta}_2\}$ 越大越好,即随机区间 $[\hat{\theta}_1, \hat{\theta}_2]$ 的平均长度越长越好。

(2) 精确度:表明估计结果的误差大小。我们自然希望包含被估参数 θ 的随机区间 $[\hat{\theta}_1, \hat{\theta}_2]$ 的平均长度越短越好。

在样本容量 n 一定的条件下,上述两个基本要求是相互矛盾的。解决矛盾的原则为 J. Neyman 原则,即在保证置信度的前提下,尽可能提高估计的精确度。这就是为什么作区间估计时总是要事先给定置信度的原因。

(二) 总体均值 (μ) 的区间估计

在对总体均值进行区间估计时,常常需要考虑总体是否为正态总体、总体方差是否已知、用于构造估计量的样本是大样本($n \geq 30$)还是小样本($n < 30$)等几种情况。

1. 正态总体、总体方差已知或非正态总体、大样本

由第四章的结论可知：

$$z = \frac{\bar{X} - \mu}{\sigma/\sqrt{n}} \sim N(0,1)$$

故总体均值 μ 的 $(1-\alpha)$ 置信水平下的置信区间为：

$$\bar{X} \pm z_{\alpha/2} \sigma_{\bar{x}}$$

其中，$\bar{X}$ 为样本均值，由样本的一组观察值可计算出它的具体数值。

$z_{\alpha/2}$ 是与 $(1-\alpha)$ 置信水平相对应的正态分布的上侧分位数，可查标准正态概率分布表求得。

$\sigma_{\bar{x}}$ 是样本均值的标准差，其计算公式为：

$$\sigma_{\bar{x}} = \frac{\sigma}{\sqrt{n}} \text{（重复抽样）} \quad \text{或} \quad \sigma_{\bar{x}} = \frac{\sigma}{\sqrt{n}} \sqrt{\frac{N-n}{N-1}} \text{（不重复抽样）}$$

可以证明：$\sigma_{\bar{x}}$ 既是样本均值 $\bar{X}$ 这个随机变量的标准差，同时也是估计误差 $\bar{X}_i - \mu$ ($i = 1, 2, \cdots, k$) 的均值，故有时称 $\sigma_{\bar{x}}$ 为抽样平均误差。

作为标准差，$\sigma_{\bar{x}}$ 的大小可用来评价样本对总体的代表性；作为平均误差，$\sigma_{\bar{x}}$ 可用来建立样本与总体之间的数量联系，即用平均误差 $\sigma_{\bar{x}}$ 来度量估计误差 $\bar{X}_i - \mu$ 时，若给定置信水平 $(1-\alpha)$，就不难得到置信区间：

$$\frac{|\bar{X}_i - \mu|}{\sigma_{\bar{x}}} = z_{\alpha/2}$$

即：

$$\bar{X}_i \pm z_{\alpha/2} \sigma_{\bar{x}} \quad (i = 1, 2, \cdots, k)$$

通常称 $z_{\alpha/2} \sigma_{\bar{x}}$ 为边际误差。$z_{\alpha/2} \sigma_{\bar{x}}$ 的大小体现着估计精度，其几何意义是：置信区间 $\bar{X} \pm z_{\alpha/2} \sigma_{\bar{x}}$ 以样本均值 $\bar{X}$ 为中心，以 $z_{\alpha/2} \sigma_{\bar{x}}$ 为半径。

置信区间的数学表达式告诉我们，置信区间上、下限计算的关键是平均误差 $\sigma_{\bar{x}}$ 的计算方法。第四章里所介绍的算法均是简单随机抽样方式下的算法。简单地讲，平均误差的计算方法随抽样方式和抽样方法的不同而有所不同。

考虑到客观世界的无限性及人的主观认识的有限性，样本均值估计总体均值总会存在误差，且误差在一定的范围内被认为是可以接受的。则称可以接受的最大误差范围为极限误差，记为 Δ，其数学表达式为：

$$|\bar{X} - \mu| \leq \Delta$$

即：

$$z_{\alpha/2} \sigma_{\bar{x}} \leq \Delta \tag{5.2}$$

式(5.2)说明了区间估计的置信度、平均误差及极限误差这三者之间的数量关系。

例 5.1 某审计人员对一家货运公司 8 042 张收款账单进行抽样,从而估计这批账单的平均账面金额。该审计员随机抽取 100 份账单,得样本平均账面金额为 33.19 元。方差为 1 188.63 元^2。给定检验水平 $\alpha = 0.05$,检验这批账单的账面金额均值的置信区间。

解 已知 $\bar{x} = 33.19, S^2 = 1 188.63, n = 100$。置信度 $1 - \alpha = 95\%$,查标准正态分布表,得 $z_{\alpha/2} = 1.96$

$$\bar{x} \pm z_{\alpha/2} \frac{\sigma}{\sqrt{n}} = 33.19 \pm 1.96 \times \sqrt{\frac{1 188.63}{100}}$$

即 $33.19 \pm 1.96 \times 6.76$,这批账单的账面金额均值置信度为 95% 的置信区间是 [26.43, 39.95]。

2. 正态总体、总体方差未知、小样本

此种情况下,要选用 t 分布来估计总体均值。

由第四章的结论可知:

$$t = \frac{\bar{X} - \mu}{S/\sqrt{n}} \sim t(n-1)$$

因此,总体均值 μ 置信水平为 $(1 - \alpha)$ 的估计区间是:

重复抽样 $\quad \bar{X} \pm t_{\alpha/2}(n-1) \dfrac{S}{\sqrt{n}}$

不重复抽样 $\quad \bar{X} \pm t_{\alpha/2}(n-1) \dfrac{S}{\sqrt{n}} \sqrt{\dfrac{N-n}{N-1}}$

例 5.2 某时装专卖店的管理人员想估计其顾客的平均年龄,随机抽取了 16 位顾客进行调查,得到样本均值 $\bar{x} = 32$ 岁,样本标准差 $S = 8$ 岁。假定顾客的年龄近似服从正态分布,试求该店全部顾客平均年龄置信度为 95% 的置信区间。

解 因为总体 X 近似服从正态分布,即 $X \sim N(\mu, \sigma^2)$,σ^2 未知且 $n = 16$,为小样本,对 μ 进行区间估计须构造 t 统计量。

根据 $\alpha = 0.05$,查 t 分布表得 $t_{\alpha/2}(n-1) = t_{0.025}(15) = 2.1315$。

故总体均值 μ 的 95% 的置信区间为:

$$\bar{x} - t_{0.025}(16-1) \frac{S}{\sqrt{n}} = 32 - 2.1315 \times \frac{8}{\sqrt{16}} = 27.737$$

$$\bar{x} + t_{0.025}(16-1) \frac{S}{\sqrt{n}} = 32 + 2.1315 \times \frac{8}{\sqrt{16}} = 36.263$$

即有 95% 的把握估计全部顾客的平均年龄在 (27.737, 36.263) 岁之间。

3. 总体成数(π)的区间估计

这里只讨论大样本情形。按中心极限定理的要求,这里大样本的条件是:np

和 $n(1-p)$ 都要大于等于 5。因此,类似于总体均值的区间估计,总体成数 π 的置信水平为 $(1-\alpha)$ 的区间估计是:

$$p \pm z_{\alpha/2}\sigma_p$$

其中: σ_p 为样本成数 p 的标准差,其计算公式如下:

$$\text{重复抽样} \quad \sigma_p = \sqrt{\frac{p(1-p)}{n}}$$

$$\text{不重复抽样} \quad \sigma_p = \sqrt{\frac{p(1-p)}{n}}\sqrt{\frac{N-n}{N-1}}$$

注意:在实践中,由于总体成数 π 常常未知,故样本成数标准差 σ_p 公式中的总体成数 π 往往用样本成数 p 代替。

例 5.3 一所大学的保健医生想了解学生戴眼镜的成数,随机抽选 100 名学生,调查发现其中 31 名戴眼镜。试求全校学生戴眼镜成数的置信度为 90% 的置信区间。

解 $n = 100, np = 100 \times 31/100 = 31 > 5$ 为大样本,由中心极限定理知:

$$p \sim N\left(\pi, \frac{\pi(1-\pi)}{n}\right)$$

总体成数 π 未知,用样本方差 p 代替,根据 $\alpha = 0.10$,查标准正态概率分布表,得 $z_{0.05} = 1.65$,则有:

$$p - z_{0.05}\sqrt{\frac{p(1-p)}{n}} = 0.31 - 1.65 \times \sqrt{\frac{0.31 \times (1-0.31)}{100}}$$

$$= 0.31 - 0.076 = 0.234$$

$$p + z_{0.05}\sqrt{\frac{p(1-p)}{n}} = 0.31 + 0.076 = 0.386$$

即有 90% 的把握估计全校学生戴眼镜的成数在 23.4%—38.6% 之间。

4. 总体方差 (σ^2) 的区间估计

这里只讨论一个正态总体方差的估计问题。由第四章的结论可知:

$$\chi^2 = \frac{(n-1)S^2}{\sigma^2} \sim \chi^2(n-1)$$

α 水平 χ^2 分布的上、下分位数分别为: $\chi^2_{\alpha/2}$ 及 $\chi^2_{1-\alpha/2}$。故总体方差 σ^2 在 $(1-\alpha)$ 置信度下的置信区间是:

$$\frac{(n-1)S^2}{\chi^2_{\alpha/2}(n-1)} \leq \sigma^2 \leq \frac{(n-1)S^2}{\chi^2_{1-\alpha/2}(n-1)}$$

例 5.4 假定 A 品牌 25 公斤袋装大米的重量服从正态公布。现随机抽取 13 袋大米,测得重量分别为 24.0、24.2、24.4、24.6、24.7、24.8、25.0、25.1、

25.1、25.2、25.3、25.4、25.6 公斤,试以 95% 的置信度估计该品牌袋装大米重量的标准差。

解 由于 $n-1=12$,查自由度为 12 的 χ^2 分布表得: $\chi^2_{1-\alpha/2}=4.404$, $\chi^2_{\alpha/2}=23.337$,则有:

$$\frac{12}{23.337}S^2 < \sigma^2 < \frac{12}{4.404}S^2$$

由原始数据可计算得到 $S^2=0.23$,代入上式便有:$0.118<\sigma^2<0.63$,从而得 $0.34<\sigma<0.79$,即以 95% 的置信度估计该品牌袋装大米重量的标准差 σ 在 0.34—0.79 公斤之间。

根据上述例子,区间估计的步骤可归纳为:
(1) 依题意确定待估参数;
(2) 依题设条件构造与待估参数相对应的估计量;
(3) 确定估计量的抽样分布;
(4) 依估计量的抽样分布,由给定的置信度计算待估参数置信区间的上、下限。

第二节 样本容量的确定

一、问题的提出

作为一项调查研究活动,统计推断总是在一定成本的约束下进行的。该项成本主要表现在抽取样本及对抽出的样本进行调查上。直观地看,样本容量大,样本对总体的代表性就高,从而抽样误差就小;反之,样本容量过小,难以保证样本对总体的代表性,从而导致抽样误差增大,满足不了推断精确度的要求。故从推断来看,要达到估计所要求的精确程度,自然要求样本容量越大越好;但从抽样来看,增大样本容量,势必增加人力、物力,从而导致调查成本增大,这无疑是不经济的做法。于是,在抽样推断中,势必要在统计推断的精确度与调查成本这一对矛盾间进行权衡。

二、处理问题的原则

抽样的目的在于为推断提供具有充分代表性的样本信息。除了抽样组织形式和抽样方法以外,影响样本代表性的主要因素便是样本容量。故从抽样角度来看,处理推断的精确度与调查成本间矛盾的原则是:在保证达到推断目标的要求下,尽量使调查成本最低。

推断的目的在于用样本提供的信息,按归纳推理的逻辑思想认识总体。影响这一认识满意程度的因素是误差。若撇开非抽样误差不谈,则主要因素是抽样误差,具体表现在推断统计量的估计方差上。样本对总体的代表性越高,推断统计量的估计方差越小,这无疑能保证统计推断精确度的要求。故从推断角度来看,处理统计推断精确度与调查成本间矛盾的原则是:在调查成本一定的情况下,尽量使推断目标实现的效果好,即估计的精度更高。

抽样是为推断服务的,是推断的基础。故抽样设计中样本容量的确定通常按推断原则处理。

三、简单随机抽样下,调查成本既定时样本容量的确定方法

（一）总体均值估计情形

由上一节的论述可知:对给定的置信水平 $1-\alpha$,有:

$$z_{\alpha/2}\sigma_{\bar{x}} \leqslant \Delta \tag{5.3}$$

因 $\sigma_{\bar{x}}$ 为 n 的函数,将 $\sigma_{\bar{x}} = \sqrt{\dfrac{\sigma^2}{n}}$ 和 $\sigma_{\bar{x}} = \sqrt{\dfrac{\sigma^2}{n}\left(\dfrac{N-n}{N-1}\right)}$ 分别代入式(5.3)并对 n 求解,得:

$$n \geqslant \frac{Z_{\alpha/2}^2 \sigma^2}{\Delta^2} \tag{5.4}$$

$$n \geqslant \frac{Z_{\alpha/2}^2 \sigma^2 N}{Z_{\alpha/2}^2 \sigma^2 + \Delta^2(N-1)} \tag{5.5}$$

式(5.4)与(5.5)分别为简单随机抽样下,重复抽样和不重复抽样的最佳样本容量确定公式。式中 σ^2 未知时可由样本资料估计得到;若有总体方差的多个历史数据,则需取其中的最大方差值。只要给定了 α 及 Δ,便可按此要求用式(5.4)或(5.5)确定最小的 n 值。

例5.5 一家塑料公司想估计其产品的平均抗拉强度,要求以 95% 的置信度使估计值在真值附近 1 公斤/平方厘米的范围内。问该公司应抽多少个样品？经验表明,σ^2 的估计值可取 12.25。

解 $n \geqslant \dfrac{Z_{\alpha/2}^2 \sigma^2}{\Delta^2} = \dfrac{1.96^2 \times 12.25}{1^2} = 47.06$

也即该公司至少应抽取 48 个样品作试验。

（二）总体成数估计情形

用样本成数 p 估计总体成数 π,也要求控制其极限误差 Δ,当 p 近似服从正态分布时,有:

$$\sigma_p = \sqrt{\frac{\pi(1-\pi)}{n}} \quad \text{或} \quad \sigma_p = \sqrt{\frac{\pi(1-\pi)}{n}\left(\frac{N-n}{N-1}\right)}$$

将 σ_p 的计算公式分别代入式(5.3)中并求解 n,得:

$$n \geqslant \frac{Z_{\alpha/2}^2 \pi(1-\pi)}{\Delta^2} \tag{5.6}$$

$$n \geqslant \frac{Z_{\alpha/2}^2 \pi(1-\pi)N}{Z_{\alpha/2}^2 \pi(1-\pi) + \Delta^2(N-1)} \tag{5.7}$$

式(5.6)与(5.7)分别为简单随机抽样下,重复抽样和不重复抽样的最佳样本容量确定公式。式中的总体成数 π 未知时,用样本成数 p 代替。若有多个 p 值时,应选择最接近 50% 的那个 p 值,以便使总体成数方差的估计值达到最大。

例 5.6 一家市场调查公司想估计某地区有彩色电视机的家庭所占的比重。要求估计误差不超过 0.05,置信度取 95%,问应抽取多大容量的样本?公司调查人员认为实际的比重不可能大于 20%。

解 由于 $\pi \leqslant 0.2$,故有:

$$n \geqslant \frac{Z_{\alpha/2}^2 \pi(1-\pi)}{\Delta^2} = \frac{1.96^2 \times 0.2 \times 0.8}{0.05^2} = 245.9$$

即该市场调查公司应至少抽取 246 户。

第三节 总体参数检验

统计推断是利用样本资料对总体作出结论的一种方法,参数估计和假设检验是统计推断的两个组成部分。如前所述,参数估计要解决的问题是:总体参数的大小如何?估计量的精度怎样?而假设检验要解决的问题是:总体参数是否等于某一事先给定的数值?即根据样本观察值来判断总体是否发生了显著性变化?比如,新教学法是否优于传统的教学法;两个消费群体对某品牌商品的平均偏好是否有差异,等等。类似这样的问题称为显著性检验问题,统计学上称之为假设检验。假设检验有参数假设检验和非参数假设检验之分。二者的区别在于,前者检验时要考虑总体的分布情况,即要利用总体的分布信息,而后者在检验时不考虑总体的分布情况,也就是不利用总体的分布信息。这一节只讨论参数假设检验的理论与方法。

相对于非参数假设检验,参数假设检验具有以下特点:
(1)只能运用于数值型数据的统计检验问题。
(2)检验时要求对抽取样本的总体的性质作出一些基本的假定。
(3)检验得到的结论通常是"如果总体分布满足……那么可以得到如下统计结论……"
(4)总体分布已知的情况下,参数检验的精度高于非参数检验。一般在参数检验无法适用的情况下才使用非参数检验。

一、假设检验的一般性问题

(一) 问题的提出

总体是否发生变化,可通过其参数是否有显著性差异来判断。以正态分布的参数 μ 为例,假设检验要回答的问题是:

(1) 根据样本信息,μ 是否等于某个给定值 μ_0?

(2) 根据样本信息,μ 是否大于(或小于)某个给定值 μ_0?

从检验要回答的问题易见,假设检验方法是一种判断或决策的方法。

(二) 解决问题的统计思想

要根据样本信息回答上述两类问题,直观的想法就是:首先依样本构造出一个能反映总体参数 μ 的统计量。通过本章第一节内容的论述,我们知道,合适的统计量为样本均值 $\bar{X}$。由于我们对总体的情况并不了解,所以 μ 实际上可能是下列三种情况之一:

(1) $\mu = \mu_1 < \mu_0$;

(2) $\mu = \mu_0$;

(3) $\mu = \mu_2 > \mu_0$。

显然,在每一种情况下,样本均值 $\bar{X}$ 的分布都不同。现把 $\bar{X}$ 的分布分别记为 H_1,H_0 和 H_2,如图 5-5 所示。

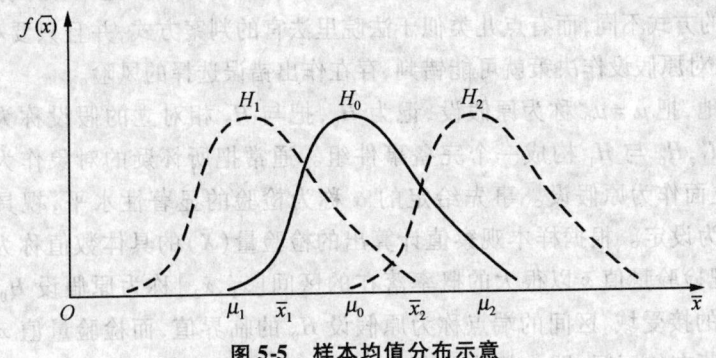

图 5-5 样本均值分布示意

如此一来,对 μ 的检验问题就转化为:要根据样本信息来判断样本均值 $\bar{X}$ 究竟来自图 5-5 中的哪一个分布,进而才能确定 μ 是多少。

样本均值 $\bar{X}$ 为一随机变量,取值于整个横轴,故它来自图 5-5 中任一分布的可能性都是存在的。不难理解,可能性大小需用概率来描述,即要计算 $\bar{X}$ 来自某分布的概率。问题是:$\bar{X}$ 来自于哪一个分布的概率必须在确定的分布下才能计算。如此,既然是问:μ 是否等于某个给定值 μ_0,那么,不妨就假设 μ 等于该给定值 μ_0,当这一假设成立时,$\bar{X}$ 的分布便确定了,再用参数区间估计法,易计算

出样本均值 $\bar{X}$ 在一定概率下的可能范围,即有:

$$P\left\{\left|\frac{\bar{X}-\mu_0}{\sigma_{\bar{x}}}\right|<z_{\alpha/2}\right\}=1-\alpha$$

从而:$\bar{x}_1=\mu_0-Z_{\alpha/2}\sigma_{\bar{x}},\bar{x}_2=\mu_0+Z_{\alpha/2}\sigma_{\bar{x}}$,如图 5-5 中的区间 $[\bar{x}_1,\bar{x}_2]$。如果样本均值 $\bar{X}$ 落在这个区间,则承认原来的假设是可以接受的,即 μ 等于给定值 μ_0;反之,样本均值 $\bar{X}$ 落在区间 $[\bar{x}_1,\bar{x}_2]$ 之外,则否定 $\mu=\mu_0$ 这个假设,即认为 μ 大于 μ_0 或小于 μ_0。在此例中,我们之所以接受原假设,是因为样本均值 $\bar{X}$ 落在区间 $[\bar{x}_1,\bar{x}_2]$ 内的概率 $(1-\alpha)$ 大,有充分地把握;拒绝原假设,是因为样本均值 $\bar{X}$ 落在区间 $[\bar{x}_1,\bar{x}_2]$ 外的概率 α 小,无充分的理由接受原假设。

上述判断实际上体现着反证法的思想。判断的基础是样本信息,判断的理论依据是小概率原理,即小概率事件在一次试验(或抽样)中几乎不发生。直观来想,在所做假设是正确的情况下,一次试验(或抽样)中人们期望的结果出现的概率应该较大。然而现在的事实却不是这样的,期望的结果出现的概率不仅不大,反而很小,即所谓的小概率事件居然发生了,这就很不正常了,意味着一次试验(或抽样)中出现了出人意料的结果,也意味着给了我们作出否定原假设的充分证据。可见,假设检验的思想是从不利于原假设的角度来对原假设作决策的。因此,当我们拒绝原假设时,并不意味着原假设一定是错误的,只是说概率意义下接受原假设的理由很不充分,而否定原假设的证据却非常强。这与数学家"证明"某个结论的方式不同,而有点儿类似于法院里法官的判案方式,并且只要小概率 α 不等于零,对原假设作决策就可能错判,存在作出错误选择的风险。

一般地,把 $\mu=\mu_0$ 称为原假设,记为 H_0,把与 H_0 相对立的假设称为备择假设,记为 H_1,H_0 与 H_1 构成一个完备事件组。通常把所怀疑的对象作为备择假设,其对立面作为原假设。事先给定的 α 称为检验的显著性水平,视具体的检验问题人为设定。根据样本观察值计算出的检验量 $(\bar{X})$ 的具体数值称为检验量值 $(\bar{x})$。把检验量值 $\bar{x}$ 以很大的概率落在的区间 $[\bar{x}_1,\bar{x}_2]$ 称为原假设 H_0 显著性水平为 α 的接受域,区间的端点称为原假设 H_0 的临界值,而检验量值 $\bar{x}$ 以很小的概率所落在的区间,即小概率事件发生的区间 $(-\infty,\bar{x}_1)$ 及 $(\bar{x}_2,+\infty)$ 称为原假设 H_0 显著性水平为 α 的拒绝域,亦即 H_1 的接受域,如图 5-6 所示。按原假设 H_0 的接受域作出的统计结论,称为显著性水平为 α 的统计结论。只要 $\alpha\neq 0$,则统计结论不会绝对正确。这种通过比较检验量值与原假设 H_0 临界值之间的大小,进而对原假设 H_0 作决策的假设检验方法称为临界值法。

(三) 单、双侧检验问题

对于原假设 $H_0:\mu=\mu_0$、备择假设 $H_1:\mu\neq\mu_0$ 而言,因为在 H_0 成立的情况下,计算 H_0 的显著性水平为 α 的接受域时,是将 α 水平平均分配在 H_0 分布两侧的

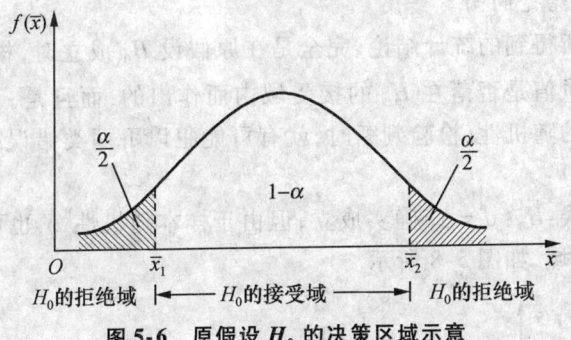

图 5-6　原假设 H_0 的决策区域示意

尾部,每侧各占 $\alpha/2$,故称为 H_0 的双侧检验。但对

原假设 $H_0:\mu \leqslant \mu_0$　　或　　原假设 $H_0:\mu \geqslant \mu_0$
备择假设 $H_1:\mu > \mu_0$　　　　备择假设 $H_1:\mu < \mu_0$

而言,则属 H_0 的单侧检验。若把显著性水平 α 全部放置在 H_0 的左侧进行检验,则称为 H_0 的左侧检验;反之,把显著性水平 α 全部放置在 H_0 的右侧进行检验,则称为 H_0 的右侧检验。

以 $H_0:\mu \geqslant \mu_0, H_1:\mu < \mu_0$ 为例,如图 5-7 所示。

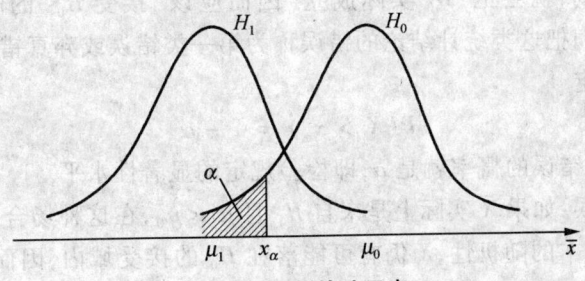

图 5-7　左侧检验示意

如果确有 $\mu_1 < \mu_0$,则我们只能把显著性水平 α 全部放置在 H_0 的左侧(与 α 相对应的分位数为 x_α),这样在 H_0 成立时,$\bar{X} > x_\alpha$ 的概率 $\left(\int_{x_\alpha}^{+\infty} f(H_0) \mathrm{d}H_0\right)$ 才会比在 H_1 成立时 $\bar{X} > x_\alpha$ 的概率 $\left(\int_{x_\alpha}^{+\infty} f(H_1) \mathrm{d}H_1\right)$ 大得多。如此,当 $\bar{x} > x_\alpha$ 时,就接受 H_0,即 μ 并不小于 μ_0,反之,则拒绝 H_0,即 $\mu < \mu_0$。

同理,对 $H_0:\mu \leqslant \mu_0, H_1:\mu > \mu_0$ 而言,应将检验的显著性水平 α 全部放在 H_0 的右侧进行检验。

上面的论述说明,对原假设 H_0 进行检验时选择单侧还是双侧,取决于备择假设 H_1 的表现形式。

（四）统计结论的两类错误

假设检验所得到的统计结论，完全是在原假设 H_0 成立时，根据样本观察值计算出的检验量值是否落在 H_0 的接受域内而作出的，而且是一定概率意义上的。由于样本的随机性，检验判断时，就有可能犯以下两类错误（以 $H_0:\mu \geq \mu_0$，$H_1:\mu < \mu_0$ 为例）：

第一类错误：$H_0:\mu = \mu_0$ 确实成立，但由于样本随机性，$\bar{X}$ 也可能小于 x_α，即落在 H_0 的拒绝域，如图 5-8 所示。

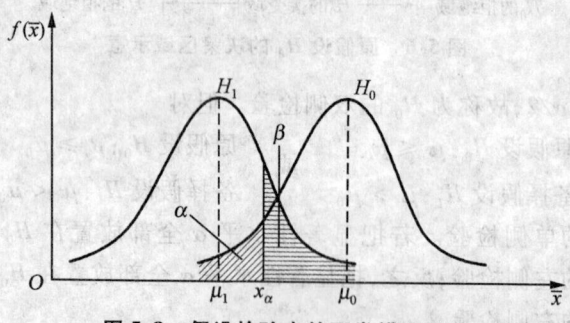

图 5-8 假设检验中的两类错误图示

依检验规则，就会把"H_0 实际成立"因而应该"接受 H_0"的问题错误当成"拒绝 H_0"，我们把这类统计结论的错误称为第一类错误或弃真错误。

显然就规定

$$P(\bar{X} > x_\alpha) = 1 - \alpha$$

而言，犯第一类错误的概率就是 α，即检验规定的显著性水平。

第二类错误：如果 $\bar{X}$ 实际上是来自 H_1 且 $\mu_1 < \mu_0$，在这种场合按理不应接受 H_0，但同样因样本的随机性，$\bar{X}$ 仍有可能落在 H_0 的接受域内，因而导致把 H_1 分布错作 H_0 而接受下来，这类统计结论错误称为第二类错误或采伪错误。

犯第二类错误的概率记为 β，结合图 5-8 来看，β 的大小显然就是在 H_1 分布下、区间 $(x_\alpha, +\infty)$ 上与 H_1 的密度函数所围成的阴影面积，即事件"$\bar{X} > x_\alpha$"发生的概率 $P(\bar{X} > x_\alpha) = \beta$，亦即：

$$\beta = \int_{x_\alpha}^{+\infty} \frac{1}{\sqrt{2\pi}\sigma/\sqrt{n}} e^{-\frac{(\bar{x}-\mu_1)^2}{2\sigma^2/n}} d\bar{x}$$

对 $\bar{X}$ 作标准化处理，则有

$$\beta = \int_{Z_\beta}^{+\infty} \varphi(t) dt$$

其中：

$$Z_\beta = \frac{x_\alpha - \mu_1}{\sigma/\sqrt{n}}$$

一般地，α 是显性的，但 β 是隐性的，不易看出。从图 5-8 中不难发现，β 值

变化的影响因素有：

(1) 当其他条件不变时，α 大则 β 小；反之，α 小必导致 β 大。换句话说，在其他条件不变的情况下，要同时减小犯两类错误的概率是不可能的。

(2) 在规定的显著性水平 α 下，单侧检验犯第二类错误的可能性小于双侧检验。故统计检验中，凡能进行单侧检验时就不做双侧检验，以便控制 β。

(3) 其他情况不变，增加样本容量 n，β 值将有效地减小。

(4) 其他情况不变，假设的 μ_0 与 μ_1 之间的距离将直接影响 β 值。

通过以上分析，我们应该在合适的 α 及 β 的要求下进行统计检验。通常 α 值控制在 1%—5% 之间，β 值多控制在 10%—30% 之间。统计学家 Neyman 和 Pearson 提出的原则是：在控制犯第一类错误的概率 α 的条件下，使犯第二类错误的概率 β 尽量减小。其含义是：原假设要受到维护，使它不至于轻易被否定（因为假设检验是从不利于原假设的角度来对原假设作决策的）；若检验结果否定了原假设，则说明否定的理由是充分的；同时，犯第一类错误的概率 α 受到控制，亦即作出否定判断的可靠程度 $(1-\alpha)$ 得到了保证。

本书中的假设检验问题只对犯第一类错误的概率 α 加以限制，而不考虑犯第二类错误的概率 β，这种方式的假设检验又称为显著性检验。犯第一类错误的概率 α 称为显著性水平，其取值通常需考虑：对原假设的信心，以及对原假设作出决策后可能造成的损失。实际运用中，α 通常取一些标准化的值，如 0.01、0.05、0.10 等。

(五) P 值检验法（概率值检验法）

随着电脑技术的发展、统计软件的普及，实践中许多领域里的统计检验都是用 P 值来描述的。区别于临界值检验法，用 P 值的大小对原假设 H_0 作决策的检验法称为 P 值检验法，或称为概率值检验法。P 值检验法是计算机时代通行的统计检验方式。

所谓的 P 值是一个条件概率值，是在原假设 H_0 为真的假设下，由样本观察值计算得到的。意思是：检验量会等于像实际观察到那么极端或更极端的值的概率，它反映了观察到的实际数据与原假设之间不一致的程度（概率）大小。P 值越大，表明观察到的实际数据与原假设之间不一致的程度越小；P 值越小，表明观察到的实际数据与原假设之间不一致的程度越大。P 值也可以理解为是对原假设 H_0 的可信程度的一个度量。P 值越大，原假设 H_0 的可信程度越高；P 值越小，原假设 H_0 的可信程度越低。因此，P 值检验法又叫概率值检验法。

P 值计算的是当 H_0 为真时（条件），样本检验量分布到目前观察值之外的可能性，即样本检验量大于目前观察值的概率（右侧检验），或样本检验量小于目前观察值的概率（左侧检验），或等于样本检验量在 H_0 左右两侧概率之和（双侧检验）。它是根据样本数据计算的。设样本检验量为 w，目前抽样观察到的检

验量值为 w'，P 值计算的数学表达式为：

右侧检验：P 值 $= P\{w > w'/H_0$ 为真$\}$

左侧检验：P 值 $= P\{w < w'/H_0$ 为真$\}$

双侧检验：P 值 $= 2P\{|w| > w'/H_0$ 为真$\}$

P 值越小，说明样本数据与总体的差别越大，判原假设为真的可能性越小，即样本数据所提供的否定原假设 H_0 的证据就越强；反之，P 值越大，说明样本数据与总体的差别越小，那么判原假设为真的可能性就越大，即样本数据所提供的否定原假设 H_0 的证据就越弱。可见 P 值表述了拒绝 H_0 的力度，同时也表述了对 H_0 作决策时犯第一类错误的实际犯错概率。

一般认为，P 值的大小与拒绝 H_0 的力度有如下的关系：

如果 P 值小于：

(1) 0.10，有微弱的证据表明 H_0 是应拒绝的；

(2) 0.05，有显著的证据表明 H_0 是应拒绝的；

(3) 0.01，有很强的证据表明 H_0 是应拒绝的；

(4) 0.001，有极强的证据表明 H_0 是应拒绝的。

当 P 值小于事先设定的显著性水平 α 时，就会认为概率如此小的事件居然发生了，很可能是原假设有问题，就应该拒绝原假设；否则，就只能接受原假设。故 P 值检验法的决策规则为：

若 P 值 $< \alpha$，则拒绝 H_0，接受 H_1。

若 P 值 $> \alpha$，则接受 H_0，拒绝 H_1。

(六) 统计检验的显著性

"显著"一词的一般意思是"非常明显"，但在统计检验中，该词的意思是"只靠抽样的随机性不容易出现这样的结果"，其中的"不容易"用显著性水平来具体描述，可见显著性水平是用来评估检验结果的显著性的。拒绝原假设，意指检验结果是显著的；接受原假设，意指检验结果是不显著的。例如，在 0.01 的显著水平下，结果具有显著性，意思是：在错判概率不超过 1%（或为 P）的情况下，一次试验或抽样中出人意料的结果居然发生了，说明该结果在统计上是显著的或"有差异的"，因此要作出拒绝原假设的判断。再比如，原假设为 $H_0: \mu_1 = \mu_2$，在 5% 的显著水平下检验结果显著，其含义就是：在错判概率不超过 5%（或为 P）的情况下，μ_1 和 μ_2 之间的差异在统计上是可以分辨的，因此不能认为 $\mu_1 = \mu_2$。

临界值检验法中，显著性水平 α 是事先固定好的，当原假设 H_0 本为真，但因样本随机性却作出了拒绝 H_0 的判断，从而犯第一类错误的概率最大不能超过 α；而 P 值检验法中，显著性水平就是 P 值，它不是事先固定好的，而是由样本数据计算出的、检验中犯第一类错误的实际犯错概率值。用 P 值检验法作检验，需认定显著性水平。

(七) 假设检验的步骤

综上所述,统计假设检验的步骤可归纳为:

(1) 根据实际情况,建立原假设 H_0 和备择假设 H_1;
(2) 根据备择假设 H_1 的设定情况,确定检验是单侧检验还是双侧检验;
(3) 确定样本量和显著性水平的大小;
(4) 选择一个合适的统计量做检验量,要求有两个:一是与原假设 H_0 有关;二是能确定其抽样分布;
(5) 根据给定的显著性水平 α,在原假设 H_0 成立时,通过查表得到 H_0 的临界值,给出 H_0 的拒绝域;
(6) 抽取样本,收集数据,并依样本观察值计算检验量 w 的数值(用 w' 表示);
(7) 根据 w' 计算原假设 H_0 的 P 值;
(8) 作出是否拒绝 H_0 的决策。

如果是用临界值法进行检验,则不需要做第(7)步的工作,接受或拒绝原假设的规则是:若 w' 落入 H_0 的拒绝域内,则拒绝 H_0。

如果是用 P 值法,则不需要做第(5)步的工作,接受或拒绝原假设的规则是:若 P 值小于认定的显著性水平,则拒绝原假设。

二、几种常用、具体的参数检验方法

统计上假设检验的方法很多,若按检验量服从的分布来划分,最基本的检验方法有四种,即 Z 检验法(或 U 检验法)、t 检验法、χ^2 检验法和 F 检验法。考虑到手工计算 P 值的麻烦,以及绝大多数统计软件在输出检验结果时都有 P 值,故这里主要介绍临界值检验法。

(一) Z 检验法

Z 检验法是在已知总体分布的方差时,对一个正态总体的均值或两个正态总体均值的关系(均值之差)进行检验的方法。Z 检验法也可用于大样本下非正态总体的成数检验。

1. 一个正态总体均值的检验

考虑下面三种类型的假设检验:

(1) $H_0: \mu = \mu_0, H_1: \mu \neq \mu_0$;
(2) $H_0: \mu \leq \mu_0, H_1: \mu > \mu_0$;
(3) $H_0: \mu \geq \mu_0, H_1: \mu < \mu_0$。

所构造的检验量为:

$$Z = \frac{\bar{X} - \mu_0}{\sigma/\sqrt{n}}$$

当原假设 $H_0: \mu = \mu_0$ 成立时，Z 检验量服从标准正态分布 $N(0,1)$。给定显著性水平 α，则有：

(1) $H_0: \mu = \mu_0, H_1: \mu \neq \mu_0$

检验规则为：

当 $|Z| = \dfrac{|\bar{x} - \mu_0|}{\sigma/\sqrt{n}} \geq z_{\alpha/2}$ 时，拒绝 H_0；

当 $|Z| = \dfrac{|\bar{x} - \mu_0|}{\sigma/\sqrt{n}} < z_{\alpha/2}$ 时，接受 H_0。

(2) $H_0: \mu \leq \mu_0, H_1: \mu > \mu_0$

检验规则为：

当 $Z = \dfrac{\bar{x} - \mu_0}{\sigma/\sqrt{n}} \geq z_\alpha$ 时，拒绝 H_0；

当 $Z = \dfrac{\bar{x} - \mu_0}{\sigma/\sqrt{n}} < z_\alpha$ 时，接受 H_0。

(3) $H_0: \mu \geq \mu_0, H_1: \mu < \mu_0$

检验规则为：

当 $Z = \dfrac{\bar{x} - \mu_0}{\sigma/\sqrt{n}} \leq -z_\alpha$ 时，拒绝 H_0；

当 $Z = \dfrac{\bar{x} - \mu_0}{\sigma/\sqrt{n}} > -z_\alpha$ 时，接受 H_0。

上述三个假设检验的拒绝域如图5-9所示，拒绝域的面积为 α。

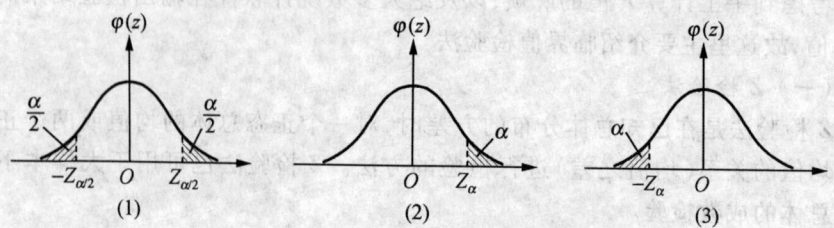

图5-9 假设检验中的拒绝域图示

例5.7 完成生产线上某件工作的平均时间不少于15.5分钟，标准差为3分钟。对随机抽选的9名职工讲授一种新方法，训练期结束后这9名职工完成此项工作的平均时间为13.5分钟。这个结果是否说明用新方法所需时间比用老方法所需时间短？设 $\alpha = 0.05$，并假定完成这件工作的时间服从正态分布。

解 根据题意，要检验的假设为：

$$H_0: \mu \geq 15.5, \quad H_1: \mu < 15.5$$

由于总体服从正态分布，且总体方差已知，所以选取检验统计量

$$Z = \frac{\bar{x} - \mu_0}{\sigma/\sqrt{n}} \sim N(0,1)$$

检验统计量的值为:

$$Z = \frac{13.5 - 15.5}{3/\sqrt{9}} = 13.5 - 15.5 = -2$$

查表得 $Z_{0.05} = 1.65$,由于 $Z < -Z_{0.05}$,所以拒绝原假设 H_0,也即说明用新方法所需时间明显较短。

2. 两个正态总体均值之差的检验

考虑下面三种类型的假设检验:

(1) $H_0: \mu_1 = \mu_2, H_1: \mu_1 \neq \mu_2$;

(2) $H_0: \mu_1 \leq \mu_2, H_1: \mu_1 > \mu_2$;

(3) $H_0: \mu_1 \geq \mu_2, H_1: \mu_1 < \mu_2$。

我们知道,$(\bar{X}_1 - \bar{X}_2) \sim N\left(\mu_1 - \mu_2, \frac{\sigma_1^2}{n_1} + \frac{\sigma_2^2}{n_2}\right)$,经标准化后,为:

$$\frac{(\bar{X}_1 - \bar{X}_2) - (\mu_1 - \mu_2)}{\sqrt{\frac{\sigma_1^2}{n_1} + \frac{\sigma_2^2}{n_2}}} \sim N(0,1)$$

于是,构造检验统计量

$$Z = \frac{(\bar{x}_1 - \bar{x}_2) - (\mu_1 - \mu_2)}{\sqrt{\frac{\sigma_1^2}{n_1} + \frac{\sigma_2^2}{n_2}}}$$

当 $\mu_1 = \mu_2$ 时,由样本数据可计算出 Z 值。给定显著性水平 α,检验问题 (1)、(2)、(3)的检验规则分别为:

(1) 当 $|Z| \geq Z_{\alpha/2}$ 时,拒绝 H_0;$|Z| < Z_{\alpha/2}$ 时,接受 H_0。

(2) 当 $Z \geq Z_\alpha$ 时,拒绝 H_0;$Z < Z_\alpha$ 时,接受 H_0。

(3) 当 $Z \leq -Z_\alpha$ 时,拒绝 H_0;$Z > -Z_\alpha$ 时,接受 H_0。

例 5.8 有两种方法可用于制造某种产品。经验表明,这两种方法生产的产品的抗拉强度都近似服从正态分布。方法 1 和方法 2 给出的标准差分别为 3 公斤和 4 公斤。从方法 1 和方法 2 生产的产品中分别随机抽取 10 个和 14 个,所得样本均值分别为 20 公斤和 17 公斤。试问,这两种方法生产的产品的平均抗拉强度是否相同($\alpha = 0.05$)?

解 按题意,建立假设:

$$H_0: \mu_1 = \mu_2, \quad H_1: \mu_1 \neq \mu_2$$

由于两个总体都近似服从正态分布,且总体方差已知,所以选取检验统计量

$$Z = \frac{(\bar{x}_1 - \bar{x}_2)}{\sqrt{\frac{\sigma_1^2}{n_1} + \frac{\sigma_2^2}{n_2}}}$$

其观测值为：

$$Z = \frac{\bar{x}_1 - \bar{x}_2}{\sqrt{\frac{\sigma_1^2}{n_1} + \frac{\sigma_2^2}{n_2}}} = \frac{20 - 17}{\sqrt{\frac{3^2}{10} + \frac{4^2}{14}}} = 2.1$$

查表得 $Z_{0.025} = 1.96$，由于 $Z > Z_{0.025}$，所以拒绝原假设 H_0，也即认为这两种方法不能生产出抗拉强度相同的产品。

3. 大样本下总体成数的检验

考虑下面三种类型的假设检验：

(1) $H_0: \pi = \pi_0, H_1: \pi \neq \pi_0$；

(2) $H_0: \pi \leq \pi_0, H_1: \pi > \pi_0$；

(3) $H_0: \pi \geq \pi_0, H_1: \pi < \pi_0$。

当 $n \to \infty, p \to \frac{1}{2}$ 时，样本成数 p 的抽样分布近似服从正态分布。于是构造检验统计量 p，在原假设 H_0 成立时，标准化后有：

$$Z = \frac{p - \pi_0}{\sqrt{\frac{\pi_0(1 - \pi_0)}{n}}} \sim N(0,1)$$

当原假设 $H_0: \pi = \pi_0$ 成立时，在给定显著性水平 α 下，检验问题(1)、(2)、(3)的检验规则分别为：

(1) 当 $|Z| \geq Z_{\alpha/2}$ 时，拒绝 H_0；$|Z| < Z_{\alpha/2}$ 时，接受 H_0。

(2) 当 $Z \geq Z_\alpha$ 时，拒绝 H_0；$Z < Z_\alpha$ 时，接受 H_0。

(3) 当 $Z \leq -Z_\alpha$ 时，拒绝 H_0；$Z > -Z_\alpha$ 时，接受 H_0。

例5.9 某公司负责人发现开出去的发票有大量笔误，而且断定这些发票中，错误的发票占20%以上。随机抽取400张检查，发现错误的发票有100张，即占25%。这是否可以证明负责人的判断正确（$\alpha = 0.05$）？

解 按题意建立假设：

$$H_0: \pi \geq 0.2, \quad H_1: \pi < 0.2$$

选取检验统计量为：

$$Z = \frac{p - \pi_0}{\sqrt{\frac{\pi_0(1 - \pi_0)}{n}}}$$

其观测值为:

$$Z = \frac{p - \pi_0}{\sqrt{\frac{\pi_0(1-\pi_0)}{n}}} = \frac{\frac{100}{400} - 0.2}{\sqrt{\frac{0.2 \times 0.8}{400}}} = 2.5$$

查表得 $Z_{0.05} = 1.65$。由于 $Z > Z_{0.05}$,所以拒绝 H_0,也即认为这些数据可以证明负责人的判断是正确的。

(二) t 检验法

t 检验法是在未知总体方差时,对一个正态总体的均值或两个正态总体均值的关系(均值之差)进行检验的方法。

1. 一个正态总体均值的检验

考虑下面三种类型的假设检验:

(1) $H_0: \mu = \mu_0, H_1: \mu \neq \mu_0$;

(2) $H_0: \mu \leq \mu_0, H_1: \mu > \mu_0$;

(3) $H_0: \mu \geq \mu_0, H_1: \mu < \mu_0$。

由于 σ^2 未知,应选取的检验统计量为:

$$t = \frac{\bar{x} - \mu_0}{\sqrt{S^2/n}}$$

我们知道,当 $\mu = \mu_0$ 时,t 统计量服从自由度为 $n-1$ 的 t 分布。给定显著性水平 α,检验问题(1)、(2)、(3)的检验规则分别为:

(1) 当 $|t| \geq t_{\alpha/2}(n-1)$ 时,拒绝 H_0;$|t| < t_{\alpha/2}(n-1)$ 时,接受 H_0。

(2) 当 $t \geq t_\alpha(n-1)$ 时,拒绝 H_0;$t < t_\alpha(n-1)$ 时,接受 H_0。

(3) 当 $t \leq -t_\alpha(n-1)$ 时,拒绝 H_0;$t > -t_\alpha(n-1)$ 时,接受 H_0。

例 5.10 某汽车轮胎厂声称,该厂一等品轮胎的平均寿命在一定的重量和正常行驶条件下,高于 25 000 公里的国家标准。对一个由 15 个轮胎组成的随机样本进行试验,得到的平均值和标准差分别为 27 000 公里和 5 000 公里。假定轮胎寿命近似服从正态分布,试问可否相信产品质量同厂家所说的情况相符 ($\alpha = 0.05$)?

解 由于存在抽样误差,需要对轮胎厂所说的情况进行显著性检验,即该厂的轮胎寿命必须显著地高于国家标准。这时,我们可以把与国家标准没有显著性差异作为原假设,而把高于标准作为备择假设。于是建立假设:

$$H_0: \mu \leq 25\,000, \quad H_1: \mu > 25\,000$$

由于总体近似服从正态分布,总体方差未知,所以选取检验统计量

$$t = \frac{\bar{x} - \mu_0}{\sqrt{S^2/n}} \sim t(n-1)$$

其观测值为：

$$t = \frac{\bar{x} - \mu_0}{\sqrt{S^2/n}} = \frac{27\,000 - 25\,000}{\sqrt{5\,000^2/15}} = 1.55$$

查自由度为 $(n-1) = 14$ 的 t 分布表得 $t_{0.05}(14) = 1.7613$。由于 $t < t_{0.05}(14)$，所以只能接受 H_0，也即没有充分理由相信轮胎厂所生产轮胎的平均寿命高于国家标准。

2. 两个正态总体均值之差的检验（总体方差未知但相等）

考虑下面三种类型的假设检验：

(1) $H_0: \mu_1 = \mu_2, H_1: \mu_1 \neq \mu_2$；
(2) $H_0: \mu_1 \leq \mu_2, H_1: \mu_1 > \mu_2$；
(3) $H_0: \mu_1 \geq \mu_2, H_1: \mu_1 < \mu_2$。

我们知道，

$$t = \frac{(\bar{X} - \bar{Y}) - (\mu_1 - \mu_2)}{\sqrt{(n_1 - 1)S_X^2 + (n_2 - 1)S_Y^2}} \sqrt{\frac{n_1 n_2 (n_1 + n_2 - 2)}{n_1 + n_2}} \sim t(n_1 + n_2 - 2)$$

给定显著性水平 α，检验问题(1)、(2)、(3)的检验规则分别为：

(1) $|t| \geq t_{\alpha/2}(n_1 + n_2 - 2)$ 时，拒绝 H_0；$|t| < t_{\alpha/2}(n_1 + n_2 - 2)$ 时，接受 H_0。
(2) $t \geq t_{\alpha}(n_1 + n_2 - 2)$ 时，拒绝 H_0；$t < t_{\alpha}(n_1 + n_2 - 2)$ 时，接受 H_0。
(3) $t \leq -t_{\alpha}(n_1 + n_2 - 2)$ 时，拒绝 H_0；$t > -t_{\alpha}(n_1 + n_2 - 2)$ 时，接受 H_0。

例 5.11 有甲、乙两台机床加工同样的产品，从它们所生产的产品中分别随机抽取 8 件和 6 件，测得产品直径的数据为（单位：毫米）：

$$\bar{x}_1 = 20.1, \quad \bar{x}_2 = 19.8, \quad s_1^2 = 0.17, \quad s_2^2 = 0.14$$

假定两个总体都服从正态分布，且方差相等。试问甲、乙两台机床加工的产品平均直径有无显著差异（$\alpha = 0.05$）？

解 按题意建立假设：

$$H_0: \mu_1 = \mu_2, \quad H_1: \mu_1 \neq \mu_2$$

由于两个总体都服从正态分布，方差虽未知但相等，所以选取检验统计量

$$t = \frac{(\bar{X}_1 - \bar{X}_2)}{\sqrt{(n_1 - 1)S_1^2 + (n_2 - 1)S_2^2}} \sqrt{\frac{n_1 n_2 (n_1 + n_2 - 2)}{n_1 + n_2}}$$

其观测值为：

$$t = \frac{20.1 - 19.8}{\sqrt{(8-1) \times 0.17 + (6-1) \times 0.14}} \sqrt{\frac{8 \times 6 \times (8 + 6 - 2)}{8 + 6}} = 1.4$$

查 t 分布表得 $t_{0.025}(12) = 2.1788$。由于 $t < t_{0.025}(12)$，所以接受 H_0，也即甲、乙两台机床加工的产品平均直径无显著差异。

综上所述，Z 检验法与 t 检验法都针对均值进行检验。正态分布总体下，已

知总体方差时用 Z 检验法;未知总体方差且小样本时用 t 检验法;非正态分布总体但大样本下的均值或成数检验用 Z 检验法。

(三) χ^2 检验法

χ^2 检验法用于一个正态总体方差的检验。

考虑下面三种类型的检验:

(1) $H_0: \sigma^2 = \sigma_0^2, H_1: \sigma^2 \neq \sigma_0^2$;

(2) $H_0: \sigma^2 \leq \sigma_0^2, H_1: \sigma^2 > \sigma_0^2$;

(3) $H_0: \sigma^2 \geq \sigma_0^2, H_1: \sigma^2 < \sigma_0^2$。

由第四章第三节知:

$$\chi^2 = \frac{(n-1)S^2}{\sigma^2}$$

因此采用 χ^2 统计量作为方差的检验量。在原假设 H_0 成立的条件下,它服从自由度为 $n-1$ 的 χ^2 分布。

对给定的显著性水平 α,查 χ^2 分布表可得出相应的临界值。检验问题(1)、(2)、(3)的规则分别为:

(1) 当 $\chi^2 \geq \chi_{\alpha/2}^2(n-1)$ 或 $\chi^2 \leq \chi_{1-\alpha/2}^2(n-1)$ 时,拒绝 H_0,否则接受 H_0。

(2) 当 $\chi^2 \geq \chi_{\alpha}^2(n-1)$ 时,拒绝 H_0;$\chi^2 < \chi_{\alpha}^2(n-1)$ 时,接受 H_0。

(3) 当 $\chi^2 \leq \chi_{1-\alpha}^2(n-1)$ 时,拒绝 H_0;$\chi^2 > \chi_{1-\alpha}^2(n-1)$ 时,接受 H_0。

例 5.12 一家超市从生产玻璃器皿的厂家订购了一批玻璃杯,要求其折射率的标准差不能超过 0.01。货到后,随机抽出一个容量为 20 个玻璃杯的样本进行检测,发现样本折射率的标准差为 0.015,试问在 $\alpha = 0.01$ 的条件下,该超市应该接受还是拒绝这批玻璃杯?

解 由题意可建立假设:

$$H_0: \sigma^2 \leq 0.01^2, \quad H_1: \sigma^2 > 0.01^2$$

选择 $\chi^2 = \frac{(n-1)S^2}{\sigma_0^2}$ 为检验统计量,本例的观测值为:

$$\chi^2 = \frac{(20-1) \times 0.015^2}{0.01^2} = 42.75$$

显著性水平 $\alpha = 0.01$,查自由度为 $n-1 = 19$ 的 χ^2 分布表,由于是单侧检验,其临界值为:$\chi_{0.01}^2(19) = 36.191$。

因为 $\chi^2 > \chi_{0.01}^2(19)$,所以拒绝原假设 H_0,即这批玻璃杯折射率的标准差显著地超过了标准,该超市应该拒绝接受这批玻璃杯。

(四) F 检验法

F 检验法是对两个正态总体方差间的关系(方差之比)进行检验的方法。

考虑下面三种类型的假设检验:

(1) $H_0: \sigma_1^2 = \sigma_2^2, H_1: \sigma_1^2 \neq \sigma_2^2$;

(2) $H_0: \sigma_1^2 \leq \sigma_2^2, H_1: \sigma_1^2 > \sigma_2^2$;

(3) $H_0: \sigma_1^2 \geq \sigma_2^2, H_1: \sigma_1^2 < \sigma_2^2$。

其中,σ_1^2、σ_2^2 分别为两个正态总体的方差。

若从两个总体中分别随机抽取容量为 n_1、n_2 的样本,S_1^2、S_2^2 为这两个样本的方差,由第四章第三节已经知道统计量

$$F = \frac{S_1^2/\sigma_1^2}{S_2^2/\sigma_2^2} \sim F(n_1 - 1, n_2 - 1)$$

显然,在原假设 H_0 成立的条件下,$F = S_1^2/S_2^2$ 服从自由度分别为 $n_1 - 1$ 和 $n_2 - 1$ 的 F 分布。

对给定的显著性水平 α,查 F 分布表可得出相应的临界值。检验问题(1)、(2)、(3)的规则分别为:

(1) 当 $F \geq F_{\alpha/2}(n_1 - 1, n_2 - 1)$ 或 $F \leq F_{1-\alpha/2}(n_1 - 1, n_2 - 1)$ 时,拒绝 H_0,否则接受 H_0。

(2) 当 $F \geq F_\alpha(n_1 - 1, n_2 - 1)$ 时,拒绝 H_0;$F < F_\alpha(n_1 - 1, n_2 - 1)$ 时,接受 H_0。

(3) 当 $F \leq F_{1-\alpha}(n_1 - 1, n_2 - 1)$ 时,拒绝 H_0;$F > F_{1-\alpha}(n_1 - 1, n_2 - 1)$ 时,接受 H_0。

例 5.13 在本章例 5.11 中,我们假定甲、乙两台机床加工产品的直径服从正态分布,且方差相等。但从样本($n_1 = 8, n_2 = 6$)测得的数据是 $S_1^2 = 0.17$ 和 $S_2^2 = 0.14$,即两个样本方差存在着一定的差异,因而需要检验这两个总体的方差是否真的相等($\alpha = 0.10$)。

解 由题意可建立假设:

$$H_0: \sigma_1^2 = \sigma_2^2, \quad H_1: \sigma_1^2 \neq \sigma_2^2$$

要检验原假设是否成立,可选择 $F = S_1^2/S_2^2$ 为检验统计量,本例的观测值为

$$F = 0.17/0.14 = 1.214$$

在显著性水平 $\alpha = 0.10$ 的条件下,查自由度为 $n_1 - 1 = 7, n_2 - 1 = 5$ 的 F 分布,其临界值为:

$$F_{0.05}(7,5) = 4.88, \quad 1/F_{0.05}(5,7) = 1/3.97 = 0.25$$

因为 $4.88 > 1.214 > 0.25$,$F_{0.05}(7,5) > F > F_{0.05}(5,7)$,所以接受原假设 H_0,即虽然这两个样本的方差存在一定的差异,但这种差异并不显著。

综上所述,χ^2 检验法和 F 检验法都是针对方差的检验法,χ^2 检验法检验一个正态总体的方差,F 检验法检验两个正态总体的方差之比。

本章小结

(1) 参数估计是统计推断的重要内容,分为点估计和区间估计两种形式。

在求点估计时,要注意估计的优良性要求,即无偏性、有效性和一致性。

(2) 在对总体均值进行区间估计时,常常需要考虑总体是否为正态总体、总体方差是否已知、用于构造估计量的样本是大样本($n \geq 30$)还是小样本($n < 30$)等几种情况。

(3) 确定最佳样本容量有着深刻的经济意义,n 从 $z_{\alpha/2} \sigma_{\bar{x}\text{或}p} \leq \Delta$ 中求解。

(4) 假设检验也是统计推断的重要内容。检验的统计思想运用了概率意义上的反证法,基础是样本数据,依据是小概率原理。由于检验是从不利于原假设的角度来设计的,故对原假设按一定的检验规则作决策,只有拒绝与否的问题,而无原假设本身对错的问题。

(5) Z 检验法与 t 检验法都针对均值进行检验。正态分布总体下,已知总体方差时用 Z 检验法;未知总体方差时用 t 检验法;大样本非正态分布总体下的成数检验用 Z 检验法。

(6) χ^2 检验法和 F 检验法都是针对方差的检验法,χ^2 检验法检验一个正态总体的方差,F 检验法检验两个正态总体的方差之比。

思考与练习

5.1 简述评价估计量好坏的标准。

5.2 怎样理解置信区间?

5.3 $z_{\alpha/2} \dfrac{\sigma}{\sqrt{n}}$ 的含义是什么?

5.4 简述样本容量与置信水平、总体方差、极限误差的关系。

5.5 什么是假设检验中的显著性水平?为什么要规定显著性水平?

5.6 简述假设检验中的两类错误及它们之间的关系。

5.7 假设检验依据的基本原理是什么?

5.8 在一项新的安全计划制订出来之前,某厂每天的平均岗位事故数为 4.5。为了确定这项安全计划在减少每天岗位事故数方面是否有效,在制订新的安全计划后随机抽取了一个 120 天的样本,并记录下每天的事故数。得出的样本均值和标准差分别为:$\bar{x} = 3.7, S = 2.6$。问有无充分的证据(在 0.01 的显著性水平下)作出结论说,该厂每天的岗位事故数在制订新的安全计划后有所减少?

5.9 羊毛制品在处理前后分别抽样分析其含脂率如下:

处理前,x_i:0.19,0.18,0.21,0.30,0.41,0.12,0.27

处理后,y_i:0.15,0.13,0.07,0.24,0.19,0.06,0.08,0.12

假定处理前后的含脂率都服从正态分布,且标准差不变,试问在处理前后含脂率的平均值是否有显著变化($\alpha = 0.05$)?

5.10 为了解各个省份男女人口的比例,某机构进行了一项调查。其中从云南省随机抽取了4 000人,结果男性比例为0.52。请在0.05的显著性水平下检验云南省男性比例是否显著不等于0.5?如果样本量为2 000人,结果男性比例仍为0.52,在同样的显著性水平下,你的检验结论又是什么?你是怎样理解52∶48这个男女比例的?

5.11 北京市劳动和社会保障局公布的2004年北京市职工平均工资为28 348元。北京市某大学教师想检验自己学校具有讲师职称的教师的平均工资与北京市平均工资有无显著差别,他随机抽取了36名大学职称为讲师的教师的年工资作为样本,结果显示:36人的年平均工资为29 040元,标准差为2 300元。请检验该大学具有讲师职称的教师的年平均工资与北京市职工年平均工资水平是否有显著差别。

5.12 某机构对两个大城市居民的消费习惯差异感兴趣,为了解各项指标的差异进行了抽样调查,其中一项指标是两个城市每天乘小汽车的里程数的差异。从城市A抽取50个居民构成一个简单随机样本,结果显示:均值为每天12.5公里,标准差为每天4.3公里;从与A独立的城市B抽取100个居民构成另一个简单随机样本,均值是每天11.2公里,标准差是每天3.8公里。请检验两个城市的居民在使用小汽车方面是否有显著差异。

5.13 有研究者想研究男女职员的工资水平是否有差异。抽取至少有5年工作经验的男性和女性职员的独立样本,结果为:24个男性职员的每小时平均工资为9.3元,标准差为1.2元;20个女性职员的每小时平均工资为8.7元,标准差为0.9元。将原假设分别设为:男性员工的平均工资等于女性员工的平均工资;男性员工的平均工资小于等于女性员工的平均工资,你的结论是什么?

5.14 某公司对本公司的产品在电视上打了一段时间的广告,管理者想知道广告是否有明显的效果。某市场研究公司对该问题进行了研究,公司调查了10个人在广告播出前后的购买潜力等级分值,分数越高说明购买潜力越高。

个体	1	2	3	4	5	6	7	8	9	10
广告后	6	6	7	4	3	9	7	6	5	6
广告前	5	4	7	3	5	8	5	6	4	6

请建立该研究问题的零假设和备择假设,并对检验问题在0.05的显著性水平下进行检验。

5.15 2005年2月,某航线往返机票的平均折扣费是258元。随机抽取3月份15个往返折扣机票的折扣费作为样本,结果得到如下数据:310,260,255,265,300,310,230,250,265,280,290,240,285,250,260。采用$\alpha=0.05$,检验3月份往返机票折扣费是否有显著的增加。

第六章 非参数统计

案例

如何评价国际大都市的生活消费指数

联合国人员对世界上 66 个大城市的生活消费指数（令纽约市 1996 年 12 月为 100）按自小至大的顺序排列如下（这里北京的指数为 99）：

66　75　78　80　81　81　82　83　83　83　83　84　85　85
86　86　86　86　87　87　88　88　88　88　88　89　89　89
89　90　90　91　91　91　91　92　93　93　96　96　96　97
99　100　101　102　103　103　104　104　104　105　106　109　109　110
110　110　111　113　115　116　117　118　155　192

假定这些样本数据是从世界许多大城市中随机抽样而得到的。我们希望解决的问题是：

(1) 依赖于总体分布的参数检验比如 t 检验还有效么？如果效果不好该怎么办？

(2) 这个总体的平均（或者中间）水平是多少？

(3) 北京（指数为 99）在该水平之上还是之下？

(4) 这里是单样本的假设检验，对于两样本的假设检验是否有类似对应的非参数方法？

事实上，在现实生活中还有很多类似的问题，需要我们对总体的特征进行统计分析，而我们对总体的具体情况并不是很了解。在这种情况下经典的统计方法又失效了，因为它往往要对总体分布的具体形式进行假设，这样就很容易犯错误。为了回答上述问题，本章我们将介绍单样本以及两样本以分布无关（distribution-free）为基础的非参数检验问题，并给出了一些常用的非参数相关性检验方法。学完本章大家应该对非参数统计与参数统计之间的联系以及区别有一定的了解，尤其要掌握非参数统计方法相对于参数统计方法的优缺点，并学会运用非参数统计方法解决生活中所遇到的实际问题。

第一节 引 言

一、关于非参数统计

经典的统计学中,最基本的内容是参数的估计和假设检验。在那里,总体的分布形式或分布族往往是给定的或者是假定了的,所不知道的仅仅是一些参数的值或他们的范围。于是,人们的任务就是对一些参数,比如均值和方差(或标准差),进行点估计或区间估计;或者是对某些参数值进行各种检验,比如检验正态分布的均值是否相等或等于某给定值,等等。最常见的检验为对正态总体的 t 检验、F 检验、χ^2 检验和似然比检验等。这些检验方法的共同特点是总体分布已知。

然而,对总体分布的假定并不总是能随便作出的。有时,数据并不是来自所假定分布的总体;或者,数据根本不是来自同一个总体;还有可能,数据被严重污染。这样,在没有任何证据的情况下用假定的总体分布进行参数估计和假设检验的做法就可能导致错误的结果。鉴于此,人们更希望在不假定总体分布的情况下,最大可能地从数据本身获得所需要的信息。这就是非参数统计的宗旨。非参数统计方法的共同特征是与总体分布无关,即总体分布未知的情况下的统计推断方法。非参数检验总是比传统检验更安全。但是在总体分布形式已知时,非参数检验就不如传统方法效率高。这是因为非参数方法利用的信息要少些。往往在传统方法可以拒绝零假设的情况下,非参数检验却无法拒绝。

现代非参数统计方法包括估计和假设检验两部分内容,本章将介绍一些基本的非参数检验的内容:单样本检验、两个样本的检验、秩相关检验及其在 SPSS 中的实现。

注意,非参数统计的"非参数"(nonparametric)意味着其方法不涉及描述总体分布的有关参数;之所以称和总体分布无关,是因为其推断方法不涉及总体分布,不应理解为与所有分布(例如有关秩的分布)无关。

二、非参数统计中常用的统计量

(一)顺序统计量

非参数统计主要是利用样本数据的相对大小关系来研究统计推断的问题。因此,对观测值的顺序及性质的认识成为非参数统计分析的基础。

1. 顺序统计量

对于简单随机样本 $X_1, X_2, \cdots, X_n$,如果按照升序排列,得到

第六章 非参数统计

$$X_{(1)} \leqslant X_{(2)} \leqslant \cdots \leqslant X_{(n)}$$

称 $X_{(k)}$ 为第 k 个顺序统计量；$X_{(1)}, X_{(2)}, \cdots, X_{(n)}$ 为一个顺序样本；k 为 $X_{(k)}$ 的秩。

2. 基于顺序统计量的统计量

中位数 $M_d = \begin{cases} X_{(\frac{n+1}{2})}, & n \text{ 为奇数} \\ \dfrac{X_{(n/2)} + X_{(n/2+1)}}{2}, & n \text{ 为偶数} \end{cases}$

极差 $R = X_{(n)} - X_{(1)}$

p 分位数 $m_p = \begin{cases} X_{(k)}, & \dfrac{k}{n+1} = p \\ X_{(k)} + (X_{(k+1)} - X_{(k)})[(n+1)p - k], & \dfrac{k}{n+1} < p < \dfrac{k+1}{n+1} \end{cases}$

3. 顺序统计量的分布

对于简单随机样本 $X_1, X_2, \cdots, X_n$，设总体的分布函数为 $F(x)$，密度函数为 $f(x)$，则第 r 个顺序统计量的分布函数为：

$$F_r(x) = P(X_{(r)} \leqslant x) = P(\text{至少 } r \text{ 个 } X_i \text{ 小于或等于 } x)$$

$$= \sum_{j=r}^{n} P(X_1, X_2, \cdots, X_n \text{ 中恰好有 } j \text{ 个小于 } x)$$

$$= \sum_{j=r}^{n} C_n^j F^j(x) [1 - F(x)]^{n-j}$$

$$= \frac{n!}{(r-1)!(n-r)!} \int_0^{F(x)} t^{r-1}(1-t)^{n-r} dt$$

第 r 个顺序统计量的密度函数为：

$$f_r(x) = \frac{n!}{(r-1)!(n-r)!} F^{r-1}(x) [1 - F(x)]^{n-r} f(x)$$

注意，顺序统计量中的每一个统计量的分布函数不同，且 $X_{(i)}, X_{(j)} (i \neq j)$ 也不相互独立。

(二) 秩统计量

1. 秩统计量

从非参数角度来看，一组数据的最基本的信息就是次序。如果可以把数据点按大小次序排列，则每一个样本都有它在全体样本中的位置或次序，样本的位置或次序称该样本在全体样本中位置或次序为数据的秩(rank)。数据有多少个观察值，就有多少个与之对应的秩。在一定的假设条件下，这些秩和它们构成的统计量的分布是可以求出来的，并且和总体的分布无关。这样就可以在总体分布未知的情况下进行所需要的统计推断。

设 $X_1, X_2, \cdots, X_n$ 为来自总体 X 的简单随机样本(其中无重复数据点)。记

R_i 为样本点 X_i 的秩,即

$$R_i = \sum_{j=1}^{n} I(X_j \leq X_i)$$

其中

$$I(X_j \leq X_i) = \begin{cases} 1 & X_j \leq X_i \\ 0 & X_j > X_i \end{cases}$$

R_i 等于小于或等于 X_i 的 X_j 的个数。

例 6.1 给出下列观测值所对应的秩,如表 6-1 所示。

表 6-1 原始观测值及相应的秩统计表

原始观测值 x_i	9.3	0.2	3.2	7	3.1	6	1.5
秩 R_i	7	1	4	6	3	5	2

对于例 6.1 给定的样本,分别给出它们相应的秩。

2. 秩统计量的分布和数字特征

$R_1, R_2, \cdots, R_n$ 的联合分布为:$p[R = (i_1, i_2, \cdots, i_n)] = \dfrac{1}{n!}$

R_i 的概率分布为:$p(R_i = r) = \dfrac{1}{n}$ $(r = 1, 2, 3, 4, \cdots, n)$

R_i 的数学期望为:$E(R_i) = \dfrac{n+1}{2}$ $(i = 1, 2, \cdots, n)$

R_i 的方差为:$\text{Var}(R_i) = \dfrac{(n+1)(n-1)}{12}$ $(i = 1, 2, \cdots, n)$

3. 线性符号秩统计量

设 R_i^+ 为 $|X_i|$ 在 $|X_1|, |X_2|, \cdots, |X_n|$ 中的秩,定义 $a_n^+(\cdot)$ 为在整数 $1, 2, \cdots, n$ 上的非负函数,且满足 $a_n^+(1), \cdots, a_n^+(n)$ 不全为 0,则称

$$S_n^+ = \sum_{i=1}^{n} a_n^+(R_i^+) I(X_i > 0)$$

为线性符号秩统计量。

如果 $X_1, X_2, \cdots, X_n$ 为独立同分布的连续随机变量,并有关于 0 的对称分布,则:

$$E(S_n^+) = \sum_{i=1}^{n} a_n^+(R_i^+) E[I(X_i > 0)] = \dfrac{1}{2} \sum_{i=1}^{n} a_n^+(R_i^+)$$

$$\text{Var}(S_n^+) = \dfrac{1}{4} \sum_{i=1}^{n} [a_n^+(R_i^+)]^2$$

与秩统计量不同,线性符号统计量的分布要求总体分布连续且对称。

第二节 单样本非参数检验

对于单样本的非参数检验内容十分丰富,本节我们将介绍一些基本的、简单的非参数检验方法。本节首先讲述关于单样本总体分布的非参数检验法——χ^2 拟合优度检验及其应用;接下来介绍几种关于样本位置参数的检验方法——符号检验法理论及其应用;最后介绍关于样本趋势性的检验方法——Cox-Stuart 趋势检验,以及关于样本随机性的检验方法——游程检验。

一、单样本 χ^2 拟合优度检验

第五章我们讨论了总体参数的假设检验问题,从总体服从的分布来看,它要么服从正态分布,要么不服从正态分布。服从正态分布时我们可以得到理想的统计量分布;不服从正态分布时,我们就通过极限理论得到统计量的渐进分布,检验其未知参数。然而,在实际问题中,还会遇到必须判断总体分布的情况,这时利用样本资料对总体的分布函数 $F(x)$ 进行假设检验就非常重要。关于总体分布的非参数检验的方法有多种,本节仅介绍 χ^2 拟合优度检验。我们需要检验总体的分布函数 $F(x)$ 是否等于某个给定的函数 $F_0(x)$,$F_0(x)$ 的具体形式可以根据经验来确定。当 $F_0(x)$ 中含有未知参数时,应利用样本资料采用点估计求得后,再进行检验。其检验步骤为:

(1) 提出统计假设 $H_0:F(x)=F_0(x)$。由原假设 $H_0:F(x)=F_0(x)$ 出发,将总体取值范围分为 m 个互不相容的小区间:$(t_0,t_1],(t_1,t_2],\cdots,(t_{m-1},t_m]$。然后统计出每个区间内样本点的数目,即实际频数 $f_i(i=1,2,3,\cdots,m)$,显然有 $\sum_{i=1}^{m}f_i=n$。再用 $p_i(i=1,2,3,\cdots,m)$ 表示变量在第 i 个区间的概率,即理论概率 $p_i=P(t_{i-1}<X\leqslant t_i)=F_0(t_i)-F_0(t_{i-1})(i=1,2,3,\cdots,m)$,且 $\sum_{i=1}^{m}p_i=1$,令落在第 i 个区间的理论频数为 $np_i(i=1,2,3,\cdots,m)$,在检验中,当某些 np_i 非常小时,χ^2 拟合优度检验的效果并不好,因此当落在某个区间的理论频数 $np_i<1$ 时,我们将这一类合并到 $i-1$ 或 $i+1$ 中,直至大于 1。

(2) 选择适当统计量 $\chi^2=\sum_{i=1}^{m}\dfrac{(f_i-np_i)^2}{np_i}$。原假设为真时,从概率的角度看实际频数 f_i 与理论频数 np_i 很近似,从而使实际频数 f_i 与理论频数 np_i 离差平方和 $\sum_{i=1}^{m}(f_i-np_i)^2$ 较小,由于该离差平方和 $\sum_{i=1}^{m}(f_i-np_i)^2$ 是有单位的,且数值的

高低受 f_i 水平高低的影响,所以检验的最好的统计量应为 $\chi^2 = \sum_{i=1}^{m} \dfrac{(f_i - np_i)^2}{np_i}$,且在原假设为真的条件下,这个统计量近似地服从具有 $m-1-r$ 个自由度的 χ^2 分布,其中 r 是需要用样本来估计的原假设中总体分布函数中的未知参数的数目,若没有未知参数需要估计,则 r 为零。

(3) 由给定的显著性水平 α,查 χ^2 概率分布表确定临界值 $\chi_\alpha^2(m-1-r)$(这种检验是右侧检验)。

(4) 利用样本值 $x_1, \cdots, x_n$ 计算实际频数 f_i,再计算经验概率 p_i,据以计算 $\chi^2 = \sum_{i=1}^{m} \dfrac{(f_i - np_i)^2}{np_i}$ 的值。

(5) 结论,若 $\chi^2 \geq \chi_\alpha^2(m-1-r)$,则拒绝原假设,即认为总体的分布函数不为 $F_0(x)$;反之,则不能拒绝原假设,即认为总体的分布函数为 $F_0(x)$。

例 6.2 某公路上,交通部门观察每 15 秒钟过路的汽车辆数,共观察了 50 分钟,得到如表 6-2 所示的样本资料。

表 6-2 交通部门观察每 15 秒钟过路的汽车辆数统计表

辆数	0	1	2	3	4	$\sum$
实际频数	92	68	11	1	0	200

试问,通过的汽车辆数可否认为服从泊松分布(显著性水平为 $\alpha = 0.05$)?

解 由泊松分布的概率函数 $P(X=k) = \dfrac{\lambda^k}{k!}e^{-\lambda}$ ($k=0,1,2,3,\cdots, \lambda>0$),$\lambda$ 的估计量为:

$$\hat{\lambda} = \bar{x} = \dfrac{\sum xf}{n} = \dfrac{1}{200}(0\times 92 + 1\times 68 + \cdots + 5\times 0) = 0.805$$

由题意,要检验的假设为:

$$H_0: P(X=k) = \dfrac{\lambda^k}{k!}e^{-\lambda} \quad (k=0,1,2,3,\cdots, \lambda>0),$$

H_1:总体不服从泊松分布。

将数轴分为 6 个区间:$(-\infty, 0], (0,1], (1,2], (2,3], (3,4], (4,\infty)$,由泊松分布的概率函数分别计算落在这些区间的概率:

$$p_1 = P(X \leq 0) = P(X=0) = \dfrac{(0.805)^0}{0!}e^{-0.805} = 0.4471$$

$$p_2 = P(0 < X \leq 1) = P(X=1) = \dfrac{(0.805)^1}{1!}e^{-0.805} = 0.3599$$

$$p_3 = P(1 < X \leq 2) = P(X=2) = \dfrac{(0.805)^2}{2!}e^{-0.805} = 0.1449$$

$$p_4 = P(2 < X \leq 3) = P(X = 3) = \frac{(0.805)^3}{3!}e^{-0.805} = 0.0389$$

$$p_5 = P(3 < X \leq 4) = P(X = 4) = \frac{(0.805)^4}{4!}e^{-0.805} = 0.0078$$

$$p_6 = 1 - (p_1 + p_2 + p_3 + p_4 + p_5)$$
$$= 1 - (0.4471 + 0.3599 + 0.1449 + 0.0389 + 0.0078)$$
$$= 0.0014$$

为了计算 χ^2 统计量的值,列出表 6-3。

表 6-3 χ^2 检验相应数据的统计表

区间	f_i	p_i	np_i	$f_i - np_i$	$(f_i - np_i)^2$	$\dfrac{(f_i - np_i)^2}{np_i}$
$(-\infty, 0]$	92	0.4471	89.42	2.58	6.6564	0.0744
$(0, 1]$	68	0.3599	71.98	-3.98	15.8404	0.2200
$(1, 2]$	28	0.1449	28.98	-0.98	0.9604	0.0331
$(2, 3]$	11	0.0389	7.78	3.22	10.3684	1.3326
$(3, \infty)$	1	0.0092	1.84	-0.84	0.7056	0.3835
$\sum$	200	—	—	—	—	2.0436

由计算表可知 $\chi^2 = \sum \dfrac{(f_i - np_i)^2}{np_i} = 2.0436$。

当原假设为真时,$\chi^2 = \sum_{i=1}^{m} \dfrac{(f_i - np_i)^2}{np_i}$ 服从自由度为 $3(m-r-1=5-1-1=3)$ 的 χ^2 分布。

由 $\alpha = 0.05$,查 χ^2 分布表得临界值 $\chi^2_{0.05}(3) = 7.81$,因为 $\chi^2 = 2.0436 < \chi^2_{0.05}(3) = 7.81$,所以接受原假设,认为通过该地段的汽车辆数服从泊松分布。接下来,给出 SPSS 中 χ^2 检验的具体操作方法。

Chi-Square Test 对话框:

(1) Test Variable List 框,指定检验变量,可为多个变量。

(2) Expected Range 栏,确定检验值的范围。

Get from data 选项,即最小值和最大值所确定的范围,系统默认该项。

Use specified range 选项,只检验数据中一个子集的值,在 Lower 和 Upper 参数框中键入检验范围的下限和上限。

(3) Expected Values 栏,指定期望值。

All categories equal 选项,系统默认的检验值是所有组对应的期望值都相同,这意味着你要检验的总体是否服从均匀分布。

Values 选项,选定所要检验的与总体是否服从某个给定的分布,并在其右边的框中键入相应各组所对应的由给定分布所计算而得的期望值。

"Add"按钮,增加刚键入的期望值,必须大于 0。"Remove"按钮,移走错误值。"Change"按钮,替换错误值。

(4) Options 对话框。

Statistics 栏,选择输出统计量。Descriptive,输出变量的均值、标准差、最大值、最小值、非缺失个体的数量。Quartiles 复选项,输出结果将包括四分位数的内容。显示第 25、50 与 75 百分位数。

在 Missing Values 栏中选择对缺失值的处理方式。

具体操作如下:

Analyze→Nonparametric Test→Chi-Square→Test variable list:variable→OK。

二、符号检验

有了一个样本 $X_1, \cdots, X_n$ 之后,很自然地想要对总体的某些位置参数进行推断。例如,对人们的收入进行了抽样之后,就自然要涉及"人均收入"和"中间收入"等概念。这就与统计中对总体的均值、中位数和众数等位置参数的推断有关。例如,在知道总体是正态分布时,要检验其均值是否为 μ,一个传统的方法是 t 检验。检验统计量定义为 $t = \dfrac{\bar{X} - \mu}{s/\sqrt{n}}$。这里 $\bar{X}$ 为样本均值,而 $S = \sqrt{\dfrac{1}{n-1}\sum(X - \bar{X})^2}$ 为样本标准差。t 检验的统计量在零假设下有 $n-1$ 个自由度的 t 分布。统计量 t 在大样本时,近似满足 t 分布。t 检验也许是世界上用得最广泛的检验之一。但是,t 检验并不稳健,在总体分布非正态且小样本时,应用 t 检验就可能有风险。这时就要考虑使用非参数方法。

(一) 符号检验

符号检验(sing test)是最简单、最古老的简单非参数方法。利用正号(大于中位数记正号)和负号(小于中位数记负号)的数目对原假设作出判定的非参数方法。符号检验虽然是最简单的非参数检验,但它体现了非参数统计的一些基本思想。首先看本章的案例。

通常在正态总体分布的假设下,关于总体均值的假设检验和区间估计是用与 t 检验有关的方法进行的。然而,在本案例中,总体分布是未知的。而从该数据的直方图(图 6-1)中很难确定这是什么分布。因此运用 t 检验来分析该问题显然是不合时宜的,为此我们引出符号检验。

假定用总体中位数 M 来表示中间位置,并且 $X_1, \cdots, X_n$ 独立同分布,这意味着样本点 $X_1, \cdots, X_n$ 取大于 M 的概率与取小于 M 的概率应该均为 $1/2$。对于我们所研究的问题,可以看做是只有两种可能——"成功"或"失败"。成功为

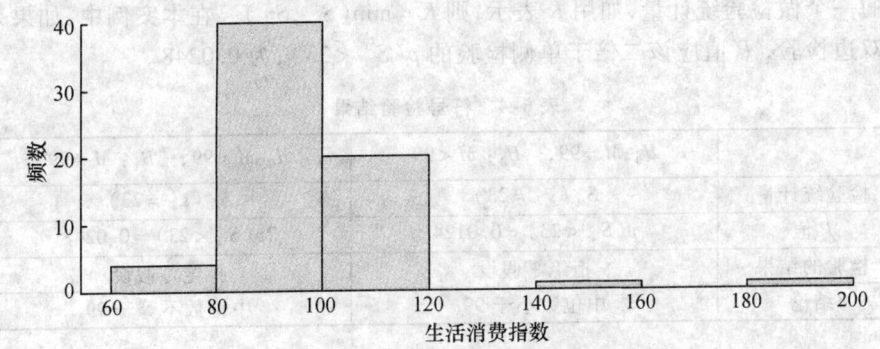

图 6-1 生活消费指数数据的直方图

"+",即大于中位数 M;失败为"−",即小于中位数 M。令:

$S_+ =$ 得正符号的数目

$S_- =$ 得负符号的数目

可以知道,S_+ 和 S_- 均服从二项分布 $B(n, 0.5)$,$n = S_+ + S_-$。则 S_+ 或 S_- 可以用来做检验的统计量。给定显著性水平为 α。

$$H_0: M = M_0, \quad H_1: M \neq M_0$$
$$H_0: M = M_0, \quad H_1: M < M_0$$
$$H_0: M = M_0, \quad H_1: M > M_0$$

对于左侧检验 $H_0: M = M_0, H_1: M < M_0$,当零假设为真时,$S_+$ 应该不大不小。当 S_+ 过小,即只有少数的观测值大于 M_0 时,则 M_0 可能太大,总体的中位数可能较 M_0 小一些。如果 $p(S_+ < s_+/H_0) < \alpha$,则拒绝原假设。

对于右侧检验 $H_0: M = M_0, H_1: M > M_0$,当零假设为真时,$S_+$ 应该不大不小。当 S_+ 过大,即有多数的观测值大于 M_0 时,则 M_0 可能太小,目前总体的中位数可能要较 M_0 大。如果 $p(S_+ > s_+/H_0) < \alpha$,则拒绝原假设。

双侧检验对备择假设 H_1 来说关心的是等于正的次数是否与等于负的次数有显著差异。所以当 $p(S_+ < s_+/H_0) + p(S_- > s_-/H_0) < \alpha$ 时,则拒绝原假设。

我们来看本章的案例:$H_0: M = 99, H_1: M < 99$。一般来说,备择假设采用我们觉得有道理的方向。因为只有一点为 99,舍去这一点,于是 n 从 66 减少到 65。而 $s_+ = 23$,在零假设下 $p = 0.5$,二项分布的概率 $p(S_+ < 23)$ 如果很小就可以拒绝零假设。上面这个概率就是该检验的 P 值。在本案例中,$n = 65, k = 23, p = 0.5$。查表得 p 值为 0.0124。

也就是说,在零假设下,目前由该样本所代表的事件发生的概率仅为 0.0124,所以拒绝原假设。也就是说,北京的生活指数(99)不可能低于世界大城市的中间水准。

对于双边假设检验,为使计算结果拥有更高的精确度,一般取 S_+ 和 S_- 中较小的一个做检验统计量,如用 K 表示,则 $K = \min(S_+, S_-)$。在本案例中,如果采用双边检验,P 值应该二倍于单侧检验的 $p(S_+ < 23)$,为 0.0248。

表 6-4 符号检验结果

	$H_0: M = 99$, $H_1: M < 99$	$H_0: M = 99$, $H_1: M \neq 99$
检验统计量	$S_+(s_+ = 23)$	$S_+(s_+ = 23)$
P 值	$p(S_+ < 23) = 0.0124$	$2p(S_+ < 23) = 0.0248$
检验的结果	拒绝零假设	拒绝零假设
结论	中位数小于 99	中位数不等于 99

对于一般的情况,S_+ 和 S_- 均服从二项分布 $B(n, 0.5)$,这说明 S_+ 和 S_- 与总体分布无关,我们称 S_+ 和 S_- 是适应任意分布的(distribution free)。

在 n 比较小时,可以用前面二项分布的公式来计算精确的 P 值,通过查表我们可以很快得到答案;但是当 n 较大时,就要用正态分布来近似地表示。我们知道,当 n 较大时有如下结果:

$$Z = \frac{K - 0.5n}{0.5\sqrt{n}} \sim N(0, 1)$$

由于正态分布是连续分布,所以要进行连续性修正:

$$Z = \frac{K \pm 0.5 - 0.5n}{0.5\sqrt{n}} \sim N(0, 1)$$

一般情况下,当 $K < n/2$ 取正号,反之取负号。由于 $K = \min(S_+, S_-)$,可知总是有:

$$Z = \frac{K - 0.5 - 0.5n}{0.5\sqrt{n}} \sim N(0, 1)$$

例 6.3 某企业生产一种钢管,规定长度的中位数是 10 米。现随机地从正在生产的生产线上选取 10 根进行测量,结果如下:

9.6, 10.3 9.5 9.3 9.5, 10.6, 9.7 10.5, 9.9, 9.2

问生产过程是否需要调整?

解 中位数是这个问题中所应关心的一个位置参数。若产品长度真正的中位数大于或小于 10 米,则生产过程需要调整。这是一个双侧检验,应建立假设 $H_0: M = 10$, $H_1: M \neq 10$。

为了对假设作出判定,先要得到统计量 S_+ 或 S_-。将样本数据分别与 10 比较,算出相应的符号的数目:$S_+ = 3, S_- = 7, n = 10$。

$p(S_+ \leq 3/n = 10, p = 0.5) = 0.174$,$P$ 值 $= 0.348$,大于显著性水平 0.05。表明样本数据支持原假设,即生产过程不需要调整。

Binomial Test(二项分布检验)

调用 Binomial 过程可对样本资料进行二项分布分析,检验二项分类变量是否来自概率为 P 的二项分布。

(1) Test Variable 框,指定检验变量。

(2) Define Dichotomy 栏,定义二分值。

Get from data 选项,适用于指定的变量只有两个有效值,无缺失值。

Cut point 选项,如果指定的变量超过两个值,选择该项,并在参数框中键入一个试算点的值。

(3) Test 参数框,指定检验概率值。默认的检验概率值是 0.5。

(4) Options 对话框,选择输出结果的形式及缺失值的处理方式。

具体操作如下:

Binomial Test → Test Variable List → Variable → Test Proportion → 0.50 →OK。

(二) Wilcoxon 符号秩检验

Wilcoxon 符号秩检验是对符号检验的一种改进,前面的符号检验只利用了样本与中位数差异方向上的信息,并未考虑到差异的大小。不同的符号代表了在中心位置的那一边,而差别的绝对值的秩的大小代表了距离中心的远近。如果把两者结合起来,自然比仅用符号更有效。所以 Wilcoxon 符号秩检验弥补了符号检验的不足。注意,为了检验的可行性,Wilcoxon 符号秩检验需假定样本 $X_1,\cdots,X_n$ 来自连续对称总体(符号检验不需要此假设)。

1. Wilcoxon 符号秩检验的统计思想

Wilcoxon 符号秩检验是检验关于中位数对称的总体的中位数是否等于某个特定值,检验假设包括:

$$H_0: M = M_0, \quad H_1: M \neq M_0$$
$$H_0: M = M_0, \quad H_1: M > M_0$$
$$H_0: M = M_0, \quad H_1: M < M_0$$

为了对假设作出判定,需要从总体中随机抽取 n 个样本点。n 个样本点记作 $X_1,\cdots,X_n$,它们与 M_0 的差值记为 D_i,$D_i = X_i - M_0 (i=1,2,\cdots,n)$。如果 H_0 为真,那么样本点围绕 M_0 上下浮动,即 D_i 关于 0 对称。

这时,对于 D_i 来说,正的差值和负的差值应近似地相等。为了借助秩统计量进行假设检验,先忽略符号,而取绝对值 $|D_i|$,对 n 个 $|D_i|$ 按大小顺序进行排序,并找出它们分别对应的 n 个秩,再按 D_i 本身符号的正、负分别加总它们的秩,得到正秩的总和 T_+ 与负秩的总和 T_-。虽然秩本身都是正的,但这里是 D_i

的符号计算秩和。

H_0 为真时,正秩的总和与负秩的总和应该近似相等。如果正秩的总和远远大于负秩的总和,表明大部分大的秩是正的差值,即 D_i 为正的秩大。这时,数据支持备择假设 $H_1: M > M_0$,即实际的中位数比 M_0 大。类似地,如果负秩的总和远远大于正秩的总和,表明大部分大的秩是负的差值,即 D_i 为负的秩大。这时,数据支持备择假设 $H_1: M < M_0$,即实际的中位数比 M_0 小。因为正秩和负秩的总和是个恒定的值,即 $1 + 2 + \cdots + n = n(n+1)/2$,因此对于双侧备择 $H_1: M \ne M_0$ 来说,两个总和中无论哪一个过大,都可以被支持。

检验统计量。Wilcoxon 符号秩检验所定义的检验统计量为:

正秩的总和 T_+; 负秩的总和 T_-。

2. Wilcoxon 符号秩检验的步骤

(1) 计算 $|X_i - M_0|$,它们代表这些样本点到中位数的距离。

(2) 把上面的 n 个绝对值排序,并找出它们的 n 个秩;如果有相同的样本点,每个点取平均秩(如 1,4,4,5 的秩为 1,2.5,2.5,4)。

(3) 令 T_+ 等于 $X_i - M_0 > 0$ 的 $|X_i - M_0|$ 的秩和;T_- 等于 $X_i - M_0 < 0$ 的 $|X_i - M_0|$ 的秩和。注意,$T_+ + T_- = n(n+1)/2$。

(4) 对双边检验:$H_0: M = M_0, H_1: M \ne M_0$,在零假设下,$T_+$ 与 T_- 应差不多。因而,当其中之一非常小时,应怀疑零假设。在此,取检验统计量 $T = \min(T_+, T_-)$。类似地,对 $H_0: M = M_0, H_1: M > M_0$,取 $T = T_-$;对 $H_0: M = M_0, H_1: M < M_0$,取 $T = T_+$。

(5) 根据得到的 T 值,查 Wilcoxon 符号秩检验的分布表得到在零假设下的 P 值。如果 n 很大,要用正态近似:得到一个与 T 有关的正态随机变量 Z 的值,再查表得临界值,或直接用计算机得到 P 值。

(6) 如 P 值较小(比如小于或等于给定的显著性水平 0.05),则可以拒绝零假设。

当样本容量很大时,可利用正态近似,利用线性符号秩的概念有

$$T_+ = \sum_{i=1}^{n} R_i I(X_i - M > 0)$$

$$T_- = \sum_{i=1}^{n} R_i I(X_i - M < 0)$$

$$E(T_+) = \sum_{i=1}^{n} E[R_i I(X_i - M > 0)] = \frac{1}{2} \sum_{i=1}^{n} i = \frac{n(n+1)}{4}$$

$$\text{Var}(T_+) = \sum_{i=1}^{n} \text{Var}[R_i I(X_i - M > 0)] = \sum_{i=1}^{n} i^2 \frac{1}{4} = \frac{n(n+1)(2n+1)}{24}$$

同理:$E(T_-) = n(n+1)/4$;$D(T_-) = n(n+1)(2n+1)/24$

于是统计量为:

$$T = \min(T_+, T_-)$$

$$Z = \frac{T \pm 0.5 - n(n+1)/4}{\sqrt{n(n+1)(2n+1)/24}} \sim N(0,1)$$

作为比较,现在利用正态近似对世界大城市生活指数再作 Wilcoxon 符号秩检验,如表 6-5 所示。

表 6-5 Wilcoxon 符号秩检验结果表

	$H_0: M = 99$, $H_1: M < 99$	$H_0: M = 99$, $H_1: M \neq 99$
检验统计量	$Z = -2.5725$	$Z = -2.5725$
P 值	$p(z < -2.5725) = 0.005$	$2p(z < -2.5725) = 0.01$
检验的结果	拒绝零假设	拒绝零假设
结论	中位数小于 99	中位数不等于 99

注意,该案例利用 Wilcoxon 符号秩检验所得的结论与符号检验的结论一样(表 6-4),但 P 值是符号检验的一半,这是因为 Wilcoxon 符号秩检验利用了符号检验没有用到的信息,但 Wilcoxon 符号秩检验假设总体分布是连续对称的,如果对称性不成立,则还是用符号检验。

表 6-6 Wilcoxon 符号秩检验表

假设	检验的统计量	P 值
$H_0: M = M_0$, $H_1: M \neq M_0$	$T = \min(T_+, T_-)$	$2P(T < t)$
$H_0: M = M_0$, $H_1: M > M_0$	$T = \min(T_+, T_-)$	$P(T < t)$
$H_0: M = M_0$, $H_1: M < M_0$	$T = \min(T_+, T_-)$	$P(T < t)$

需要说明的是,这里看上去是按照备择假设的方向选 T_+ 或 T_- 作为检验统计量,但实际上往往是按照实际观察的 T_+ 或 T_- 的大小来确定备择假设。在选定备择假设(比如 $H_1: M > M_0$)之后,我们之所以选 T_- 作为检验统计量,是因为它的观察值比 T_+ 的小,因而计算或查表(表只有一个方向)要方便些。如果利用统计软件或大样本正态近似,则选哪一个都没有关系。

打结的情况。在许多情况下,数据中有相同的数字,称为结(tie)。结中数字的秩为它们按升幂排列后位置的平均值。比如 2.5,3.1,3.1,6.3,10.4 这五个数的秩为 1,2.5,2.5,4,5。也就是说,处于第二和第三位置的两个 3.1 得到秩 $(2+3)/2 = 2.5$。这样的秩称为中间秩。如果结多了,零分布的大样本公式就不准了。因此,在公式中往往要作修正。

$$Z = \frac{T - n(n+1)/4}{\sqrt{n(n+1)(2n+1)/24 - \sum_{i=1}^{g}[\tau_i^3 - \tau_i]/48}} \sim N(0,1)$$

其中,用 τ_i 表示第 i 个结中的观测值个数,用 g 表示结的个数,如表 6-7 所示。

表 6-7 观测值和相应的秩、结统计量统计表

观测值	2	2	4	7	7	7	8	9	9	9	9	10
秩	1.5	1.5	3	5	5	5	7	9.5	9.5	9.5	9.5	12
结统计量 τ	2		—		3		—		4			—

三、Cox-Stuart 趋势检验

在各种统计结果中,特别是涉及经济、人口、卫生、环境等随时间变化的数据,人们经常要看某项发展的趋势,比如,通货是否膨胀了,环境是否恶化了。但是从图表上很难看出是递增或是递减,还是大致持平。那么给定一组数据后怎样判断其趋势呢?本节将介绍一种基于符号检验的趋势判别法——Cox-Stuart 趋势检验。

例 6.4 我国 1985—1996 年出口和进口的差额为(以亿美元为单位):

-149.0   119.7   37.7   77.5   -66.0   87.4
80.5   43.5   122.2   54.0   167.0   122.2

从这些数字,我们能否说这个差额总的趋势是增长或下降,还是都不明显呢?图 6-2 为该数据的趋势图。从图中可以看出,总趋势似乎是增长,但 1993 年有个低谷。这个低谷能否说明总趋势并不是增长的呢?我们希望利用统计方法对其是否具有趋势性进行检验。

解 类似于前面的检验,这里有三种假设:

(1) H_0:无增长趋势, H_1:有增长趋势;
(2) H_0:无减少趋势, H_1:有减少趋势;
(3) H_0:无趋势, H_1:有增长或减少趋势。

形式上,该检验问题可以重新叙述为:假定独立观察值 $X_1, \cdots, X_n$ 分别来自分布为 $F(x, \theta_i)$ 的总体,这里 $F(\cdot)$ 对称于零点。上面第一个单边检验为 $H_0: \theta_1 = \cdots = \theta_n, H_1: \theta_i$ 不尽相同。

怎么进行这些检验呢?可以把每一个观察值和相隔大约 $n/2$ 的另一个观察值配对比较,因此大约有 $n/2$ 个对子。然后看增长的对子和减少的对子各有多少来判断总的趋势。具体做法为,取 x_i 和 x_{i+c}。这里:

$$c = \begin{cases} n/2 & \text{如果 } n \text{ 是偶数} \\ (n+1)/2 & \text{如果 } n \text{ 是奇数} \end{cases}$$

当 n 为偶数时,共有 c 对;当 n 为奇数时,共有 $c-1$ 对。在这个例子中,$n=12$,因而 $c=6$。这 6 个对子为 $(X_1,X_7),(X_2,X_8),(X_3,X_9),(X_4,X_{10}),(X_5,X_{11}),(X_6,X_{12})$。

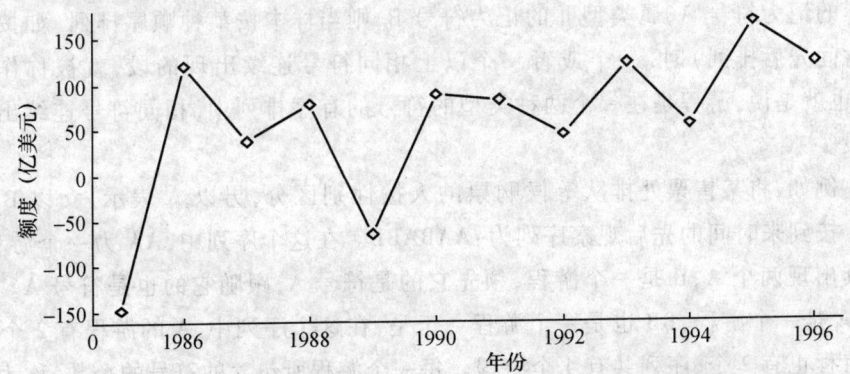

图 6-2 我国自 1985 年到 1996 年出口和进口的差额趋势图

用每一对的两元素差 $D_i = x_i - x_{i+c}$ 的符号来衡量增减。令 S_+ 为 $D_i = x_i - x_{i+c}$ 大于零的数目,而令 S_- 为 $D_i = x_i - x_{i+c}$ 小于零的数目。显然,当正号太多时,即 S_+ 很大时(或 S_- 很小时),有下降趋势;反之,则有增长趋势。在没有趋势的零假设下,它们应服从二项分布 $b(n', 0.5)$,这里 n' 为对子的数目(不包含差为 0 的对子)。该检验在某种意义上是符号检验的一个特例。

类似于符号检验,对于上面三种检验,分别取检验统计量 $K = S_+$,$K = S_-$ 和 $K = \min(S_+, S_-)$。在本例中,这 6 个数据对的符号为 5 负 1 正,这表明可能有增长的趋势。因此需要检验 H_0:无增长趋势,H_1:有增长趋势。检验结果为:

$$P(S_+ \leq 1) = 0.1094$$

检验结果表明,我们不能拒绝原假设,因此该数据无增长趋势。

为了便于大家理解和使用 Cox-Stuart 趋势检验,我们将其检验过程总结于表 6-8 中。

表 6-8 Cox-Stuart 趋势检验

假 设	检验的统计量	P 值
H_0:无增长趋势, H_1:有增长趋势	$K = S_+$	$P(K \leq k)$
H_0:无减少趋势, H_1:有减少趋势	$K = S_-$	$P(K \leq k)$
H_0:无趋势, H_1:有增长或减少趋势	$K = \min(S_+, S_-)$	$2P(K \leq k)$

四、游程检验

1. 游程的概念

一个表示属性的总体,如按性别区分的人群、按产品是否有毛病区分的总体等,随机从中抽取一个样本,样本也可以分为两类:类型Ⅰ和类型Ⅱ。若凡属类型Ⅰ的记为符号 A,属类型Ⅱ的记为符号 B,则当样本按某种顺序排列(如按抽取时间先后排列)时,一个或者一个以上相同符号连续出现的段,就被称作游程,也就是说,游程是在一个两种类型的符号的有序排列中,相同符号连续出现的段。

例如,将某售票处排队等候购票的人按性别区分,男以 A 表示,女以 B 表示。按到来时间的先后观察序列为:AABABB。在这个序列中,AA 为一个游程,连续出现两个 A;B 是一个游程,领先它的是符号 A,跟随它的也是符号 A。显然,A 是一个游程,BB 也是一个游程。于是,在这个序列中,A 的游程有 2 个,B 的游程也有 2 个,序列共有 4 个游程。每一个游程所包含的符号的个数,称为游程的长度。如上面的序列有一个长度为 2 的 A 游程、一个长度为 2 的 B 游程,长度为 1 的 A 游程、B 游程也各有一个。

2. 游程检验的基本原理

假设随机抽取的一个样本,其观察值按某种顺序排列,如果研究所关心的问题是有序排列的两种类型符号是否随机,则可以建立双侧备择假设为:

H_0:序列是随机的;

H_1:序列不是随机的。

如果关心的是序列是否具有某种倾向,则应建立单侧备择假设为:

H_0:序列是随机的;

H_1:序列具有混合的倾向;

H_0:序列是随机的;

H_1:序列具有成群的倾向。

为了对假设作出判定,被收集的样本数据仅需定类尺度测量,但要求进行有意义的排序。按一定次序排列的样本观察值能够被变换为两种类型的符号。如某售票处按到来的先后顺序排队购票的人,按性别分别记作 A、B 两种类型的符号,可以得到一个序列:AABABB。第一种类型的符号数目记作 m,第二种记作 n,$N = m + n$。

在 H_0 为真的情况下,两种类型符号出现的可能性应大体相等,其在序列中是交互的。相对于一定的 m 和 n,序列游程的总数应在一个范围内。若游程的总数过少,表明某一游程的长度过长,意味着有较多的同一符号相连,序列存在成群的倾向;若游程总数过多,表明游程长度很短,意味着两个符号频繁交替,序列具有混合的倾向。因此,无论游程的总数过多或过少,都表明序列不是随机的。根据两种类型符号的变化,选择的检验统计量为:

$$R = 游程的总数目$$

游程 R 分布的证明是比较麻烦的。先在 $m+n$ 个抽屉里随机选择 m 个,有 C_{m+n}^m 种方法。

如果游程数为奇数 $R=2K+1$,这意味着:

(1) 必定有 $k+1$ 个由"1"构成的游程和 k 个由"0"构成的游程;
(2) 或必定有 $k+1$ 个由"0"构成的游程和 k 个由"1"构成的游程。

这就必须在 $m-1$ 个位置上插入 K 个"隔离元",使得"1"有 $k+1$ 个游程,可以有 $\binom{m-1}{k}$ 种;同样,可以在 $n-1$ 个"0"的 $n-1$ 个空位上插入 $K-1$ 个"隔离元",有 $\binom{n-1}{k-1}$ 种。共有有利基本事件数 $\binom{m-1}{k}\binom{n-1}{k-1}$。所以,

$$p(R=2k+1) = \frac{\binom{m-1}{k}\binom{n-1}{k-1} + \binom{m-1}{k-1}\binom{n-1}{k}}{\binom{m+n}{m}}$$

如果游程数为偶数 $R=2K$,则意味着"0"和"1"各有 k 个游程,则:

$$p(R=2k) = \frac{2\binom{m-1}{k-1}\binom{n-1}{k-1}}{\binom{m+n}{m}}$$

$$E(R) = 2\frac{nm}{m+n} + 1$$

$$\mathrm{Var}(R) = \frac{2mn(2mn-n-m)}{(m+n)^2(n+m-1)}$$

当 $N=$ 足够大时,则:

$$Z = \frac{R + 0.5 - 1 - 2mn/N}{\sqrt{2mn(2mn-N)/N^2(N-1)}} \sim N(0,1)$$

若 p 相对于给定的显著性水平小,则数据不支持 H_0;若足够大,则不能拒绝 H_0。我们将游程检验程序总结如表 6-9 所示。

表 6-9 游程检验程序

备择假设	P 值
序列具有混合的倾向	Z 的右尾概率
序列具有聚类的倾向	Z 的左尾概率
序列是非随机的	Z 的较小的尾巴概率的二倍

3. 应用

例 6.5 从生产线上抽取产品,检验瑕疵的产品是否是随机出现的。现随机抽取了 30 件产品,按生产线抽取的顺序排列为(1 = 无瑕,0 = 瑕疵):
$$000011111111111111000111111111$$
问瑕疵的产品是随机出现的吗?

解 H_0:有瑕疵的产品随机出现;

H_1:有瑕疵的产品成群出现。

	VAR00002
Test Value	1.0000
Cases < Test Value	7
Cases > = Test Value	23
Total Cases	30
Number of Runs	4
Z	-3.811
Asymp. Sig. (2-tailed)	0.000

通过游程检验(双边检验)得到 P 值 $= 0.00 < 0.05$,检验结果告诉我们原假设不成立,所以有瑕疵的产品是成群出现的。

例 6.6 假设某企业在过去 20 年中赢亏情况为:00001111111000111111 (1 = 赢利, 0 = 亏损)。该企业某一年赢利对以后是否亏损有无影响?

解
$$Z = \frac{R + 0.5 - 1 - 2mn/N}{\sqrt{2mn(2mn-N)/N^2(N-1)}}$$

$$Z = \frac{4 + 0.5 - 1 - 2 \times 7 \times 13/20}{\sqrt{2 \times 7 \times 13(2 \times 7 \times 13 - 20)/20^2(20-1)}}$$

$$Z = \frac{4.5 - 1 - 2 \times 7 \times 13/20}{\sqrt{2 \times 7 \times 13(2 \times 7 \times 13 - 20)/20^2(20-1)}} = -2.84316$$

当 $\alpha = 0.05, z_{\alpha/2} = 1.96$ 时,

第六章 非参数统计

Runs Test

	VAR00001
Test Value(a)	1.00
Cases < Test Value	7
Cases > = Test Value	13
Total Cases	20
Number of Runs	4
Z	-2.843
Asymp. Sig. (2-tailed)	0.004

通过游程检验(双边检验)得到 P 值 $= 0.004 < 0.05$，显然该企业某一年赢利对以后是否亏损有显著影响。

Runs Test 对话框：

(1) Test Variable 框，指定检验变量。

(2) Cut Point 栏，确定划分二分类的试算点。中位数、众数、均数及用户指定临界割点。

(3) Options 对话框，选择输出结果形式及缺失值处理方式。

具体操作如下：Runs Test → Test Variable → Variable → 1 → OK。

第三节 两样本的非参数检验

在实际生活中，常常要涉及两个不同总体之间的比较问题。例如，比较两种训练方法中，哪一种更出成绩；两只股票的红利哪一支更高；两种汽油哪一种污染更小；两种市场营销策略中，哪种更有效。传统的检验方法总是假设两个总体都满足正态分布，然后进行两样本的 t 检验，但是我们发现，关于正态分布的假设总是得不到满足，小样本情况下，近似分布并不合理。因此，在关于两样本的假设检验中需要更稳健的检验方法，接下来我们将分别介绍关于两样本的配对符号检验法、配对符号秩检验法、Brown-Mood 中位数检验及两个样本的 Wlicoxon 秩和检验。

一、配对符号检验

在实际生活中，通常要比较成对数据。比如，比较两种处理方法，如药物、饮食、材料、管理方法等，有时要同时比较，有时要比较处理前后的区别。在同时比较时，对象最好是同一客体，至少也要很相似。例如，某鞋厂要比较两种材料的耐磨性，但如果让两组不同的人来实验，会因为人们的行为差异很大而不能进行公平的比较,如果让某个样本的左右两只鞋分别用不同的材料做成,实验的条件就很相似了。所以要假定:(1) 每一对数据或者来自同一个或者来自可比较的类似的对象;(2) 对和对之间是相互独立的。对于配对符号检验法、配对 Wilcoxon 符号秩检验法我们都假设这两条成立。由于两对比样本的相关性,我们通常称配对检验的符号检验、配对 Wilcoxon 符号秩检验为两相关样本检验,而 Brown-Mood 中位数检验、Wlicoxon(Mann-Whitney) 为两独立样本检验。

1. 基本方法

设 X 和 Y 分别具有分布函数 $F(x)$ 和 $F(y)$,从两个总体得随机配对样本数据 $(x_1, y_1), (x_2, y_2), \cdots, (x_n, y_n)$,研究 X 和 Y 是否具有相同分布。即检验:$H_0: F(x) = F(y)$。如果两个总体具有相同的分布,则其中位数应该相等,所以等价检验的假设为:

$$H_0: m_x = m_y, \quad H_1: m_x \neq m_y;$$
$$H_0: m_x \leq m_y, \quad H_1: m_x > m_y;$$
$$H_0: m_x \geq m_y, \quad H_1: m_x < m_y。$$

配对资料符号检验的计算步骤为:

与单样本的符号检验一样,也定义 S_+ 和 S_- 为检验的统计量。

$$S_+ = \sum_{i=1}^{n} I(x_i > y_i), \quad 表示 x_i > y_i 的数目;$$

$$S_- = \sum_{i=1}^{n} I(x_i < y_i), \quad 表示 x_i < y_i 的数目。$$

在原假设成立的条件下,S_+ 和 S_- 的分布为二项分布 $B\left(n, \frac{1}{2}\right)$,$n = S_+ + S_-$。如果 S_+ 大小适中,则支持原假设;如果 S_+ 太大,S_- 太小,则支持 $H_1: m_x > m_y$;如果 S_+ 太小,S_- 太大,则支持 $H_1: m_x < m_y$。

令 $k = \min(S_+, S_-)$,则检验的准则如下:

$$H_0: m_x = m_y, \quad H_1: m_x \neq m_y, \quad p = 2 \times \sum_{i=0}^{k} C_n^i (0.5)^n;$$

$$H_0: m_x \leq m_y, \quad H_1: m_x > m_y, \quad p = \sum_{i=0}^{k} C_n^i (0.5)^n;$$

$$H_0: m_x \geq m_y, \quad H_1: m_x < m_y, \quad p = \sum_{i=0}^{k} C_n^i (0.5)^n。$$

例 6.7 从实行适时管理(JIT)的企业中,随机抽取 20 家进行效益分析,它们在实施 JIT 前后两年的平均资产报酬率如表 6-10 所示。问在 5% 的显著性水平下,企业在实施 JIT 前后的资产报酬率是否有显著差异?

表 6-10 企业在实施 JIT 前后的资产报酬率统计表

实施 JIT 前	15.8	14.9	15.2	15.8	15.5	14.6	15	14.9	15.1	15.5
实施 JIT 后	14.6	15.5	15.5	14.7	15.2	14.8	14.8	14.6	15.3	15.5
符号	+	−	−	+	+	−	+	+	−	0
实施 JIT 前	14.7	14.7	14.7	15	14.9	14.9	15.3	14.6	15.5	15.5
实施 JIT 后	14.4	14.3	14.9	15.5	14.3	14.5	14.6	14.8	15.2	15
符号	+	+	−	−	+	+	+	−	+	+

解

Frequencies

		N
VAR00002-VAR00001	Negative Differences[a]	12
	Positive Differences[b]	7
	Ties[c]	1
	Total	20

a. VAR00002 < VAR00001.
b. VAR00002 > VAR00001.
c. VAR00002 = VAR00001.

Test Statistics[b]

	VAR00002-VAR00001
Exact Sig. (2-tailed)	0.359[a]

a. Binomial distribution used.
b. Sign Test.

通过符号检验(双边检验)得到 P 值 $= 0.359 > 0.05$,则应该接受原假设,即企业在实施 JIT 前后的资产报酬率没有显著差异。

二、两样本配对 Wilcoxon 检验

前面的符号检验只用到它们差异的符号,而未能考虑差异大小所包含的信息。因此,改进对信息的利用效率,可采用两样本配对 Wilcoxon 检验。配对 Wilcoxon 检验既考虑了正、负号,又考虑了二者差值的大小。

Wilcoxon 符号秩检验的步骤为:

(1) 计算各观察值对的差异 $D_i = X_i - Y_i$;
(2) 求差异的绝对值 $|D_i| = |X_i - Y_i|$;
(3) 按差异绝对值的大小排序;
(4) 考虑各差异的符号,由绝对值差异秩得到符号值;
(5) 分别计算正、负符号秩的和 T_+ 与 T_-;

(6) 统计量 $T = \min(T_+, T_-)$；

(7) 结论。

我们将两样本配对 Wilcoxon 检验程序总结如表 6-11 所示。

表 6-11 两样本配对 Wilcoxon 检验程序

假 设	检验的统计量(T)	P 值
$H_1: M_x > M_y \Leftrightarrow M_d > 0$	$T = \min(T_+, T_-)$	$P(T \leq k)$
$H_1: M_x < M_y \Leftrightarrow M_d < 0$	$T = \min(T_+, T_-)$	$P(T \leq k)$
$H_1: M_x \neq M_y \Leftrightarrow M_d = 0$	$T = \min(T_+, T_-)$	$2P(T \leq k)$

$$E(T) = n(n+1)/4$$
$$D(T) = n(n+1)(2n+1)/24$$

于是统计量为：

$$Z = \frac{T - n(n+1)/4}{\sqrt{n(n+1)(2n+1)/24}} \sim N(0,1)$$

例 6.8 现从上海证券交易所的上市公司随机抽取 10 家，观察其 1999 年年终财务报告公布前后三日的平均股价(表 6-12)，试问：我国上市公司公报对股价是否有显著性影响？

表 6-12 上市公司公报前后股价统计表

上市公司序号	1	2	3	4	5	6	7	8	9	10
年报公布前	15	21	18	13	35	10	17	23	14	25
年报公布后	17	18	25	16	40	8	21	31	22	25

解

表 6-13 上市公司公报前后股价的两样本配对 Wilcoxon 检验

X_i	15	21	18	13	35	10	17	23	14	25
Y_i	17	18	25	16	40	8	21	31	22	25
$D_i = X_i - Y_i$	-2	3	-7	-3	-5	2	-4	-8	-8	0
D_i 的符号	2	3	7	3	5	2	4	8	8	0
$|D_i|$ 的秩	1.5	3.5	7	3.5	6	1.5	5	8.5	8.5	0

$$Z = \frac{k - \frac{n(n+1)}{4}}{\sqrt{n(n+1)(2n+1)/24}} = \frac{5 - \frac{9(9+1)}{4}}{\sqrt{9(9+1)(18+1)/24}} = -2.079$$

Ranks

		N	Mean Rank	Sum of Ranks
VAR002-VAR0	Negative Rar	2[a]	2.50	5.00
	Positive Rank	7[b]	5.71	40.00
	Ties	1[c]		
	Total	10		

a. VAR002 < VAR001.
b. VAR002 > VAR001.
c. VAR002 = VAR001.

Test Statistics[b]

	VAR002 − VAR001
Z	−2.079[a]
Asymp. Sig. (2-tailed)	0.038

a. Based on negative ranks.
b. Wilcoxon Signed Ranks Test.

通过两样本配对 Wilcoxon 检验(双边检验)得到 P 值 $= 0.038 < 0.05$,应该拒绝原假设。

两样本配对 Wilcoxon 检验对话框:

激活 Statistics 菜单,选 Nonparametric Tests 中 2 Related Samples... 项,弹出 Two-Related-Samples Tests 对话框。在对话框左侧的变量列表中选 va1,在 Current Selections 栏的 Variable 1 处出现 va1,选 va2,在 Current Selections 栏的 Variable 2 处出现 va2,然后单击,使 va1-va2(表明是配对变量)进入 Test Pair(s) List 框。在 Test Type 框中有三种检验方法:

(1) Wilcoxon:配对符号等级秩次检验;
(2) Sign:符号检验;
(3) McNemar:以研究对象作自身对照,检验其"前后"的变化是否显著,该法适用于相关的二分变量数据。

三、Brown-Mood 中位数检验

在单样本位置问题中,人们想要检验的是总体的中心是否等于一个已知的值。但在实际问题中,更要关注的往往是比较两个总体的位置参数。接下来我们将给大家介绍一种检验两个总体中位数是否相等的方法——Brown-Mood 中位数检验。我们首先来看一道例题。

例 6.9 我国 1997 年沿海地区和非沿海地区的人均国内生产总值(GDP)的抽样数据如下(单位:元):

沿海地区为 $(Y_1, \cdots, Y_{12})$:

15 044	12 270	5 345	7 730	22 275	8 447
9 455	8 136	6 834	9 513	4 081	5 500

非沿海地区为 $(X_1, \cdots, X_{18})$：

5 163	4 220	4 259	6 468	3 881	3 715	4 032	5 122	4 130
3 763	2 093	3 715	2 732	3 313	2 901	3 748	3 731	5 167

人们想要知道沿海和非沿海地区的人均 GDP 的中位数是否一样。这就是检验两个总体的位置参数是否相等的问题。

假定代表两个独立总体的随机样本分别为 $(Y_1, \cdots, Y_{12})$ 和 $(X_1, \cdots, X_{18})$，则问题归结为检验它们总体的均值（或中位数）的差是否等于 0，或是否等于某个已知值。换言之，即检验：

$$H_0: \mu_1 - \mu_2 = D_0, \quad H_1: \mu_1 - \mu_2 \neq D_0;$$
$$H_0: \mu_1 - \mu_2 = D_0, \quad H_1: \mu_1 - \mu_2 < D_0;$$
$$H_0: \mu_1 - \mu_2 = D_0, \quad H_1: \mu_1 - \mu_2 > D_0。$$

在正态假定下，这些问题转化为：

$$t = \frac{(\bar{x} - \bar{y}) - D_0}{s\sqrt{\frac{1}{n} + \frac{1}{m}}} \sim t(n + m - 2)$$

$$S = \frac{\sum_{i=1}^{n}(x_i - \bar{x})^2 + \sum_{i=1}^{m}(y_i - \bar{y})^2}{m + n - 2}$$

t 检验并不稳健，在不知总体分布时，应用 t 检验是会有风险的。

令沿海地区的人均 GDP 的中位数为 M_y，而非沿海地区的为 M_x。假设：

$$H_0: M_x = M_y, \quad H_1: M_x > M_y$$

显然，在零假设下，如果中位数一样的话，它们共同的中位数，即这 30 个地区的人均国内生产总值的中位数（记为 M_{xy}），应该对于每一样本数据来说都处于中间位置。也就是说，$(Y_1, \cdots, Y_{12})$ 和 $(X_1, \cdots, X_{18})$ 中大于或小于 M_{xy} 的样本点应该大致一样多，计算得到它们的混合样本中位数为 4 690.5。在用两个样本和 M_{xy} 比较之后得到各个样本中大于和小于它的数目，如表 6-14 所示。

表 6-14 两个样本和 M_{xy} 比较之后得到各个样本中大于和小于它的数目

	X	Y	总和
观察值大于 M_{xy} 的数目	11	4	15
观察值小于 M_{xy} 的数目	1	14	15
总和	12	18	30

可以看出，表 6-14 是一个 2×2 列联表。抽象为一般，如表 6-15 所示。

第六章 非参数统计

表 6-15 两个样本和 M_{xy} 比较之后得到各个样本中大于和小于它的数目(2×2列联表)

	X	Y	总和
$>M_{xy}$	a	b	$t=a+b$
$<M_{xy}$	$m-a$	$n-b$	$(m+n)-(a+b)$
总和	m	n	$N=m+n$

在原假设成立的条件下,这个结果有一点像超几何分布。

A 为样本 X 中大于 M_{xy} 的样本点数,在零假设下 A 为超几何分布,即有

$$p(A=k) = \frac{\binom{m}{k}\binom{n}{t-k}}{\binom{m+n}{t}}, \quad k \leq \{m,t\}$$

取 A 为样本 X 中大于 M_{xy} 的样本点数,作为检验的统计量,A 应该不大不小,否则,如果 A 太大或太小,则应该怀疑原假设。检验规则如表 6-16 所示。

表 6-16 Brown-Mood 中位数检验

假设		检验统计量	P 值
$H_0:M_x=M_y$,	$H_1:M_x>M_y$	A	$P(A \geq a)$
$H_0:M_x=M_y$,	$H_1:M_x<M_y$	A	$P(A \leq a)$
$H_0:M_x=M_y$,	$H_1:M_x \neq M_y$	A	$2\min(P(A \geq a),P(A \leq a))$

大样本的时候,在零假设下,可以利用超几何分布的正态近似进行检验:

$$Z = \frac{A-mt/N}{\sqrt{mnt(N-t)/N^3}} \sim N(0,1)$$

小样本时,也可以使用连续修正为

$$Z = \frac{A \pm 0.5 - mt/N}{\sqrt{mnt(N-t)/N^3}} \sim N(0,1)$$

在上例中有如下结果:

总体容量:30;

总体中成功的次数:15;

样本容量:12;

样本中成功的次数:11。

$$P(A \geq a) = P(A=11) + p(A=12)$$
$$= 0.000237 + 0.00000526 = 0.000242$$

假设		检验的统计量	P 值
$H_0:M_x=M_y$,	$H_1:M_x>M_y$	A	$P(A \geq a)=0.00242$

使用正态近似进行检验：

$$Z = \frac{A \pm 0.5 - mt/N}{\sqrt{mnt(N-t)/N^3}} = \frac{A \pm 0.5 - 12 \times 15/30}{\sqrt{12 \times 18 \times 15(30-15)/30^3}}$$

$$= 4.5/1.34 = 3.36$$

$$p = p(Z > 3.36) = 0.00039$$

两种检验均否定原假设，显然存在显著差异性。

四、Wlicoxon（Mann-Whitney）秩和检验

在前一种方法比较两个总体的中位数的检验时，只利用了样本大于或小于共同中位数的数目，如同前面的单独符号秩检验一样，只有方向的信息，没有差异大小的信息。作为单样本的 Wlicoxon 秩和检验的推广，下面我们讨论两个样本的 Wlicoxon 秩和检验。

设 $(X_1, \cdots, X_m)$ 和 $(Y_1, \cdots, Y_n)$ 分别为两个连续总体 $F(x)$ 和 $F(y)$ 中随机抽取的样本，我们关心两个总体是否有相同的分布形状，或者它们的中位数是否相等。

$$H_0: M_x = M_y, \quad H_1: M_x > M_y$$
$$H_0: M_x = M_y, \quad H_1: M_x < M_y$$
$$H_0: M_x = M_y, \quad H_1: M_x \neq M_y$$

为了对假设作出判定，如果 H_0 为真，那么将 m 个 X、n 个 Y 的数据，按数值的相对大小升序排列，X、Y 的值应该期望被很好地混合，这 $m + n = N$ 个观察值能够被看做来自共同总体的一个单一的随机样本。若大部分的 Y 大于 X，或大部分的 X 大于 Y，将不能证实这个有序的序列是一个随机的混合，将拒绝 X、Y 来自一个相同总体的零假设。在 X、Y 混合排列的序列中，X 占有的位置是相对于 Y 的相对位置，因此秩是表示位置的一个极为方便的方法。在 X、Y 的混合排列中，秩 1 是最小的观察值，秩 N 是最大的。若 X 的秩大部分大于 Y 的秩，那么数据将支持 $H_1: M_x > M_y$，而 X 的秩大部分小于 Y 的秩，则数据将支持 $H_1: M_x < M_y$。

检验统计量。根据上面的基本原理，检验统计量为：

$$W_x = X \text{ 的秩和}$$
$$W_y = Y \text{ 的秩和}$$

由于 X、Y 的混合序列的秩和为：

$$1 + 2 + \cdots + N = N(N+1)/2$$

所以

$$W_x + W_y = N(N+1)/2$$

与 Wlicoxon 提出统计量相等价的统计量为 W_{yx}，该统计量由 Mann-Whitney 提出，其含义为：

如有第一个总体的样本：$X_1,\cdots,X_m$ 和第二个总体的样本：$Y_1,\cdots,Y_n$，$N=m+n$。

令 W_{yx} 是把所有的 Y 样本与 X 样本作比较后，X 大于 Y 的个数，即 W_{yx} 表示 $(X_i,X_j)(i=1,\cdots,m;j=1,\cdots,n)$ 共 mn 对中 X 大于 Y 的个数。则有：

$$W_y = W_{xy} + \frac{n(n+1)}{2}$$

$$W_x = W_{yx} + \frac{m(m+1)}{2}$$

$$W_{xy} + W_{yx} = mn$$

我们来说明三个公式的成立。如仅仅将 $X_1,\cdots,X_m$ 排序后，其秩和为 $m(m+1)/2$。比如某个 X_i 是最小的，即 $R_i^{X_i}=1$。但是如果是两个总体合在一起排序，不妨假设：

$$Y_k < Y_j < X_i$$

故 X 大于 Y 的个数为 2，所以 X_i 的混合秩为 $R_i = 1 + 2$。考虑所有的 i，则可得上面三式。可以证明：

$$E(W_{yx}) = \sum_i^m \sum_j^n E[I(X_i > Y_j)] = \sum_{i=1}^m \sum_j^m \frac{1}{2} = \frac{mn}{2}$$

$$\mathrm{Var}(W_{yx}) = \mathrm{Var}\left\{\sum_i^m \sum_j^n E[I(X_i > Y_j)]\right\} = \frac{mn(N+1)}{12}$$

$$E(W_x) = \frac{m(N+1)}{12}$$

$$\mathrm{Var}(W_x) = \frac{nm(N+1)}{12}$$

$$E(W_y) = \frac{n(N+1)}{12}$$

$$\mathrm{Var}(W_y) = \frac{nm(N+1)}{12}$$

则当 n 足够大时，

$$Z = \frac{W_{xy} - mn/2}{\sqrt{mn(N+1)/12}} \sim N(0,1)$$

$$Z = \frac{W_y - (N+1)n/2}{\sqrt{mn(N+1)/12}} \sim N(0,1)$$

$$Z = \frac{W_x - (N+1)m/2}{\sqrt{mn(N+1)/12}} \sim N(0,1)$$

表 6-17　Wlicoxon(Mann-Whitney)秩和检验

假　设	检验的统计量(K)	P 值
$H_1:M_x>M_y$	W_{xy} 或 W_y	$P(K\leq k)$
$H_1:M_x<M_y$	W_{yx} 或 W_x	$P(K\leq k)$
$H_1:M_x\neq M_y$	$\min(W_{xy},W_{yx})\min(W_x,W_y)$	$2P(K\leq k)$

仍用例 6.1 中的例子。1997 年我国沿海地区和非沿海地区的人均国内生产总值(GDP)的抽样数据如下(单位:元):

沿海地区为$(Y_1,\cdots,Y_{12})$:

  15 044　12 270　5 345　7 730　22 275　8 447

  8 136　6 834　9 513　4 081　5 500

非沿海地区为$(X_1,\cdots,X_{18})$:

  5 163　4 220　4 259　6 468　3 881　3 715　4 032　5 122　4 130

  3 763　2 093　3 715　2 732　3 313　2 901　3 748　3 731　5 167

人们想要知道沿海和非沿海地区的人均 GDP 的中位数是否一样。这就是检验两个总体的位置参数是否相等的问题。

表 6-18　沿海和非沿海省市区的人均 GDP 及其混合样本秩统计表

数据	15 044	12 270	5 345	7 730	22 275	8 447	9 455	8 136	6 834	9 513	4 081	5 500
秩	29	28	19	23	30	25	26	24	22	27	12	20
数据	5 163	4 220	4 259	6 468	3 881	3 715	4 032	5 122	4 130	3 763	2 093	3 715
秩	17	14	15	21	10	5.5	11	16	13	9	1	5.5
数据	2 732	3 313	2 911	3 748	3 731	5 167						
秩	2	4	3	6	7	18						

Ranks

类别	N	Mean Rank	Sum of Ranks
1.00	12	23.75	285.00
2.00	18	10.00	180.00
Total	30		

Test Statistics

统计量	取值
Mann-Whitney U	9.000
Wilcoxon W	180.000
Z	-4.191
Asymp. Sig. (2-tailed)	0.000
Exact Sig. [2*(1-tailed Sig.)]	0.000

$$Z = \frac{W_{xy} - mn/2}{\sqrt{mn(N+1)/12}} = -4.191$$

$$Z = \frac{W_y - (N+1)n/2}{\sqrt{mn(N+1)/12}} = -4.191$$

通过 Wlicoxon(Mann-Whitney)秩和检验得到 P 值 $= 0.00 < 0.05$,显然存在显著差异。

两个样本的 Wlicoxon 秩和检验对话框:

Analyze⇒Nonparametric test⇒Two-Independent-Samples;

Test variable list 框:选入 score;

grouping variables 框:选入 trial;

单击 Define groups 钮;

在 group1 框和 group2 框中分别输入 1 和 2;

单击 continue 钮;

Test type 复选框组:选中 Mann-Whitney U 复选框;

单击 OK 钮。

第四节　秩相关检验

现实生活中,人们常常想知道两个变量之间的关系,比如出生率和教育程度之间的关系、入学成绩和后来表现之间的关系、吸烟和肺癌之间的关系等。如何衡量这种相关性是统计学中的一个重要问题,这也是许多统计研究领域的出发点和基石。在传统的统计方法中,两变量的相关性是由相关系数定义的,但它存在一定的局限性。本节将在相关系数的基础上给出一些衡量相关性的新方法。

一、Pearson 相关系数

定义 6.1　设随机变量 X 与 Y 具有有限非零方差,则 X 与 Y 之间的线性相关系数为:

$$\rho(X,Y) = \frac{\text{Cov}(X,Y)}{\sqrt{\text{Var}(X)\text{Var}(Y)}}$$

Person 相关系数流行的原因有以下几点:

(1) 容易计算;

(2) 线性变换下容易处理;

(3) 严格递增线性变换情况下相关系数不变,即 $ac > 0$ 时,有:

$$\rho(aX+b, cY+d) = \text{sign}\left(\frac{\text{Cov}(X,Y)}{\sqrt{\text{Var}(X)\text{Var}(Y)}}\right)$$

然而,Pearson 相关系数具有以下几个缺点:

(1) 随机变量 X 与 Y 具有有限非零方差,否则线性相关系数无法定义。

(2) 两变量独立意味着它们不相关,但不相关通常并不独立。只有在随机变量 X 与 Y 具有正态分布情况下,独立与不相关才是等价的。

(3) 在非线性严格递增变换的情况下相关系数不是不变的。

(4) 对于 ρ 检验需假设总体服从正态分布。

在给定一列数对 $(X_1, Y_1), \cdots, (X_n, Y_n)$ 之后,要检验它们所代表的二元变量 X 和 Y 是否相关。与 $\rho(X,Y)$ 相对应的相关性度量为 Pearson 相关系数:

$$r = \frac{\sum_{i=1}^{n}(X_i - \bar{X})(Y_i - \bar{Y})}{\sqrt{\sum_{i=1}^{n}(X_i - \bar{X})^2 \sum_{i=1}^{n}(Y_i - \bar{Y})^2}}$$

相关系数 r 同样只能度量 X 与 Y 的线性关系。

Spearman 相关检验与 Kendall τ 检验同样作为衡量相关性的工具,克服了 Pearson 相关系数的以上缺陷,接下来我们就为大家介绍这两种检验方法。

二、Spearman 秩相关检验

Spearman 秩相关检验是对 Spearman 秩相关系数进行检验的方法。在给定一列数对 $(X_1, Y_1), \cdots, (X_n, Y_n)$ 之后,要检验它们所代表的二元变量 X 和 Y 是否相关。我们取零假设为:

$$H_0: X 与 Y 不相关$$

而被择假设有三种选择:

$$H_1: X 与 Y 正相关$$
$$H_1: X 与 Y 负相关$$
$$H_1: X 与 Y 相关$$

首先找出所有 X_i 在 X 样本中的秩 R_i 以及所有 Y_i 在样本 Y 中的秩 S_i,我们得到秩统计量对:

$$(R_1, S_1), \cdots, (R_n, S_n)$$

计算 R 和 S 的相关系数,我们知道:

$$\bar{R} = \bar{S} = \frac{n+1}{2}$$

令 $d_i = R_i - S_i$,这可以看成某种距离的度量。显然,如果这些距离很大,说明两个变量可能负相关;若距离很小,则可能正相关。

Spearman 秩相关系数为：

$$r_s = \frac{\sum_{i=1}^{n}(R_i - \overline{R})(S_i - \overline{S})}{\sqrt{\sum_{i=1}^{n}(R_i - \overline{R})^2 \sum_{i=1}^{n}(S_i - \overline{S})^2}} = 1 - \frac{6\sum_{i=1}^{n} d_i^2}{n(n^2 - 1)}$$

和经典的样本相关系数一样，r_s 满足 $-1 \leq r_s \leq 1$，对于 $n \leq 100$，r_s 在零假设下的分布有表可查。

在大样本的情况下有：

$$Z = r_s \sqrt{n-1} \sim N(0,1)$$

例 6.10 表 6-19 是 10 个国家和地区 1997 年的国际化程度排名和国际竞争力排名的资料。试分析国际化程度和国际竞争力是否具有显著的相关性。置信水平 $\alpha = 0.05$。

表 6-19 10 个国家和地区 1997 年的国际化程度和国际竞争力的统计表

国家或地区	国际化程度排名	国际竞争力排名
美国	1	1
新加坡	2	2
中国香港特别行政区	3	3
卢森堡	4	9
英国	5	12
荷兰	6	4
爱尔兰	7	11
德国	8	14
比利时	9	23
法国	10	21

解

Correlations（a）

			VAR00001	VAR00002
Spearman's rho	VAR00001	Correlation Coefficient	1.000	0.927**
		Sig. (2-tailed)	.	0.000
	VAR00002	Correlation Coefficient	0.927**	1.000
		Sig. (2-tailed)	0.000	.

* 在 0.05 水平显著相关，** 在 0.01 水平显著相关。

因而对于水平 0.000 拒绝零假设。显然，10 个国家和地区 1997 年的国际化程度和国际竞争力具有显著相关性。

三、Kendall τ 检验

Kendall τ 检验是从另一个角度来看相关,其检验的假设为:

$$H_0: X 与 Y 不相关, \quad H_1: \begin{cases} X 与 Y 相关 \\ X 与 Y 正相关 \\ X 与 Y 负相关 \end{cases}$$

先引进协同的概念。如果乘积 $(X_j - X_i)(Y_j - Y_i) > 0$,称对子 (X_i, Y_i) 及 (X_j, Y_j) 为协同的。显然,协同意味着它们具有相同的趋势;反之,如果乘积 $(X_j - X_i)(Y_j - Y_i) < 0$,则称该对子为不协同的。

定义 Kendall τ 的相关系数为:

$$\hat{\tau} = \frac{2}{n(n-1)} \sum_{1 \le i < j \le n} \Psi(X_i, X_j, Y_i, Y_j) = \frac{K}{\binom{n}{2}} = \frac{n_c - n_d}{\binom{n}{2}}$$

$$\Psi(X_i, X_j, Y_i, Y_j) = \begin{cases} 1 & (X_j - X_i)(Y_j - Y_i) > 0 \\ 0 & (X_j - X_i)(Y_j - Y_i) = 0 \\ -1 & (X_j - X_i)(Y_j - Y_i) < 0 \end{cases}$$

n_c 是 X 与 Y 协同的对数,或得 $+1$ 的对数;n_d 是 X 与 Y 不协同的对数,或得 -1 的对数。

$$K = \sum_{1 \le i < j \le n}^{n} \Psi(X_i, X_j, Y_i, Y_j) = n_c - n_d = 2n_c - \binom{n}{2}$$

上面定义的 $\hat{\tau}$ 为概率差

$\tau = P\{(X_j - X_i)(Y_j - Y_i) > 0\} - P\{(X_j - X_i)(Y_j - Y_i) < 0\}$ 的一个估计值。$\hat{\tau}$ 值介于 $-1 \sim 1$ 之间。因为如果所有对子都是协同的,则 $\hat{\tau} = 1$;反之,如果所有对子都是不协同的,则 $\hat{\tau} = -1$。显然,对于该检验来说,$\hat{\tau}$ 和 K 是等价的。

当样本容量足够大时,在零假设的条件下 $K\sqrt{\frac{18}{n(n+1)(2n+5)}} \to N(0,1)$。

例 6.11 下面用例 6.10 中 10 个国家和地区 1997 年的国际化程度和国际竞争力的资料的关系来说明 Kendall τ 检验。

解 通过计算可以得到:

			VAR00001	VAR00002
Kendall's tau_b	VAR00001	Correlation Coefficient	1.000	0.822**
		Sig. (2-tailed)	.	0.001
	VAR00002	Correlation Coefficient	0.822**	1.000
		Sig. (2-tailed)	0.001	.

* 在 0.05 水平显著相关(双边检验),** 在 0.01 水平显著相关(双边检验)。

因而对于水平 0.000 拒绝零假设。显然 10 个国家和地区 1997 年的国际化程度和国际竞争力具有显著相关性。

非参数相关分析对话框：

激活 Statistics 菜单，选 Correlate 中的 Bivariate... 命令项，弹出 Bivariate Correlation 对话框。在对话框左侧的变量列表中选 x、y，单击 ▶ 钮使之进入 Variables 框。再在 Correlation Coefficients 框中选择相关系数的类型，共有三种：Pearson 相关系数为通常所指的相关系数(r)，Kendall's tau-b 相关系数，Spearman 相关系数；在 Test of Significance 框中可选相关系数的单侧或双侧检验。

本章小结

(1) t 检验并不稳健，在不知总体分布时，特别是小样本时，应用 t 检验就可能有风险。这时就要考虑使用与总体分布无关的非参数方法。对于本章所介绍的数据趋势或随机性检验，就不存在简单的参数方法。非参数方法总是简单实用的。符号检验是最有代表性的非参数检验，一旦熟悉了符号检验的基本思路，后面的内容就很容易理解了。

(2) 两相关样本的非参数检验通常是用来比较成对数据的，它包括符号检验与两样本配对 Wilcoxon 检验。符号检验只用到它们差异的符号，而对数字大小所包含的信息未能考虑。配对 Wilcoxon 检验既考虑了差异的正、负号，又考虑了二者差值的大小。

(3) 两独立样本的非参数检验通常是用来比较两个不同总体的位置参数的，传统的 t 检验在比较两个不同总体的位置参数时并不稳健，在不知总体分布时，应用 t 检验是会有风险的。因此，我们介绍了一些更为稳健的非参数方法，包括：Brown-Mood 中位数检验、Wlicoxon(Mann-Whitney)秩和检验。比较两个总体的中位数的检验时，Brown-Mood 中位数检验只利用了样本大于或小于共同中位数的数目，如同前面的单独符号秩检验一样，只有方向的信息，没有差异大小的信息。作为单样本的 Wlicoxon 秩和检验的推广，我们介绍了两个样本的 Wlicoxon 秩和检验。

(4) 相关系数 r 同样只能度量 X 与 Y 的线性关系，并且存在其他缺陷。非参数相关性检验，Spearman 相关系数与 Kendall τ 相关系数同样作为衡量相关性的工具，克服了相关系数的以上缺陷。

思考与练习

6.1 在某保险种类中，一次关于 1998 年的索赔数额的随机抽样为(按升序排列，单位：元)：

4 632	4 728	5 052	5 064	5 484	6 972	7 596	9 480	
14 760	15 012	18 720	21 240	22 836	52 788	67 200		

已知1997年的索赔数额的中位数为5 064元。

(1) 是否1998年索赔的中位数比前一年有所变化？能否用单边检验回答这个问题？

(2) 利用符号检验来回答(1)的问题(利用精确的和正态近似两种方法)。

(3) 利用符号秩检验重复问题(1)，检验结果是否发生了变化？

6.2 下面是联通公司对30个月的话费消费超过1 000元的户数的统计数据(单位：万人)：

50 48 50 51 50 51 55 50 50 55 55 56 56 54 55
61 61 55 57 60 60 58 62 61 61 66 68 62 66 66

试检验30个月的话费消费超过1 000元的户数是否有上升趋势？

6.3 一个监听装置收到如下的信号：

0101110011000011111111101001110101010100
0000001011001110101001001010100000000

能否说该信号是纯粹随机干扰？

6.4 在试验少量酒精对反映时间的影响时，测试了10个人在喝了2杯啤酒前后的反应时间如表6-20所示(单位：秒)。

表6-20 10个人在喝了2杯啤酒前后的反应时间统计表

喝前	0.74	0.85	0.84	0.66	0.81	0.55	0.33	0.76	0.46	0.64
喝后	0.81	0.63	0.62	0.86	0.80	0.75	0.88	0.78	0.77	0.86

该数据是否说明酒精和反应时间有关，试分别运用Brown-Mood中位数检验、Wlicoxon(Mann-Whitney)秩和检验对该问题进行分析。

6.5 在研究计算器是否影响学生手算能力的实验中，13个没有计算器的学生(A组)和10个拥有计算器的学生(B组)对一些计算题进行手算测试。这两组学生得到正确答案的时间分别如下(单位：分钟)。

A组：28 20 20 27 31 29 25 19 16 24 29 16 29
B组：40 31 25 29 30 25 16 30 39 25

能否说A组的学生比B组的学生算得更快？利用所学的检验来得出你的结论。

6.6 从中国各省区的30个抽样的文盲率和人均GDP的数据如表6-21所示。

表 6-21 中国各省区的 30 个抽样的文盲率统计表

文盲率(1‰)	7.33	10.80	15.60	8.86	9.70	18.52	17.71	21.24	23.20	14.24
人均 GDP(元)	15 044	12 270	5 345	7 730	22 275	8 447	9 455	8 136	6 834	9 513
文盲率(1‰)	13.82	17.97	10.00	10.15	17.05	10.94	20.97	16.40	16.59	17.40
人均 GDP(元)	4 081	5 500	5 163	4 220	4 259	6 468	3 881	3 715	4 032	5 122
文盲率(1‰)	14.12	18.99	30.18	28.48	61.13	21.00	32.88	42.14	25.02	14.65
人均 GDP(元)	4 130	3 763	2 093	3 715	2 732	3 313	2 901	3 748	3 731	5 167

要求:利用 Pearson, Spearman 和 Kendall 检验统计量来检验文盲率和人均 GDP 之间是否相关,是正相关还是负相关?

6.6 某商业中心有 5 000 部电话,在上班的第一小时内打电话的人数和次数记录在表 6-22 中。

表 6-22 上班第一小时内打电话的人数和次数统计表

打电话次数	0	1	2	3	4	5	6	7	≥8
相应的人数	1 875	1 816	906	303	82	15	1	2	0

试检验打电话的次数是否服从泊松分布(显著性水平为 $\alpha = 0.05$)。

第七章 方差分析与正交试验设计初步

案例

染整工艺对布的缩水率有影响吗

某公司为考察染整工艺是否对布的缩水率有显著影响进行了试验。试验中采用三种染整工艺,分别对四种布样进行了处理,测得缩水率的百分比资料如表 7-1 所示。

表 7-1 染整工艺对布的缩水率的数据结构表

布样号 \ 染整工艺	A_1	A_2	A_3
1	4.3	6.5	9.5
2	7.8	8.3	8.8
3	3.3	7.6	11.9
4	6.5	8.2	7.8

问题:

(1) 如何判断染整工艺类型对缩水率是否有显著影响?若影响显著,应采用哪种工艺?

(2) 如果还有一个因素 B(试验配方,共三种)也对缩水率产生作用,应该如何选择最优方案?

(3) 如果还有两个或者两个以上的因素也对缩水率产生作用,应该如何选择最优方案?

为了回答上述问题,本章将介绍单因素方差分析、双因素方差分析和正交试验设计法的有关概念、分析思想、数学模型、方差分析表和正交试验设计的基本方法等。

第一节 方差分析的基本思想

一、方差分析的有关概念

方差分析(analysis of variance)是一种检验多个正态总体均值是否相等的统计方法。对于检验多个总体均值,例如 15 个总体均值是否相等的问题,若使用第五章的两两比较法,则要进行 105 次检验,计算过程十分烦琐。相比之下,方差分析不仅有效,而且要简便得多。

一般将方差分析研究的对象称为因素,而因素中的内容称为水平。衡量试验结果好坏的特征值称为试验指标。若方差分析针对一个因素进行,称为单因素方差分析;若方差分析同时针对两个因素进行,则称为双因素方差分析。在本章案例中,缩水率就是试验指标,染整工艺是所要检验的因素(又称因子),三种不同的工艺可看成是该因素的三种水平,故这是一个单因素三水平的试验。在方差分析中一般都假定:① 每个总体都服从正态分布;② 每个总体的方差都相同;③ 观察值是相互独立的。

从表 7-1 可知,12 个数据各不相同。一方面,同一种工艺对不同种布样的缩水率是不同的,其差异可以看成是由于随机因素造成的;另一方面,不同工艺对各布样的缩水率也是不同的,这既可能是由于染整工艺类型不同造成的,也有可能是由于随机因素造成的。要判断随机因素和工艺差别哪个是造成缩水率不同的主要原因,可假设三种不同的工艺为三个不同的总体,将此问题归结为判断三个总体是否具有相同的分布。又由于经常假定遇到的是正态总体,且在进行试验时,除了要检验的因素,其他条件是尽可能保持一致的,于是可以认为每个总体的方差是相同的。这样一来,推断几个总体是否具有相同分布,就可以化为检验几个具有相同方差的正态总体均值是否相等的问题。

二、显著性检验

设检验的因素有 m 个水平,分别记为 $A_1, A_2, \cdots, A_m$,在每个水平下做 k 次试验,观察值 x_{ij} 表示第 j 个水平下的第 i 个试验值。又设 $X_1, X_2, \cdots, X_m$ 是 m 个相互独立且方差相等的正态总体,μ_j 为 X_j 的总体均值($j = 1, 2, \cdots, m$),则方差分析实际上就是要检验假设:

$$H_0: \mu_1 = \mu_2 = \cdots = \mu_m, \quad H_1: \mu_1, \mu_2, \cdots, \mu_m \text{ 不全相等}$$

令
$$n = mk$$

$$\bar{x}_i = \frac{1}{k} \sum_{i=1}^{k} x_{ij}$$

$$\bar{x} = \frac{1}{n} \sum_{j=1}^{m} \sum_{i=1}^{k} x_{ij}$$

通常称 $\bar{x}_j$ 为组(列)平均数,称 $\bar{x}$ 为总平均数。

对于如何把由于因素水平不同与随机因素的影响所造成的差异从数量上区分开来的问题,一般要用到下面的平方和分解公式:

$$S_T = S_E + S_A \tag{7.1}$$

其中
$$S_T = \sum_{j=1}^{m} \sum_{i=1}^{k} (x_{ij} - \bar{x})^2$$

$$S_E = \sum_{j=1}^{m} \sum_{i=1}^{k} (x_{ij} - \bar{x}_j)^2 \tag{7.2}$$

$$S_A = \sum_{j=1}^{m} \sum_{i=1}^{k} (\bar{x}_j - \bar{x})^2 = k \sum_{j=1}^{m} (\bar{x}_j - \bar{x})^2$$

利用 $\sum_{j=1}^{m} \sum_{i=1}^{k} (x_{ij} - \bar{x}_j)(\bar{x}_j - \bar{x}) = \sum_{j=1}^{m} (\bar{x}_j - \bar{x}) \left(\sum_{i=1}^{k} x_{ij} - k \bar{x}_j \right) = 0$,并在 S_T 的括号内作 $\pm \bar{x}_j$ 变换,容易证明(7.1)式。

S_T 称为总离差平方和,它是描述所有数值离散程度的数量指标。

S_E 称为组内平方和或误差平方和,是观察值与组内平均数 $\bar{x}_j$ 之差的平方和,它反映了组内(即在同一水平之下)样本数据的随机波动。由于 S_E 是平方和,并且在 $m \times k$ 个平方和中有 m 个约束条件:$\sum_{i=1}^{k} (x_{ij} - \bar{x}_j) = 0 (j = 1,2,\cdots,m)$,所以 S_E 的自由度 $f_E = mk - m$,其组内方差为 $S_E/(mk - m)$。

S_A 称为组间平方和,是组内平均数 $\bar{x}_j$ 与总平均数 $\bar{x}$ 之差的平方和,它反映了因素各个水平不同及随机因素引起的差异。由于 S_A 也是平方和,而且有一个约束条件:$\sum_{j=1}^{m} (\bar{x}_j - \bar{x}) = 0$,所以 S_A 的自由度 $f_A = m - 1$,其组间方差为 $S_A/(m-1)$。

由平方和分解公式可知,S_A 与 S_E 的比值反映两种差异的大小,若 S_A 与 S_E 的比值越大,说明由于因素各个水平不同引起的差异越显著。又根据统计推断的有关定理和推论可知,统计量

$$F = \frac{S_A/(m-1)}{S_E/(mk-m)} \sim F(m-1, mk-m) \tag{7.3}$$

因此,F 可作为检验 H_0 是否成立的检验统计量。

对于给定的显著性水平 α,由 F 分布表可查出相应自由度的临界值 F_α。如果 $F \geq F_\alpha$,则拒绝原假设 H_0,此时说明因素 A 对试验指标起显著影响;如果 $F < F_\alpha$,则接受原假设 H_0,此时说明因素 A 的不同水平对试验指标的影响不显著。

第二节 单因素方差分析

一、各水平试验次数相等的方差分析

试验次数相等的单因素方差分析的基本思想在上节已作了介绍,本节结合本章案例介绍它的具体步骤:

1. 建立假设

$H_0: \mu_1 = \mu_2 = \mu_3$　　　染整工艺对缩水率没有影响

$H_1: \mu_1, \mu_2, \mu_3$ 不全相等　染整工艺对缩水率有影响

2. 计算有关均值及平方和

为了便于分析,对于本章案例的数据可用下面的一般形式表示(表 7-2),这就是试验次数相等的单因素方差分析的数据结构。

表 7-2　试验次数相等的单因素方差分析的数据结构

观察值序号	因素 A			
	A_1	A_2	$\cdots$	A_m
1	x_{11}	x_{21}	$\cdots$	x_{m1}
2	x_{12}	x_{22}	$\cdots$	x_{m2}
$\vdots$	$\vdots$	$\vdots$	$\vdots$	$\vdots$
k	x_{1k}	x_{2k}	$\cdots$	x_{mk}

在表 7-1 中增加若干计算栏,计算有关均值,如表 7-3 所示。

表 7-3　试验次数相等的单因素方差分析的计算表

染整工艺 布样	A_1	A_2	A_3	
1	4.3	6.5	9.5	
2	7.8	8.3	8.8	
3	3.3	7.6	11.9	
4	6.5	8.2	7.8	
$\sum$	21.9	30.6	38	90.5
各水平均值	$\bar{x}_1 = 5.475$	$\bar{x}_2 = 7.65$	$\bar{x}_3 = 9.5$	
总平均数		$\bar{x} = \dfrac{90.5}{12} = 7.542$		

$$S_T = \sum_{j=1}^{m}\sum_{i=1}^{k}(x_{ij}-\bar{x})^2 = \sum_{j=1}^{3}\sum_{i=1}^{4}(x_{ij}-7.542)^2 = 56.2292$$

$$S_E = \sum_{j=1}^{m}\sum_{i=1}^{k}(x_{ij}-\bar{x}_j)^2 = \sum_{j=1}^{3}\sum_{i=1}^{4}(x_{ij}-\bar{x}_j)^2 = 23.7575$$

$$S_A = \sum_{j=1}^{m}\sum_{i=1}^{k}(\bar{x}_j-\bar{x})^2 = \sum_{j=1}^{m}k(\bar{x}_j-\bar{x})^2$$

$$= 4\times\sum_{j=1}^{3}(\bar{x}_j-7.542)^2 = 32.4717$$

3. 列方差分析表

根据计算结果及对平方和分解公式的说明,可计算检验统计量 F 的值,并列在方差分析表中,其一般公式如表 7-4 所示。

表 7-4 方差分析表

方差来源	离差平方和 S	自由度 f	均方 MS	F 值
组间	S_A	$f_A = m-1$	$S_A/f_A = MS_A$	$F = \dfrac{S_A/f_A}{S_E/f_E}$
组内	S_E	$f_E = mk-m$	$S_E/f_E = MS_E$	
总差异	S_T	$f_T = mk-1$		

对于本章案例,方差分析表如表 7-5 所示。

表 7-5 方差分析表

方差来源	离差平方和 S	自由度 f	均方 MS	F 值
组间	$S_A = 32.4717$	$f_A = 2$	$S_A/f_A = 16.236$	$F = 6.1506$
组内	$S_E = 23.7575$	$f_E = 9$	$S_E/f_E = 2.6397$	
总差异	$S_T = 56.2292$	$f_T = 11$		

4. 统计决策

对于显著性水平 $\alpha = 0.05$, $F_{0.05}(2,9) = 4.2565$,检验统计量 $F = 6.1506 > F_{0.05}(2,9)$,说明不同工艺方法的差异显著。又由于 $\bar{x}_1 = 5.475$, $\bar{x}_2 = 7.65$, $\bar{x}_3 = 9.5$,故第一种工艺方法(即 A_1)对布料缩水率的影响显著小于其他方法,应予采用。

二、试验次数不等的方差分析

试验中,有时获得的数据不那么整齐,各水平下的试验次数可能并不相等,如表 7-6 所示。

表 7-6 试验次数不等的单因素方差分析的数据结构

观察值序号	因素 A					
	A_1	A_2	$\cdots$	A_j	$\cdots$	A_m
1	x_{11}	x_{12}	$\cdots$	x_{1j}	$\cdots$	x_{1m}
2	x_{21}	x_{22}	$\cdots$	x_{2j}	$\cdots$	x_{2m}
$\cdots$	$\cdots$	$\cdots$	$\cdots$	$\cdots$	$\cdots$	$\cdots$
i	$\cdots$	$\cdots$	$\cdots$	x_{ij}	$\cdots$	$\cdots$
$\cdots$	$\cdots$	$\cdots$	$\cdots$	$\cdots$	$\cdots$	$\cdots$
$\sum$	$\sum_{i=1}^{n_1} x_{i1}$	$\sum_{i=1}^{n_2} x_{i2}$	$\cdots$	$\sum_{i=1}^{n_j} x_{ij}$	$\cdots$	$\sum_{i=1}^{n_m} x_{im}$
样本容量	n_1	n_2		n_j		n_m
列均值	$\bar{x}_1$	$\bar{x}_2$	$\cdots$	$\bar{x}_i$	$\cdots$	$\bar{x}_m$
总平均数			$\bar{x}$			

试验次数不等的单因素方差分析的计算步骤与试验次数相等的单因素方差分析完全一样,只是将试验次数都相等的 k 改为各水平试验次数不等的 n_j 即可。

例 7.1 为了对几个行业的服务质量进行评价,某市消费者协会对该地的旅游业、居民服务业、公路客运业和保险业分别抽取了不同数量的企业。每个行业中的这些企业在服务内容、服务对象、企业规模等方面基本相同。经统计,最近一年消费者对这 23 家企业投诉的次数资料如表 7-7 所示,消费者协会想知道:这几个行业之间的服务质量是否有显著差异?如果有,究竟是在哪些行业之间?如果能找出哪些行业的服务质量最差,就可以建议对《消费者权益保护法》中该行业的某些条款作出修正。

表 7-7 某地消费者对四个行业的投诉次数

观测值序号	旅游业 A_1	居民服务业 A_2	公路客运业 A_3	保险业 A_4
1	57	62	51	70
2	55	49	59	68
3	46	60	48	63
4	45	54	55	69
5	54	56	47	60
6	53	55		
7	47			

解

(1) 建立假设

$$H_0: \mu_1 = \mu_2 = \mu_3 = \mu_4, \quad H_1: \mu_1, \mu_2, \cdots, \mu_4 \text{ 不全相等}$$

(2) 计算有关均值及平方和

$$\begin{aligned}
S_T &= (57 - 55.7826)^2 + (55 - 55.7826)^2 + \cdots + (62 - 55.7826)^2 \\
&\quad + (49 - 55.7826)^2 + \cdots + (51 - 55.7826)^2 + (49 - 55.7826)^2 \\
&\quad + \cdots + (70 - 55.7826)^2 + (68 - 55.7826)^2 + \cdots + (60 - 55.7826)^2 \\
&= 1\,175.913
\end{aligned}$$

$$\begin{aligned}
S_E &= (57 - 51)^2 + (55 - 51)^2 + \cdots + (62 - 56)^2 + (49 - 56)^2 + \cdots \\
&\quad + (51 - 52)^2 + (49 - 52)^2 + \cdots + (70 - 66)^2 + (68 - 66)^2 + \cdots \\
&\quad + (60 - 66)^2 \\
&= 422
\end{aligned}$$

$$\begin{aligned}
S_A &= 7 \times (51 - 55.7826)^2 + 6 \times (56 - 55.75826)^2 + 5 \times (52 - 55.7826)^2 \\
&\quad + 5 \times (66 - 56.7826)^2 \\
&= 753.913
\end{aligned}$$

(3) 列方差分析表(表7-8)。

表7-8 方差分析表

方差来源	离差平方和 S	自由度 f	均方 MS	F
组间	753.913	3	251.3043	11.31465
组内	422	19	22.21053	
总计	1 175.913	22		

(4) 统计决策

对于显著性水平 $\alpha = 0.05$,$F_{0.05}(3, 19) = 3.1274$。

由于检验统计量 $F = 11.31465 > F_{0.05}(3, 19)$,所以拒绝原假设 H_0,即有 95% 的把握认为不同的行业之间投诉的差异显著。

由于方差分析中的计算量较大,常常用 Excel 和 SPSS 解决计算问题。在方差分析中应用 Excel 时,需在 Excel 的工具栏中点击加载宏,加载数据分析模块。以本章案例为例,在 Excel 中输入数据,设其位置在 B3:D6,再按以下步骤进行:

(1) 点击"工具"栏中的数据分析项。

(2) 在分析工具框中连击"单因素方差分析"。

(3) 在对话框的"数据区域"框中键入 B3:D6;

在 α 框中保持 0.05 不变(也可根据需要变为 0.01);

在"输出选项"中键入 A8;

选择"确定",输出结果如表7-9所示。

表7-9 单因素方差分析输出结果

	A	B	C	D	E	F	G
1		三种染整工艺的缩水率					
2		A_1	A_2	A_3			
3	1	4.3	6.5	9.5			
4	2	7.8	8.3	8.8			
5	3	3.3	7.6	11.9			
6	4	6.5	8.2	7.8			
7							
8	方差分析：单因素方差分析						
9							
10	SUMMARY						
11	组	观测数	求和	平均	方差		
12	列 1	4	21.9	5.475	4.189167		
13	列 2	4	30.6	7.65	0.683333		
14	列 3	4	38	9.5	3.046667		
15							
16	方差分析						
17	差异源	SS	df	MS	F	P-value	F crit
18	组间	32.47167	2	16.23583	6.150584	0.020715	4.256495
19	组内	23.7575	9	2.639722			
20							
21	总计	56.22917	11				

由于 $F = 6.1506 > F_{0.05}(2,9) = 4.256$,故拒绝原假设,即有95%的把握认为三种染整工艺缩水率的差异是显著的。

三、方差分析中的多重比较

多重比较方法是通过对总体均值之间的配对比较来进一步检验到底是哪些均值之间存在差异。多重比较的方法很多,这里介绍最小显著差异法(least significant difference,简写为LSD法),其基本步骤为:

第一步:提出原假设:$H_0: \mu_i = \mu_j$;

第二步:计算各检验统计量 $|\bar{x}_i - \bar{x}_j|$ 的值;

第三步:计算 LSD,其公式为:

$$LSD = t_{\frac{\alpha}{2}} \sqrt{MS_e \left(\frac{1}{n_i} + \frac{1}{n_j} \right)} \tag{7.4}$$

式中,$t_{\frac{\alpha}{2}}$ 是自由度为 $(n-m)$ 的 t 分布的临界值,这里 m 为因子 A 的水平数,$n = \sum_{j=1}^{m} n_j$,n_j 为因子 A 各水平的样本容量。MS_e 为组内均方,n_i、n_j 分别是被比较的两个水平 i 和 j 的样本容量;α 是显著性水平,通常取5%。

第四步:根据显著性水平 α 进行决策:如果 $|\bar{x}_i - \bar{x}_j| > LSD$ 的值,则拒绝 H_0;否则,则接受 H_0。

对于例 7.1,对四个行业的均值进行多重比较($\alpha = 0.05$):

由题意及计算可知,$k_1 = 7, k_2 = 6, k_3 = k_4 = 5$;$\bar{x}_1 = 51, \bar{x}_2 = 56, \bar{x}_3 = 52, \bar{x}_4 = 66$。

第一步:提出假设。

　　假设 1:$H_0 : \mu_1 = \mu_2$

　　假设 2:$H_0 : \mu_1 = \mu_3$

　　假设 3:$H_0 : \mu_1 = \mu_4$

　　假设 4:$H_0 : \mu_2 = \mu_3$

　　假设 5:$H_0 : \mu_2 = \mu_4$

　　假设 6:$H_0 : \mu_3 = \mu_4$

第二步:计算检验统计量的值。

$$|\bar{x}_1 - \bar{x}_2| = |51 - 56| = 5 \quad |\bar{x}_2 - \bar{x}_3| = |56 - 52| = 4$$

$$|\bar{x}_1 - \bar{x}_3| = |51 - 52| = 1 \quad |\bar{x}_2 - \bar{x}_4| = |56 - 66| = 10$$

$$|\bar{x}_1 - \bar{x}_4| = |51 - 66| = 15 \quad |\bar{x}_3 - \bar{x}_4| = |52 - 66| = 14$$

第三步:计算 LSD。

由表 7-8 可知,$MS_e = 22.2105$。由于各水平的样本容量不同,需要分别计算 LSD。又 $t_{0.025}(19) = 2.093$,得下列各 LSD 值:

$$LSD_1 = 2.093 \times \sqrt{22.2105 \times \left(\frac{1}{7} + \frac{1}{6}\right)} = 5.4878$$

$$LSD_2 = 2.093 \times \sqrt{22.2105 \times \left(\frac{1}{7} + \frac{1}{5}\right)} = 5.7757$$

$$LSD_3 = 2.093 \times \sqrt{22.2105 \times \left(\frac{1}{7} + \frac{1}{5}\right)} = 5.7757$$

$$LSD_4 = 2.093 \times \sqrt{22.2105 \times \left(\frac{1}{6} + \frac{1}{5}\right)} = 5.9729$$

$$LSD_5 = 2.093 \times \sqrt{22.2105 \times \left(\frac{1}{6} + \frac{1}{5}\right)} = 5.9729$$

$$LSD_6 = 2.093 \times \sqrt{22.2105 \times \left(\frac{1}{5} + \frac{1}{5}\right)} = 6.2385$$

第四步:进行决策。

由以上计算可知,检验统计量 $|\bar{x}_1 - \bar{x}_2|$、$|\bar{x}_1 - \bar{x}_3|$、$|\bar{x}_2 - \bar{x}_3|$ 的值分别小于 LSD_1、LSD_2、LSD_4 的值,显示旅游业与居民服务业的投诉次数之间、旅游业与公路客运业投诉次数之间、居民服务业与公路客运业投诉次数之间没有显著差异;

$|\bar{x}_1 - \bar{x}_4|$、$|\bar{x}_2 - \bar{x}_4|$、$|\bar{x}_3 - \bar{x}_4|$ 的值分别大于 LSD_3、LSD_5、LSD_8 的值,显示旅游业与保险业的投诉次数之间、居民服务业与保险业投诉次数之间、公路客运业与保险业投诉次数之间有显著差异。

虽然上面仅仅介绍了一种对 ANOVA 进行追踪分析的最小显著差异法,实际上还有许多别的多重比较法,而且对某种特殊应用来说,也许这些方法中的一种或几种更为适用。

需要特别注意的是,均值的多重比较应是在进行了方差分析的 F 检验,并有充分证据确定均值之间存在差别之后才作的。要是 F 检验不显著,最好避免对数量很少的均值作多重比较,否则有可能出现模糊,甚至矛盾的结果。

第三节 双因素方差分析

一、无交互作用的双因素方差分析

在实际中,有时需要考虑两个因素对试验指标的影响问题。若记一因素为因素 A,另一因素为因素 B,对 A 与 B 同时进行分析,就属于双因素方差分析,即判断是否有某一个或两个因素对试验指标有显著影响,两个因素结合后是否有新效应。在统计学中将各个因素的不同水平的搭配所产生的新的影响称为交互作用。我们先讨论无交互作用的双因素方差分析问题,对于有交互作用的双因素方差分析问题稍后再讨论。

假定因素 A 有 r 个水平:$A_1, A_2, \cdots, A_r$;因素 B 有 s 个水平:$B_1, B_2, \cdots, B_s$。在 A 的 r 个水平与 B 的 s 个水平的每种组合下作一次试验,可得无交互作用的双因素方差分析的数据结构,如表 7-10 所示。

表 7-10 双因素方差分析的数据结构

		因素 B				平均值 $\bar{x}_{i\cdot}$
		B_1	B_2	$\cdots$	B_s	
因素 A	A_1	x_{11}	x_{12}	$\cdots$	x_{1s}	$\bar{x}_{1\cdot}$
	A_2	x_{21}	x_{22}	$\cdots$	x_{2s}	$\bar{x}_{2\cdot}$
	$\vdots$	$\vdots$	$\vdots$		$\vdots$	$\vdots$
	A_r	x_{r1}	x_{r2}	$\cdots$	x_{rs}	$\bar{x}_{r\cdot}$
平均值 $\bar{x}_{\cdot j}$		$\bar{x}_{\cdot 1}$	$\bar{x}_{\cdot 2}$	$\cdots$	$\bar{x}_{\cdot s}$	$\bar{x}$

在表 7-10 中:

各行均值 $\quad \bar{x}_{i\cdot} = \dfrac{1}{s} \sum\limits_{j=1}^{s} x_{ij} \quad (i = 1, 2, 3, \cdots, r)$ (7.5)

各列均值 $\quad \bar{x}_{\cdot j} = \dfrac{1}{r}\sum\limits_{i=1}^{r} x_{ij} \quad (j = 1,2,3,\cdots,s)$ (7.6)

总均值 $\quad \bar{x} = \dfrac{1}{rs}\sum\limits_{i=1}^{r}\sum\limits_{j=1}^{s} x_{ij}$ (7.7)

对于无交互作用的双因素方差分析,其统计分析的原理与单因素方差分析的原理相同。判断因素 A 的影响是否显著等价于检验假设:

$$H_{01}: \mu_{1\cdot} = \mu_{2\cdot} = \cdots = \mu_{r\cdot}$$

判断因素 B 的影响是否显著等价于检验假设:

$$H_{02}: \mu_{\cdot 1} = \mu_{\cdot 2} = \cdots = \mu_{\cdot s}$$

其中,$\mu_{i\cdot}$ 表示 A 的第 i 个水平所构成的总体均值,$\mu_{\cdot j}$ 表示 B 的第 j 个水平所构成的总体均值。

为了检验这些假设,同样需对离差总平方和 S_T 进行分解。与单因素情况类似,能够证明下列公式成立:

$$S_T = S_A + S_B + S_E \tag{7.8}$$

其中:

$$S_T = \sum_{i=1}^{r}\sum_{j=1}^{s}(x_{ij} - \bar{x})^2$$

$$S_A = \sum_{i=1}^{r}\sum_{j=1}^{s}(\bar{x}_{i\cdot} - \bar{x})^2 = s\sum_{i=1}^{r}(\bar{x}_{i\cdot} - \bar{x})^2$$

$$S_B = \sum_{j=1}^{s}\sum_{i=1}^{r}(\bar{x}_{\cdot j} - \bar{x})^2 = r\sum_{j=1}^{s}(\bar{x}_{\cdot j} - \bar{x})^2$$

$$S_E = \sum_{i=1}^{r}\sum_{j=1}^{s}(x_{ij} - \bar{x}_{i\cdot} - \bar{x}_{\cdot j} + \bar{x})^2 \tag{7.9}$$

由数理统计可以证明:当 $x_{ij} \sim N(\mu_{ij}, \sigma^2)$ 时,

$$\dfrac{S_T}{\sigma^2} \sim \chi^2(rs - 1)$$

与单因素情况类似,可以证明 S_T、S_A、S_B、S_E 的自由度分别为:

$$f_T = rs - 1, \quad f_A = r - 1, \quad f_B = s - 1, \quad f_E = (r-1)(s-1)$$

又 $\quad \dfrac{S_T}{\sigma^2} = \dfrac{S_A}{\sigma^2} + \dfrac{S_B}{\sigma^2} + \dfrac{S_E}{\sigma^2}$,并且 $f_T = f_A + f_B + f_E$

平方和分解定理:设 Q 服从自由度为 n 的 χ^2 分布,又 $Q_1 + Q_2 + \cdots + Q_k = Q$,其中,$Q_i(i = 1,2,3,\cdots,k)$ 是秩为 f_i 的非负二次型,则 Q_i 相互独立,并且服从自由度为 f_i 的 χ^2 分布的充要条件是 $f_1 + f_2 + \cdots + f_k = n$(本书不作证明,证明参见有关数理统计教材)。

显然，S_T、S_A、S_B、S_E 满足平方和分解定理的条件。

由于 S_A 反映因素 A 的各水平之间的差异，S_B 反映因素 B 的各水平之间的差异，S_E 反映在交互作用不显著时试验本身随机误差的大小。因此，可用以下统计量作为检验统计量：

$$F_A = \frac{S_A/f_A}{S_E/f_E} \sim F(r-1, (r-1)(s-1)) \quad (7.10)$$

$$F_B = \frac{S_B/f_B}{S_E/f_E} \sim F(s-1, (r-1)(s-1)) \quad (7.11)$$

为方便起见，通常也用方差分析表，如表 7-11 所示。

表 7-11 双因素(无交互作用)方差分析表

方差来源	平方和 S	自由度 f	均方 MS	F 值
A 的影响	$S_A = s \sum_{i=1}^{r} (\bar{x}_{i\cdot} - \bar{x})^2$	$f_A = r - 1$	$MS_A = S_A/f_A$	$F_A = \dfrac{MS_A}{MS_E}$
B 的影响	$S_B = r \sum_{j=1}^{s} (\bar{x}_{\cdot j} - \bar{x})^2$	$f_B = s - 1$	$MS_B = S_B/f_B$	$F_B = \dfrac{MS_B}{MS_E}$
误差	$S_E = \sum_{i=1}^{r} \sum_{j=1}^{s} (x_{ij} - \bar{x}_{i\cdot} - \bar{x}_{\cdot j} + \bar{x})^2$	$f_E = (r-1)\cdot(s-1)$	$MS_E = S_E/f_E$	
总和	$S_T = \sum_{i=1}^{r} \sum_{j=1}^{s} (x_{ij} - \bar{x})^2$	$f_T = rs - 1$		

例 7.2 为提高某种产品的合格率，考察原料用量和来源地对其是否有影响。原料来源地有三个：甲、乙、丙；原料用量有三种：现有量、增加 5%、增加 8%。每个水平组合各作一次试验，得到的数据如表 7-12 所示。试分析原料用量和来源地对产品合格率的影响是否显著？

表 7-12 产品合格率数据

		原料用量		
		现有量 B_1	增加 5% B_2	增加 8% B_3
原料来源地	甲地 A_1	59	70	66
	乙地 A_2	63	74	70
	丙地 A_3	61	66	71

解
(1) 建立假设

$$H_{01}: \mu_{1\cdot} = \mu_{2\cdot} = \mu_{3\cdot}$$

$$H_{02}: \mu_{\cdot 1} = \mu_{\cdot 2} = \mu_{\cdot 3}$$

(2) 计算相应的均值和平方和：

$$\bar{x} = \frac{\sum_{i=1}^{3}\sum_{j=1}^{3} x_{ij}}{3 \times 3} = \frac{600}{9} = \frac{200}{3}$$

$$S_T = \sum_{i=1}^{3}\sum_{j=1}^{3}(x_{ij} - \bar{x})^2 = 200$$

$$S_A = 3 \times \sum_{i=1}^{3}(\bar{x}_{i.} - \bar{x})^2 = 26$$

$$S_B = 3 \times \sum_{j=1}^{3}(\bar{x}_{.j} - \bar{x})^2 = 146$$

$$S_E = \sum_{i=1}^{3}\sum_{j=1}^{3}(x_{ij} - \bar{x}_{i.} - \bar{x}_{.j} + \bar{x})^2 = 28$$

(3) 列方差分析表(表7-13)。

表7-13 方差分析表

方差来源	平方和 S	自由度 f	均方 MS	F 值
因素 A	$S_A = 26$	$f_A = 2$	$MS_A = 26/2 = 13$	
因素 B	$S_B = 146$	$f_B = 2$	$MS_B = 146/2 = 73$	$F_A = 13/7 \approx 1.86$
误差	$S_E = 28$	$f_E = 4$	$MS_E = 28/4 = 7$	$F_B = 73/7 \approx 10.43$
总和	$S_T = 200$	$f_T = 8$		

(4) 统计决策

对于显著性水平 $\alpha = 0.05$，查表的临界值 $F_{0.05}(2,4) = 6.94$。
因为

$$F_A = 1.86 < F_{0.05}(2,4), \quad 故不能拒绝 H_{01}$$

$$F_B = 10.43 > F_{0.05}(2,4), \quad 故拒绝 H_{02}$$

即根据现有数据，有95%的把握可以推断原料来源地对产品合格率的影响不大，而原料用量对合格率有显著影响。

由于 $\bar{x}_{.2} = 70 > \bar{x}_{.3} > \bar{x}_{.1}$，说明 B_2 为最优水平。既然原料来源地对产品合格率的影响不显著，在保证质量的前提下，可以选择运费最省的地方作为原料来源地选择时的首选。如果丙地的运费最省，则最优方案为 $B_2 A_3$。

对于无交互作用的双因素方差分析中的 Excel 应用，以例7.2为例，设数据输入到 Excel 工作表的区域为 A1:C3，再按以下步骤进行：

(1) 点击"工具"栏中的数据分析项。
(2) 分析工具框中连击"方差分析：无重复的双因素方差分析"。
(3) 在对话框的"数据区域"框中键入 A1:C3；
    在 α 框中保持 0.05 不变(也可根据需要变为 0.01)；

在"输出选项"中键入 A5；

选择"确定"，输出结果如表 7-14 所示。

表 7-14 无重复双因素分析方差分析结果

	A	B	C	D	E	F	G
1	59	70	66				
2	63	74	70				
3	61	66	71				
4							
5	方差分析：无重复双因素分析						
6							
7	SUMMARY	观测数	求和	平均	方差		
8	行 1	3	195	65	31		
9	行 2	3	207	69	31		
10	行 3	3	198	66	25		
11							
12	列 1	3	183	61	4		
13	列 2	3	210	70	16		
14	列 3	3	207	69	7		
15							
16							
17	方差分析						
18	差异源	SS	df	MS	F	P-value	F crit
19	行	26	2	13	1.857143	0.268861	6.944272
20	列	146	2	73	10.42857	0.025895	6.944272
21	误差	28	4	7			
22							
23	总计	200	8				
24							

由于 $F_A = 1.86 < F_{0.05}(2,4)$，故不能拒绝 H_{01}；$F_B = 10.43 > F_{0.05}(2,4)$，故拒绝 H_{02}。

二、有交互作用的双因素方差分析

所谓交互作用，简单来说就是各因素不同水平的组合对试验指标的复合作用，因素 A 和 B 的综合效应不是二因素效应的简单相加。为了能分辨出两个因素的交互作用，一般在每个组合下试验至少作两次。

1. 数据结构

设因素 A 有 r 个水平：$A_1, A_2, \cdots, A_r$；因素 B 有 s 个水平：$B_1, B_2, \cdots, B_s$，则共有 rs 个水平组合。每个水平组合（试验条件）重复 t 次试验，每次试验结果用 $x_{ijk}(i=1,2,\cdots,r; j=1,2,\cdots,s; k=1,2,\cdots,t)$ 表示，其数据结构如表 7-15 所示。

表 7-15 有交互作用的双因素方差分析数据结构

		因素 B			
		B_1	B_2	$\cdots$	B_s
因素 A	A_1	$x_{111}, \cdots, x_{11t}$	$x_{121}, \cdots, x_{12t}$	$\cdots$	$x_{1s1}, \cdots, x_{1st}$
	A_2	$x_{211}, \cdots, x_{21t}$	$x_{221}, \cdots, x_{22t}$	$\cdots$	$x_{2s1}, \cdots, x_{2st}$
	$\vdots$	$\vdots$	$\vdots$	$\vdots$	$\vdots$
	A_r	$x_{r11}, \cdots, x_{r1t}$	$x_{r21}, \cdots, x_{r2t}$	$\cdots$	$x_{rs1}, \cdots, x_{rst}$

2. 建立假设

设 $x_{ijk} \sim N(\mu_{ij}, \sigma^2)$，各 x_{ijk} 相互独立，μ_{ij} 和 σ^2 均为未知参数，于是有：

$$x_{ijk} = \mu_{ij} + \varepsilon_{ijk} \tag{7.12}$$

$\varepsilon_{ijk} \sim N(0, \sigma^2)$，各 ε_{ijk} 相互独立，并记为：

$$\mu = \frac{1}{rs} \sum_{i=1}^{r} \sum_{j=1}^{s} \mu_{ij}$$

$$\mu_{i\cdot} = \frac{1}{s} \sum_{j=1}^{s} \mu_{ij}$$

$$\mu_{\cdot j} = \frac{1}{r} \sum_{i=1}^{r} \mu_{ij}$$

$$\alpha_i = \mu_{i\cdot} - \mu$$

$$\beta_j = \mu_{\cdot j} - \mu$$

$$\gamma_{ij} = \mu_{ij} - \mu_{i\cdot} - \mu_{\cdot j} + \mu$$

则
$$\mu_{ij} = \mu + \alpha_i + \beta_j + \gamma_{ij}$$

我们称 α_i 为水平 A_i 的效应，β_j 为水平 B_j 的效应，γ_{ij} 为水平 A_i 和 B_j 的交互效应，μ 为总平均数。

显然有：$\sum_{i=1}^{r} \alpha_i = 0$，$\sum_{j=1}^{s} \beta_j = 0$，$\sum_{i=1}^{r} \gamma_{ij} = 0$，$\sum_{j=1}^{s} \gamma_{ij} = 0$

将式(7.12)改写成：

$$x_{ijk} = \mu + \alpha_i + \beta_j + \gamma_{ij} + \varepsilon_{ijk} \tag{7.13}$$

$\varepsilon_{ijk} \sim N(0, \sigma^2)$，各 ε_{ijk} 相互独立。

$$\sum_{i=1}^{r} \alpha_i = 0, \quad \sum_{j=1}^{s} \beta_j = 0, \quad \sum_{i=1}^{r} \gamma_{ij} = 0, \quad \sum_{j=1}^{s} \gamma_{ij} = 0$$

这就是双因素方差分析的数学模型。

对这一模型可设如下三个假设：

$$H_{01}: \alpha_1 = \alpha_2 = \cdots = \alpha_r = 0$$

$$H_{02}: \beta_1 = \beta_2 = \cdots = \beta_s = 0$$

$$H_{03}: \gamma_{11} = \gamma_{12} = \cdots = \gamma_{rs} = 0$$

3. 方差分析

与单因素方差分析的平方和分解类似，有：

$$S_T = S_A + S_B + S_{A \times B} + S_E \tag{7.14}$$

其中：

$$S_T = \sum_{i=1}^{r} \sum_{j=1}^{s} \sum_{k=1}^{t} (x_{ijk} - \bar{x})^2$$

$$S_A = st \sum_{i=1}^{r} (\bar{x}_{i..} - \bar{x})^2$$

$$S_B = rt \sum_{j=1}^{s} (\bar{x}_{.j.} - \bar{x})^2$$

$$S_{A \times B} = t \sum_{i=1}^{r} \sum_{j=1}^{s} (\bar{x}_{ij.} - \bar{x}_{i..} - \bar{x}_{.j.} + \bar{x})^2$$

$$S_E = \sum_{i=1}^{r} \sum_{j=1}^{s} \sum_{k=1}^{t} (x_{ijk} - \bar{x}_{ij.})^2$$

$$\bar{x} = \frac{1}{rst} \sum_{i=1}^{r} \sum_{j=1}^{s} \sum_{k=1}^{t} x_{ijk} \tag{7.15}$$

$$\bar{x}_{ij.} = \frac{1}{t} \sum_{k=1}^{t} x_{ijk} \tag{7.16}$$

$$\bar{x}_{i..} = \frac{1}{st} \sum_{j=1}^{s} \sum_{k=1}^{t} x_{ijk} \tag{7.17}$$

$$\bar{x}_{.j.} = \frac{1}{rt} \sum_{i=1}^{r} \sum_{k=1}^{t} x_{ijk} \tag{7.18}$$

数理统计可以证明:$\frac{S_T}{\sigma^2} \sim \chi^2(rst-1), \frac{S_A}{\sigma^2} \sim \chi^2(r-1),$

$\frac{S_B}{\sigma^2} \sim \chi^2(s-1)$, $\frac{S_{A \times B}}{\sigma^2} \sim \chi^2((r-1)(s-1))$, $\frac{S_E}{\sigma^2} \sim \chi^2(rs(t-1))$

因此,可用如下的检验统计量对 H_{01}, H_{02}, H_{03} 进行检验:

$$F_A = \frac{S_A/(r-1)}{S_E/(rs(t-1))} \sim F(r-1, rs(t-1)) \tag{7.19}$$

$$F_B = \frac{S_B/(s-1)}{S_E/(rs(t-1))} \sim F(s-1, rs(t-1)) \tag{7.20}$$

$$F_{A \times B} = \frac{S_{A \times B}/((r-1)(s-1))}{S_E/(rs(t-1))} \sim F((r-1)(s-1), rs(t-1)) \tag{7.21}$$

于是,有双因素方差分析表(表 7-16)。

表 7-16 双因素(有交互作用)方差分析表

方差来源	平方和 S	自由度 f	均方 MS	F 值
因素 A	S_A	$r-1$	$MS_A = S_A/(r-1)$	$F_A = MS_A/MS_E$
因素 B	S_B	$s-1$	$MS_B = S_B/(s-1)$	$F_B = MS_B/MS_E$
因素 $A \times B$	$S_{A \times B}$	$(r-1)(s-1)$	$MS_{A \times B} = S_{A \times B}/((r-1)(s-1))$	$F_{A \times B} = \frac{MS_{A \times B}}{MS_E}$
误差	S_E	$rs(t-1)$	$MS_E = S_E/(rs(t-1))$	
总和	S_T	$rst-1$		

例 7.3 某公司想将橡胶、塑料和软木的板材冲压成密封垫片出售。市场上有两种不同型号的冲压机可供选择。为了能对冲压机每小时所生产的垫片数进行比较,并确定哪种机器使用何种材料生产垫片的能力更强,该公司使用每台机器对每一种材料分别运行三段时间,得到的试验数据(每小时生产的垫片数)如表 7-17 所示,试运用方差分析确定最优方案。

表 7-17 垫片材料和冲压机的试验数据表 单位:千个

		垫片材料		
		橡胶 B_1	塑料 B_2	软木 B_3
冲压机	A_1	3.36	4.01	4.31
		3.42	3.94	4.27
		3.48	3.89	4.4
	A_2	3.91	3.48	3.94
		3.8	3.53	3.81
		3.85	3.42	3.99

解

(1) 建立假设:

$$H_{01}: \alpha_1 = \alpha_2 = \cdots = \alpha_r = 0$$

$$H_{02}: \beta_1 = \beta_2 = \cdots = \beta_s = 0$$

$$H_{03}: \gamma_{11} = \gamma_{12} = \cdots = \gamma_{rs} = 0$$

(2) 计算相应的均值和平方和:

$$\bar{x} = \frac{1}{rst} \sum_{i=1}^{r} \sum_{j=1}^{s} \sum_{k=1}^{t} x_{ijk} = 3.8228$$

表 7-18 结构均值表

	$j=1$	$j=2$	$j=3$	$\bar{x}_{i\cdot\cdot}$
$i=1$	$\bar{x}_{11\cdot} = 3.42$	$\bar{x}_{12\cdot} = 3.9467$	$\bar{x}_{13\cdot} = 4.3267$	3.8978
$i=2$	$\bar{x}_{21\cdot} = 3.8533$	$\bar{x}_{22\cdot} = 3.4767$	$\bar{x}_{23\cdot} = 3.9133$	3.7478
$\bar{x}_{\cdot j\cdot}$	3.6367	3.7117	4.12	

$$S_T = \sum_{i=1}^{r} \sum_{j=1}^{s} \sum_{k=1}^{t} (x_{ijk} - \bar{x})^2 = 1.734$$

$$S_A = st \sum_{i=1}^{r} (\bar{x}_{i..} - \bar{x})^2 = 0.10125$$

$$S_B = rt \sum_{j=1}^{s} (\bar{x}_{.j.} - \bar{x})^2 = 0.8118$$

$$S_{A \times B} = t \sum_{i=1}^{r} \sum_{j=1}^{s} (\bar{x}_{ij.} - \bar{x}_{i..} - \bar{x}_{.j.} + \bar{x})^2 = 0.768$$

$$S_E = \sum_{i=1}^{r} \sum_{j=1}^{s} \sum_{k=1}^{t} (x_{ijk} - \bar{x}_{ij.}) = 0.05273$$

（3）列方差分析表（表 7-19）：

表 7-19 方差分析表

方差来源	平方和 S	自由度 f	均方 MS	F 值
因素 A	0.10125	1	$MS_A = 0.10125$	$F_A = MS_A/MS_E = 23.01$
因素 B	0.8118	2	$MS_B = 0.4059$	$F_B = MS_B/MS_E = 92.25$
因素 $A \times B$	0.768	2	$MS_{A \times B} = 0.389$	$F_{A \times B} = \dfrac{MS_{A \times B}}{MS_E} = 88.41$
误差	0.05273	12	$MS_E = 0.0044$	
总和	1.734	17		

（4）统计决策

由于 $F_A = 23.01 > F_{0.05}(1,12) = 4.75$；$F_B = 92.25 > F_{0.05}(2,12) = 3.89$；$F_{A \times B} = 88.41 > F_{0.05}(2,12) = 3.89$，说明不仅冲压机的型号和垫片材料对垫片数量有显著影响，而且其交互作用也是显著的。由结构均值表可知，在冲压机中，第一种的均值较大；在垫片材料中，软木的均值较大，故最优方案是 $A_1 B_3$。

对于有交互作用的双因素方差分析中的 Excel 应用，以例 7.3 为例，设数据输入到 Excel 工作表的区域为 A1:D7，再按以下步骤进行：

（1）点击"工具"栏中的数据分析项。

（2）分析工具框中连击"方差分析：可重复双因素方差分析"。

（3）在对话框的"数据区域"框中键入 A1:D7；

在"每一样本的行数（R）"框中键入 3；

在 α 框中保持 0.05 不变（也可根据需要变为 0.01）；

在"输出选项"中键入 A8；

选择"确定"，输出结果如表 7-20 所示。

表 7-20 有重复双因素分析方差分析结果

	A	B	C	D	E	F	G
1		B1	B2	B3			
2	A1	3.36	4.01	4.31			
3		3.42	3.94	4.27			
4		3.48	3.89	4.4			
5	A2	3.91	3.48	3.94			
6		3.8	3.53	3.81			
7		3.85	3.42	3.99			
8	方差分析：可重复双因素分析						
9							
10	SUMMARY	B1	B2	B3	总计		
11	A1						
12	观测数	3	3	3	9		
13	求和	10.26	11.84	12.98	35.08		
14	平均	3.42	3.94666667	4.32666667	3.89777778		
15	方差	0.0036	0.00363333	0.00443333	0.15839444		
16							
17	A2						
18	观测数	3	3	3	9		
19	求和	11.56	10.43	11.74	33.73		
20	平均	3.85333333	3.47666667	3.91333333	3.74777778		
21	方差	0.00303333	0.00303333	0.00863333	0.04569444		
22							
23	总计						
24	观测数	6	6	6			
25	求和	21.82	22.27	24.72			
26	平均	3.63666667	3.71166667	4.12			
27	方差	0.05898667	0.06893667	0.05648			
28							
29							
30	方差分析						
31	差异源	SS	df	MS	F	P-value	F crit
32	样本	0.10125	1	0.10125	23.0404551	0.0004335	4.74722534
33	列	0.81194444	2	0.40597222	92.3830594	5.145E-08	3.88529383
34	交互	0.76803333	2	0.38401667	87.3868521	7.0338E-08	3.88529383
35	内部	0.05273333	12	0.00439444			
36							
37	总计	1.73396111	17				

由表 7-20 可知，用于检验行因素冲压机 A（Excel 表中为"样本"）、用于检验列因素垫片材料 B、用于检验冲压机 A 和垫片材料 B 交互作用 $A \times B$ 的 P 值均小于 0.05，故不仅因素 A 和 B 对试验指标都有显著影响，而且其交互作用也是显著的。

由于 A_1 的试验指标均值大于 A_2 的试验指标均值，B_3 的试验指标均值大于 B_1 和 B_2 的试验指标均值，故最优方案应为 A_1B_3，即购买第一种型号的冲压机、采用软木材料，这种组合的单位时间内生产的垫片最多。

第四节 正交试验设计初步

一、试验设计的概念和设计原则

试验是人们经常开展的活动，在生产及科学工作中有广泛的应用，一般需要占用大量的人力、物力和财力，而一项设计要获得成功，往往要做一系列的试验才可实现，而有的试验花费了很多的人力、物力、财力，却仍然不能得到理想的结果。因此,试验工作者越来越强烈地意识到"试验需要设计"的道理。

在明确所要考察的因素及其水平后,对试验进行总体安排的活动称为试验设计。

试验设计有三个基本原则:重复性、随机化和区组化。

(1)重复性原则:重复性是指对一项试验要在相同的条件下重复进行若干次。只有进行多次的试验,才会对其有深刻的认识,并进一步掌握其规律性。

(2)随机化原则:随机化是指试验材料和试验地点都要随机地确定。这样进行试验得出的结论才具有客观性和普遍性,且每次进行的试验都可认为是相互独立的。

(3)区组化原则:一组试验,试验者总希望在相同或近似相同的条件下进行,以便在相互比较中得出正确的结论。而在实际中,每次试验都达到相近的试验条件是很困难的,为此人们在试验中常采用"区组"的方法,即把一个试验分为若干个组,使每组内的试验条件相同或相近,而组与组之间的试验条件可以有较大的差异,这样的条件在试验中是可以达到的。

要使所设计的试验能起到有效的作用,在安排试验时一般需要注意以下三点:

第一,尽量减少试验误差。在试验时,要尽可能使对试验产生影响的其他因素达到理论中要求的精确程度,这样我们在对目的指标进行测算时才能达到较为客观的结果。在一项试验中误差是必然存在的,我们的目的就是要尽量减少该误差。

第二,尽量减少试验次数。试验的次数越多,进行试验所耗费的人力、物力也就会相应地增多,最佳的试验就是用尽可能少的费用来获得最有效的试验结果。

第三,所设计的试验要便于对指标值进行统计分析。影响一个事件的指标是多样的,在进行设计时要选择比较容易测算且对事件影响较大的指标进行计算。

在现实问题中,影响试验指标的因素通常有很多个,要考察它们就涉及多因子的试验设计问题。多因子试验中一个很困难的问题就是因子数较多,而又需要进行多次的试验,这样做的话,工作量是非常大的。例如,有 10 个因子对某一指标有显著影响,而每个因子取两个水平进行比较,那么就有 $2^{10}=1\ 024$ 个不同的水平组合,即每个水平组合作一次试验,就需要进行 1 024 次试验,耗费的人力、财力可想而知,这在实际中是不可行的。因此,需要按照一定的方法从中选择一部分进行试验。常用的试验设计方法有正交试验设计法、参数设计法、回归设计法、均匀设计法、混料设计法等。限于篇幅,这里仅介绍正交试验设计的基础知识,其他方法请读者自行阅读试验设计的有关书籍。

二、多因子试验问题

在多因子试验中,各因子又有不同的水平数,我们的目的是要从这些因子不同的水平组合中,找出一组或几组组合使所要求的指标达到最优。下面以一个二因子的例子来具体认识一下多因子试验问题。

例 7.4 为提高合金钢的强度 Y,同时考虑碳(C)含量(因子 A)及钛(Ti)与铝(AL)的含量(因子 B)对强度 Y 的影响,希望找出最佳的含量组合,使强度 Y 达到最大(表 7-21)。

表 7-21 合金钢的试验数据

因子 A \ 因子 B	B_1(3.3%)	B_2(3.4%)	B_3(3.5%)	B_4(3.6%)
A_1(0.03%)	63.1	63.9	65.6	66.8
A_2(0.04%)	65.1	66.4	67.8	69.0
A_3(0.05%)	67.2	71.0	71.9	63.5

由表 7-21 中的数据可知,对于因子 A 和 B 不同的水平分别有 $3 \times 4 = 12$ 种不同的组合,如 (A_1B_1)、(A_1B_2) 等。以 Y 值越大表示合金强度越高,则可以看到,在 (A_3B_3) 组合下,Y 得值达到最大,为 71.9,在不考虑因子间的交互作用下,我们可以认为,(A_3B_3) 的组合是最佳因子水平组合。事实上,我们经常要考虑水平间的交互作用,这又会增加试验的复杂程度。

三、交互作用

一个因子的水平好坏或好坏的程度受另一个因子水平制约的情况,称为因子 A 和 B 的交互作用,记作 $A \times B$ 或 AB。

因子 A 和 B 的交互作用可以用图形较为直观地表示。如图 7-1a 表示因子 A 和 B 不存在交互作用,这时无论因子 B 取何值,因子 A 的 A_2 水平均值总比 A_1 水平均值要高 h。而在图 7-1b 中情况就不是这样了,当因子 B 取不同水平时,虽然因子 A 的 A_2 水平均值总比 A_1 水平均值要高,但高出的程度却有所不同,这表示因子 A 与因子 B 间有正向的交互作用。在图 7-1c 中,当因子 B 取 B_1 时,因子 A 的 A_2 水平均值比 A_1 的水平均值高,但是当因子 B 取 B_2 水平时,因子 A 的 A_2 水平均值比 A_1 的水平均值低,这表示因子 A 与因子 B 之间有反向的交互作用。

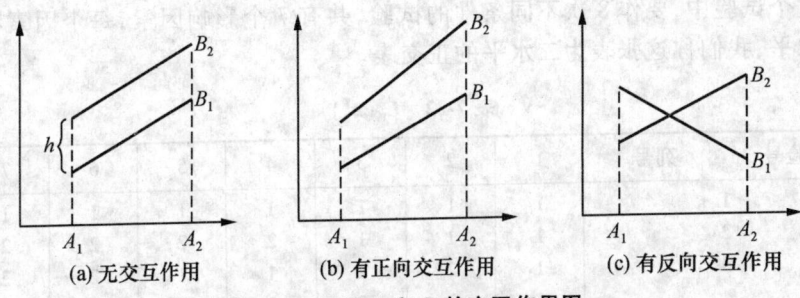

图 7-1　因子 A 和 B 的交互作用图

当因子间存在交互作用时,交互作用会随着因子个数的增加而增加。如四个因子 A,B,C,D 间的交互作用有以下几类:

(1) 二级交互作用有 6 个:AB,AC,AD,BC,BD,CD;
(2) 三级交互作用有 4 个:ABC,ABD,ACD,BCD;
(3) 四级交互作用有 1 个:$ABCD$。

交互作用共有 11 个,比因子个数还多。实践经验表明,多数交互作用是不存在或者很小以至可以忽略不计的,一般我们主要考虑部分二级交互作用,但具体考察哪些二级交互作用还要根据下面的方法来决定。

四、正交表及其类型

正交试验设计法是利用正交表科学地挑选试验条件,合理安排试验的方法,是研究与处理多因素试验的一种科学方法。

正交设计有两个重要的特点:(1) 任意一对因子(也称因素)的任一水平组合必在试验中出现,且出现的次数相同;(2) 总试验次数比全面试验(所有因子的任一水平组合都进行搭配)要少许多次。例如,对 7 个二水平因子进行全面试验要进行 $2^7=128$ 次,而用正交表安排试验只需要作 8 次。用正交表合理地安排试验,可以做到省时、省力、省钱,还能得到令人满意的检验效果,因此这种方法在改进产品质量、研究采用新工艺、试制新产品、了解设备工艺性能以及改进技术管理等方面都有广泛的应用。

1. 正交表及其特性

正交表是正交设计的工具,是运用组合数学理论在正交拉丁方的基础上构造的一种规格化表格,符号为:$L_n(j^i)$。

其中,L 为正交表符号;
　　n 为正交表的行数(试验次数,试验方案数);
　　j 为正交表中每一列因子的水平个数;
　　i 为正交表的列数(试验因子的个数)。

例如,$L_8(2^7)$ 表示一张 8 行 7 列,每列有两个水平的正交表(表 7-22),它表示在这个试验中,要作 8 次不同条件的试验,共有 7 个影响因素,每个因素都有两个水平,我们称这张表为二水平的正交表。

表 7-22 $L_8(2^7)$

试验号\列号	1	2	3	4	5	6	7
1	1	1	1	1	1	1	1
2	1	1	1	2	2	2	2
3	1	2	2	1	1	2	2
4	1	2	2	2	2	1	1
5	2	1	2	1	2	1	2
6	2	1	2	2	1	2	1
7	2	2	1	1	2	2	1
8	2	2	1	2	1	1	2

正交表具有正交性,这是指它有如下两个特征:

(1) 每列中不同的数字重复的次数相同。在表 7-22 中,每列有两个不同的数字:1,2,每一个各出现 4 次。

(2) 将任意两列的同行数字看成一个数对,那么任意可能数对重复的次数相等。在 $L_8(2^7)$ 中,任意两列有 4 种可能数对:(1,1),(1,2),(2,1),(2,2),每一对各出现 2 次。

2. 正交表的分类

正交表可以按其水平数分类,记正交表为 $L_n(j^i)$,则称其为 j 水平的正交表。例如,二水平正交表:$L_4(2^3)$、$L_8(2^7)$、$L_{16}(2^{15})$、$L_{12}(2^{11})$ 等;三水平正交表:$L_9(3^4)$、$L_{27}(3^{13})$、$L_{18}(3^7)$ 等;四水平正交表:$L_{16}(4^5)$ 等;五水平正交表:$L_{25}(5^{26})$ 等;混合水平正交表:$L_{18}(2\times 3^7)$ 等。

五、无交互作用情况下的设计

在前面的例 7.4 中,我们已经简单分析了无交互作用的试验,在这里我们要进一步分析无交互作用正交表形式的试验设计。用正交表安排试验时的步骤如下:

(1) 明确试验目的,确定要考察的试验指标。

(2) 确定要考察的因子和因子的水平。

(3) 选用合格的正交表,进行表头设计。

(4) 根据试验号的安排进行试验,并记录试验指标的具体数据。

(5) 数据分析。正交试验数据通常有三种分析方法:一是用极差分析各因子对指标影响程度的大小,这是一种较为简单的直观分析方法;二是用方差分析进行数据分析;三是贡献率分析法。

下面以一个例子来分别对三种分析方法加以介绍。

例 7.5 某化工厂生产的一种产品的收率较低,为此希望通过试验提高收率。在试验中考察如下三个因子三个水平(表 7-23)。

表 7-23 因子水平表

水平 因子	一	二	三
A:温度	80	85	90
B:加碱量	35	48	55
C:催化剂种类	甲	乙	丙

解 由于所考察的因子是三水平的,因此选用三水平正交表,又现在只考察三个因子,故选择 $L_9(3^4)$ 安排试验。

选定了正交表后把因子放在正交表的列上去,称为表头设计。在例 7.5 中将三个因子置于前三列,将它写成如下的表头设计形式:

表头设计	A	B	C	
$L_9(3^4)$ 的列号	1	2	3	4

九次试验的结果——收率(%)分别是:
$$51 \quad 61 \quad 58 \quad 72 \quad 69 \quad 59 \quad 87 \quad 85 \quad 84$$

例 7.5 的直观分析计算表如表 7-24 所示。

表 7-24 例 7.5 的直观分析计算表

表头设计	A	B	C		y
列号 试验号	1	2	3	4	
1	1	1	1	1	$y_1=51$
2	1	2	2	2	$y_2=61$
3	1	3	3	3	$y_3=58$
4	2	1	2	3	$y_4=72$
5	2	2	3	1	$y_5=69$
6	2	3	1	2	$y_6=59$
7	3	1	3	2	$y_7=87$
8	3	2	1	3	$y_8=85$
9	3	3	2	1	$y_9=84$
T_1	170	210	195	204	
T_2	200	215	217	207	
T_3	256	201	214	215	
$\overline{T}_1$	56.67	70	65	68	
$\overline{T}_2$	66.67	71.67	72.33	69	
$\overline{T}_3$	85.33	67.00	71.33	71.67	
R	28.67	4.67	7.33	3.67	

（一）用极差分析各因子对指标影响程度的大小

为方便起见，把试验结果写在正交表的右边一列上，并分别用 $y_1, y_2, \cdots, y_9$ 表示，所有计算可以在表上进行。

1. 用直观分析表对该试验进行分析

首先来看第一列，该列中的 1,2,3 分别表示因子 A 的三个水平，按水平号将数据分为三组："1"对应 $\{y_1, y_2, y_3\}$，"2"对应 $\{y_4, y_5, y_6\}$，"3"对应 $\{y_7, y_8, y_9\}$。

第二列，该列中的 1,2,3 分别表示因子 B 的三个水平，按水平号将数据分为三组："1"对应 $\{y_1, y_4, y_7\}$，"2"对应 $\{y_2, y_5, y_8\}$，"3"对应 $\{y_3, y_6, y_9\}$。同理我们可以从图中得到第三列的情况。

分别对每一列每个水平的数据进行相加，得到这个水平下该因子对应指标值的和，例如，

对应 A 水平的：

$$T_1 = y_1 + y_2 + y_3 = 51 + 61 + 58$$
$$T_2 = y_4 + y_5 + y_6 = 72 + 69 + 59 = 200$$
$$T_3 = y_7 + y_8 + y_9 = 87 + 85 + 84 = 256$$

对应 B 水平的：

$$T_1 = y_1 + y_4 + y_7 = 51 + 72 + 87 = 210$$
$$T_2 = y_2 + y_5 + y_8 = 61 + 69 + 85 = 215$$
$$T_3 = y_3 + y_6 + y_9 = 58 + 59 + 84 = 201$$

同理我们可以得到对应 C 水平的 T_1, T_2, T_3 的值，用每个水平得出的 T_i 的值除以 3 就得到其均值 $\overline{T_i}$。

由以上计算可知，每个因子下 $\overline{T_i}$ 间的差异反映了这个因子三个水平间的差异；分别对三个因子的各个水平进行数值大小比较：因子 A 的三个水平均值差异较大，其第三个水平的均值最大，因此说因子 A 的三水平最好，因为其指标均值最大。这种比较方法叫做"综合比较"，它是由正交表的正交性决定的。对第二、三列进行类似地分析，从表中的数据可以看到：因子 B 的第二个水平好；因子 C 的第二个水平好。

对第四列也可以进行上述分析，按其中的 1,2,3 分别将数据分为三组，由于该列没有对应的因子，因此该列仅反映随机误差。

综上可知，使指标达到最佳的水平组合是 $A_3 B_2 C_2$，即反应温度为 90 度、加碱量为 48 公斤、选取乙类催化剂可以使转化率达到最大。

2. 用极差分析各因子对指标影响程度的大小

各因子对指标影响程度大小的分析可以从各个因子的"极差"来看，这里指的一个因子的极差是该因子各水平均值的最大值与最小值之差，如果该值大，则

说明改变这一因子的水平会对指标造成较大的变化,所以该因子对指标的影响大,反之,则影响小。极差最大的列所对应的因子是最主要因子。一般选择 R 行中最大者所对应的水平为优水平。

在例 7.5 中各个因子的极差分别是:

$$R_A = 85.33 - 56.67 = 28.66$$
$$R_B = 71.67 - 67.00 = 4.67$$
$$R_C = 72.33 - 65.00 = 7.33$$

它们被置于表 7-24 的最下方一行。从三个因子的极差可知,因子 A 的影响最大,其次是 C,而因子 B 的影响则最小,通常记为 $R_A > R_c > R_B$。

(二) 用方差分析法进行数据分析

前面介绍的直观分析法虽然简单有效,但存在不足,既不能回答哪些因子对试验指标有显著影响,又不能回答最佳水平的组合是什么。为此,需要用方差分析方法来说明影响指标的因子中哪些对试验指标有显著的影响。其分析步骤如下:

1. 建立统计模型

要对试验进行方差分析,首先要作几点假设:

(1) 在同一水平组合下全部试验结果构成一个总体,且服从正态分布;
(2) 各正态总体的方差相同,均为 σ^2;
(3) 各正态总体均值与水平组合有关;
(4) 不同水平组合下的试验是相互独立的。

上述假定可用如下的统计模型来表示(以三水平 3 个因子的无交互作用为例):

$$\begin{cases} y_{ijk} = \mu + a_i + b_j + c_k + \varepsilon_{ijk}, \quad i,j,k = 1,2,3 \\ a_1 + a_2 + a_3 = 0 \quad b_1 + b_2 + b_3 = 0 \quad c_1 + c_2 + c_3 = 0 \quad (7.22) \\ \text{各 } \varepsilon_{ijk} \text{ 相互独立同分布} \sim N(0, \sigma^2) \end{cases}$$

其中,y_{ijk} 是在 $A_i B_j C_k$ 的水平组合下的试验结果,μ 是一般平均,a_i, b_j, c_k 分别是因子 A 的第 i 水平的主效应、因子 B 的第 j 水平的主效应、因子 C 的第 k 水平的主效应。

进行方差分析的主要任务就是在有关假定下,对如下三个假设分别作出检验:

$$H_{A0}: a_1 = a_2 = a_3 = 0, \quad H_{A1}: a_1, a_2, a_3 \text{ 不全为 } 0$$
$$H_{B0}: b_1 = b_2 = b_3 = 0, \quad H_{B1}: b_1, b_2, b_3 \text{ 不全为 } 0$$
$$H_{C0}: c_1 = c_2 = c_3 = 0, \quad H_{C1}: c_1, c_2, c_3 \text{ 不全为 } 0$$

2. 进行平方和分解

总平方和为：

$$S_T = \sum_{i=1}^{n}(y_i - \bar{y})^2 = \sum_{i=1}^{n} y_i^2 - \frac{T^2}{n}, \quad f_T = n - 1 \qquad (7.23)$$

其中，n 是试验次数，$\bar{y}$ 是试验结果的总平均，$T = \sum_{i=1}^{n} y_i$，$\bar{y} = T/n$，f_T 是 S_T 的自由度。

对正交表 $L_n(j^i)$，第 k 列的平方和为：

$$S_k = \frac{n}{j}\sum_{k=1}^{i}(\bar{T}_{kt} - \bar{y})^2 = \sum_{k=1}^{i}\frac{T_{kt}^2}{n/j} - \frac{T^2}{n}, \quad f_k = j - 1, \quad k = 1, 2, \cdots, i$$

其中，T_{kt} 与 $\bar{T}_{kt}$ 分别为第 k 列第 t 水平和与水平均值，f_k 为第 k 列的自由度。

可以证明以下的总平方和分解式是成立的：

$$S_T = S_1 + S_2 + \cdots + S_i \quad f_T = f_1 + f_2 + \cdots + f_i \qquad (7.24)$$

3. 计算各因子的平方和

(1) 因子的平方和是此因子各水平均值与总均值间的离差平方和；

(2) 一个置于正交表第 k 列上的因子，其平方和 $S_A = S_i$，其自由度 $f_A = f_i$；

(3) 因子平方和中除了误差之外，只反映此因子的效应间的差异；

(4) 误差平方和 S_E 等于诸空白列的平方和之和，其自由度等于诸空白列的自由度之和。

4. 方差分析表

由前面方差分析的介绍可以得到如下的结论：

(1) 正交表各列的平方和 S_j 间相互独立；

(2) $S_E/\sigma^2 \sim \chi^2(2)$；

(3) 在假设 H_{A0} 成立时，$S_A/\sigma^2 \sim \chi^2(2)$；

(4) 在假设 H_{B0} 成立时，$S_B/\sigma^2 \sim \chi^2(2)$；

(5) 在假设 H_{C0} 成立时，$S_C/\sigma^2 \sim \chi^2(2)$。

检验一个因子的效应是否均为 0 的检验统计量为：

$$F_j = \frac{S_j/(\sigma^2 f_j)}{S_E/(\sigma^2 f_E)} = MS_j/MS_E \qquad (7.25)$$

其中，$MS_j = S_j/f_j$ 是因子的均方，f_j 是对应因子的自由度，$MS_E = S_E/f_E$ 是误差均方，f_E 是误差的自由度。

当 $F_j = \dfrac{MS_j}{MS_E} > F_\alpha(f_j, f_E)$ 时，认为此因子在显著性水平 α 上是显著的，即该因子的效应不全为 0，其中，F_α 是相应自由度的 F 分布的 α 分位数。

类似双因素方差分析,可得多因素方差分析表(表 7-25)。

表 7-25　方差分析表

来源	平方和 SS	自由度 f	均方 MS	F 比
因子 A	S_A	f_A	MS_A	MS_A/MS_E
因子 B	S_B	f_B	MS_B	MS_B/MS_E
因子 C	S_C	f_C	MS_C	MS_C/MS_E
…	…	…	…	…
误差 e	S_E	f_E	MS_E	
和	S_T	f_T		$F_\alpha(f_j, f_E)$

5. 最佳水平选择

(1) 对显著因子应选择其最好的水平;

(2) 对不显著的因子可以任意选择水平,常可根据降低成本、操作方便等来选择其水平。

6. 最佳水平组合均值估计

(1) 一般平均 μ 的最小二乘法,即无偏估计为:

$$\hat{\mu} = \bar{y}$$

(2) 因子 A 第 i 水平的主效应 a_i 的无偏估计为:

$$\hat{a}_i = \bar{T}_i - \bar{y}$$

其中,$\bar{T}_i$ 为因子 A 第 i 个水平均值。其他的主效应的估计可类似得到。

(3) $A_i B_j C_k$ 水平组合下的指标均值无偏估计为:

$$\hat{\mu}_{ijk} = \hat{\mu} + \hat{a}_i + \hat{b}_j + \hat{c}_k \tag{7.26}$$

(4) $A_i B_j C_k$ 水平组合下的指标均值的 $1-\alpha$ 置信区间为:

$$\hat{\mu}_{ijk} \pm t_{\alpha/2}(f'_E) \hat{\sigma} / \sqrt{n_E} \tag{7.27}$$

其中,

$$\hat{\sigma} = \sqrt{S'_E / f'_E}$$

$$S'_E = S_E + 不显著因子的平方和$$

$$f'_E = f_E + 不显著因子的自由度$$

$$n_E = \frac{试验次数}{1 + 显著因子的自由度}$$

7. 验证试验

在实际问题中,分析所得的最佳水平组合无论是否在试验中出现,通常都需要作验证试验,对最佳水平组合进行验证。

对于例 7.5,根据介绍的计算公式我们得到如表 7-26 所示的方差分析表。

表 7-26 方差分析表

来源	平方和	自由度	均方 MS	F 比	p 值
因子 A	1 270.22	2	635.11	58.928	0.017
因子 B	33.556	2	16.778	1.557	0.391
因子 C	94.889	2	47.444	4.402	0.185
误差 e	21.556	2	10.778		
和	1 420.222	8			

根据表 7-26,在显著水平 $\alpha = 0.05$ 下,只有因子 A 的 p 值小于 0.05,因此因子 A 是显著的,因子 B 与因子 C 不显著。

因为只有因子 A 是显著的,其最好水平为 A_3,而因子 B 与因子 C 均不显著,其水平可以任意选择,故使收率达到最高水平的组合是 A_3BC。

由于 A_3 水平组合下指标均值的估计为:

$$\hat{\mu}_3 = \hat{\mu} + \hat{a}_3 = \overline{T}_3 = 85.33, \quad n_E = 3$$

又 $S'_E = S_E + S_B + S_C = 150.001, \quad f'_E = 6, \quad t_{0.975}(6) = 2.447$

故最佳水平组合下的平均收率的 95% 的置信区间为:

$$\hat{\mu}_3 \pm t_{\alpha/2}(6)\hat{\sigma}/\sqrt{n_E} = (78.27, 92.39)$$

(三) 贡献率分析

当试验指标不服从正态分布时,进行方差分析的依据就不充分,此时可以通过比较各因子的"贡献率"来衡量因子作用的大小。

$$\text{因子的纯平方和} = S_{因} - f_{因} \cdot MS_E \tag{7.28}$$

因子的贡献率 $\rho_{因}$ 等于因子的纯平方和与 S_T 的比值。

纯误差平方和 $f_T MS_E$

$$\text{误差的贡献率} \rho_e = f_T \cdot MS_E / S_T \tag{7.29}$$

把计算过程列于表 7-27 中形成贡献率分析表。

表 7-27 贡献率分析表

来源	平方和 S	自由度 f	纯平方和	贡献率(%)
因子 A	S_A	f_A	$S_A - f_A \times MS_e$	ρ_A
因子 B	S_B	f_B	$S_B - f_B \times MS_e$	ρ_B
因子 C	S_C	f_C	$S_C - f_C \times MS_e$	ρ_C
…	…	…	…	…
误差 e	S_E	f_E	$f_T MS_E$	ρ_E
和	S_T	f_T		

贡献率最大的几个因子是重要因子,而贡献率与误差贡献率差不多的因子通常被认为是不重要的。

将例 7.5 中的数据作贡献率分析,计算结果如表 7-28 所示。

表 7-28 贡献率分析表

来源	平方和 S	自由度 f	纯平方和	贡献率(%)
因子 A	1 270.222	2	1 249	87.92
因子 B	33.556	2	12	0.84
因子 C	94.889	2	73	5.16
误差 e	21.556	2	86.222	6.07
和	1 420.222	8	1 420.222	

因子 A 的贡献率达到了 87.92%,故因子 A 是重要的,其他因子不重要。

六、有交互作用设计

在多因子试验中,经常会出现两个或多个因子间有交互作用的情况,此时,要用关于有交互作用的方法进行分析。因子间有交互作用与无交互作用的分析方法是有区别的,这主要体现在正交表的选择上。

(一) 表头设计

1. 自由度

(1) 表的自由度:试验次数 -1,即 $f_{表} = n - 1$,其中 n 为表的行数;

(2) 列的自由度:水平数 -1,即 $f_{列} = j - 1$,其中 j 为该列的水平数;

(3) 因子的自由度:水平数 -1;

(4) 交互作用的自由度:对应的两个因子自由度的乘积。例如,交互作用 $A \times B$ 的自由度 $f_{A \times B} = f_A \times f_B$。

2. 在对有交互作用的试验进行分析时应遵循的原则:

(1) 因子的自由度应该等于所在列的自由度;

(2) 交互作用的自由度应该等于所在列的自由度,或其之和;

(3) 所有因子及其交互作用的自由度之和不能超过所选正交表的自由度。

在对各因子及其相互间的交互作用进行安排时,要注意应把交互作用项于这两个因子的后面。

例如,四个 A、B、C、D 二水平因子及交互作用 $A \times B$, $A \times C$, $B \times C$ 的表头设计为:

表头设计	A	B	$A \times B$	C	$A \times C$	$B \times C$	D
列号	1	2	3	4	5	6	7

(二) 数据的方差分析

以下的分析仅以 4 个因子 A、B、C、D 及交互作用 $A \times B$ 的二水平正交设计为例,描述统计模型和方差分析过程。

1. 统计模型

$$\begin{cases} y_{ijkl} = \mu + a_i + b_j + c_k + d_l + (ab)_{ij} + \varepsilon_{ijkl} \quad i,j,k,l = 1,2 \\ a_1 + a_2 = 0, \quad b_1 + b_2 = 0, \quad c_1 + c_2 = 0, \quad d_1 + d_2 = 0 \\ \sum_{j=1}^{2} (ab)_{ij} = 0, \quad i = 1,2, \sum_{i=1}^{2} (ab)_{ij} = 0, \quad j = 1,2 \\ \text{各 } \varepsilon_{ijkl} \text{ 相互独立且同分布} \sim N(0,\sigma^2) \end{cases} \quad (7.30)$$

其中,y_{ijkl} 是在水平组合 $A_i B_j C_k D_l$ 下的试验结果;μ 为一般平均;$(ab)_{ij}$ 是因子 A 的第 i 个水平与因子 B 的第 j 个水平的交互效应;ε_{ijkl} 为试验误差。

2. 平方和分解

各因子的平方和分别为:

$$S_A = S_1, \quad f_A = 1$$
$$S_B = S_2, \quad f_B = 1$$
$$S_C = S_4, \quad f_C = 1$$
$$S_D = S_7, \quad f_D = 1$$

交互作用 $A \times B$ 的平方和为:

$$S_{A \times B} = S_3, \quad f_{A \times B} = 1$$

误差平方和为:

$$S_E = S_5 + S_6, \quad f_E = 2$$

其中,第 j 列平方和为:

$$S_j = 4(\overline{T}_{j1} - \bar{y})^2 + 4(\overline{T}_{j2} - \bar{y})^2 = \frac{(T_{j1} - T_{j2})^2}{8}, \quad f_j = 1$$

这里 T_{ji} 与 $\overline{T}_{ji}$ 分别表示第 j 列第 i 水平对应的数据之和与平均值。

$$S_T = S_A + S_B + S_C + S_D + S_{A \times B} + S_E$$
$$f_T = f_A + f_B + f_C + f_D + f_{A \times B} + f_E$$

3. 方差分析表(表 7-29)

第七章 方差分析与正交试验设计初步

表 7-29 有交互作用的方差分析表

来源	平方和 S	自由度 f	均方 MS	F
A	S_A	f_A	MS_A	MS_A/MS_E
B	S_B	f_B	MS_B	MS_B/MS_E
C	S_C	f_C	MS_C	MS_C/MS_E
$A\times B$	$S_{A\times B}$	$f_{A\times B}$	$MS_{A\times B}$	$MS_{A\times B}/MS_E$
误差 e	S_E	f_E	MS_E	
和	S_T	f_T		$F_\alpha(f_{因}, f_E)$

F 大于相应 $F_\alpha(f_{因}, f_E)$ 的因子与交互作用,在显著性水平 α 下对指标是有显著的影响作用的。

4. 最佳水平组合的选择

(1) 对显著因子,最佳水平可通过比较其各个水平下数据均值或数据和得到;

(2) 对显著的交互作用,先计算两个因子水平的所有不同搭配下数据的均值,再通过比较得出哪组水平组合较好;

(3) 不显著的因子,其水平可任意选取,亦可按成本较低来选择水平。

本章小结

(1) 方差分析的有关概念和基本思想。试验、因素、水平、指标。组内平方和 S_E 和组内方差 S_E/f_E,组间平方和 S_A 和组间方差 S_A/f_A。S_A 与 S_E 的比值反映两种差异的大小,若 S_A 与 S_E 的比值显著大,说明由于因素各个水平不同引起的差异显著。对于 $H_0: \mu_1 = \mu_2 = \cdots = \mu_m$,$F$ 统计量作为检验 H_0 是否成立的检验统计量。

$$F = \frac{S_A/(m-1)}{S_E/(mk-m)} \sim F(m-1, mk-m)$$

(2) 单因素方差分析。单因素方差分析的数据结构、方差分析表和 Excel 的应用。

(3) 双因素方差分析。无交互作用双因素方差分析的数据结构、方差分析表和 Excel 的应用;有交互作用双因素方差分析的数据结构、方差分析表和 Excel 的应用。

(4) 试验设计的概念、设计原则。在安排试验时应注意尽量减少试验误差,尽量减少试验次数,试验要便于对指标值进行统计分析。

(5) 正交表及其类型。无交互作用情况下的设计。用正交表安排试验时的步骤,正交试验数据的三种分析方法。有交互作用情况下的设计。

思考与练习

7.1 方差分析是研究什么问题的?

7.2 方差分析中有哪些基本假定?

7.3 简述方差分析的步骤。

7.4 简述方差分析表的内容。

7.5 试验设计的基本原则有哪些?

7.6 正交表的特征有哪些?它有哪些类型?

7.7 正交试验数据通常有哪三种分析方法?

7.8 某集团公司为了了解下属三个企业的工人对全面质量管理知识的认识程度,分别随机地抽取了六名工人进行考试,成绩如下表所示(总分100分)。

观察值序号	甲企业	乙企业	丙企业
1	90	70	60
2	70	75	65
3	80	75	65
4	75	75	70
5	70	70	75
6	85	85	70

试问:这三个企业的工人的质量意识是否有显著差异?

7.9 某地区2002年第一至三季度三类单位从业人员的劳动报酬如下表所示(单位:元/人)。

	第一季度	第二季度	第三季度
国有	2 854	2 773	2 895
城镇集体	1 700	1 647	1 755
其他	3 061	3 165	3 242

资料来源:中华人民共和国国家统计局网站。

要求:利用上表资料分析不同所有制城镇单位从业人员劳动报酬是否有显著差异?

7.10 某市消费导报定期公布各大超市代表性商品的价格,现从四个超市的58种日杂类商品中随机挑选五种商品的价格如下表所示(单位:元)。

	超市1	超市2	超市3	超市4
商品1	1.1	1.2	1.4	1.2
商品2	0.2	0.2	0.3	0.25
商品3	0.5	0.6	0.6	0.55
商品4	1.3	1.7	2.3	1.3
商品5	0.7	0.7	0.8	0.7

试问:这四个超市的日杂类商品的平均价格是否有显著差异?

7.11 为检验三个企业生产的机器混合一批原料所需时间是否相同,某公司对三台机器各进行了四次试验,结果如下表所示(单位:分钟)。

试验序号	企业1	企业2	企业3
1	20	28	20
2	26	26	19
3	24	31	23
4	22	27	22

若时间越短越好,试问:应该选择第几个企业的产品?

7.12 2003年4—7月我国四个直辖市城镇居民家庭可支配收入的有关资料如下表所示(单位:元)。

	2003年4月	2003年5月	2003年6月	2003年7月
北京市	1 091.46	1 117.37	1 078.57	1 078.56
天津市	754.49	751.81	770.85	750.43
上海市	1 187.6	1 159.5	1 138.71	1 179.32
重庆市	616.61	580.54	582.58	662.74

资料来源:中华人民共和国国家统计局网站。

要求:试分析不同时间和不同地区对城镇居民家庭收支的影响?

7.13 某产品的使用寿命与其制造材料和使用地点的温度有关,现取四种不同类型的材料、三种不同的温度的每种组合各作三次试验,资料如下,对材料、温度及它们的交互作用作显著性检验。

材料	温度(℃)	B		
		B_1	B_2	B_3
A	A_1	50,68,62	70,80,95	80,94,99
	A_2	90,81,88	99,86,89	95,103,100
	A_3	59,65,78	77,99,86	86,79,89
	A_4	55,76,83	69,82,71	80,75,94

7.14 为了提高某种塑料稳定剂——有机锡的产量,对其合成材料进行研究,考察如下的五个二水平因子。

因子	一水平	二水平
A:催化剂种类	甲	乙
B:催化剂用量(克)	1	1.5
C:配比	1.5:1	2.5:1
D:溶剂用量(毫升)	10	20
E:反映时间(小时)	2	1.5

用 $L_8(2^7)$ 安排试验,表头设计如下所示。

表头设计	A	B		C	D	E	
列号	1	2	3	4	5	6	7

8次试验的产量依次为(单位:千克):
    92.3, 90.4, 87.3, 88.0, 87.3, 84.8, 83.4, 84.0

要求:(1) 对数据作直观分析;

(2) 假设数据满足等方差正态分布,对数据进行方差分析;

(3) 找出使产量达到最高的水平组合,并求出该水平组合下平均产量的95%的置信区间。

第八章 相关与回归分析

案例

可支配收入影响消费支出吗

我国 2005 年各地区城镇居民年人均可支配收入和年人均消费性支出如表 8-1 所示。

表 8-1　2005 年我国各地区城镇居民年人均可支配收入和年人均消费性支出表

单位:元

地区	年人均可支配收入	年人均消费性支出	地区	年人均可支配收入	年人均消费性支出
北京	17 653	13 244	湖北	8 786	6 737
天津	12 639	9 653	湖南	9 524	7 505
河北	9 107	6 700	广东	14 770	11 810
山西	8 914	6 343	广西	9 287	7 033
内蒙古	9 137	6 929	海南	8 124	5 929
辽宁	9 108	7 369	重庆	10 243	8 623
吉林	8 691	6 795	四川	8 386	6 891
黑龙江	8 273	6 178	贵州	8 151	6 159
上海	18 645	13 773	云南	9 266	6 997
江苏	12 319	8 622	西藏	9 431	8 617
浙江	16 294	12 254	陕西	8 272	6 656
安徽	8 471	6 368	甘肃	8 087	6 529
福建	12 321	8 794	青海	8 058	6 245
江西	8 620	6 109	宁夏	8 094	6 404
山东	10 745	7 457	新疆	7 990	6 208
河南	8 668	6 038	—	—	—

资料来源:《2006 年中国统计年鉴》。

问题:

(1) 城镇居民年人均可支配收入与人均消费性支出之间是否有关系? 如果有关系,是一种什么样的关系,哪个是因变量? 哪个是自变量?

(2) 如何通过建立数学模型来描述上述两个变量之间的关系？
(3) 模型建立以后，如何检验模型是否有效？
(4) 如何根据自变量来估计、预测因变量？

众所周知，社会经济、自然科学等现象之间的相互联系和制约是一种普遍规律。任何一种事物在其发展变化过程中，既受其他事物的影响，同时也影响其他事物。例如，一个地区居民的收入水平主要受当地经济发展水平的影响，同时，收入水平又直接影响其消费支付能力。且影响居民收入水平和消费支付能力的因素往往不止一个，通常有许多，既有直接因素，又有间接因素。因此，收入水平相同的地区，其居民人均消费支出额不一定相同；同一个地区即使在不同时期的收入水平相同，但其居民人均消费支出额也不一定相同。这说明许多社会经济现象之间存在的相互联系只表现为一种不严格对应的相互依存关系，而不是严格对应的函数关系。本章主要以定性分析为基础，利用相关图、相关表和相关系数来研究事物之间的相关关系，并在此基础上借用数学模型近似反映事物之间的数量关系，即进行回归分析，包括一元线性回归分析、多元线性回归分析和非线性回归分析。

第一节 相关分析

一、相关关系与函数关系

客观现象之间通常是相互联系、相互制约的。例如，国民生产总值与财政收入之间、家庭的收入与消费支出之间、人的身高与体重之间、施肥量与粮食作物的收获量之间、商品广告支出与销售量之间、圆的周长与其半径之间，等等，无不存在着一定的联系。客观现象之间的数量联系可以归纳为两种不同的类型：一种是函数关系，另一种是相关关系。对相互联系的两个或多个变量可以区分为因变量和自变量，自变量就是引起其他现象发生变化的变量，而因变量则是受自变量影响发生对应变化的变量。如家庭收入决定消费支出，收入的变化必然引起消费支出的变化，在这两个变量中，家庭收入无疑是自变量，消费支出则是因变量。

函数关系是指变量之间存在的严格确定的依存关系，即当一个或几个相互联系的自变量取一定的值时，因变量必定有一个且只有一个确定的值与之对应。如圆的周长 C 与其半径 r 之间的依存关系可以表示为 $C=2\pi r$，半径 r 的值一旦给定，圆周长 C 的值也就相应确定了。

相关关系是指变量之间客观存在的非严格确定的依存关系，即当一个或几个相互联系的自变量取一定的数值时,与之对应的因变量往往会出现几个不同的值,但这些数值会按某种规律在一定范围内变化。

如国民生产总值相同的地区,其财政收入不一定相同;收入相同的家庭,其消费支出会有不同;几种同类产品的广告费支出相同,其销售量不一定相同;施肥量相同的两块田地,其农作物收获量也许不同。此类关系普遍存在于社会经济现象之中,难以枚举。

产生这种不确定性的原因主要是,因变量的变化不仅仅受一个或几个自变量的影响,它还会受其他许多已知或未知因素的影响,使得另外一个或几个自变量的取值带有一定的随机性。如农作物收获量除了受施肥量的影响外,还受诸如降雨量、土质、种子、耕作深度等因素的影响,还有其他一些无法查明的随机因素的影响;同类产品的销售量除了受广告费支出的影响外,还受产品的内在质量、外在包装、居民的购买力等众多因素的影响。

尽管对于同一个自变量值,因变量的取值不确定,但这些取值会在一定范围内发生波动,通过大量观察仍然可以掌握现象之间的内在变化规律。因此,统计研究必须探寻客观现象之间是否存在这种依存关系,关系的密切程度如何,呈什么样的变化规律。

二、相关关系的种类

客观现象的相关关系可以按不同的标志加以区分。

(一)按变量多少划分

按相关关系涉及变量的多少可分为单相关、复相关和偏相关。两个现象的相关,即一个变量对另一个变量的相关关系,称为单相关。当所研究的是一个变量对两个或两个以上其他变量的相关关系时,称为复相关。例如,某种商品的销售量与其价格水平以及人们收入水平之间的相关关系便是一种复相关。在某一现象与多种现象相关的场合,当假定其他变量不变时,其中两个变量的相关关系称为偏相关。例如,在假定人们的收入水平不变的条件下,某种商品的销售量与其价格水平的关系就是一种偏相关。

(二)按相关程度划分

按变量之间相关关系的密切程度不同,可分为完全相关、不完全相关和不相关。当一个现象的数量变化完全由另一个现象的数量变化所确定时,称这两个现象间的关系为完全相关。例如,在价格不变的条件下,某种商品的销售总额与其销售量总是成正比例关系。在这种场合,相关关系便成为函数关系。因此,也可以说函数关系是相关关系的一个特例。当两个现象彼此互不影响,其数量变化各自独立时,称为不相关现象。例如,通常认为学生的学习成绩与其身高是不相关的。两个现象之间的关系介于完全相关和不相关之间,称为不完全相关,一般的相关现象都是指这种不完全相关。

（三）按相关形式划分

按相关关系的表现形态不同可分为线性相关和非线性相关。当两种相关现象之间的相关关系在直角坐标系中近似地表现为一条直线时，称之为线性相关。例如，人均消费水平与人均收入水平通常呈线性关系。如果两种相关现象之间，在图上并不表现为直线形式而是表现为某种曲线形式时，则称这种相关关系为非线性相关。例如，产品的平均成本与产品总产量之间的相关关系就是一种非线性相关。划分线性相关和非线性相关时，观察值的数量要求足够多。如果数量太少，则难以准确反映变量之间的相关形式。例如，施肥量与亩产量之间，在一定范围内，随着施肥量的增加，亩产量会增加，当施肥量达到饱和数量之后，再继续增加施肥量，亩产量不一定增加，反而有可能因为"营养过剩"而下降。

（四）按相关方向划分

线性相关中按相关的方向可分为正相关和负相关。当一个现象的数量由小变大，另一个现象的数量也相应由小变大时，这种相关称为正相关。例如，工人的工资随着劳动生产率的提高而增加。当一个现象的数量由小变大，而另一个现象的数量相反地由大变小时，这种相关称为负相关。例如，家庭食品消费支出占消费总支出的比重随着其人均可支配收入的提高而降低。

（五）按相关性质划分

按相关的性质可分为真实相关和虚假相关。当两个现象之间的相关确实具有内在的联系时，称为真实相关。例如，前面所述的消费与收入的相关、需求与价格和收入的相关等都可以说是真实相关。当两个现象之间的相关只是表面存在，实质上并没有内在的联系时，称为虚假相关。例如，有人曾经观察过某一个国家历年的国内生产总值与精神病患者人数的关系，发现二者之间存在相当高的正相关。这种相关就是一种比较典型的虚假相关。国内生产总值与精神病患者人数之间不可能存在内在的联系，二者之所以呈现出一种正相关，是由于它们都与另一个因素——人口总量有着内在的相关关系。判断什么是真实相关，什么是虚假相关，必须依靠有关的实质性科学提供的知识。

三、相关分析与回归分析

相关分析是指研究一个变量与另一个变量或另一组变量之间相关方向和相关密切程度的统计分析方法。

相关分析的对象主要是变量之间的相关关系，而相关关系泛指两个变量之间的相互依存关系。因此，相关分析中，相对应的两个变量不必区别自变量和因变量，两个变量呈对等关系，反映相关密切程度的相关系数只有一个。

回归分析是指根据相关关系的具体形态，选择一个合适的数学模型来近似地表达变量间平均变化关系的统计分析方法。

相关分析和回归分析是研究现象之间相关关系的两种基本方法,二者有着密切的联系,它们不仅具有共同的研究对象,而且在具体应用时,常常必须互相补充。相关分析需要依靠回归分析来表明现象数量相关的具体形式,而回归分析则需要依靠相关分析来表明现象数量变化的相关程度。只有当变量之间存在着高度相关时,进行回归分析寻求其相关的具体形式才有意义。由于上述原因,回归分析和相关分析在一些统计学的书籍中被合称为相关关系分析或广义的相关分析。但应当指出的是,相关分析与回归分析之间在研究目的和方法上是有明显区别的。相关分析研究变量之间相关的方向和相关的程度。但是相关分析不能指出变量间相互关系的具体形式,也无法从一个变量的变化来推测另一个变量的变化情况。回归分析则是研究变量之间相互关系的具体形式,它对具有相关关系的变量之间的数量联系进行测定,确定一个相关的数学方程式,根据这个数学方程式,可以从已知量来推测未知量,从而为估算和预测提供了一个重要的方法。因此,相关分析可以不必确定变量中哪个是自变量,哪个是因变量,其所涉及的变量可以都是随机变量。而回归分析则必须事先研究、确定具有相关关系的变量中哪个为自变量,哪个为因变量。一般来说,回归分析中因变量是随机的,而把自变量作为研究时给定的非随机变量。

概括起来说,相关分析与回归分析主要有以下几点不同:(1) 相关分析中,变量 x 与变量 y 处于平等地位,不需要区分自变量和因变量。回归分析中,变量 y 称为因变量,处在被解释的特殊地位。变量 x 称为自变量,可以通过 x 的变化来解释 y 的变化,故亦称为解释变量。因此,回归分析中必须区分自变量和因变量。(2) 相关分析中所涉及的变量 y 与 x 全是随机变量。而回归分析中,因变量 y 是随机变量,自变量 x 可以是随机变量,也可以是非随机的确定变量。通常的回归模型中,我们总是假定 x 是非随机的确定变量。(3) 相关分析的研究主要是刻画两类变量间线性相关的密切程度;而回归分析不仅可以揭示变量 x 对变量 y 的影响大小,还可以由回归方程进行预测和控制。

相关与回归分析可以加深人们对客观现象之间相关关系的认识,因而是对客观现象进行分析的有效方法。但是,它们也有一定的局限性。现象之间是否存在"真实相关",是由现象的内在联系所决定的。相关分析和回归分析只是定量分析的手段。通过相关与回归分析,虽然可以从数量上反映现象之间的联系形式及其密切程度,但是无法准确地判断现象之间有无内在联系,也无法单独以此来确定何种现象为因,何种现象为果。内在联系的判断和因果关系的确定,必须以有关学科的理论为指导,结合专业知识和实际经验进行分析研究,才能正确解决。对没有内在联系的事物进行相关和回归分析,不但没有意义,反而会导致荒谬的结论。因此,在应用这两种方法对客观现象进行研究时,一定要始终注意把定性分析和定量分析结合起来,在定性分析的基础上开展定量分析。

四、相关关系的测度

测度相关关系的方式有三种,即相关表、相关图和相关系数。

(一) 相关表和相关图

相关表是一种反映变量之间相关关系的统计表。将某一变量按其取值的大小排列,然后再将与其相关的另一变量的对应值平行排列,便可得到简单的相关表,如前表 8-1 所示。

例 8.1 根据本章案例表 8-1 中的数据绘制 2005 年中国城镇居民年人均可支配收入和年人均消费性支出之间的相关图。

解 相关图又称散点图。它是以直角坐标系的横轴代表变量 X,纵轴代表变量 Y,将两个变量间相对应的变量值用坐标点的形式描绘出来,用来反映两变量之间相关关系的图形,如图 8-1 所示。

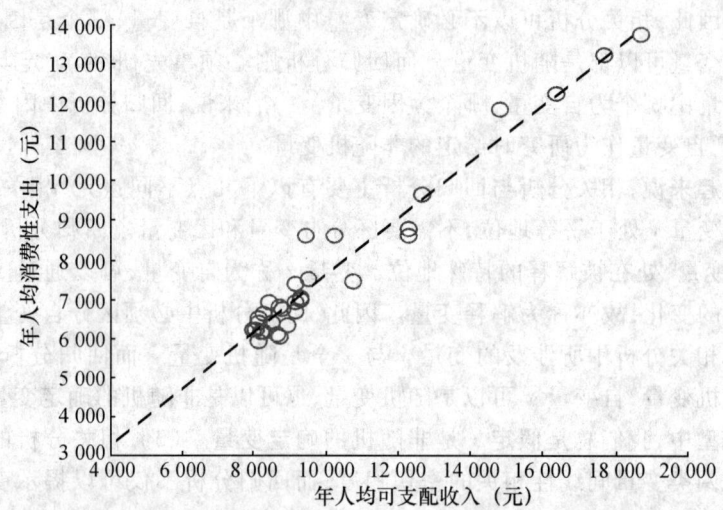

图 8-1 人均消费支出与人均可支配收入相关图

从图 8-1 可以看出,居民的消费支出和可支配收入之间呈现正线性相关关系。

相关表和相关图是研究相关关系的直观工具,它们只能对现象之间存在的相关关系的方向、形式和密切程度作大致的判断,而不能说明其具体相关关系的密切程度。因此,需要计算相关系数。

(二) 相关系数

相关系数是反映变量之间相关关系及关系密切程度的统计分析指标。根据线性相关变量的多少、分析问题的角度不同,相关系数可以分为简单相关系数、偏相关系数和复相关系数。

反映两个变量之间线性相关密切程度的相关系数称为简单相关系数或单相关系数,偏相关系数是在多元相关分析中考虑其他变量但假定其保持不变的情况下计算出来的反映某两个变量之间相关程度的统计分析指标。复相关系数是反映一个因变量与两个及两个以上自变量组成的一组自变量之间相关程度的统计分析指标。

设 $(x_i, y_i), i=1,2,\cdots,n$ 是 (x,y) 的 n 组样本观察值,两个变量之间的简单线性相关系数计算公式如下:

$$r = \frac{\sum_{i=1}^{n}(x_i - \bar{x})(y_i - \bar{y})}{\sqrt{\sum_{i=1}^{n}(x_i - \bar{x})^2 \sum_{i=1}^{n}(y_i - \bar{y})^2}} = \frac{L_{xy}}{\sqrt{L_{xx}L_{yy}}} \tag{8.1}$$

式中:

$$L_{xy} = \sum_{i=1}^{n}(x_i - \bar{x})(y_i - \bar{y}) = \sum_{i=1}^{n}x_i y_i - n\bar{x}\bar{y}$$

$$L_{xx} = \sum_{i=1}^{n}(x_i - \bar{x})^2 = \sum_{i=1}^{n}x_i^2 - n(\bar{x})^2$$

$$L_{yy} = \sum_{i=1}^{n}(y_i - \bar{y})^2 = \sum_{i=1}^{n}y_i^2 - n(\bar{y})^2$$

$$\bar{x} = \frac{\sum_{i=1}^{n}x_i}{n}, \quad \bar{y} = \frac{\sum_{i=1}^{n}y_i}{n}$$

根据上述公式计算所得的相关系数 r 表示 x 和 y 的线性关系的密切程度。相关系数的取值范围为 $|r| \leq 1$。相关系数的直观意义如图 8-2 所示。

图 8-2 中的(a)、(b)、(e)、(f)是四种极端情况,即当 x 与 y 有精确的线性关系时,$r=1$ 或 $r=-1$。$r=1$ 表示 x 与 y 之间完全正相关,所有的对应点都在一条直线上;$r=-1$ 表示 x 与 y 之间完全负相关,对应点也都在一条直线上。这实际上就是一种确定的线性函数关系,它并不是统计学中研究的主要内容。图中(e)这种极端情况说明,所有的样本点分布杂乱无章,没有规律,变量 x 与 y 之间没有相关关系,即 $r \approx 0$。在实际中,$r \approx 0$ 的情况很少,即使我们根据毫不相干的两个变量序列计算相关系数,其绝对值都会大于零。图中(f)这种情况表明,x 与 y 之间存在明显的曲线相关关系,其相关系数也近似于 0,$r \approx 0$。因为根据上述公式计算的相关系数只能反映变量之间是否存在线性相关,而不能反映变量之间的非线性关系。因此,当相关系数 $r \approx 0$ 时,只能认为变量之间不存在线性相关关系,而不能认为变量之间不存在任何相关关系。

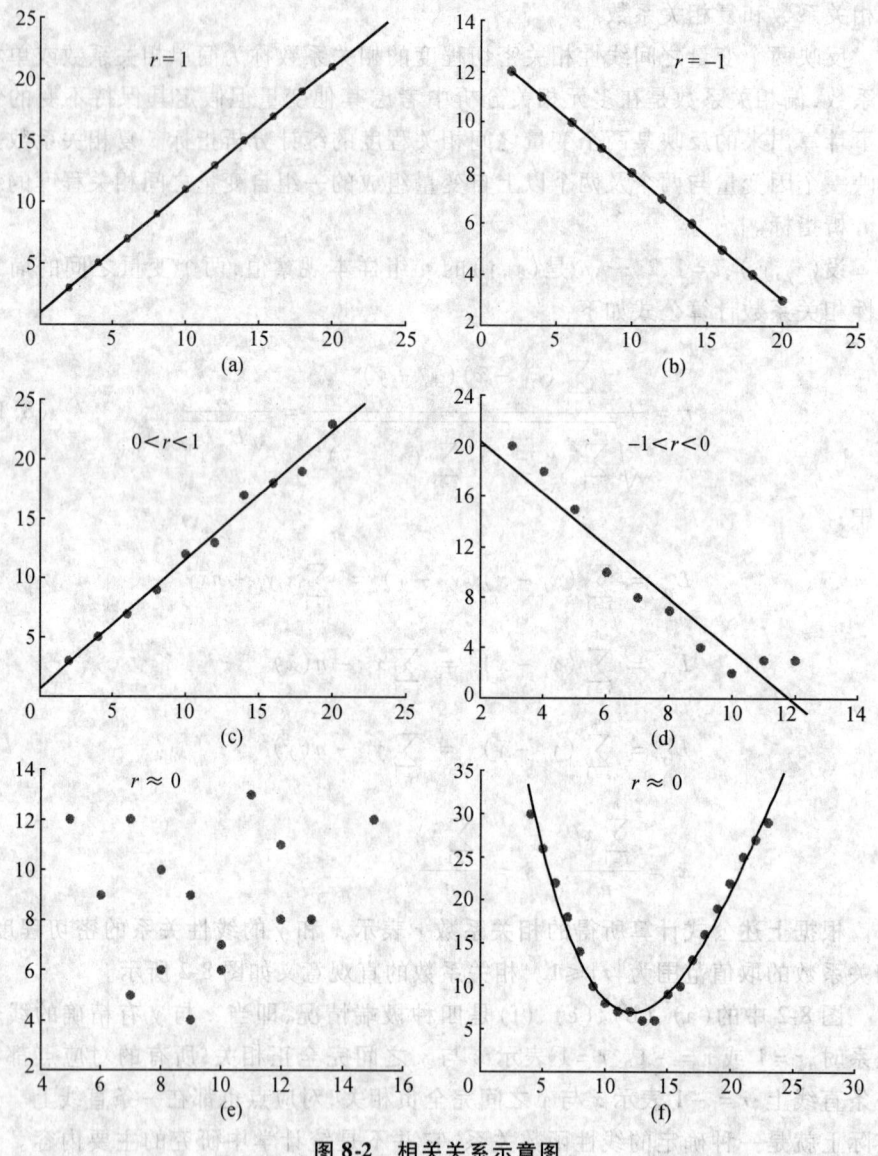

图 8-2 相关关系示意图

当变量 x 与 y 之间存在线性相关关系，$0 < |r| < 1$，如图 8-2 中 (c)、(d) 所示。统计学中主要研究这种非确定性的统计关系。(c) 图表示 x 与 y 是正的线性相关，(d) 图表示 x 与 y 是负的线性相关。我们在实际问题中经常碰到的是这两种情况。

根据式(8.1)计算相关系数,需要事先计算相关变量的均值,然后再计算离差以及离差的平方,计算工作量比较大。如果是利用计算器手工计算相关系数,可以采用下列简捷计算公式:

$$r = \frac{n\sum_{i=1}^{n}x_iy_i - \sum_{i=1}^{n}x_i\sum_{i=1}^{n}y_i}{\sqrt{n\sum_{i=1}^{n}x_i^2 - \left(\sum_{i=1}^{n}x_i\right)^2}\sqrt{n\sum_{i=1}^{n}y_i^2 - \left(\sum_{i=1}^{n}y_i\right)^2}} \tag{8.2}$$

例 8.2 根据表 8-1 中的数据,试计算 2005 年我国各地区城镇居民年人均可支配收入和年人均消费性支出之间的相关系数。

解 根据式(8.2)的需要,计算有关数据,如表 8-2 所示。

表 8-2 相关系数计算表

地区	人均可支配收入 x	年人均消费性支出(元)y	x^2	y^2	xy
北京	17 653	13 244	311 628 409	175 403 536	233 796 332
天津	12 639	9 653	159 744 321	93 180 409	122 004 267
河北	9 107	6 700	82 937 449	44 890 000	61 016 900
山西	8 914	6 343	79 459 396	40 233 649	56 541 502
内蒙古	9 137	6 929	83 484 769	48 011 041	63 310 273
辽宁	9 108	7 369	82 955 664	54 302 161	67 116 852
吉林	8 691	6 795	75 533 481	46 172 025	59 055 345
黑龙江	8 273	6 178	68 442 529	38 167 684	51 110 594
上海	18 645	13 773	347 636 025	189 695 529	256 797 585
江苏	12 319	8 622	151 757 761	74 338 884	106 214 418
浙江	16 294	12 254	265 494 436	150 160 516	199 666 676
安徽	8 471	6 368	71 757 841	40 551 424	53 943 328
福建	12 321	8 794	151 807 041	77 334 436	108 350 874
江西	8 620	6 109	74 304 400	37 319 881	52 659 580
山东	10 745	7 457	115 455 025	55 606 849	80 125 465
河南	8 668	6 038	75 134 224	36 457 444	52 337 384
湖北	8 786	6 737	77 193 796	45 387 169	59 191 282
湖南	9 524	7 505	90 706 576	56 325 025	71 477 620
广东	14 770	11 810	218 152 900	139 476 100	174 433 700
广西	9 287	7 033	86 248 369	49 463 089	65 315 471
海南	8 124	5 929	65 999 376	35 153 041	48 167 196
重庆	10 243	8 623	104 919 049	74 356 129	88 325 389
四川	8 386	6 891	70 324 996	47 485 881	57 787 926
贵州	8 151	6 159	66 438 801	37 933 281	50 202 009

(续表)

地区	人均可支配收入 x	年人均消费性支出(元) y	x^2	y^2	xy
云南	9 266	6 997	85 858 756	48 958 009	64 834 202
西藏	9 431	8 617	88 943 761	74 252 689	81 266 927
陕西	8 272	6 656	68 425 984	44 302 336	55 058 432
甘肃	8 087	6 529	65 399 569	42 627 841	52 800 023
青海	8 058	6 245	64 931 364	39 000 025	50 322 210
宁夏	8 094	6 404	65 512 836	41 011 216	51 833 976
新疆	7 990	6 208	63 840 100	38 539 264	49 601 920
合计	316 074	240 969	3 480 429 004	2 016 096 563	2 644 665 658

将表 8-2 合计栏的数据代入式(8.2)中,可得相关系数:

$$r = \frac{31 \times 2\,644\,665\,658 - 316\,074 \times 240\,969}{\sqrt{31 \times 3\,480\,429\,004 - (316\,074)^2} \sqrt{31 \times 2\,016\,096\,563 - (240\,969)^2}}$$

$$= \frac{5\,820\,599\,692}{89\,389.74 \times 66\,580.29} = 0.9780$$

相关系数 0.9780 说明,2005 年我国各地区城镇居民年人均消费性支出与年人均可支配收入之间存在显著的线性相关关系。

值得注意的是,相关系数接近于 1 的程度与数据组数 n 有关,这样容易提供不准确的信息。因为,当 n 较小时,相关系数的绝对值容易接近于 1;当 n 较大时,相关系数的绝对值容易偏小。特别是当 $n=2$ 时,相关系数的绝对值总为 1。因此,在样本容量 n 较小时,我们仅凭相关系数较大就说变量 x 与 y 之间有密切的线性关系,这种结论不一定可靠。为此,需要对相关系数的显著性进行检验。检验的统计量为:

$$t = \frac{\sqrt{n-2}\,r}{\sqrt{1-r^2}} = \sqrt{\frac{n-2}{1-r^2}}\,r \tag{8.3}$$

本书附录中有相关系数的检验表,表 8 中是相关系数绝对值的临界值。当我们计算变量 x 与 y 的相关系数绝对值大于表中值时,才可以认为 x 与 y 有线性关系。通常,当 $|r|$ 大于表中 $\alpha=5\%$ 相应的值,但小于表中 $\alpha=1\%$ 相应的值时,称 x 与 y 有显著的线性关系;$|r|$ 大于表中 $\alpha=1\%$ 相应的值时,称 x 与 y 有十分显著的线性关系;$|r|$ 小于表中 $\alpha=5\%$ 相应的值时,就认为 x 与 y 没有显著的线性关系。本例中,$n=31$,表中 $\alpha=5\%$($n-2=29$)相应的临界值 $t_{\alpha/2}(\alpha=5\%, n-2)=0.355$;$\alpha=1\%$($n-2=29$)相应的临界值 $t_{\frac{\alpha}{2}}(\alpha=1\%, n-2)=0.456$。计算得到的相关系数为 0.9780,远远大于临界值 0.456。说明人均消费性支出与人均可支配收入之间存在十分显著的线性依赖关系。

第二节 一元线性回归分析

一、一元线性回归模型的基本形式

(一) 回归模型的基本形式

如前所述,回归分析是指根据相关关系的具体形态,选择一个合适的数学模型来近似地表达变量之间的平均变化关系。因此,进行回归分析通常要设定一定的数学模型。在回归分析中,最简单的模型是只有一个因变量和一个自变量的一元线性回归模型,其表达式如下:

$$y = \beta_0 + \beta_1 x + \varepsilon \tag{8.4}$$

式中,y 为因变量(被解释变量),x 为自变量(解释变量),β_0 和 β_1 是未知参数,称 β_0 为回归常数,β_1 为回归系数。ε 表示其他随机因素的影响,并假定 ε 是不可观测的随机误差,它是一个随机变量。

一般称式(8.4)为变量 y 对 x 的一元线性理论回归模型,或称为总体回归模型。式(8.4)将实际问题中变量 y 与 x 之间的关系用两个部分来描述:一个部分是由于 x 的变化引起 y 线性变化的部分,即 $\beta_0 + \beta_1 x$;另一个部分是由其他一切随机因素引起的,记为 ε。式(8.4)确切地表达了经济变量 x 与 y 之间密切相关,但密切的程度又没有到由 x 唯一确定 y 这种极端的地步。比如例 8-2 中,人均可支配收入是影响人均消费性支出的主要因素,但并不是唯一的因素。因为,上年人均消费支出、当年消费品价格指数、银行存款利率等都或多或少地影响当年人均消费支出。在一元线性回归分析中,这些因素的影响都归入随机误差项中。通常假定随机误差项 ε 满足

$$\begin{cases} E(\varepsilon) = 0 \\ \text{Var}(\varepsilon) = \sigma^2 \end{cases}$$

这里,$E(\varepsilon)$ 表示 ε 的数学期望,$\text{Var}(\varepsilon)$ 表示 ε 的方差。在实际问题的研究中,为了便于对参数作区间估计和假设检验,我们还假定随机误差项 ε 服从正态分布,即

$$\varepsilon \sim N(0, \sigma^2)$$

在 ε 服从正态分布的假定下,进一步有

$$y \sim N(\beta_0 + \beta_1 x, \sigma^2)$$

它表示随机变量 y 也服从正态分布,且

$$\begin{cases} E(y) = \beta_0 + \beta_1 x \\ \text{Var}(y) = \sigma^2 \end{cases}$$

我们知道,相关关系是一种非严格确定的相互依存关系,对于一个给定的 x_i,变量 y 可能有多个不同的取值,这些不同的取值应服从正态分布或近似正态分布。比如,人均可支配收入相同的家庭,其人均消费支出不可能完全相同。如果样本中有 100 户家庭的年人均可支配收入为 8 000 元,那么我们假定这 100 户家庭的年人均消费支出服从正态分布。因此,$E(y) = \beta_0 + \beta_1 x$ 正是从平均意义上表达了变量 y 与 x 之间的统计规律。现实经济生活中,我们关心的也是这个平均值。比如,在讨论人均可支配收入与人均消费支出的关系时,对于年人均可支配收入为 8 000 元的 100 户家庭,我们希望知道的是这些家庭的年人均消费支出的平均值是多少,而不是具体哪一个家庭的年人均消费支出。

一般情况下,在研究某个实际问题时,对于获得的 n 组样本观测值 (x_1, y_1),(x_2, y_2),…,(x_n, y_n) 来说,如果它们符合式(8.4),则:

$$y_i = \hat{\beta}_0 + \hat{\beta}_1 x_i + e_i, \quad i = 1, 2, \cdots, n \tag{8.5}$$

相应地有:

$$\begin{cases} E(e_i) = 0 \\ \text{Var}(e_i) = \hat{\sigma}^2 \end{cases} \quad i = 1, 2, \cdots, n$$

我们称式(8.5)为一元线性样本回归模型,并假定 n 组数据是独立观测的,因而 $y_1, y_2, \cdots, y_n$ 与 $e_1, e_2, \cdots, e_n$ 都是相互独立的随机变量,称 e_i 为残差,与总体回归模型中的随机误差项相对应。而 $x_i (i = 1, 2, \cdots, n)$ 是确定性变量,其值是可以精确测量和控制的。

式(8.4)的理论回归模型与式(8.5)的样本回归模型是等价的,因而我们常不加区分地将二者统称为一元线性回归模型。

对于样本数据而言,有:

$$\begin{cases} E(y_i) = \hat{\beta}_0 + \hat{\beta}_1 x_i \\ \text{Var}(y_i) = \hat{\sigma}^2 \end{cases} \tag{8.6}$$

式(8.6)表明随机变量 $y_1, y_2, \cdots, y_n$ 期望值不等,方差相等,因而 $y_1, y_2, \cdots, y_n$ 是独立的随机变量,但并不同分布,而 $e_1, e_2, \cdots, e_n$ 是独立同分布的随机变量。

回归分析的主要任务就是通过 n 组样本观测值 (x_i, y_i),$i = 1, 2, \cdots, n$ 对 β_0,β_1 进行估计。一般用 $\hat{\beta}_0$,$\hat{\beta}_1$ 分别表示 β_0,β_1 的估计,以 $\hat{y}$ 表示 $E(y)$ 的估计,则称

$$\hat{y} = \hat{\beta}_0 + \hat{\beta}_1 x \tag{8.7}$$

为 y 关于 x 的一元线性经验回归方程。

通常 $\hat{\beta}_0$ 表示经验回归直线在纵轴上的截距。如果模型范围里包括 $x = 0$,则 $\hat{\beta}_0$ 是 $x = 0$ 时 y 概率分布的均值;如果不包括 $x = 0$,$\hat{\beta}_0$ 只是作为回归方程中

的截距项,没有别的具体意义。$\hat{\beta}_1$ 表示经验直线回归方程的斜率,$\hat{\beta}_1$ 在实际应用中表示自变量 x 每增加一个单位时因变量 y 的平均增加数量。

虽然总体回归模型与样本回归模型从形式上看是等价的,但必须明确二者之间存在的区别。其一,总体回归线是未知的,它只有一条;样本回归线是根据样本数据拟合的,抽取的样本不同,拟合的样本回归线也就不同,故会有多条回归线。其二,总体回归模型中的 β_0,β_1 是未知参数,表现为常数,而样本回归模型中的 $\hat{\beta}_0$,$\hat{\beta}_1$ 是随机变量,其具体取值随所抽取的样本观测值不同而变化。其三,总体回归模型中的随机误差项 ε_i 不可直接测算,而样本回归模型中的残差 e_i 则可以根据样本观测值与样本回归拟合值来计算。

(二)一元线性回归模型的基本假设

上面已经提到了误差项的基本假设,现将这些假设归纳如下:

假设1:误差项的期望值为0,即对所有的 i 有:
$$E(\varepsilon_i) = 0$$

假设2:误差项的方差为常数,即对所有的 i 有:
$$\text{Var}(\varepsilon_i) = E(\varepsilon_i^2) = \sigma^2$$

假设3:误差项之间不存在自相关关系,其协方差为0,即当 $i \neq j$ 时,有:
$$\text{Cov}(\varepsilon_i, \varepsilon_j) = 0$$

假设4:自变量是给定的变量,与随机误差项线性无关;

假设5:随机误差项服从正态分布。

以上这些基本假设是德国数学家高斯最早提出的,故也称为高斯假定或标准假定。

二、一元线性回归模型的估计

(一)参数 β_0 和 β_1 的最小二乘估计

回归分析的主要任务就是根据样本数据建立能够近似反映真实总体回归模型的样本回归模型。建立样本回归方程时,一般总是希望 y 的估计值 $\hat{y}_i$ 从整体来看尽可能地接近其实际观测值 y_i,即残差 e_i 的总和越小越好。可是,由于 e_i 有正有负,简单的代数和会使正负残差相互抵消为0。为了避免正负残差抵消,可以对残差取绝对值或者取平方。但由于绝对值残差和 $\sum |e_i|$ 在数学处理上比较麻烦,所以在回归分析中通常采用残差平方和 $\sum e_i^2$ 作为衡量总偏差的尺度(注:在下文中,为了简化表达式,将省去求和符号的上下标,如以 $\sum x_i$ 代表 $\sum_{i=1}^{n} x_i$)。定义残差平方和为:

$$Q(\hat{\beta}_0,\hat{\beta}_1) = \sum e_i^2 = \sum (y_i - \hat{y}_i)^2 = \sum (y_i - \hat{\beta}_0 - \hat{\beta}_1 x_i)^2 \quad (8.8)$$

显然,残差平方和的大小将依赖于 $\hat{\beta}_0$ 和 $\hat{\beta}_1$ 的取值。所谓最小二乘法就是寻找参数 β_0 和 β_1 的估计值 $\hat{\beta}_0$ 和 $\hat{\beta}_1$,使式(8.8)定义的残差平方和达到最小。由于 Q 是关于 $\hat{\beta}_0$ 和 $\hat{\beta}_1$ 的非负二次函数,因而它的最小值总是存在的。根据微积分中求极值的原理,$\hat{\beta}_0$,$\hat{\beta}_1$ 应满足下列方程组:

$$\begin{cases} \dfrac{\partial Q}{\partial \hat{\beta}_0} = -2 \sum (y_i - \hat{\beta}_0 - \hat{\beta}_1 x_i) = 0 \\ \dfrac{\partial Q}{\partial \hat{\beta}_1} = -2 \sum (y_i - \hat{\beta}_0 - \hat{\beta}_1 x_i) x_i = 0 \end{cases}$$

经整理后,得正规方程组:

$$\begin{cases} n\hat{\beta}_0 + (\sum x_i)\hat{\beta}_1 = \sum y_i \\ (\sum x_i)\hat{\beta}_0 + (\sum x_i^2)\hat{\beta}_1 = \sum x_i y_i \end{cases}$$

求解以上正规方程组得 β_0 和 β_1 的最小二乘估计(OLSE)为:

$$\begin{cases} \hat{\beta}_0 = \bar{y} - \hat{\beta}_1 \bar{x} \\ \hat{\beta}_1 = \dfrac{n \sum x_i y_i - \sum x_i \sum y_i}{n \sum x_i^2 - (\sum x_i)^2} \end{cases} \quad (8.9)$$

式(8.9)也可表示如下:

$$\begin{cases} \hat{\beta}_0 = \bar{y} - \hat{\beta}_1 \bar{x} \\ \hat{\beta}_1 = \dfrac{\sum (x_i - \bar{x})(y_i - \bar{y})}{\sum (x_i - \bar{x})^2} = \dfrac{L_{xy}}{L_{xx}} \end{cases} \quad (8.10)$$

例 8.3 根据表 8-2 中的数据,建立 2005 年我国各地区城镇居民年人均消费性支出与年人均可支配收入之间的回归方程。

解 设所求的回归方程为: $\hat{y} = \hat{\beta}_0 + \hat{\beta}_1 x$,根据式(8.9)和表 8-2 中的数据,计算回归系数如下:

$$\hat{\beta}_1 = \dfrac{31 \times 2\,644\,665\,658 - 316\,074 \times 240\,969}{31 \times 3\,480\,429\,004 - (316\,074)^2}$$

$$= \dfrac{5\,820\,599\,692}{7\,990\,525\,644} = 0.7284$$

$$\hat{\beta}_0 = \dfrac{240\,969}{31} - 0.7284 \times \dfrac{316\,074}{31}$$

$$= 7\,773.1935 - 0.7284 \times 10\,195.9355 = 346.4741$$

所求的回归方程为:

$$\hat{y} = 346.4741 + 0.7284x \quad (8.11)$$

式(8.11)中,回归系数 0.7284 表示在其他因素保持不变的情况下,我国城镇居民年人均可支配收入每增加 1 元时,年人均消费性支出平均增加 0.7284 元;截距 346.4741 只是从理论上说明,当年人均可支配收入为 0 时,年人均消费性支出也需要 346.4741 元。实际生活中,一个国家城镇居民年人均可支配收入为 0 的情况几乎不可能发生,因此该截距项不具有实际意义,只要了解其理论含义即可。

(二) 最小二乘估计量的性质

最小二乘法是多种估计方法中的一种。按最小二乘法求得的总体回归系数的估计 $\hat{\beta}_0$ 和 $\hat{\beta}_1$ 被称为最小二乘估计。最小二乘估计量的形式是不变的,但根据所选取的样本不同,$\hat{\beta}_0$ 和 $\hat{\beta}_1$ 的具体数值会随之变化,因此它是一种随机变量。可以证明,在基本假设能够得到满足的条件下,回归系数的最小二乘估计量的期望值等于真值,即有

$$E(\hat{\beta}_0) = \beta_0$$
$$E(\hat{\beta}_1) = \beta_1$$

$\hat{\beta}_0$ 和 $\hat{\beta}_1$ 的方差分别为

$$\operatorname{Var}(\hat{\beta}_0) = \left[\frac{1}{n} + \frac{(\bar{x})^2}{\sum(x_i - \bar{x})^2}\right]\sigma^2 = \left[\frac{1}{n} + \frac{(\bar{x})^2}{L_{xx}}\right]\sigma^2$$

$$\operatorname{Var}(\hat{\beta}_1) = \frac{\sigma^2}{\sum(x_i - \bar{x})^2} = \frac{\sigma^2}{L_{xx}}$$

$$L_{xx} = \sum(x_i - \bar{x})^2 = \sum x_i^2 - \frac{(\sum x_i)^2}{n}$$

不难证明:$\hat{\beta}_0$ 服从期望值为 β_0,方差为 $\operatorname{Var}(\hat{\beta}_0) = \left[\frac{1}{n} + \frac{(\bar{x})^2}{L_{xx}}\right]\sigma^2$ 的正态分布,即 $\hat{\beta}_0 \sim N\left(\beta_0, \left(\frac{1}{n} + \frac{(\bar{x})^2}{L_{xx}}\right)\sigma^2\right)$;$\hat{\beta}_1$ 服从期望值为 β_1,方差为 $\operatorname{Var}(\hat{\beta}_1) = \frac{\sigma^2}{L_{xx}}$ 的正态分布,即 $\hat{\beta}_1 \sim N\left(\beta_1, \frac{\sigma^2}{L_{xx}}\right)$。

当回归模型的随机误差项 ε_i 满足等方差及不相关的假定条件(亦称高斯-马尔柯夫条件)时,即

$$\begin{cases} E(\varepsilon_i) = 0, \quad i = 1, 2, \cdots, n \\ \operatorname{Cov}(\varepsilon_i, \varepsilon_j) = \begin{cases} \sigma^2, i = j \\ 0, i \neq j \end{cases} \quad (i, j = 1, 2, \cdots, n) \end{cases}$$

可以证明 $\hat{\beta}_0$ 和 $\hat{\beta}_1$ 分别是 β_0 和 β_1 的最佳线性无偏估计,也称为最小方差线性无偏估计,也就是说,在 β_0 和 β_1 的一切线性无偏估计中,它们的方差最小。[①]

(三) 回归系数的区间估计

当我们用最小二乘法得到 β_0 和 β_1 的点估计 $\hat{\beta}_0$ 和 $\hat{\beta}_1$ 后,在实际应用中往往还希望给出回归系数的估计精度,即给出其置信水平为 $1-\alpha$ 的置信区间。换句话说,就是分别给出以 $\hat{\beta}_0$ 和 $\hat{\beta}_1$ 为中心的一个区间,这个区间以 $1-\alpha$ 的概率包含参数 β_0,β_1。置信区间越窄,说明估计值 $\hat{\beta}_0,\hat{\beta}_1$ 与 β_0,β_1 接近的程度越好,估计值越精确;置信区间越宽,说明估计值 $\hat{\beta}_0$ 和 $\hat{\beta}_1$ 与 β_0,β_1 接近的程度越差,估计值越不精确。

根据 $\hat{\beta}_1 \sim N\left(\beta_1, \dfrac{\sigma^2}{L_{xx}}\right)$ 可得:

$$t = \frac{\hat{\beta}_1 - \beta_1}{\hat{\sigma}_{\hat{\beta}_1}} = \frac{\hat{\beta}_1 - \beta_1}{\sqrt{\hat{\sigma}^2/L_{xx}}}$$

$$= \frac{(\hat{\beta}_1 - \beta_1)\sqrt{L_{xx}}}{\hat{\sigma}}$$

服从自由度为 $n-2$ 的 t 分布。因而有:

$$P\left[\left|\frac{(\hat{\beta}_1 - \beta_1)\sqrt{L_{xx}}}{\hat{\sigma}}\right| < t_{\alpha/2}(n-2)\right] = 1-\alpha$$

$$p\left(\hat{\beta}_1 - t_{\alpha/2}\frac{\hat{\sigma}}{\sqrt{L_{xx}}} < \beta_1 < \hat{\beta}_1 + t_{\alpha/2}\frac{\hat{\sigma}}{\sqrt{L_{xx}}}\right) = 1-\alpha$$

即得 β_1 的置信度 $1-\alpha$ 的置信区间为:

$$\left(\hat{\beta}_1 - t_{\alpha/2}\frac{\hat{\sigma}}{\sqrt{L_{xx}}}, \hat{\beta}_1 + t_{\alpha/2}\frac{\hat{\sigma}}{\sqrt{L_{xx}}}\right)$$

同理,根据 $\hat{\beta}_0 \sim N\left(\beta_0, \left(\dfrac{1}{n} + \dfrac{(\bar{x})^2}{L_{xx}}\right)\sigma^2\right)$,可以推导出 β_0 的置信度 $1-\alpha$ 的置信区间为:

$$\left(\hat{\beta}_0 - t_{\alpha/2} \cdot \hat{\sigma} \cdot \sqrt{\frac{1}{n} + \frac{(\bar{x})^2}{L_{xx}}}, \hat{\beta}_0 + t_{\alpha/2} \cdot \hat{\sigma} \cdot \sqrt{\frac{1}{n} + \frac{(\bar{x})^2}{L_{xx}}}\right)$$

在 SPSS 软件中,回归系数的区间估计不是默认的输出结果。在线性回归对话框中,点选下面的统计量"Statistics"框条进入统计量对话框,再点选"Confi-

---

[①] 证明可以参阅陈希孺、王松桂:《近代回归分析》,安徽教育出版社 1987 年版。

dence interval",这样在输出的回归系数表中就增加了回归系数的区间估计。用 SPSS 软件计算得例 8.3 中的 β_0,β_1 的置信度为 95% 的置信区间分别为 (-279.3113,971.4919) 和 (0.6694,0.7875)。

(四)总体方差的估计

除了参数 β_0,β_1 外,一元线性回归模型还有一个未知参数,即总体的随机误差项 ε 的方差 σ^2。它是检验模型时必须利用的一个重要参数,用以反映理论模型误差的大小。由于随机误差项 ε 本身不能直接观测,因此需要用样本回归模型的残差 e 代替随机误差项来估计 σ^2。数学上可以证明,σ^2 的无偏估计 $\hat{\sigma}^2$ 可由式(8.12)给出:

$$\hat{\sigma}^2 = \frac{\sum e_i^2}{n-2} = \frac{\sum (y_i - \hat{y}_i)^2}{n-2} \tag{8.12}$$

对 $\hat{\sigma}^2$ 开平方,得:

$$\hat{\sigma} = \sqrt{\frac{\sum e_i^2}{n-2}} = \sqrt{\frac{\sum (y_i - \hat{y}_i)^2}{n-2}}$$

$\hat{\sigma}$ 被称为回归标准差或估计标准误差。正如标准差可以说明平均数代表性的大小一样,估计标准差则可以说明回归线代表性的大小。$\hat{\sigma}$ 越小,表明实际观测值与所拟合的样本回归线的离差程度越小,即回归线具有较强的代表性。反之,$\hat{\sigma}$ 越大,表明实际观测值与所拟合的样本回归线的离差程度越大,即回归线的代表性越差。

如果利用上述定义公式手工计算估计标准误差,需要求出每一项残差,计算工作量较大。因此可以采用下列简捷公式来计算:

$$\hat{\sigma} = \sqrt{\frac{\sum y_i^2 - \hat{\beta}_0 \sum y_i - \hat{\beta}_1 \sum x_i y_i}{n-2}} \tag{8.13}$$

简捷公式(8.13)中所需要的数据与计算相关系数和估计回归系数时所用的数据相同,这样可以大大减少计算工作量。当然,如果是利用统计软件计算估计标准误差,则无所谓简捷计算公式。

根据表 8-2 中的数据可知:

$$\sum y_i = 240\,969 \quad \sum y_i^2 = 2\,016\,096\,563 \quad \sum x_i y_i = 2\,644\,665\,658$$

$$\hat{\beta}_0 = 346.4741 \quad \hat{\beta}_1 = 0.7284$$

将上述数据代入式(8.13):

$$\hat{\sigma} = \sqrt{\frac{2\,016\,096\,563 - 346.4741 \times 240\,969 - 0.7284 \times 2\,644\,665\,658}{31-2}}$$

$$= \sqrt{\frac{6\,232\,580.4}{29}} = 463.5909(元)$$

三、回归方程的显著性检验

当我们建立了一个实际问题的经验回归方程之后,还不能马上用于分析和预测。因为得到的经验回归方程是否真正描述了变量之间的统计规律,还需要运用统计方法对回归方程进行检验。回归分析中的显著性检验包括两方面的内容,一是对各回归系数的显著性检验;二是对整个回归方程的显著性检验。对于前者,通常采用 t 检验,而对于后者,则是在方差分析的基础上采用 F 检验。在一元线性回归模型中,由于只有一个自变量,对 $\beta_1 = 0$ 的 t 检验与对整个方程的 F 检验是一致的。

(一) t 检验

t 检验是统计推断中常用的一种检验方法。在回归分析中主要用于检验回归系数的显著性。检验的原假设是 $H_0: \beta_1 = 0$,备择假设是 $H_1: \beta_1 \neq 0$。

回归系数的显著性检验就是要检验自变量 x 对因变量 y 的影响程度是否显著。如果原假设 H_0 成立,则因变量 y 与自变量 x 之间并没有真正的线性关系,也就是说,自变量 x 的变化对因变量 y 并没有影响。由于 $\hat{\beta}_1 \sim N\left(\beta_1, \dfrac{\sigma^2}{L_{xx}}\right)$,因而,当原假设 $H_0: \beta_1 = 0$ 成立时,

$$\hat{\beta}_1 \sim N\left(0, \dfrac{\sigma^2}{L_{xx}}\right)$$

此时,$\hat{\beta}_1$ 在零附近波动,构造 t 统计量

$$t = \dfrac{\hat{\beta}_1}{\sqrt{\hat{\sigma}^2 / L_{xx}}} = \dfrac{\hat{\beta}_1 \sqrt{L_{xx}}}{\hat{\sigma}} \qquad (8.14)$$

式中,

$$\hat{\sigma}^2 = \dfrac{1}{n-2} \sum e_i^2 = \dfrac{1}{n-2} \sum (y_i - \hat{y}_i)^2$$

是 σ^2 的无偏估计,称 $\hat{\sigma}$ 为回归标准差。

当原假设 $H_0: \beta_1 = 0$ 成立时,由式(8.14)构造的 t 统计量服从自由度为 $n-2$ 的 t 分布。给定显著性水平 α,双侧检验的临界值为 $t_{\alpha/2}$。当 $|t| \geq t_{\alpha/2}$ 时拒绝原假设 $H_0: \beta_1 = 0$,认为 β_1 显著不为零,因变量 y 对自变量 x 的一元线性回归成立;当 $|t| < t_{\alpha/2}$ 时,接受原假设 $H_0: \beta_1 = 0$,认为 β_1 为零,因变量 y 对自变量 x 的一元线性回归不成立。

例 8.4 根据例 8.2 和例 8.3 的资料,对 2005 年我国各地区城镇居民年人均可支配收入和年人均消费性支出之间的回归系数 β_1 进行显著性检验。

解 首先提出假设 $H_0: \beta_1 = 0, H_1: \beta_1 \neq 0$;

其次,将 $\hat{\beta}_1 = 0.7284, \hat{\sigma} = 463.5909$ 以及 $L_{xx} = 257\,758\,892$ 代入式(8.14)中计算 t 值:

第八章 相关与回归分析

$$t = \frac{\hat{\beta}_1 \sqrt{L_{xx}}}{\hat{\sigma}} = \frac{0.7284 \times \sqrt{257\,758\,892}}{463.5909} = 25.2256$$

查 t 分布表可知：显著水平 $\alpha = 1\%$，自由度为 29 时的双侧 t 检验的临界值 $t_{\alpha/2} = 2.756$。由于计算的 t 值大于 2.756，所以拒绝原假设 $H_0 : \beta_1 = 0$，接受备择假设 $H_1 : \beta_1 \neq 0$，则认为城镇居民年人均可支配收入对年人均消费性支出的影响是显著的。

(二) F 检验

如上所述，t 检验主要用来检验各个回归系数是否显著，F 检验则主要用于检验整个回归方程是否有效。对于一元线性回归模型，由于只有一个回归系数，故两种检验所得的结果是相同的。但对于多元线性回归模型则不同，t 检验与 F 检验的结果可能相同也可能不同，即会出现各个回归系数能通过检验而整个回归方程却不一定能够通过检验的情形，或者出现相反的情形。F 检验的主要目的在于分析各个因变量值与其均值离差平方和中，由于自变量与因变量之间的回归关系所产生的影响情况。

根据方差分析原理，将 y 的 n 个观察值之间的差异，用观察值 y_i 与其平均值 $\bar{y}$ 的离差平方和来表示，并称之为总离差平方和（Total Deviation Sum of Squares），记为 SST。

$$SST = \sum (y_i - \bar{y})^2$$

将 SST 分解如下：

$$\begin{aligned}
SST &= \sum (y_i - \bar{y})^2 \\
&= \sum (y_i - \hat{y}_i + \hat{y}_i - \bar{y})^2 \\
&= \sum (y_i - \hat{y}_i)^2 + 2 \sum (y_i - \hat{y}_i)(\hat{y}_i - \bar{y}) + \sum (\hat{y}_i - \bar{y})^2 \\
&= \sum (y_i - \hat{y}_i)^2 + \sum (\hat{y}_i - \bar{y})^2
\end{aligned}$$

其中，不难证明 $\sum (y_i - \hat{y}_i)(\hat{y}_i - \bar{y}) = 0$。

式中，$\sum (\hat{y}_i - \bar{y})^2$ 称为回归平方和（Regression Sum of Squares），记为 SSR；

$\sum (y - \hat{y}_i)^2$ 称为残差平方和（Residual Sum of Squares），记为 SSE。

上式可以简写为：

$$SST = SSR + SSE \tag{8.15}$$

由此可见，引起 y 值变化的因素有两个：一是 x 的变化引起 y 的变化，二是不可控制的随机因素对 y 的影响。$\sum (\hat{y}_i - \bar{y})^2$ 是回归值 $\hat{y}$ 与观察值 y 的平均值之差的平方和，它反映了自变量的变化所引起的对 y 的波动，它的大小反映了自

变量 x 的重要程度。$\sum(y-\hat{y}_i)^2$ 是 y 的实际值与回归值之差的平方和,它是由试验误差以及未加控制的因素引起的,其大小反映了随机因素变化对因变量变化的影响程度。换言之,因变量 y 的总离差平方和 SST 中,能够由自变量解释的部分即回归平方和为 SSR,不能由自变量解释的部分即残差平方和为 SSE。这样,回归平方和 SSR 占 SST 的比重越大,回归效果就越好,可以据此构造 F 检验统计量如下:

$$F = \frac{SSR/p}{SSE/(n-p-1)} \tag{8.16}$$

式中,p 为自变量的个数。对于一元线性回归模型,F 检验统计量为:

$$F = \frac{SSR/1}{SSE/(n-2)}$$

在正态假设下,当原假设 $H_0: \beta_1 = 0$ 成立时,F 服从自由度为 $(1, n-2)$ 的 F 分布。当 F 值大于临界值 $F_\alpha(1, n-2)$ 时,拒绝 H_0,说明回归方程显著,x 与 y 有显著的线性关系。对于回归方程的具体检验可以放在方差分析表(表8-3)上进行。

表8-3 方差分析表

方差来源	平方和	自由度	均方	F 统计量	显著性水平(P 值)
回归	SSR	1	$SSR/1$	$\dfrac{SSR/1}{SSE/(n-2)}$	F 检验统计量大于临界值的概率
残差	SSE	$n-2$	$SSE/(n-2)$		
总和	SST	$n-1$			

上面介绍了回归系数显著性的 t 检验、回归方程显著性的 F 检验以及相关系数显著性的 t 检验这三种检验。这三种检验之间存在一定的关系。对一元线性回归这三种检验的结果是完全一致的。可以证明,回归系数显著性的 t 检验与相关系数显著性的 t 检验是完全等价的,而 F 统计量则是 t 统计量的平方。因而对一元线性回归实际只需要作其中的一种检验即可。然而对多元线性回归这三种检验所考虑的问题已有不同,所以并不等价,是三种不同的检验。

正如第五章介绍的,还可用 P 值进行判定。用 P 值作检验的缺点是难以手工计算,但计算机软件可以方便地算出 P 值。

(三)样本决定系数

根据回归平方和与残差平方和的意义我们知道,如果在总的离差平方和中回归平方和所占的比重越大,则线性回归效果就越好,这说明样本回归直线与样本观测值拟合优度就越好;如果残差平方和所占的比重大,则回归直线与样本观测值拟合得就不理想。这里把回归平方和与总离差平方和之比定义为样本决定系数,记为 r^2,即:

$$r^2 = \frac{SSR}{SST} = \frac{\sum(\hat{y}_i - \bar{y})^2}{\sum(y_i - \bar{y})^2} \tag{8.17}$$

由关系式：$\sum(\hat{y}_i - \bar{y})^2 = \hat{\beta}_1^2 \sum(x_i - \bar{x})^2$ 可以证明式(8.17)的 r^2 正好是式(8.1)中相关系数 r 的平方：

$$r^2 = \frac{SSR}{SST} = \frac{L_{xy}^2}{L_{xx}L_{yy}} = (r)^2$$

证：由 $\hat{y} = \hat{\beta}_0 + \hat{\beta}_1 x$ 和 $\bar{y} = \hat{\beta}_0 + \hat{\beta}_1 \bar{x}$，有 $\hat{y} - \bar{y} = \hat{\beta}_1(x - \bar{x})$。

两边平方再求和：$\sum(\hat{y}_i - \bar{y})^2 = \hat{\beta}_1^2 \sum(x_i - \bar{x})^2$；

由于 $r = \dfrac{L_{xy}}{\sqrt{L_{xx}L_{yy}}}$ 和 $\hat{\beta}_1 = \dfrac{L_{xy}}{L_{xx}}$

有：$r = \hat{\beta}_1 \sqrt{\dfrac{L_{xx}}{L_{yy}}}$

$$r^2 = \frac{SSR}{SST} = \frac{\sum(\hat{y}_i - \bar{y})^2}{\sum(y_i - \bar{y})^2}$$

$$= \hat{\beta}_1^2 \frac{\sum(x_i - \bar{x})^2}{\sum(y_i - \bar{y})^2} = \frac{L_{xy}^2}{L_{xx}^2} \cdot \frac{L_{xx}}{L_{yy}} = \frac{L_{xy}^2}{L_{xx}L_{yy}} = (r)^2$$

可见，样本决定系数是指总离差平方和中回归平方和所占的比重，用以反映回归直线与样本观测值的拟合优度。从计算公式可以看出，r^2 反映了因变量的变化中能用自变量解释的比例。r^2 的值总是在 0 和 1 之间，也可以用百分数表示。一个线性回归模型如果充分利用了 x 的信息，因变量不确定性的绝大部分能由回归方程解释，则 r^2 越接近于 1，拟合优度就越好。反之，如 r^2 不大，说明模型中反映出来的 x 对 y 的影响信息还不充分，回归方程的效果不好，应进行修改，使 x 与 y 的信息得到充分的利用。

一般而言，回归方程的显著性检验与 r^2 值的大小是一致的，即 t 检验和 F 检验越显著（P 值越小），r^2 就越大，但是这种关系并不是完全确定的，在样本容量 n 很大时，对高度显著的检验结果仍然可能得到一个小的 r^2。导致 r^2 小的可能原因有两个：第一是线性回归不成立，y 与 x 之间是曲线关系，这时应该用曲线回归。第二是 y 与 x 之间的确符合式(8.4)的线性模型，只是误差项方差 σ^2 大，导致 r^2 小，这时在样本容量 n 很大时，检验结果仍然可能得出线性回归显著的结论。正确区分以上两种不同情况十分重要。如果能够对自变量进行重复观测，则可以通过检验来正确区分以上两种不同情况，而经济数据建模通常不能得到重复观测，这时可以通过残差分析方法来正确区分以上两种不同情况。

四、回归模型的应用

建立回归模型的目的是为了应用,而预测是回归模型最重要的应用。下面主要讨论如何根据自变量的取值来对因变量进行预测。

(一) 单值预测法

单值预测法就是用单个值作为因变量新值的预测方法。比如,我们研究全国各地区城镇居民人均消费性支出 y 与人均可支配收入 x 的关系时,根据 2005 年 31 个地区的资料建立了一元线性回归方程:

$$\hat{y} = 346.4741 + 0.7284x$$

如果城镇居民的消费倾向保持相对稳定,我们可以根据各省 2008 年的城镇居民人均可支配收入来预测其人均消费支出。若假设湖北省 2008 年城镇居民人均可支配收入 $x = x_0 = 10\,000$ 元,那么该省预期的人均消费性支出为:

$$\hat{y}_0 = \hat{\beta}_0 + \hat{\beta}_1 x_0 = 346.4741 + 0.7284 \times 10\,000 \approx 7\,630.47 (元)$$

这就是因变量新值 $y_0 = \beta_0 + \beta_1 x_0 + \varepsilon_0$ 的单值预测。

(二) 区间预测法

以上的单值预测 $\hat{y}_0$ 只是该省 2008 年人均消费性支出的大概值。仅知道这一点意义并不大,对于预测问题,除了知道预测值外,还希望知道预测的精度,这就需要作区间预测,也就是对于给定的一个自变量的取值,要求出因变量预测值的一个范围。给出一个预测值范围比只给出单个值 $\hat{y}_0$ 更可信,这个问题也就是对于给定的显著性水平 α,找一个区间 (T_1, T_2),使对应于某特定的 x_0 的实际值 y_0 以 $1-\alpha$ 的概率被区间 (T_1, T_2) 所包含,用式子表示,就是

$$P(T_1 < y_0 < T_2) = 1 - \alpha$$

对因变量的区间预测又分为两种情况:一种是对因变量单个值的区间预测,另一种是对因变量均值的区间预测。

1. 因变量单个值的区间预测

为了给出新值 y_0 的置信区间,需要首先求出其估计 $\hat{y}_0$ 的分布。由于 $\hat{\beta}_0$ 与 $\hat{\beta}_1$ 都是 $y_1, y_2, \cdots, y_n$ 的线性组合,因而 $\hat{y}_0 = \hat{\beta}_0 + \hat{\beta}_1 x_0$ 也是 $y_1, y_2, \cdots, y_n$ 的线性组合,在正态假定下 $\hat{y}_0 = \hat{\beta}_0 + \hat{\beta}_1 x_0$ 服从正态分布,其期望值为 $E(\hat{y}_0) = \beta_0 + \beta_1 x_0$。其方差计算如下:

$$\begin{aligned} \hat{y}_0 &= \hat{\beta}_0 + \hat{\beta}_1 x_0 \\ &= \bar{y} - \hat{\beta}_1 \bar{x} + \hat{\beta}_1 x_0 \\ &= \sum \left[\frac{1}{n} + \frac{(x_i - \bar{x})(x_0 - \bar{x})}{L_{xx}} \right] y_i \end{aligned}$$

$$\mathrm{Var}\,(\hat{y}_0) = \sum \left[\frac{1}{n} + \frac{(x_i - \bar{x})(x_0 - \bar{x})}{L_{xx}}\right]^2 \mathrm{Var}(y_i)$$

$$= \left[\frac{1}{n} + \frac{(x_0 - \bar{x})^2}{L_{xx}}\right]\sigma^2$$

从而可得：

$$\hat{y}_0 \sim N\left\{\beta_0 + \beta_1 x_0, \left[\frac{1}{n} + \frac{(x_0 - \bar{x})^2}{L_{xx}}\right]\sigma^2\right\} \tag{8.18}$$

$\hat{y}_0$ 是先前独立观测到的随机变量 $y_1, y_2, \cdots, y_n$ 的线性组合,现在某省人均消费性支出的新值 y_0 与先前的观测值是独立的,所以 y_0 与 $\hat{y}_0$ 是独立的。因而

$$\mathrm{Var}\,(y_0 - \hat{y}_0) = \mathrm{Var}\,(y_0) + \mathrm{Var}\,(\hat{y}_0)$$

$$= \sigma^2 + \left[\frac{1}{n} + \frac{(x_0 - \bar{x})^2}{L_{xx}}\right]\sigma^2 = \left(1 + \frac{1}{n} + \frac{(x_0 - \bar{x})^2}{L_{xx}}\right)\sigma^2$$

再由 $E(\hat{y}) = E(y)$ 有：

$$E(y_0 - \hat{y}_0) = 0$$

于是有：

$$y_0 - \hat{y}_0 \sim N\left\{0, \left(1 + \frac{1}{n} + \frac{(x_0 - \bar{x})^2}{L_{xx}}\right)\sigma^2\right\}$$

进而可知统计量

$$t = \frac{y_0 - \hat{y}_0}{\sqrt{\left(1 + \frac{1}{n} + \frac{(x_0 - \bar{x})^2}{L_{xx}}\right)}\hat{\sigma}} \sim t(n-2)$$

可得：

$$P\left\{\left|\frac{y_0 - \hat{y}_0}{\sqrt{\left(1 + \frac{1}{n} + \frac{(x_0 - \bar{x})^2}{L_{xx}}\right)}\hat{\sigma}}\right| \leq t_{\alpha/2}(n-2)\right\} = 1 - \alpha$$

由此我们可以求得 y_0 的置信概率为 $1-\alpha$ 的置信区间为：

$$\hat{y}_0 \pm t_{\alpha/2}(n-2)\sqrt{\left(1 + \frac{1}{n} + \frac{(x_0 - \bar{x})^2}{L_{xx}}\right)}\hat{\sigma} \tag{8.19}$$

当样本容量 n 较大,$|x_0 - \bar{x}|$ 较小时,y_0 的置信度为 95% 的置信区间近似为：

$$\hat{y}_0 \pm 2\hat{\sigma}$$

由式(8.19)可以看到,对给定的显著性水平 α,样本容量 n 越大,$L_{xx} = \sum (x_i - \bar{x})^2$ 越大,x_0 越靠近 $\bar{x}$,则置信区间长度越短,此时的预测精度就越高。所以,为了提高预测精度,样本量 n 应越大越好,采集数据 $x_1, x_2, \cdots, x_n$ 不能太集中。在进行预测时,所给定的 x_0 不能偏离 $\bar{x}$ 太大,否则将影响预测结果的精度;

如果给定值 $x_0 = \bar{x}$ 时,置信区间长度最短,这时的预测结果最好。因此,如果在自变量观测值范围之外作预测,精度就较差。这种情况进一步说明,当 x 的取值发生较大变化时,即 $|x_0 - \bar{x}|$ 很大时,预测精确度低。所以在作预测时一定要看 x_0 与 $\bar{x}$ 相差多大,相差太大时,预测效果不好。尤其是在经济问题的研究中作长期预测时,x 的取值 x_0 一般距当时建模时采集样本的 $\bar{x}$ 相差较大。比如,我们用人均国民收入 3 000 元左右的数据建立的消费基金模型,只适合近期人均收入 3 000 元左右的消费基金预测。当若干年后人均国民收入增长幅度变化较大以及人们的消费观念发生较大变化时,用原模型去作预测,就难以保证其精确度高。

2. 因变量均值的区间预测

式(8.19)给出的是因变量单个值的置信区间,我们关心的另外一种情况是因变量均值的置信区间。对于前面提出的人均消费性支出的问题,如果有好几个地区的人均可支配收入同为 x_0,那么这些地区对应的人均消费性支出的平均数为多少?

这个问题就是要估计平均值 $E(y_0)$。$E(y_0)$ 的区间估计与因变量单个值 y_0 的置信区间有所不同,由于 $E(y_0) = \beta_0 + \beta_1 x_0$ 是常数,由式(8.18)知:

$$\hat{y}_0 - E(y_0) \sim N\left(0, \left(\frac{1}{n} + \frac{(x_0 - \bar{x})^2}{L_{xx}}\right)\sigma^2\right)$$

进而可得因变量均值 $E(y_0)$ 置信水平为 $1-\alpha$ 的置信区间:

$$\hat{y}_0 \pm t_{\alpha/2}(n-2)\sqrt{\frac{1}{n} + \frac{(x_0 - \bar{x})^2}{L_{xx}}}\hat{\sigma} \qquad (8.20)$$

五、统计软件 SPSS 应用

例 8.5 根据例 8.1 中的数据,运用统计软件 SPSS 建立线性回归模型,并进行各种统计检验。

解 本教材采用 SPSS11.5 版本。进入 SPSS 软件,将例 8.1 中 2005 年我国各地区城镇居民年人均可支配收入(x)和年人均消费性支出(y)按要求录入,建立数据文件。依次点选:Analyze→Regression→Linear,进入线性回归窗口(这是一个对话框形式的窗口)。左侧是变量名,选中 y,点右侧 Dependent(因变量)框条旁的箭头按钮,y 即进入此框条(从框条中剔除变量的方法是,选中框条中的变量,框条左侧的箭头按钮即转向左侧,点此按钮即可)。用同样的方法把自变量 x 选入 Independent 框条中,再点击右侧 OK 按钮,即可得以下输出结果。

输出结果表 8-4(A):

表 8-4(A)　Variables Entered/Removed[b]

Model	Variables Entered	Variables Removed	Method
1	全国城镇居民年人均可支配收入[a]	.	Enter

a. Dependent Variable：全国城镇居民年人均消费性支出。
b. All requested variables entered.

输出结果表 8-4(B)：

表 8-4(B)　Model Summary[b]

Model	R	R Square	Adjusted R Square	Std. Error of the Estimate
1	0.9780[a]	0.9565	0.9550	463.3276

a. Predictors：(Constant)，全国城镇居民年人均可支配收入。
b. Dependent Variable：全国城镇居民年人均消费性支出。

输出结果表 8-4(C)：

表 8-4(C)　ANOVA[b]

Model		Sum of Squares	df	Mean Square	F	Sig.
1	Regression	136 772 385.0638	1	136 772 385	637.1212	0.0000[a]
	Residual	6 225 501.7749	29	214 672.4750		
	Total	142 997 886.8387	30			

a. Predictors：(Constant)，全国城镇居民年人均可支配收入。
b. Dependent Variable：全国城镇居民年人均消费性支出。

输出结果表 8-4(D)：

表 8-4(D)　Coefficients[a]

Model		Unstandardized Coefficients		Standardized Coefficients	t	Sig.
		B	Std. Error	Beta		
1	(Constant)	346.0903	305.7855		1.1318	0.2670
	全国城镇居民年人均可支配收入	0.7284	0.0289	0.9780	25.2413	0.0000

a. Dependent Variable：全国城镇居民年人均消费性支出。

上面输出结果中：表 A(Variable Entered/Removed)说明回归分析方法，即所有自变量都进入回归模型，因变量为人均消费性支出；表 B(Model Summary)显示相关系数为 0.9780，样本决定系数为 0.9565，调整以后的样本决定系数为 0.9550，以及估计标准误差 463.3276；表 C(ANOVA)为方差分析表，显示 F 检验值和 P 值(SPSS 中以 Sig，即 Significance 表示)，这里只保留了 4 位小数，因而显示为零。从 F 值和 P 值可以看出,本例中一元线性回归方程通过检验;表 D(Coefficients)给出了非标准化和标准化回归系数及其 t 检验值和 P 值,计算结果与前面利用公式进行手工计算的结果一致,回归系数通过 t 检验。

用 SPSS 软件可以直接计算出因变量单个值 y_0 与平均值 $E(y_0)$ 的置信区间,方法是在进行回归分析之前,把自变量新值 x_0 输入样本数据中,而因变量的相应值空缺,然后在"Save"对话框中点选"Mean"计算因变量平均值 $E(y_0)$ 的置信区间,或点选"Individual"计算因变量单个值 y_0 的置信区间,也可以同时点选二者,同时还可以选择置信度为 95% 或 99%。另外,点选 Predicated values 下面的"Unstandardized"对话框可以计算出点估计值 $\hat{y}_0$,计算结果自动列在原始数据文件中。

对例 8.1 人均消费支出数据,假设湖北省 2005 年人均可支配收入为 10 000 元,利用 SPSS 软件计算出人均消费性支出估计值 $\hat{y}_0$ 以及置信度为 95% 的置信区间为:

(1) 点估计值 $\hat{y}_0$:7 630.47 元;

(2) 单个新值 y_0 的置信区间:(6 667.62 元, 8 593.31 元);

(3) 平均值 $E(y_0)$ 的置信区间:(7 459.88 元, 7 801.06 元)。

用式(8.15)的近似公式计算单个值置信水平为 95% 的近似置信区间为:

$$(\hat{y}_0 - 2\hat{\sigma}, \hat{y}_0 + 2\hat{\sigma}) = (7\,630.47 - 2 \times 463.3276, 7\,630.47 + 2 \times 463.3276)$$
$$= (6\,703.8148 \text{元}, 8\,557.1252 \text{元})$$

这个近似的置信区间与精确的置信区间(6 667.62 元, 8 593.31 元)很接近,下限的相对误差为 0.54%,上限的相对误差为 0.42%。如果用手工计算,多数场合可以用近似区间。

注意,在前面利用手工计算各个参数估计量时,由于只保留 4 位小数,因此,手工计算结果与统计软件计算结果之间存在小数位误差。

第三节 多元线性回归分析

上一节主要介绍了因变量 y 只与一个自变量 x 有关的线性回归问题,但在许多实际问题中,一元线性回归只不过是回归分析中的一种特例。因为客观现象非常复杂,现象之间的联系方式和性质各不相同,影响因变量变化的自变量往往是多个而不是一个,其中既有主要因素也有次要因素。如果仅仅进行一元回归分析,不一定能得到满意的结果。因此,有必要将一个因变量与多个自变量联系起来进行分析。如影响农作物收获量的因素,除了施肥量外,还有耕作深度、降雨量、土质等因素,可以分析各个因素的变化对农作物收获量变化的影响程度。

在线性相关条件下,研究两个和两个以上自变量对一个因变量的数量变化关系,称为多元线性回归分析,表现这一数量关系的数学表达式则称为多元线性回归方程或多元线性回归模型。多元线性回归分析的基本原理与一元线性回归分析相同,只是涉及的自变量多,在计算上比较麻烦一些而已。本节将重点介绍多元线性回归模型及其基本假设、回归模型未知参数的估计及其性质、回归方程及回归系数的显著性检验等。多元回归的计算量要比一元回归时大得多,手工计算已不太现实,费时费力,还难以保证结果的准确性。因此,我们提倡用计算机软件完成计算。

一、多元线性回归模型

(一) 多元线性回归模型的一般形式

设随机变量 y 与一组自变量 $x_1, x_2, \cdots, x_p$ 的线性回归模型为:

$$y = \beta_0 + \beta_1 x_1 + \beta_2 x_2 + \cdots + \beta_p x_p + \varepsilon \tag{8.21}$$

式中,$\beta_0, \beta_1, \beta_2, \cdots, \beta_p$ 是 $p+1$ 个未知参数,β_0 称为回归常数,$\beta_1, \cdots, \beta_p$ 称为回归系数。y 称为被解释变量(因变量),而 $x_1, x_2, \cdots, x_p$ 是 p 个可以精确测量并可控制的一般变量,称为解释变量(自变量)。$p=1$ 时,式(8.21)即为一元线性回归模型,$p \geq 2$ 时,我们就称式(8.21)为多元线性回归模型。ε 是随机误差,与一元线性回归一样,对随机误差项我们常假定:

$$\begin{cases} E(\varepsilon) = 0 \\ \text{Var}(\varepsilon) = \sigma^2 \end{cases}$$

称

$$E(y) = \beta_0 + \beta_1 x_1 + \beta_2 x_2 + \cdots + \beta_p x_p \tag{8.22}$$

为理论回归方程。

对一个实际问题,如果我们获得 n 组观测数据 $(x_{i1}, x_{i2}, \cdots, x_{ip}; y_i)$,$i = 1, 2, \cdots, n$,则线性回归模型式(8.21)可表示为:

$$\begin{cases} y_1 = \beta_0 + \beta_1 x_{11} + \beta_2 x_{12} + \cdots + \beta_p x_{1p} + \varepsilon_1 \\ y_2 = \beta_0 + \beta_1 x_{21} + \beta_2 x_{22} + \cdots + \beta_p x_{2p} + \varepsilon_2 \\ \cdots \cdots \\ y_n = \beta_0 + \beta_1 x_{n1} + \beta_2 x_{n2} + \cdots + \beta_p x_{np} + \varepsilon_n \end{cases} \tag{8.23}$$

写成矩阵形式为:

$$Y = X\beta + \varepsilon \tag{8.24}$$

式中,

$$Y = \begin{bmatrix} y_1 \\ y_2 \\ \vdots \\ y_n \end{bmatrix} \quad X = \begin{bmatrix} 1 & x_{11} & x_{12} & \cdots & x_{1p} \\ 1 & x_{21} & x_{22} & \cdots & x_{2p} \\ \vdots & \vdots & \vdots & & \vdots \\ 1 & x_{n1} & x_{n2} & \cdots & x_{np} \end{bmatrix}$$

$$\beta = \begin{bmatrix} \beta_0 \\ \beta_1 \\ \vdots \\ \beta_p \end{bmatrix} \quad \varepsilon = \begin{bmatrix} \varepsilon_1 \\ \varepsilon_2 \\ \vdots \\ \varepsilon_n \end{bmatrix}$$

矩阵 X 是一个 $n \times (p+1)$ 的矩阵,人们常称 X 为回归设计矩阵或资料矩阵。在实验设计中,X 的元素是预先设定并可以控制的,人的主观因素可作用于其中,因而,称 X 为设计矩阵。

(二) 多元线性回归模型的基本假定

为了方便地进行模型的参数估计,对回归方程式(8.23)有如下一些基本假定。

(1) 解释变量 $x_1, x_2, \cdots, x_p$ 是确定性变量,不是随机变量,且要求 rank(X) $= p+1 < n$。这里 rank(X) $= p+1 < n$,表明设计矩阵 X 中的自变量列之间不相关,且样本容量的个数 n 应大于自变量的个数 p,X 是一满秩矩阵。

(2) 随机误差项具有 0 均值和等方差,即

$$\begin{cases} E(\varepsilon_i) = 0, \quad i = 1, 2, \cdots, n \\ \text{Cov}(\varepsilon_i, \varepsilon_j) = \begin{cases} \sigma^2, i = j \\ 0, i \neq j \end{cases} \end{cases} \quad (i, j = 1, 2, \cdots, n)$$

这个假定常称为高斯-马尔可夫条件。$E(\varepsilon_i) = 0$,即假设观测值没有系统误差,随机误差 ε_i 的平均值为 0。随机误差项 ε_i 的协方差为零表明随机误差项在不同的样本点之间是不相关的(在正态假定下即为独立的),不存在序列相关,并且有相同的精度。

(3) 正态分布的假定条件为:

$$\begin{cases} \varepsilon_i \sim N(0, \sigma^2), \quad i = 1, 2, \cdots, n \\ \varepsilon_1, \varepsilon_2, \cdots, \varepsilon_n \quad \text{相互独立} \end{cases}$$

对于多元线性回归的矩阵形式式(8.24)这个条件便可表示为:

$$\varepsilon \sim N(0, \sigma^2 I_n)$$

由上述假定和多元正态分布的性质可知,随机向量 Y 遵从 n 维正态分布,回归模型式(8.24)的期望向量

$$E(Y) = X\beta$$
$$\text{Var}(Y) = \sigma^2 I_n$$

因此有：
$$Y \sim N(X\beta, \sigma^2 I_n)$$

（三）多元线性回归方程的解释

为了给多元线性回归方程及其回归系数一个解释，下面以 $p=2$ 的一个微观经济问题为例，给出回归方程的几何解释和回归系数的经济意义。在建立住房的预测模型时，用 y 来表示住房的销售量，用 x_1 表示住房的价格，x_2 表示消费者人均可支配收入。则可建立二元线性回归方程模型：

$$\begin{cases} y = \beta_0 + \beta_1 x_1 + \beta_2 x_2 + \varepsilon \\ E(y) = \beta_0 + \beta_1 x_1 + \beta_2 x_2 \end{cases} \quad (8.25)$$

在式(8.25)中，假如 x_2 保持不变，为一常数时，则有：

$$\frac{\partial E(y)}{\partial x_1} = \beta_1$$

即 β_1 可解释为在消费者人均可支配收入 x_2 保持不变时，住房价格 x_1 每变动一个单位，对住房销售量 y 的平均影响程度。一般来说，随着物价的提高，销售量是减少的，因此 β_1 将是负的。

在式(8.25)中，假如 x_1 保持不变，为一常数时，则有：

$$\frac{\partial E(y)}{\partial x_2} = \beta_2$$

即 β_2 可解释为在住房价格 x_1 保持不变时，消费者人均可支配收入 x_2 每变动一个单位，对住房销售量 y 的平均影响程度。一般来说，随着消费者人均可支配收入的增加，住房销售量是增加的，因此 β_2 将是正的。

对于回归方程式(8.25)的图形，已不像一元线性回归时那样，是一条直线，而是一个回归平面。而对一般情况的回归方程式(8.22)，当 $p>2$ 时，回归方程是一个超平面，无法用几何图形表示。

二、多元线性回归模型的估计

（一）回归系数的估计

多元线性回归方程未知参数 $\beta_0, \beta_1, \cdots, \beta_p$ 的估计与一元线性回归方程的参数估计原理一样，仍然可以采用最小二乘估计。对于式(8.24)矩阵形式表示的回归模型 $y = x\beta + \varepsilon$，所谓最小二乘法，就是寻找参数 $\beta_0, \beta_1, \cdots, \beta_p$ 的估计值 $\hat{\beta}_0, \hat{\beta}_1, \cdots, \hat{\beta}_p$，使离差平方和

$$Q(\beta_0, \beta_1, \cdots, \beta_p) = \sum_{i=1}^{n} (y_i - \beta_0 - \beta_1 x_{i1} - \beta_2 x_{i2} - \cdots - \beta_p x_{ip})^2$$

达到极小，即寻找 $\hat{\beta}_0, \hat{\beta}_1, \cdots, \hat{\beta}_p$ 满足：

$$Q(\hat{\beta}_0,\hat{\beta}_1,\hat{\beta}_2,\cdots,\hat{\beta}_p) = \sum_{i=1}^{n}(y_i - \hat{\beta}_0 - \hat{\beta}_1 x_{i1} - \hat{\beta}_2 x_{i2} - \cdots - \hat{\beta}_p x_{ip})^2$$

$$= \min_{\beta_0,\beta_1,\beta_2,\cdots,\beta_p} \sum_{i=1}^{n}(y_i - \beta_0 - \beta_1 x_{i1} - \beta_2 x_{i2} - \cdots - \beta_p x_{ip})^2$$

(8.26)

依照式(8.26)求出的 $\hat{\beta}_0,\hat{\beta}_1,\hat{\beta}_2,\cdots,\hat{\beta}_p$ 就称为回归参数 $\beta_0,\beta_1,\beta_2,\cdots,\beta_p$ 的最小二乘估计。

从式(8.26)中求出 $\hat{\beta}_0,\hat{\beta}_1,\hat{\beta}_2,\cdots,\hat{\beta}_p$ 是一个求极值问题。由于 Q 是关于 β_0, $\beta_1,\beta_2,\cdots,\beta_p$ 的非负二次函数,因而它的最小值总是存在的。根据微积分中求极值的原理,$\hat{\beta}_0,\hat{\beta}_1,\hat{\beta}_2,\cdots,\hat{\beta}_p$ 应满足下列方程组:

$$\begin{cases} \frac{\partial Q}{\partial \beta_0}\big|_{\beta_0=\hat{\beta}_0} = -2\sum_{i=1}^{n}(y_i - \hat{\beta}_0 - \hat{\beta}_1 x_{i1} - \hat{\beta}_2 x_{i2} - \cdots - \hat{\beta}_p x_{ip}) = 0 \\ \frac{\partial Q}{\partial \beta_1}\big|_{\beta_1=\hat{\beta}_1} = -2\sum_{i=1}^{n}(y_i - \hat{\beta}_0 - \hat{\beta}_1 x_{i1} - \hat{\beta}_2 x_{i2} - \cdots - \hat{\beta}_p x_{ip})x_{i1} = 0 \\ \frac{\partial Q}{\partial \beta_2}\big|_{\beta_2=\hat{\beta}_2} = -2\sum_{i=1}^{n}(y_i - \hat{\beta}_0 - \hat{\beta}_1 x_{i1} - \hat{\beta}_2 x_{i2} - \cdots - \hat{\beta}_p x_{ip})x_{i2} = 0 \\ \cdots\cdots \\ \frac{\partial Q}{\partial \beta_p}\big|_{\beta_p=\hat{\beta}_p} = -2\sum_{i=1}^{n}(y_i - \hat{\beta}_0 - \hat{\beta}_1 x_{i1} - \hat{\beta}_2 x_{i2} - \cdots - \hat{\beta}_p x_{ip})x_{ip} = 0 \end{cases}$$

(8.27)

以上方程组经整理后,得到用矩阵形式表示的正规方程组:

$$X'(Y - X\hat{\beta}) = 0$$

移项得:

$$X'X\hat{\beta} = X'Y$$

当 $(X'X)^{-1}$ 存在时,即得回归参数的最小二乘估计为:

$$\hat{\beta} = (X'X)^{-1}X'Y \tag{8.28}$$

称

$$\hat{y} = \hat{\beta}_0 + \hat{\beta}_1 x_1 + \hat{\beta}_2 x_2 + \cdots + \hat{\beta}_p x_p \tag{8.29}$$

为经验回归方程。

(二) 最小二乘估计量的性质

与一元线性回归模型类似,多元线性回归模型中回归系数的最小二乘估计量也是随机变量。数学上可以证明,在基本假定条件可以得到满足的情况下,多元回归模型中回归系数最小二乘估计量的期望值同样等于总体回归系数的真值,即 $\hat{\beta}$ 是 β 的无偏估计,可表示为:

$$E(\hat{\beta}) = \beta$$

回归系数最小二乘估计量的方差、协方差矩阵为：

$$D(\hat{\beta}) = \text{Cov}(\hat{\beta}, \hat{\beta})$$
$$= E(\hat{\beta} - \beta)(\hat{\beta} - \beta)'$$
$$= \sigma^2 (X'X)^{-1}$$

该矩阵主对角元素是各回归系数估计量的方差 $E(\hat{\beta}_j - \beta_j)^2$，其他元素是各回归系数估计量之间的协方差 $E(\hat{\beta}_i - \beta_i)(\hat{\beta}_j - \beta_j)(i \neq j)$。在此基础上，还可以进一步证明回归系数的最小二乘估计量是最优线性无偏估计量和一致估计量。也就是说，在基本假设条件得到满足的多元线性回归模型中，高斯-马尔可夫定理同样成立。

（三）总体方差的估计

除了回归系数以外，多元线性回归模型中还包含了另一个未知参数，即随机误差项的方差 σ^2。与一元线性回归分析相似，多元线性回归模型中的 σ^2 也是利用残差平方和除以其自由度来估计的，即有：

$$\hat{\sigma}^2 = \frac{1}{n-p-1} SSE$$
$$= \frac{1}{n-p-1}(e'e) = \frac{1}{n-p-1} \sum_{i=1}^{n} e_i^2$$

$\hat{\sigma}^2$ 是误差项方差 σ^2 的无偏估计量。

三、多元线性回归模型的检验

在实际问题的研究中，我们事先并不能断定随机变量 y 与变量 $x_1, x_2, \cdots, x_p$ 之间确有线性关系，在进行回归参数的估计前，我们用多元线性回归方程去拟合随机变量 y 与变量 $x_1, x_2, \cdots, x_p$ 之间的关系只是根据一些定性分析所作的一种假设。因此，当求出线性回归方程后，还需对回归方程进行显著性检验。多元线性回归方程的显著性检验与一元线性回归方程的显著性检验既有相同之处，也有不同之处。

下面介绍两种统计检验方法：一种是回归系数显著性的 t 检验，另一种是回归方程显著性的 F 检验。同时介绍衡量回归拟合程度的拟合优度检验。

（一）回归系数的显著性检验（t 检验）

在多元线性回归中进行 t 检验的目的主要是检验与回归系数对应的自变量对因变量的影响是否显著，以便对自变量的取舍作出正确的判断。一般来说，当发现某个自变量的影响不显著时，应将其从模型中剔除，重新建立更为简单的回归方程。所以就需要我们对每个自变量进行显著性检验。

多元线性回归模型中回归系数的检验同样采用 t 检验，其原理和基本步骤与一元回归模型中的 t 检验基本相同，这里不再赘述。检验自变量 x_j 对因变量

y 的影响是否显著,等价于检验假设:

$$H_{0j}: \beta_j = 0, \quad j = 1, 2, \cdots, p$$

如果接受原假设 H_{0j},则 x_j 对 y 的影响不显著;如果拒绝原假设 H_{0j},则 x_j 对 y 的影响是显著的。

由上述讨论可知 $\hat{\beta}$ 服从均值为 β,方差为 $\sigma^2(X'X)^{-1}$ 的正态分布,即

$$\hat{\beta} \sim N(\beta, \sigma^2(X'X)^{-1})$$

记

$$(X'X)^{-1} = (c_{ij}) \quad i, j = 0, 1, 2, \cdots, p$$

于是有:

$$E(\hat{\beta}_j) = \beta_j, \quad \text{Var}(\hat{\beta}_j) = c_{jj}\sigma^2$$

$$\hat{\beta}_j \sim N(\beta_j, c_{jj}\sigma^2), \quad j = 0, 1, 2, \cdots, p$$

据此可以构造 t 统计量:

$$t_j = \frac{\hat{\beta}_j}{\sqrt{c_{jj}}\hat{\sigma}} \tag{8.30}$$

式中,c_{jj} 为矩阵 $(X'X)^{-1}$ 主对角线上第 j 个元素。

$$\hat{\sigma} = \sqrt{\frac{1}{n-p-1}\sum_{i=1}^{n}e_i^2} = \sqrt{\frac{1}{n-p-1}\sum_{i=1}^{n}(y_i - \hat{y}_i)^2} \tag{8.31}$$

是回归标准差。

当原假设 $H_{0j}: \beta_j = 0$ 成立时,式(8.30)构造的 t_j 统计量服从自由度为 $n-p-1$ 的 t 分布。给定显著性水平 α,查出双侧检验的临界值 $t_{\alpha/2}$。当 $|t_j| \geq t_{\alpha/2}$ 时,拒绝原假设 $H_{0j}: \beta_j = 0$,认为 β_j 显著不为零,自变量 x_j 对因变量 y 的线性效果显著;当 $|t_j| < t_{\alpha/2}$ 时,接受原假设 $H_{0j}: \beta_j = 0$,认为 β_j 为零,自变量 x_j 对因变量 y 的线性效果不显著。

(二)回归方程显著性的 F 检验

多元线性回归模型包含了多个回归系数,因此对于多元回归模型,除了要对单个回归系数进行显著性检验外,还要对整个回归方程进行显著性检验。由离差平方和的分解公式可知,回归模型的总离差平方和等于回归平方和与残差平方和二者之和。整个回归模型的线性关系是否显著,其实质就是判断回归平方和与残差平方和之比值的大小问题。由于回归平方和与残差平方和的数值会随观察值的样本容量和自变量的个数的不同而变化,因此不宜直接比较,而必须在方差分析的基础上利用 F 检验进行。对多元线性回归方程的显著性检验就是要看自变量 $x_1, x_2, \cdots, x_p$ 从整体上对随机变量 y 是否有明显的影响。为此提出原假设:

$$H_0: \beta_1 = \beta_2 = \cdots = \beta_p = 0$$

如果 H_0 被接受,则表明随机变量 y 与 $x_1, x_2, \cdots, x_p$ 之间的关系用线性回归模型表示不合适。类似一元线性回归检验,为了建立对 H_0 进行检验的 F 统计

量,仍然利用总离差平方和的分解式,即:

$$\sum_{i=1}^{n}(y_i-\bar{y})^2 = \sum_{i=1}^{n}(\hat{y}_i-\bar{y})^2 + \sum_{i=1}^{n}(y_i-\hat{y}_i)^2 \qquad (8.32)$$

简写为:
$$SST = SSR + SSE$$

构造 F 检验统计量如下:

$$F = \frac{SSR/p}{SSE/(n-p-1)} \qquad (8.33)$$

在正态假设下,当原假设 $H_0:\beta_1=\beta_2=\cdots=\beta_p=0$ 成立时,F 服从自由度为 $(p,n-p-1)$ 的 F 分布。于是,可以利用 F 统计量对回归方程的总体显著性进行检验。对于给定的数据 $i=1,2,\cdots,n$,计算出 SSR 和 SSE,进而得到 F 的值,其计算过程一般列在如表 8-5 的方差分析表中,再由给定的显著性水平 α,查 F 分布表,得临界值 $F_\alpha(p,n-p-1)$。

表 8-5 方差分析表

方差来源	平方和	自由度	均方	F 统计量	显著性水平(P 值)
回归	SSR	p	SSR/p	$\dfrac{SSR/p}{SSE/(n-p-1)}$	F 检验统计量大于临界值的概率
残差	SSE	$n-p-1$	$SSE/(n-p-1)$		
总和	SST	$n-1$			

当 $F > F_\alpha(p,n-p-1)$ 时,拒绝原假设 H_0,认为在显著性水平 α 下,y 对 x_1,x_2,$\cdots$,x_p 有显著的线性关系,也即认为回归方程是显著的。更通俗地说,就是接受"自变量全体对因变量 y 产生线性影响"这一结论犯错误的概率不超过 5%;反之,当 $F \leqslant F_\alpha(p,n-p-1)$ 时,则认为回归方程不显著。

与一元线性回归一样,也可以根据 P 值作检验。当 P 值 $<\alpha$ 时,拒绝原假设 H_0;当 P 值 $\geqslant \alpha$ 时,接受原假设 H_0。

在一元线性回归中,回归系数显著性的 t 检验与回归方程显著性的 F 检验等价,而在多元线性回归中,这两种检验则不等价。F 检验显著,说明 p 个自变量 $x_1,x_2,\cdots,x_p$ 整体的线性回归效果是显著的,但不等于 y 对每个自变量 x_j 的效果都显著;反之,某个或某几个 x_j 的系数不显著,回归方程的显著性 F 检验仍有可能是显著的。

可以从另外一个角度考虑自变量 x_j 的显著性。y 对自变量 $x_1,x_2,\cdots,x_p$ 线性回归的残差平方和为 SSE,回归平方和为 SSR,在剔除掉 x_j 后,用 y 对其余的 $p-1$ 个自变量作回归,记所得的残差平方和为 $SSE_{(j)}$,回归平方和为 $SSR_{(j)}$,则自变量 x_j 对回归的贡献为 $\Delta SSR_{(j)} = SSR - SSR_{(j)}$,称为 x_j 的偏回归平方和。由此构造偏 F 统计量:

$$F_j = \frac{\Delta SSR_{(j)}/1}{SSE/(n-p-1)}$$

当原假设 $H_{0j}: \beta_j = 0$ 成立时,上述偏 F 统计量 F_j 服从自由度为 $(1, n-p-1)$ 的 F 分布,此 F 检验与式(8.30)的 t 检验是一致的,可以证明 $F_j = t_j^2$,当从回归方程中剔除自变量时,回归平方和减少,残差平方和增加。根据平方和分解式可知,$\Delta SSR_{(j)} = \Delta SSE_{(j)} = SSE_{(j)} - SSE$;反之,当回归方程中增加自变量时,回归平方和增加,残差平方和减少,二者的增减量同样相等。

由式(8.30)和 $F_j = t_j^2$,可得如下偏 F 统计量的计算公式:

$$F_j = t_j^2 = \frac{\hat{\beta}_j^2}{c_{jj}\hat{\sigma}^2} \tag{8.34}$$

(三) 回归系数的置信区间

当我们有了参数向量 β 的估计量 $\hat{\beta}$ 时,$\hat{\beta}$ 与 β 的接近程度如何?这就需构造 β_j 的一个以 $\hat{\beta}_j$ 为中心的区间,该区间以一定的概率包含 β_j。

由 $\hat{\beta}_j \sim N(\beta_j, c_{jj}\sigma^2), j = 0, 1, 2, \cdots, p$ 可知:

$$t_j = \frac{\hat{\beta}_j - \beta}{\sqrt{c_{jj}}\hat{\sigma}} \sim t(n - p - 1)$$

仿照一元线性回归系数区间估计的推导过程,可得 β_j 的置信度为 $1-\alpha$ 的置信区间为:

$$(\hat{\beta}_j - t_{\alpha/2}\sqrt{c_{jj}}\hat{\sigma}, \hat{\beta}_j + t_{\alpha/2}\sqrt{c_{jj}}\hat{\sigma})$$

使用 SPSS 软件进行回归分析时,通过选项可以直接得到回归系数的置信区间。

四、拟合优度检验

在多元线性回归分析中,总离差平方和的分解公式依然成立。因此,也可以利用上一节所定义的样本决定系数作为评价模型拟合优度的一项指标。但为了避免混淆,多元回归的决定系数用 R^2 表示,并称为复决定系数,即定义样本复决定系数为:

$$R^2 = \frac{SSR}{SST} = 1 - \frac{SSE}{SST} \tag{8.35}$$

由样本复决定系数的定义可知,R^2 的大小取决于残差平方和 SSE 在总离差平方和 SST 中所占的比重。在样本容量一定的条件下,总离差平方和与自变量的个数无关,而残差平方和则会随着模型中自变量个数的增加而不断减少,至少不会增加。因此,R^2 是自变量个数的非递减函数。在一元线性回归模型中,所有模型包含的变量数目都相同,如果使用的样本容量也一样,样本决定系数便可以直接作为评价拟合优度的指标。然而,在多元线性回归模型中,各回归模型所含的变量的数目未必相同,以 R^2 的大小作为衡量模型拟合优度的指标就不太合适。因此，在多元回归分析中应该使用自由度调整后的决定系数，即利用各自的自由度对总离差平方和与残差平方和进行调整，然后再计算调整后的决定系数 R_a^2。

$$R_a^2 = 1 - \frac{SSE/(n-p-1)}{SST/(n-1)}$$

$$= 1 - \frac{n-1}{n-p-1}(1-R^2) \tag{8.36}$$

显然有 $R_a^2 \leqslant R^2$，R_a^2 随着自变量的增加并不一定增大。由式(8.36)可以看到，尽管 $1-R^2$ 随着自变量个数的增加而减少，但由于其前面的系数 $(n-1)/(n-p-1)$ 起折扣作用，使 R_a^2 随着自变量的增加并不一定增大。当所增加的自变量对回归的贡献很小时，R_a^2 反而可能减少。

样本决定系数 R^2 的取值在 $[0,1]$ 区间内，R^2 越接近 1，表明回归拟合的效果越好；R^2 越接近 0，表明回归拟合的效果越差。与 F 检验相比，R^2 可以更清楚、直观地反映回归拟合的效果，但是并不能作为严格的显著性检验。

五、偏相关系数与复相关系数

在本章第一、二节中论及的相关系数，仅仅测定两个变量之间相关关系的密切程度，我们称之为简单相关系数。在测定多个变量之间相关关系的密切程度时，需要从两方面考虑：一是在多元线性回归方程中，假定在其他自变量保持不变的条件下，分别求每一个自变量与因变量的相关系数，并称之为偏相关系数。有几个自变量就可以求出几个偏相关系数。二是同时考虑因变量与多个自变量之间相关关系的密切程度，由此计算的相关系数称为复相关系数。

在测定简单相关系数时，仅考虑一个自变量和一个因变量之间的相关关系，不考虑其他自变量对因变量的影响；在测定两个特定变量的偏相关系数时，要考虑其他自变量对因变量的影响，只不过是将其他自变量控制起来作为常数处理，以便揭示两个特定变量之间的相关程度。但是，计算偏相关系数时需要以各有关相关系数为依据。偏相关系数的数值和简单相关系数的数值常常不同，有时二者的正负号也不相同。

在二元线性回归分析中，偏相关系数 $r_{y1;2}$ 表示在 x_2 固定不变的情况下，x_1 与 y 之间相关关系的密切程度；$r_{y2;1}$ 表示在 x_1 固定不变的情况下，x_2 与 y 之间相关关系的密切程度；$r_{12;y}$ 表示在 y 固定不变的情况下，x_1 与 x_2 之间相关关系的密切程度。

以 r_{y1}，r_{y2}，r_{12} 分别表示 y 与 x_1、y 与 x_2 以及 x_1 与 x_2 之间的单相关系数，相应的偏相关系数计算公式为：

$$r_{y1;2} = \frac{r_{y1} - r_{y2} \cdot r_{12}}{\sqrt{1 - r_{y2}^2} \sqrt{1 - r_{12}^2}}$$

$$r_{y2;1} = \frac{r_{y2} - r_{y1} \cdot r_{12}}{\sqrt{1 - r_{y1}^2} \sqrt{1 - r_{12}^2}}$$

$$r_{12;y} = \frac{r_{12} - r_{y1} \cdot r_{y2}}{\sqrt{1 - r_{y1}^2} \sqrt{1 - r_{y2}^2}}$$

在二元线性回归分析中,反映因变量与两个自变量之间相关关系密切程度的复相关系数 R 的计算公式为:

$$R = \sqrt{\frac{r_{y1}^2 + r_{y2}^2 - 2r_{y1} \cdot r_{y2} \cdot r_{12}}{1 - r_{12}^2}} \tag{8.37}$$

手工计算偏相关系数和复相关系数比较麻烦,统计软件 SPSS 可以根据选项直接给出各个偏相关系数以及复相关系数。

如果样本复决定系数 R^2 已知,也可以利用下式计算样本复相关系数,即:

$$R = \sqrt{R^2} = \sqrt{\frac{SSR}{SST}} \tag{8.38}$$

在两个变量的简单相关系数中,相关系数有正负之分,而复相关系数表示的是因变量 y 与全体自变量之间的线性关系,它的符号不能由某一个自变量的回归系数的符号来确定,因而复相关系数都取正号。与一元线性回归方程中曾定义过的相关系数 r 一样,在多元线性回归的实际应用中,人们用复相关系数 R 来表示回归方程对原有数据拟合程度的好坏,它衡量作为一个整体的 $x_1, x_2, \cdots, x_p$ 与 y 的线性关系的大小。

在多元回归中,我们应注意,简单相关系数只是两变量局部的相关性质,而并非整体的性质。所以,在多元线性回归分析中,我们并不看重简单相关系数,而认为偏相关系数才是真正反映因变量 y 与自变量 x_i 以及自变量 x_i 与 x_j 之间相关程度的指标。根据偏相关系数,可以判断哪些自变量对因变量的影响较大而必须选择,哪些自变量对因变量的影响较小而可以舍去。所以,在剔除某个自变量时,可以结合偏相关系数进行考虑。

六、多元线性回归模型预测与案例分析

在通过各种检验的基础上,多元线性回归模型可用于经济预测。多元线性回归预测与一元线性回归预测的原理是一致的,其基本方程式为:

$$\hat{y}_i = \hat{\beta}_0 + \hat{\beta}_1 x_{i1} + \hat{\beta}_2 x_{i2} + \cdots + \hat{\beta}_p x_{ip} \quad i = 1, 2, \cdots, n \tag{8.39}$$

当给定一组自变量的值 $x_0 = (x_{01}, x_{02}, \cdots, x_{0p})'$,要估计所对应的 y_0,很自然的想法就是将 $x_{01}, x_{02}, \cdots, x_{0p}$ 的值代入到回归方程中去,直接算出 $\hat{y}_0$:

$$\hat{y}_0 = \hat{\beta}_0 + \hat{\beta}_1 x_{01} + \hat{\beta}_2 x_{02} + \cdots + \hat{\beta}_p x_{0p} \quad i = 1, 2, \cdots, n$$

因为 $\hat{y}_0$ 是 y_0 的点估计,我们无法进一步了解其误差和犯错误的概率。对于许多实际问题来说,给出 y_0 的区间估计比给出点估计更重要。所以,当给定 x_0 时,我们需要以一定的概率来判断因变量的真实值 y_0 出现在某个区间之中,也就是要找一个区间,使 y_0 的值落在这个区间的概率达到事先设定的 $1 - \alpha$。

对于多元线性回归模型,因变量单个值的精确置信区间的表达式较为复杂,也不可能用手工计算,可以仿照一元线性回归的情况用 SPSS 软件计算。其置信度 95% 和 99% 的近似置信区间分别为:

$$\begin{matrix} (\hat{y}_0 - 2\hat{\sigma}, \hat{y}_0 + 2\hat{\sigma}) \\ (\hat{y}_0 - 3\hat{\sigma}, \hat{y}_0 + 3\hat{\sigma}) \end{matrix} \quad (8.40)$$

上式中

$$\hat{\sigma} = \sqrt{\frac{1}{n-p-1} \sum_{i=1}^{n} e_i^2} = \sqrt{\frac{1}{n-p-1} \sum_{i=1}^{n} (y_i - \hat{y}_i)^2}$$

例 8.6 我国民航客运量回归模型。改革开放以来,随着国民经济的快速发展,我国民航客运量也呈迅速增长态势。为了研究我国民航客运量的变化趋势及其成因,我们以民航客运量 y(单位:万人)作为因变量,以国民总收入 x_1(单位:亿元)、铁路里程 x_2(单位:万公里)为影响民航客运量的主要因素。已知我国 1981—2005 年历年民航客运量、国民总收入和铁路里程的资料如表 8-6 所示。

表 8-6 我国 1981—2005 年历年民航客运量、国民总收入和铁路里程的资料

年份	民航客运量(万人)	国民总收入(亿元)	铁路里程(万公里)	年份	民航客运量(万人)	国民总收入(亿元)	铁路里程(万公里)
1981	401	4 889.46	5.39	1994	4 038	48 108.46	5.90
1982	445	5 330.45	5.29	1995	5 117	59 810.53	5.97
1983	391	5 985.55	5.41	1996	5 555	70 142.49	6.49
1984	554	7 243.75	5.45	1997	5 630	77 653.13	6.60
1985	744	9 040.74	5.50	1998	5 755	83 024.28	6.64
1986	997	10 274.38	5.57	1999	6 094	88 188.95	6.74
1987	1 310	12 050.62	5.58	2000	6 722	98 000.45	6.87
1988	1 442	15 036.82	5.61	2001	7 524	108 068.22	7.01
1989	1 283	17 000.92	5.69	2002	8 594	119 095.69	7.19
1990	1 660	18 718.32	5.78	2003	8 759	135 173.98	7.30
1991	2 178	21 826.20	5.78	2004	12 123	159 586.75	7.44
1992	2 886	26 937.28	5.81	2005	13 827	183 956.10	7.54
1993	3 383	35 260.02	5.86				

资料来源:《2006 年中国统计年鉴》。

要求:试以民航客运量为因变量建立多元线性回归模型,并进行各种统计检验。如果2008年国民总收入为220 000亿元,铁路里程为9万公里,当置信度为95%时,试求民航客运量的区间估计值。

解 多元线性回归模型的建立比较复杂,计算量很大,手工处理比较困难。此处利用SPSS软件11.5版本进行数据处理。

(1) 启动SPSS11.5,建立数据文件"民航客运量回归分析"(可取任意文件名);

(2) 点击"Analyze"下拉菜单,选中"Regression"中的"Linear";

(3) 在对话窗口中,根据箭头指示方向将民航客运量作为因变量选入"Dependent"方框,将国民总收入和铁路里程作为自变量选入"Independent"方框;在"Linear Regression"对话窗口中单击"statistics"按钮,出现"statistics"对话窗口,选中其中的回归系数区间估计(Confidence Intervals),单击"continue",返回"Linear Regression"对话窗口;再在"Linear Regression"对话窗口中单击"save"按钮,出现"save"对话窗口,选中其中的均值和单个值的区间估计(Prediction Intervals),单击"continue",返回"Linear Regression"对话窗口。

(4) 单击"OK"按钮,点到下列输出结果:

输出结果表8-7(A):

表8-7(A) Variables Entered/Removed[b]

Model	Variables Entered	Variables Removed	Method
1	铁路里程(万公里) 国民总收入(亿元)[a]	.	Enter

a. All requested variables entered.
b. Dependent Variable:民航客运量。

输出结果表8-7(A)为回归方法表。说明进入回归模型或者从回归模型中剔除的变量。本例中进入回归分析的因变量为民航客运量,自变量为铁路里程和国民总收入;回归分析方法是强制回归法,即选取的自变量都进入回归方程,不论其回归系数是否通过显著性检验。

输出结果表8-7(B):

表8-7(B) Model Summary[b]

Model	R	R Square	Adjusted R Square	Std. Error of the Estimate	Durbin-Watson
1	0.9947[a]	0.9894	0.9884	405.1033	1.2256

a. Predictors:(Constant),铁路里程(万公里),国民总收入(亿元)。
b. Dependent Variable:民航客运量。

输出结果表 8-7(B)为模型综述表。从该表可知复相关系数 R 为 0.9947，判决系数为 0.9894，调整后的判决系数为 0.9884，估计标准误差为 405.1033。D.W 检验值 1.2256，主要用于检验数列中是否存在自相关问题。有关自相关问题的详细情况可以参阅计量经济学教材。

输出结果表 8-7(C)：

表 8-7(C)　ANOVA[b]

Model		Sum of Squares	df	Mean Square	F	Sig.
1	Regression	335 803 544	2	167 901 772	1 023	0[a]
	Residual	3 610 390	22	164 109		
	Total	339 413 934	24			

a. Predictors：(Constant)，铁路里程（万公里），国民总收入（亿元）。
b. Dependent Variable：民航客运量。

输出结果表 8-7(C)为方差分析表。从该表可知总离差平方和（SST）、回归离差平方和（SSR）以及残差平方和（SSE）分别为 339 413 934、335 803 544、3 610 390；F 检验值为 1 023，P 值为 0（四舍五入之后的结果）。F 检验值和 P 值显示整个回归方程有效，即铁路里程和国民总收入两个自变量对民航客运量这个因变量的线性关系非常显著。

输出结果表 8-7(D)：

表 8-7(D)　Coefficients[a]

Model		Unstandardized Coefficients		Standardized Coefficients	t	Sig.	95% Confidence Interval for B	
		B	Std. Error	Beta			Lower Bound	Upper Bound
1.0000	(Constant)	7 832.1627	3 291.7715		2.3793	0.0264	1 005.4464	14 658.8791
	国民总收入（亿元）	0.0891	0.0083	1.2574	10.7130	0.0000	0.0718	0.1063
	铁路里程（万公里）	-1 391.8382	607.7383	-0.2688	-2.2902	0.0320	-2 652.2103	-131.4661

a. Dependent Variable：民航客运量。

$$\hat{y} = 7\,832.1627 + 0.0891 x_1 - 1\,391.8382 x_2$$

输出结果表 8-7(D)为回归系数表。从该表可知两个自变量非标准化的回归系数及其标准差、标准化回归系数、t 检验值、P 值以及回归系数的置信区间。国民总收入的回归系数为 0.0891，标准差为 0.0083，标准化回归系数为 1.2574，t 检验值 10.7130，P 值为 0，回归系数的置信区间为（0.0718,0.1063）；铁路里程的回归系数为 -1 391.8382，标准差为 607.7383，标准化回归系数为 -0.2688，t 检验值 -2.2902，P 值为 0.0320，回归系数的置信区间为（-2 652.2103，-131.4661）。如果国民总收入和铁路里程均为 0，民航客运量必然为 0，因此，本回归模型中的截距没有实际经济意义，可以忽略其显著性检验。

在这种情况下,可以在 SPSS 的回归分析中选择回归模型不包含常数项,这样就能得到通过原点的回归模型。建立回归模型时是否包含常数项,应该视具体情况而定,既要考虑经济意义,又要考虑各种显著性检验以及估计标准误差的变化。在显著性水平为 5% 的情况下,回归系数都通过检验,即每个自变量对因变量的影响在统计上都是显著的。

从上述两个自变量的回归系数可以看出:(1) 国民总收入与民航客运量之间存在正的线性关系,在其他因素不变的情况下,国民总收入增加 1 亿元,民航客运量将增加 0.0891 万人。民航客运量中一部分是因公出差乘坐飞机的人,另一部分是因私外出乘坐飞机的人。一国经济发展越快,民航事业相应发展越快,居民收入增长也越快,无论是因公还是因私乘坐飞机的人数都会增加,民航客运量就会相应增加。(2) 铁路里程长度与民航客运量之间存在负的线性关系,在其他因素保持不变的情况下,铁路里程增加 1 万公里,民航客运量将减少 1 391.8382 万人。众所周知,民航与铁路是一种替代关系。铁路里程越长,铁路客运能力相应越强。在旅客总人数不变的条件下,乘坐火车的人数增加,相应地,乘坐飞机的人数就会减少;反之亦然。尤其是铁路大提速之后,乘坐火车的人数会越来越多,对民航客运量将产生一定的冲击。

根据输出结果表 8-7(D) 中的数据,可以给出所求的回归方程如下:

$$\hat{y} = 7\,832.1627 + 0.0891x_1 - 1\,391.8382x_2$$

当 2008 年国民总收入为 220 000 亿元,铁路里程为 9 万公里时,民航客运量的点估计值为 14 907.6189 万人;当置信度为 95% 时,民航客运量单个值的区间估计为 (13 619.8746 万人,16 183.9313 万人);民航客运量均值的区间估计为 (13 933.5158 万人,15 870.2901 万人)。这里的估计值是直接利用统计软件计算出来的结果,由于四舍五入的原因,手工计算结果与软件计算结果存在误差。

有三点需要说明:一是非标准化回归系数的含义。众所周知,影响民航客运量的因素不仅仅限于国民总收入和铁路里程,还有许多其他因素,如居民的收入水平、消费观念、铁路客运和公路客运及其他交通方式、人口规模等。因此,回归系数只能说明在其他众多影响因素保持不变的情况下,自变量变化一个单位时所引起的因变量的平均变化幅度。二是非标准化回归系数和标准化回归系数的区别。非标准化回归系数的大小受自变量计量单位的影响,不能据此比较各个自变量对因变量影响的大小,而标准化回归系数则消除了计量单位的影响,可以反映各自变量对因变量影响的大小。本例中,铁路里程的回归系数为 -1 391.8382,远远大于国民总收入的回归系数 0.0891,可是,国民总收入的标准化回归系数为 1.2574,大于铁路里程的标准化回归系数 -0.2688,说明国民总收入对民航客运量的影响大于铁路里程对民航客运量的影响。三是简单相关系数与偏相关系数。从表 8-6 的原始数据不难计算出国民总收入、铁路里程与民航客运量之间的简单相关系数分别是 0.9934 和 0.9664，但是国民总收入与民航客运量的偏相关系数为 0.9160，铁路里程与民航客运量之间的偏相关系数为 -0.4388。可见，偏相关系数更能真实反映变量之间的数量关系。值得注意的是，一元线性回归分析中，回归系数的符号与简单相关系数的符号一致；多元线性回归分析中，各自变量的偏回归系数应该与偏相关系数一致。

第四节　非线性回归分析

一、非线性回归分析的意义

在第二、三节中，我们均假定因变量与自变量之间的相关关系可以用线性方程来近似地反映。但是，在现实生活中，非线性关系却是大量存在的。在许多场合，非线性函数比线性函数更能够正确地反映客观现象之间的相互关系。比如，农作物收获量与施肥量之间，随着施肥量的增加，粮食亩产量呈增加趋势，当施肥量达到一定的饱和点之后，粮食亩产量不仅不会增加，反而会呈下降趋势。再如，商品的销售量与广告费支出，在商品价格保持不变的情况下，随着广告费支出的增加，商品销售量会呈线性增加，但是当市场对该商品的需求趋于饱和时，再增加广告费支出，对商品销售量就不会产生显著影响，商品销售量会相对趋于稳定。因此，要分析施肥量对粮食亩产量的影响或分析广告支出费用对商品销售量的影响，则应考虑采用非线性回归模型。

非线性回归分析必须解决两个主要问题：一是如何确定非线性回归函数的具体形式；二是如何估计函数中的参数。对于前一个问题，要注意非线性回归函数不同于线性回归函数，它有不同的表现形式，需要根据所要研究的问题的性质并结合实际样本观测值作出恰当的选择。对于后一个问题，要注意的是，虽然非线性回归分析中最常用的参数估计方法仍然是最小二乘估计法，但需要根据函数的不同类型进行适当的变换，先将非线性函数转换为线性函数，再利用最小二乘法估计参数。

二、非线性函数的主要形式及其线性化方法

（一）抛物线函数

抛物线函数也称二次曲线，其方程的具体形式为：

$$y = \beta_0 + \beta_1 x + \beta_2 x^2 \tag{8.41}$$

将样本观测值按 x 的大小顺序排列之后，如果 x 变量的一阶差分大致相等，而 y 变量的二阶差分大致相等，则可以建立抛物线方程来反映 y 与 x 之间的

关系。

式(8.41)中,令 $x_1 = x, x_2 = x^2$,则有:
$$y = \beta_0 + \beta_1 x_1 + \beta_2 x_2$$

(二) 双曲线函数

双曲线方程的表达式是:
$$y = \frac{x}{\alpha x + \beta} \quad \text{或者} \quad \frac{1}{y} = \alpha + \beta \frac{1}{x} \tag{8.42}$$

当变量 y 随着 x 的增加而增加(或减少),最初增加(或减少)得很快,以后逐渐放慢并趋于稳定时,则可以选用双曲线来反映 y 与 x 之间的关系。

式(8.42)中,令 $y^* = \frac{1}{y}, x^* = \frac{1}{x}$,则有:
$$y^* = \alpha + \beta x^*$$

(三) 幂函数

幂函数方程的一般形式是:
$$y = \alpha x_1^{\beta_1} x_2^{\beta_2} \cdots x_p^{\beta_p} \tag{8.43}$$

这类函数的优点在于,方程中的参数可以直接反映因变量 y 对于某一个自变量的弹性。所谓 y 对于 x_j 的弹性是指在其他情况不变的条件下,x_j 变动 1% 时所引起 y 变动的百分比。正因为如此,幂函数在生产函数分析和需求函数分析中得到广泛应用。

先对公式(8.43)两边取对数
$$\ln y = \ln \alpha + \beta_1 \ln x_1 + \beta_2 \ln x_2 + \cdots + \beta_p \ln x_p$$

再令 $y^* = \ln y, \alpha^* = \ln \alpha, x_1^* = \ln x_1, x_2^* = \ln x_2, \cdots, x_p^* = \ln x_p$

则有:
$$y^* = \alpha^* + \beta_1 x_1^* + \beta_2 x_2^* + \cdots + \beta_p x_p^*$$

(四) 指数函数

指数曲线的函数形式为:
$$y = \alpha e^{\beta x} \tag{8.44}$$

式(8.44)中有两个待定参数 α 和 β。当 $\alpha > 0, \beta > 1$ 时,曲线随 x 值的增加而弯曲上升,趋于 $+\infty$;当 $\alpha > 0, \beta < 1$ 时,曲线随 x 值的增加而弯曲下降并趋于 0。这种曲线被广泛用于描述客观现象的发展变动趋势。例如,产值、利润按一定比率增长近似于第一种形式的曲线;而随着科学技术的发展,产品成本或原材料消耗按一定的比例下降则近似于第二种形式的曲线。

先对式(8.44)两边取对数:
$$\ln y = \ln \alpha + \beta x$$

再令 $y^* = \ln y, \quad \alpha^* = \ln \alpha$

则有：
$$y^* = \alpha^* + \beta x$$

（五）对数函数

对数函数的方程形式为
$$y = \alpha + \beta \ln x \tag{8.45}$$

令
$$x^* = \ln x$$

则有：
$$y = \alpha + \beta x^*$$

对数函数的特点是随着 x 的增大，x 的单位变动对因变量 y 的影响效果不断递减。

（六）S形曲线函数

S形曲线函数的方程式如下：
$$y = \frac{1}{\alpha + \beta e^{-x}} \tag{8.46}$$

此S形曲线，当 $\alpha>0, \beta>0$ 时，是 x 的增函数，当 $x \to +\infty$ 时，$y \to 1/\alpha$；当 $x \to -\infty$ 时，$y \to 0$。$y=0$ 与 $y=1/\alpha$ 是S形曲线的两条渐近线。S形曲线有多种形式，这里介绍的只是一种简单情况。其共同特点是，曲线首先是缓慢增长，在达到某点后迅速增长，在超过某点后又变为缓慢增长，并且趋于一个稳定值。S形曲线在社会经济领域都得到应用，例如，某种产品的销售量与时间的关系，耐用消费品普及率的变化趋势等。

式(8.46)中，令
$$y^* = \frac{1}{y}, \quad x^* = e^{-x}$$

则有：
$$y^* = \alpha + \beta x^*$$

（七）多项式方程

多项式方程在非线性回归分析中占有重要的地位。因为根据数学上级数展开的原理，任何曲线、曲面、球曲面的问题，在一定范围内都能够利用多项式进行任意逼近。所以，当因变量与自变量之间的真实关系未知时，可以用适当幂次的多项式来近似反映。

当所涉及的自变量只有一个时，所采用的多项式方程称为一元多项式，其一般形式如下：
$$y = \beta_0 + \beta_1 x + \beta_2 x^2 + \cdots + \beta_k x^k \tag{8.47}$$

前面介绍的简单线性函数、抛物线函数和双曲线函数都是一元多项式的特例。

当所涉及的自变量在两个以上时,所采用的多项式称为多元多项式。例如,二元二次多项式的形式如下:

$$y = \beta_0 + \beta_1 x_1 + \beta_2 x_2 + \beta_3 x_1 x_2 + \beta_4 x_1^2 + \beta_5 x_2^2 \tag{8.48}$$

一般来说,涉及的变量越多,变量的幂次越高,计算量就越大。因此,在实际的经济定量分析中,一般尽量避免采用高次多项式。

式(8.48)中,令

$$x_3 = x_1 x_2, \quad x_4 = x_1^2, \quad x_5 = x_2^2$$

则有:

$$y = \beta_0 + \beta_1 x_1 + \beta_2 x_2 + \beta_3 x_3 + \beta_4 x_4 + \beta_5 x_5$$

三、非线性回归案例分析

例8.7 已知我国1978—2005年就业人数与国内生产总值数据如表8-8所示。

表8-8 我国1978—2005年就业人数与国内生产总值数据(按现价计算)

年份	就业人数 (百万人)	国内生产总值 (亿元)	年份	就业人数 (百万人)	国内生产总值 (亿元)
1978	401.52	3 645.22	1992	655.54	26 923.48
1979	410.24	4 062.58	1993	663.73	35 333.92
1980	423.61	4 545.62	1994	671.99	48 197.86
1981	437.25	4 891.56	1995	679.47	60 793.73
1982	452.95	5 323.35	1996	688.50	71 176.59
1983	464.36	5 962.65	1997	696.00	78 973.04
1984	481.97	7 208.05	1998	699.57	84 402.28
1985	498.73	9 016.04	1999	705.86	89 677.05
1986	512.82	10 275.18	2000	720.85	99 214.55
1987	527.83	12 058.62	2001	730.25	109 655.17
1988	543.34	15 042.82	2002	737.40	120 332.69
1989	553.29	16 992.32	2003	744.32	135 822.76
1990	639.09	18 667.82	2004	752.00	159 878.34
1991	647.99	21 781.50	2005	758.25	183 084.80

资料来源:《2006年中国统计年鉴》。

要求:试以就业人数为因变量、国内生产总值为自变量建立合适的模型反映二者之间的数量关系,并进行相应的检验。

解 根据经济理论,劳动、资本和土地是三种主要的生产要素,其中,劳动又是最关键的生产要素。一方面,就业人数的增长会促进经济的增长;另一方面,经济增长会拉动对劳动力的需求,即经济增长也会影响就业人数的变化。在分析就业人数与国内生产总值之间的依存关系时,人们一般以就业人数为自变量、国内生产总值为因变量建立数量模型。因为二者之间不是单向因果关系,而是互为因果关系,故本例将以就业人数为因变量、国内生产总值为自变量建立相应的回归模型,以反映国内生产总值的变化将对就业人数产生的拉动作用。

1. 模型选择

为了选择合适的模型,先绘制散点图。利用 SPSS 软件,得到如图 8-3 所示的散点图。

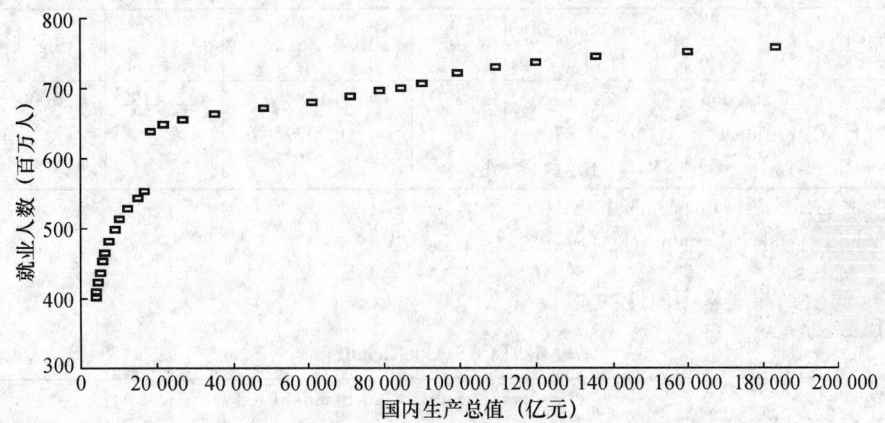

图 8-3　国内生产总值与就业人数之间的散点图

从图 8-3 中可以看出,就业人数与国内生产总值之间呈现一种非线性关系,可以用幂函数来近似地表达。如前所述,幂函数的优点在于,方程中的参数可以直接反映因变量对自变量的弹性,本例中则能反映就业人数对国内生产总值的弹性,即就业的需求弹性,说明国内生产总值增加 1%,将引起就业人数变动多少百分比。

设幂函数方程为: $$y = \alpha x^{\beta} e^{u}$$

先对上式两边取对数: $$\ln y = \ln \alpha + \beta \ln x + u$$

式中,u 为随机误差项。

再令:$y^{*} = \ln y, \alpha^{*} = \ln \alpha, x^{*} = \ln x$,则有
$$y^{*} = \alpha^{*} + \beta x^{*} + u$$

2. 参数估计

方法一,首先利用 SPSS 中的"Transform"下的"Compute"功能分别计算就业人数和国内生产总值的对数值,即 $\ln y$ 和 $\ln x$;然后再运用"Analyze"下的"Regression"功能建立线性回归方程。回归模型及有关参数估计结果如下:

输出结果表 8-9(A):

表 8-9(A)　Model Summary

Model	R	R Square	Adjusted R Square	Std. Error of the Estimate
1	0.9706[a]	0.9420	0.9397	0.0522

a. predictors：(Constant)，LNX.

输出结果表 8-9(B)：

表 8-9(B)　ANOVA[b]

Model		Sum of Squares	df	Mean Square	F	Sig.
1	Regression	1.1486	1	1.1486	422.1192	0.0000[a]
	Residual	0.0707	26	0.0027		
	Total	1.2194	27			

a. predictors：(Constant)，LNX.
b. Dependent Variable：LNY.

输出结果表 8-9(C)：

表 8-9(C)　Coefficients[a]

Model		Unstandardized Coefficients		Standardized Coefficients	t	Sig.
		B	Std. Error	Beta		
1	(Constant)	4.7577	0.0797		59.7202	0.0000
	LNX	0.1596	0.0078	0.9706	20.5455	0.0000

a. Dependent Variable：LNY.

根据上述输出结果表 8-9 中的表 A、表 B、表 C，可知：

$\hat{y}^* = 4.7577 + 0.1596\hat{x}^*$

P 值：(0.000)(0.000)

t 值：(59.7202)(20.5455)

$F = 422.1192$，　P 值 $= 0.000$，　$R = 0.9706$，　$R^2 = 0.9420$，　$R_a^2 = 0.9397$

估计标准误差为：$S_e = 0.0522$

从上述结果可以看出，该方程通过了 t 检验和 F 检验，模型有效。根据线性化原理，由 $\alpha^* = \ln\alpha$ 得 $\hat{\alpha} = e^{\hat{\alpha}^*} = e^{4.7577} = 116.4777$，再将上述回归模型转换为幂函数形式：

$$\hat{y} = 116.4777 \cdot x^{0.1596}$$

上述方程中的回归系数 0.1596 表示，当国内生产总值增长 1% 时，就业人数将增加 0.1596%，就业弹性较低。

方法二，不对数据进行变换，直接利用 SPSS 中的曲线估计功能求解幂函数的参数。从"Analyze"下的"Regression"中单击"Curve Estimation",进入对话窗口,先选定就业人数为因变量,国内生产总值为自变量,然后在"Models"中选中"Power",并选中"Display ANOVA table";如果要计算因变量的估计值,则继续单击"Save"按钮,从新弹出的对话框中进行相应选择即可。最后单击"OK",则可直接得到幂函数的各种参数。由于四舍五入的原因,两种方法得到的参数有细微的差别,可以忽略不计。

输出结果如下:

Dependent variable. Y   Method. POWER
Listwise Deletion of Missing Data
Multiple R 0.97056
R Square   0.94198
Adjusted R Square   0.93975
Standard Error   0.05216

Analysis of Variance:

	df	Sum of Squares	Mean Square
Regression	1	1.1486381	1.1486381
Residuals	26	0.0707492	0.0027211

F = 422.11924   Signif. F = 0.0000

------------------------------ Variables in the Equation ------------------------------

Variable	B	SE B	Beta	T	Sig T
X	0.159624	0.007769	0.970556	20.546	0.0000
(Constant)	116.472308	9.278847		12.552	0.0000

上述幂函数模型表明,我国二十多年来经济的增长对就业的促进作用是显著的,1978—2005 年的就业弹性平均为 0.1596,就业和经济增长方向保持一致。由此可见,解决就业问题的前提是稳定并保持适度的经济增长,离开了经济增长,扩大就业将成为无源之水,难以长久。

回归分析的内容非常丰富,本章仅结合实际例题介绍了一些基本理论和方法。在实际应用中还会经常遇到许多违背回归模型基本假设的问题,如异方差问题、自相关问题、多重共线性问题,等等。当存在这些问题时,直接运用普通最小二乘法估计模型参数,结果将受到影响,需要利用特殊方法进行处理。如利用加权最小二乘法消除或削弱异方差的影响,利用差分法消除或削弱自相关的影响,利用岭回归法消除或削弱多重共线性的影响。限于篇幅,本章不可能讨论与回归分析相关的所有问题。要解决违背基本假设的问题,必须参考和学习有关回归分析的专著。许多经济计量学教材都会讨论这些问题,感兴趣的读者可以修读经济计量学课程或阅读相关著作。

本章小结

本章主要以定性分析为基础,利用相关图、相关表和相关系数来研究事物之间的相关关系,并在此基础上借用数学模型近似反映事物之间的数量关系,即进行回归分析,包括一元线性回归分析、多元线性回归分析和非线性回归分析。

(1) 客观现象之间的数量联系可以归纳为函数关系和相关关系两种类型。函数关系是指变量之间存在的严格确定的依存关系;相关关系是指变量之间客观存在的非严格确定的依存关系。按相关关系涉及变量的多少可分为单相关、复相关和偏相关。按变量之间相关关系的密切程度不同,可分为完全相关、不完全相关和不相关。按相关关系的表现形态不同可分为线性相关和非线性相关。线性相关中按相关的方向可分为正相关和负相关,按相关的性质可分为真实相关和虚假相关。

(2) 相关分析是指研究一个变量与另一个变量或另一组变量之间相关方向和相关密切程度的统计分析方法。通常计算相关系数反映变量之间的线性相关程度。相关系数可以分为简单相关系数、偏相关系数和复相关系数。

(3) 回归分析是指根据相关关系的具体形态,选择一个合适的数学模型来近似地表达变量间平均变化关系的统计分析方法。在回归分析中,最简单的模型是只有一个因变量和一个自变量的一元线性回归模型。在线性相关条件下,研究两个或两个以上自变量对一个因变量的数量变化关系,则称为多元线性回归分析。如果自变量与因变量之间存在的是非线性关系,建立的模型则称为非线性回归模型。回归分析的主要任务就是根据样本数据建立能够近似反映真实总体回归模型的样本回归模型。通常采用最小二乘法求得总体回归模型参数 β_0 和 β_1 的估计值 $\hat{\beta}_0$ 和 $\hat{\beta}_1$。$\hat{\beta}_0$ 和 $\hat{\beta}_1$ 分别是 β_0 和 β_1 的最佳线性无偏估计。回归分析中的显著性检验,一是采用 t 检验对各回归系数的显著性进行检验;二是在方差分析的基础上采用 F 检验对整个回归方程的显著性进行检验。传统方法是计算 t 检验和 F 检验的实际值,然后与临界值比较,以决定是否接受原假设。现在通常将 P 值与显著性水平 α 进行比较,以决定是否接受原假设。为了反映回归直线对样本观测值的拟合优度,则应计算样本决定系数,它是指总离差平方和中回归平方和所占的比重。

(4) 非线性回归分析必须解决两个主要问题:一是如何确定非线性回归函数的具体形式;二是如何估计函数中的参数。非线性回归分析中最常用的参数估计方法仍然是最小二乘估计法,但需要根据函数的不同类型进行适当变换,先将非线性函数转换为线性函数,再利用最小二乘法估计参数。非线性函数的主要形式为抛物线函数、双曲线函数、幂函数、指数曲线、对数函数、S形曲线、多项式。

(5) 本章的重点在于理解相关与回归分析的基本含义、最小二乘法的基本思想、样本决定系数的意义,以及 t 检验和 F 检验的基本方法。难点在于理解总体回归模型与样本回归模型的关系、最小二乘估计量的性质,以及非线性回归模型的估计。

思考与练习

8.1 什么是相关关系?相关关系与函数关系有何区别?

8.2 什么是单相关、复相关和偏相关?什么是线性相关和非线性相关?请各举一例说明。

8.3 什么是相关分析和回归分析?它们之间有何联系和区别?

8.4 回归分析有哪些基本假设?

8.5 什么是 P 值?说明其在假设检验中的应用。

8.6 说明样本决定系数的含义及其作用。

8.7 已知我国 1990—2005 年国民生产总值和财政收入资料如下(单位:亿元):

年份	国内生产总值	财政收入
1990	18 667.82	2 937.10
1991	21 781.50	3 149.48
1992	26 923.48	3 483.37
1993	35 333.92	4 348.95
1994	48 197.86	5 218.10
1995	60 793.73	6 242.20
1996	71 176.59	7 407.99
1997	78 973.04	8 651.14
1998	84 402.28	9 875.95
1999	89 677.05	11 444.08
2000	99 214.55	13 395.23
2001	109 655.20	16 386.04
2002	120 332.70	18 903.64
2003	135 822.80	21 715.25
2004	159 878.30	26 396.47
2005	183 084.80	31 649.29

资料来源:《2006 年中国统计年鉴》。

要求:(1) 画散点图;
(2) 计算二者之间的相关系数;
(3) 利用最小二乘法建立一元线性回归模型;
(4) 计算回归标准误差;
(5) 给出置信度为 95% 的区间估计;

(6) 计算两个变量之间的决定系数;

(7) 对回归系数和回归方程进行显著性检验。

8.8 已知 2006 年某 10 个地区的货运总量与工业总产值和农业总产值的资料如下:

地区编号	货运总量 (万吨)y	工业总产值 (亿元)x_1	农业总产值 (亿元)x_2
1	160	70	35
2	260	75	40
3	210	65	40
4	265	74	42
5	240	72	38
6	220	68	45
7	275	78	42
8	160	66	36
9	275	70	44
10	250	65	42

要求:(1) 利用统计软件 SPSS 或 Excel 计算出 y、x_1、x_2 的相关系数矩阵;

(2) 求 y 关于 x_1 和 x_2 的二元线性回归模型;

(3) 对所求得的方程作拟合优度检验;

(4) 对回归方程作显著性检验;

(5) 对每一个回归系数作显著性检验;

(6) 求出每一个回归系数的置信水平为 95% 的估计区间;

(7) 求当 $x_1 = 75, x_2 = 42$,置信度为 95% 时,y 的点估计值和区间估计值。

8.9 某大型商业集团所属 10 家超市 2006 年 10 月商品销售额与流通费用率资料如下:

超市编号	流通费用率(%)	商品销售额(百万元)
1	12.8	1.4
2	9.0	3.0
3	5.4	4.1
4	4.2	5.8
5	3.6	6.8
6	3.0	8.6
7	2.8	11.0
8	2.6	12.8
9	2.6	13.8
10	2.4	15.6

要求:(1) 试用散点图判断流通费用率与商品销售额之间的关系;

(2) 以商品销售额为自变量、流通费用率为因变量,拟合双曲线回归模型;

(3) 检验该模型的显著性,并预测商品销售额达到1800万元时的流通费用率。

8.10 1990—2005年我国城镇居民家庭人均可支配收入及恩格尔系数资料如下:

年份	城镇居民家庭人均可支配收入(元)	恩格尔系数(%)
1990	1 510.20	54.24
1991	1 700.60	53.80
1992	2 026.60	53.04
1993	2 577.40	50.32
1994	3 496.20	50.04
1995	4 283.00	50.09
1996	4 838.90	48.76
1997	5 160.30	46.60
1998	5 425.10	44.66
1999	5 854.02	42.07
2000	6 280.00	39.44
2001	6 859.60	38.20
2002	7 702.80	37.68
2003	8 472.20	37.10
2004	9 421.60	37.70
2005	10 493.00	36.70

资料来源:《2006年中国统计年鉴》。

要求:

(1) 通过散点图判断城镇居民家庭人均可支配收入与恩格尔系数之间的相关关系;

(2) 根据理论分析选定自变量和因变量,并建立适当的回归模型;

(3) 检验该模型的显著性。假设2008年城镇居民家庭人均可支配收入为13 000元,试测算恩格尔系数的估计值。

第九章 时间数列分析与预测

我国经济发展趋势如何

试根据表9-1的资料解决以下问题:

(1) 表9-1中所包含的时间数列的种类?

(2) 我国国内生产总值、人口数、全国居民消费水平的增长速度如何?

(3) "九五"时期我国年平均国内生产总值、年平均人口数是多少?

(4) 如何建立国内生产总值、全国居民消费水平等的趋势模型,并预测相关年份的国内生产总值、全国居民消费水平?

(5) 若进一步知道各年分季度的农村用电量,怎样测定季节变动对农村用电量的影响情况?

表9-1 1991—2001年我国国内生产总值等五项数据资料

年份	国内生产总值(亿元)	年末人口数(万人)	农村用电量(亿千瓦小时)	人口自然增长率(‰)	全国居民消费水平(元)
1991	21 662.5	115 823	963.2	12.98	896
1992	26 651.9	117 171	1 106.9	11.60	1 070
1993	34 560.5	118 517	1 244.8	11.45	1 331
1994	46 670.0	119 850	1 473.9	11.21	1 746
1995	57 494.9	121 121	1 655.7	10.55	2 236
1996	66 850.5	122 389	1 812.7	10.42	2 641
1997	73 142.7	123 626	1 980.1	10.06	2 834
1998	76 967.2	124 761	2 042.1	9.14	2 972
1999	80 579.4	125 786	2 173.4	8.18	3 138
2000	88 189.5	126 743	2 421.3	7.58	3 397
2001	94 346.4	127 627	2 609.8	6.95	3 608

资料来源:《中国统计摘要2002》,中国统计出版社2002年版。

为了回答上述问题,本章主要讨论:时间数列的种类,对时间数列进行比较分析、平均分析,依据乘法模型对时间数列进行分解分析以及对现象未来的发展情况进行预测等内容。

时间数列分析的方法有确定型和随机型两类。确定型分析方法所用的数学工具较简单,却是目前经济实践工作中应用非常广泛的一种传统分析方法;随机型分析方法要运用到随机过程的知识。本章只介绍确定型分析方法。

第一节　时间数列概述

一、时间数列的概念

为了研究现象发展变化的规律性,需搜集现象在各时期的数量信息,以观察其现象随时间变化的数量特征。

时间数列,指将同一现象在不同时间上的一系列观察值,按时间先后顺序排列而形成的序列,又称为时间序列或动态数列。

如表9-1中,将1991—2001年我国国内生产总值等经济数据按时间顺序排列就构成时间数列,它可以反映社会经济现象发展变化的过程、变动速度、变化方向和趋势。

由时间数列的概念可知,时间数列由两部分组成,一个是现象所属的时间;另一个是现象在各时间上的观察值,这些观察值又称为发展水平。如表9-1中,有5个时间数列,即国内生产总值、年末人口数、人口自然增长率、全国居民消费水平、农村用电量时间数列,其中国内生产总值时间数列就是由时间1991年,1992年,…,2001年和各年的国内生产总值组成的。

时间数列中,时间通常用$t_i(i=0,1,2,3,\cdots,n)$表示,它可以是年、季、月、日等。各期的发展水平用$y_i(i=0,1,2,3,\cdots,n)$表示,其中,y_0表示时间数列的第一项,又称其为初期水平;y_n为时间数列的最后一项,称其为末期水平。这样,时间数列的一般形式如表9-2所示。

表9-2　时间数列基本形式

时间 t_i	t_0	t_1	t_2	t_3	…	t_n
发展水平 y_i	y_0	y_1	y_2	y_3	…	y_n

在以后各节,若没有特殊说明,时间数列的基本形式均如表9-2所示。

二、时间数列的种类

时间数列按其观察值具体表现形式不同可分为三种:绝对数时间数列、相对数时间数列和平均数时间数列。

（一）绝对数时间数列

绝对数时间数列，指由同一现象若干不同时间的绝对观察值，按时间先后顺序排列而形成的数列。绝对数时间数列，按其观察值表现的时间状况不同，又可进一步分为时期数列和时点数列。

1. 时期数列

时期数列，指由同一现象若干不同时期的观察值按时间顺序排列所形成的时间数列。如表9-1中国内生产总值时间数列。

时期数列中，各期的观察值描述的是现象在一段时间内发展变化的总规模或总水平。例如，2001年国内生产总值94 346.4亿元就是我国各行业在2001年的12个月内所创造的国内生产总值的累计总额。

时期数列有两个特点，具体表现在：

（1）时期数列中各期指标值可以直接累计相加，其结果可以表明现象在更长一段时期内发展的总量。例如，将表9-1中1996—2000年国内生产总值直接相加，结果为392 163.4亿元。它表明，"九五"时期，我国创造的国内生产总值共计392 163.4亿元。

（2）时期数列中各期指标值的大小与其对应的时期长短有直接的关系。本章案例中，国内生产总值是按年度统计的，时期是一年。其实，时期也可以是半年、季或者月等，这要根据研究的需要而定。

2. 时点数列

时点数列，是由同一现象在不同时点上的观察值按时间顺序排列所形成的数列。数列中各个观察值描述的是现象在特定时点上的总规模或总水平。例如，表9-1中年末人口数时间数列就是一个时点数列。

与时期数列相比，时点数列也有两个特点：

（1）时点数列中各个观察值一般不能直接相加。因为数列中各数据描述的是现象的瞬间状态，并无明确的时间区间，若将其简单相加则没有实际意义。

（2）时点数列中各个指标值的大小与时间间隔的长短没有直接的关系。因为数列中各个观察值反映的是现象在特定时点上的状况，它的变化只与现象本身的影响因素的消长有关，并不直接随时间间隔的长短而改变。例如，商品库存量只受进货量、销售量等因素的影响，并不直接随时间间隔长短的变化而变化，不能说月末的库存量一定比月初的多。

（二）相对数时间数列和平均数时间数列

由相对数组成的时间数列称为相对数时间数列。例如表9-1中的人口自然增长率时间数列就是相对数时间数列。

平均数时间数列，指由同一现象在不同时期的平均水平按时间顺序排列所形成的数列。例如，将不同时间的平均工资、平均工龄、平均受教育的年限按时间顺序排列都可以得到相应的平均数时间数列。表 9-1 中的全国居民消费水平所组成的时间数列属于平均数时间数列。

相对数时间数列和平均数时间数列都是由绝对数时间数列派生而来的时间数列,它们各期的观察值一般不能直接相加。

必须指出的是,无论是哪种时间数列,在编制时一定要保证各期观察值在内容、计算方法及总体范围等方面的可比性。可比性是认识客观事物发展变化的规律性应遵循的一条基本原则,这也是得到正确的分析结论的基础和前提。如果时间数列编制不当,我们在此基础上展开分析所得到的结果无疑是错误的。

第二节 时间数列比较分析

对时间数列进行分析时,一种常用的方法是将数列中各期观察值进行比较,以研究事物的变动方向和变动速度。其比较的方法可以是相减、相除等,得到的分析指标有:增减量、发展速度、增降速度和增减 1% 的绝对值。

一、增减量

增减量指数列中不同时期发展水平之差,用以说明社会现象在一段时期内增加或减少的绝对数量。它的基本计算公式为:

$$增减量 = 报告期发展水平 - 基期发展水平$$

上式的计算结果,若大于零即为增长量;若小于零则为减少量。

增减量根据计算时选择的基期不同,又可进一步分为逐期增减量和累计增减量。

(一)逐期增减量

逐期增减量是数列中报告期发展水平与它的前一期发展水平之差,用以反映报告期发展水平与其相邻期的发展水平在数量上的增减变动情况。其计算公式为:

$$\begin{aligned}逐期增减量 &= 报告期发展水平 - 前期发展水平 \\ &= y_i - y_{i-1} \quad (i = 1, 2, \cdots, n)\end{aligned} \quad (9.1)$$

时间数列中,各期的逐期增减量分别为:

$$y_1 - y_0, y_2 - y_1, y_3 - y_2, \cdots, y_n - y_{n-1}$$

(二)累计增减量

累计增减量是数列中各期发展水平与某一固定基期发展水平之差,用以反映现象在较长的一段时期内累计增加和减少的绝对量。其计算公式为:

$$累计增减量 = 报告期发展水平 - 固定基期发展水平$$

$$= y_i - y_0 \quad (i = 1, 2, \cdots, n) \tag{9.2}$$

时间数列中,各期的累计增长量分别为:

$$y_1 - y_0, y_2 - y_0, y_3 - y_0, \cdots, y_n - y_0$$

注意,在同一时间数列中,累计增减量等于相应的各逐期增减量之和,即:

$$y_n - y_0 = (y_1 - y_0) + (y_2 - y_1) + (y_3 - y_2) + \cdots + (y_n - y_{n-1})$$

（三）年距增减量

时间数列既可以按年份编制,也可以按月或季度编制。如果按季度（或月）编制的时间数列,为了消除季节变动的影响,可计算年距增减量,它等于本期发展水平与上年同期发展水平之差,即:

年距增减量 = 报告期某季（月）发展水平 - 上年同季（月）发展水平

二、发展速度与增降速度

（一）发展速度

发展速度,是将时间数列中两个发展水平对比所得的相对数,用以说明报告期发展水平是基期发展水平的百分之几或者几倍,从而反映事物的发展方向和发展程度。

其基本计算公式为:

$$发展速度 = \frac{报告期发展水平}{基期发展水平} \tag{9.3}$$

发展速度,依据计算时所用的基期水平不同,可分为环比发展速度和定基发展速度。

1. 环比发展速度

环比发展速度,是时间数列中报告期发展水平与前一期发展水平之比的结果,以反映现象逐期的发展方向和发展程度。其计算公式为:

$$环比发展速度 = \frac{报告期发展水平}{前一期发展水平} = \frac{y_i}{y_{i-1}} \quad (i = 1, 2, \cdots, n) \tag{9.4}$$

时间数列中,各期的环比发展速度分别为: $\frac{y_1}{y_0}, \frac{y_2}{y_1}, \frac{y_3}{y_2}, \cdots, \frac{y_n}{y_{n-1}}$。

2. 定基发展速度

定基发展速度,是时间数列中报告期发展水平与某一固定时期发展水平相比所得的相对数,以反映现象在一个较长时期内的总变动程度。其计算公式为:

$$定基发展速度 = \frac{报告期发展水平}{某一固定基期发展水平} = \frac{y_i}{y_0} \quad (i = 1, 2, \cdots, n) \tag{9.5}$$

时间数列中,各期的定基发展速度分别为: $\frac{y_1}{y_0}, \frac{y_2}{y_0}, \frac{y_3}{y_0}, \cdots, \frac{y_n}{y_0}$。

注意,环比发展速度与定基发展速度之间存在一定关系,从式(9.4)(9.5)容易看出:环比发展速度的连乘积等于相应的定基发展速度,即:

$$\frac{y_1}{y_0} \times \frac{y_2}{y_1} \times \frac{y_3}{y_2} \times \cdots \times \frac{y_n}{y_{n-1}} = \frac{y_n}{y_0}$$

3. 年距发展速度

如果按季度(或月)编制的时间数列,为了消除季节变动的影响,可计算年距发展速度,它等于报告期某季(或月)发展水平与上年同期发展水平之比,即:

$$年距发展速度 = \frac{报告期某季(或月)发展水平}{上年同季(或月)发展水平} \tag{9.6}$$

该指标表明本期发展水平相对于上年同期发展水平而言变动的方向及程度,在统计实际工作中应用较多。

(二) 增降速度

增降速度,是增减量与基期发展水平相比所得的相对数,用以描述报告期水平比基期水平增减的相对程度。其一般公式为:

$$增降速度 = \frac{增减量}{基期发展水平} = 发展速度 - 1 \tag{9.7}$$

其计算结果若大于零,即为增长速度;若小于零,则为降低速度。

增降速度,由于计算时用于对比的基期不同,又可分为环比增降速度和定基增降速度。

1. 环比增降速度

环比增降速度,是逐期增减量与基期发展水平之比或环比发展速度减1的结果,用以表明社会经济现象逐期增长或者下降的相对程度。其计算公式为:

$$环比增降速度 = \frac{逐期增减量}{基期发展水平} = \frac{y_i - y_{i-1}}{y_{i-1}} \quad (i = 1, 2, \cdots, n) \tag{9.8}$$

或 环比增降速度 = 环比发展速度 - 1

2. 定基增降速度

定基增降速度,是累计增减量与基期发展水平之比或定基发展速度减1的结果,用以反映现象在一段时期内累计增长或降低的相对程度。其计算公式为:

$$定基增降速度 = \frac{累计增减量}{基期发展水平} = \frac{y_n - y_0}{y_0} \quad (i = 1, 2, \cdots, n) \tag{9.9}$$

或 定基增降速度 = 定基发展速度 - 1

3. 年距增长速度

按季度(或月)编制的时间数列,可计算年距增长速度,它等于报告期年距增长量与上年同期发展水平之比,即:

$$年距增降速度 = \frac{年距增长量}{上年同季（或月）发展水平} \quad (9.10)$$

或 $\quad$ 年距增降速度 = 年距发展速度 − 1

该指标表明本期发展水平相对于上年同期发展水平而言增长（或降低）的相对程度，在统计实际工作中应用较广。

必须指出，发展速度与增降速度反映的内容是不同的，发展速度说明的是报告期的水平是基期水平的百分之几或几倍，而增降速度只是反映报告期水平比基期水平增减部分的相对程度，也就是说增降速度说明的是报告期水平比基期水平增长或降低百分之几。

三、增降 1% 的绝对值

增降 1% 的绝对值，指速度中每增长（或降低）一个百分点而增加（或减少）的绝对数量。其计算公式为：

$$增降 1\% 的绝对值 = \frac{逐期增减量}{环比增降速度} \times 1\%$$

$$= \frac{y_i - y_{i-1}}{\frac{y_i - y_{i-1}}{y_{i-1}}} \times 1\% = \frac{y_{i-1}}{100} = \frac{基期发展水平}{100} \quad (9.11)$$

例 9.1 依据表 9-1 的资料，计算"九五"时期各年国民生产总值的逐期增长量、环比发展速度、环比增长速度、增降 1% 的绝对值，及以 1995 年为基期的累计增长量、定基发展速度、定基增长速度。

解 根据已知的资料，依据相关的公式，各指标的计算结果如表 9-3 所示。

表 9-3 1996—2000 年国民生产总值及其比较分析指标

年份		1995	1996	1997	1998	1999	2000
国民生产总值（亿元）		57 494.9	66 850.5	73 142.7	76 967.2	80 579.4	88 189.5
增减量（亿元）	逐期	—	9 355.6	6 292.2	3 824.5	3 612.2	7 610.1
	累计	—	9 355.6	15 647.8	19 472.3	23 084.5	30 694.6
发展速度（%）	环比	—	116.27	109.41	105.23	104.69	109.44
	定基	—	116.27	127.22	133.87	140.15	153.39
增降速度（%）	环比	—	16.27	9.41	5.23	4.69	9.44
	定基	—	16.27	27.22	33.87	40.15	53.39
增减 1% 的绝对值（亿元）		—	574.95	668.51	731.43	769.67	805.79

第三节 时间数列平均分析

在这一节里,将对时间数列进行平均分析,计算一些反映社会经济现象在一段时期内一般水平的动态平均数。

动态平均数,又称为序时平均数,主要有平均发展水平、平均发展速度和平均增降速度三种。

一、平均发展水平

平均发展水平,是时间数列中各期发展水平的平均数,用以综合反映各期观察值在一段时间内的平均水平。

由于不同种类的时间数列具有不同的特点,其计算平均发展水平的方法也有区别,下面分别介绍。

(一) 由时期数列计算平均发展水平

依据时期数列计算平均发展水平时,由于时期数列中各期观察值具有直接相加的特点,所以,可以使用简单算术平均的方法计算。其计算公式为:

$$\bar{y} = \frac{\sum_{i=1}^{n} y_i}{n} \tag{9.12}$$

式中,$\bar{y}$ 为平均发展水平;y_i 表示第 i 期发展水平;n 是发展水平个数。

例 9.2 依据表 9-1 的资料,计算我国"九五"时期年平均国民生产总值。

解 依据公式

$$\bar{y} = \frac{\sum_{i=1}^{n} y_i}{n}$$

$$= \frac{66\,850.5 + 73\,142.7 + 76\,967.2 + 80\,579.4 + 88\,189.5}{5}$$

$$= 77\,145.86(亿元)$$

(二) 由时点数列计算平均发展水平

由时点数列计算平均发展水平时,由于有的观察值是逐日登记的,有的是按月末(初)、季末(初)、年末(初)等统计的,在登记时间的间隔上有的相等,有的不相等。不同的资料,其平均发展水平的计算方法也有所不同。

1. 逐日登记的时点数列平均发展水平的计算

如果时间数列是由逐日登记的时点指标按时间顺序排列所形成的,因为指标之间的间隔很短,可将其视为连续型时点数列。依据连续型时点数列求平均发展水平,可用算术平均的方法,即:

$$\bar{y} = \frac{\sum_{i=1}^{n} y_i}{n} \quad (简单式) \tag{9.13}$$

或

$$\bar{y} = \frac{\sum_{i=1}^{n} y_i f_i}{\sum_{i=1}^{n} f_i} \quad (加权式) \tag{9.14}$$

例 9.3 某企业 2006 年 1 月份职工人数的资料如表 9-4 所示。

表 9-4 某企业 1 月份职工人数

日期(日)	1—3	4—8	9—14	15—19	20—26	27—28	29—31
职工人数(人)	158	150	148	156	160	162	165

试计算该企业 1 月份的平均职工人数。

解 该企业 1 月份的平均职工人数为:

$$\bar{y} = \frac{\sum_{i=1}^{n} y_i f_i}{\sum_{i=1}^{n} f_i}$$

$$= \frac{158 \times 3 + 150 \times 5 + 148 \times 6 + 156 \times 5 + 160 \times 7 + 162 \times 2 + 165 \times 3}{3 + 5 + 6 + 5 + 7 + 2 + 3}$$

$$= 156(人)$$

2. 间断型时点数列平均发展水平的计算

由间隔时点数列计算平均发展水平时,可用加权算术平均法,即先假定时点数列中相邻指标值在两个时点之间均衡变动,求出两时点指标值的平均数,然后以时间间隔长度为权数进行加权平均,求得数列的平均发展水平。用公式表示为:

$$\bar{y} = \frac{\frac{y_0 + y_1}{2}f_1 + \frac{y_1 + y_2}{2}f_2 + \frac{y_2 + y_3}{2}f_3 + \cdots + \frac{y_{n-1} + y_n}{2}f_n}{\sum_{i=1}^{n} f_i} \tag{9.15}$$

例 9.4 某商场某种商品 2006 年库存资料如表 9-5 所示。

表 9-5　某商场某商品库存量

时间	1月1日	3月1日	7月1日	8月1日	10月1日	12月31日
库存量(套)	34	42	24	20	26	30

试计算该商场该种商品 2006 年月平均库存量。

解　该种商品 2006 年月平均库存量为：

$$\bar{y} = \frac{\dfrac{y_0+y_1}{2}f_1 + \dfrac{y_1+y_2}{2}f_2 + \dfrac{y_2+y_3}{2}f_3 + \cdots + \dfrac{y_{n-1}+y_n}{2}f_n}{\sum_{i=1}^{n} f_i}$$

$$= \frac{\dfrac{34+42}{2}\times 2 + \dfrac{42+24}{2}\times 4 + \dfrac{24+20}{2}\times 1 + \dfrac{20+26}{2}\times 2 + \dfrac{26+30}{2}\times 3}{2+4+1+2+3}$$

$= 30 (套)$

若间断型时点数列中时点指标彼此之间的间隔相等，即为等间隔时点数列时，上面计算平均发展水平的计算公式(9.15)演化为：

$$\bar{y} = \frac{\dfrac{y_0+y_1}{2} + \dfrac{y_1+y_2}{2} + \dfrac{y_2+y_3}{2} + \cdots + \dfrac{y_{n-1}+y_n}{2}}{n}$$

$$= \frac{\dfrac{y_0}{2} + y_1 + y_2 + y_3 + \cdots + y_{n-1} + \dfrac{y_n}{2}}{n} \qquad (9.16)$$

例 9.5　2000—2005 年全国城乡储蓄存款年末余额如表 9-6 所示，试计算 2001—2005 年的年平均储蓄存款余额。

表 9-6　全国城乡储蓄存款年末余额

年份	2000	2001	2002	2003	2004	2005
年末存款余额(亿元)	64 332.4	73 762.4	86 910.6	103 617.3	119 555.4	141 051.0

解　2001—2005 年的年平均存款余额为：

$$\bar{y} = \frac{\dfrac{y_0}{2} + y_1 + y_2 + y_3 + y_4 + \dfrac{y_5}{2}}{5}$$

$$= \frac{\dfrac{64\,332.4}{2} + 73\,762.4 + 86\,910.6 + 103\,617.3 + 119\,555.4 + \dfrac{141\,051}{2}}{5}$$

$= 97\,307.48 (亿元)$

（三）由相对数时间数列计算平均发展水平

相对数有静态和动态两类。前者如结构相对数，后者如发展速度等。由这两类不同的相对数组成的时间数列，在计算平均发展水平的方法上存在很大的差异。这里介绍的是静态相对数时间数列平均发展水平的计算方法。

相对数是派生指标，通常是由两个有联系的绝对数对比而来的，那么，相对数时间数列也就是由两个有联系的绝对数时间数列的相应项对比得到的。因此，依据相对数时间数列计算平均发展水平时，首先应对相对数时间数列进行分解，找出各期的分子指标和分母指标；再分别计算出分子时间数列、分母时间数列的平均发展水平，然后将两个平均发展水平对比，以求得相对数时间数列的平均发展水平。用公式表示为：

$$\bar{y} = \frac{\bar{a}}{\bar{b}} \tag{9.17}$$

式中，$\bar{y}$ 表示相对数时间数列的平均发展水平；$\bar{a}$ 表示分子数列的平均发展水平；$\bar{b}$ 表示分母数列的平均发展水平。

例 9.6 已知某企业 2006 年职工人数资料如表 9-7 所示，试计算该企业第四季度生产工人占职工人数的平均比重。

表 9-7 某企业 2006 年职工人数资料

时间	9月30日	10月31日	11月30日	12月31日
全部职工人数（人）(b)	550	600	650	720
生产工人占职工人数的比重(%)(y)	76	75	78	80

解 生产工人占职工人数的比重，是生产工人数与全部职工人数之比。首先，数列中各时点的生产工人数未知，应根据：生产工人数(a) = 全部职工人数(b) × 生产工人所占比重(y)的关系推算出，即 418、450、507、576。然后，由于分子（生产工人数时间数列）、分母（全部职工人数时间数列）都是等间隔时点数列，要根据相应的公式分别计算出分子的平均发展水平，即平均生产工人数和分母的平均发展水平，即平均职工人数。最后，将平均生产工人数除以平均职工人数就得到了生产工人占职工人数的平均比重，即：

$$\bar{y} = \frac{\bar{a}}{\bar{b}}$$

$$= \frac{\left(\dfrac{a_0}{2} + a_1 + a_2 + \cdots + \dfrac{a_n}{2}\right)/n}{\left(\dfrac{b_0}{2} + b_1 + b_2 + \cdots + \dfrac{b_n}{2}\right)/n} = \frac{\left(\dfrac{418}{2} + 450 + 507 + \dfrac{576}{2}\right)/3}{\left(\dfrac{550}{2} + 600 + 650 + \dfrac{720}{2}\right)/3}$$

$$= 77.14\%$$

例 9.7 某商场 2006 年下半年的零售额、库存额及流通费用额资料如表 9-8 所示。

表 9-8 某商场 2006 年零售额、库存额及流通费用额资料 (单位:万元)

时间	7月	8月	9月	10月	11月	12月
零售总额(a)	1 107	1 160	1 150	1 170	1 200	1 370
月初库存额(b)	680	675	670	650	670	690
流通费用(c)	108	102	98	95	100	104

已知 12 月末商品库存额为 710 万元,试计算该商场 2006 年下半年商品平均流转次数和平均流通费用率。

解

$$\frac{\text{商品平均}}{\text{流转次数}} = \frac{\text{平均商品零售额}}{\text{平均商品库存额}}$$

$$= \frac{\dfrac{\sum a}{n}}{\left(\dfrac{b_0}{2} + b_1 + b_2 + \cdots + \dfrac{b_n}{2}\right)/n}$$

$$= \frac{(1\,107 + 1\,160 + 1\,150 + 1\,170 + 1\,200 + 1\,370) \div 6}{\left(\dfrac{680}{2} + 675 + 670 + 650 + 670 + 690 + \dfrac{710}{2}\right) \div 6}$$

$$= 1.77(\text{次})$$

$$\frac{\text{平均流通}}{\text{费用率}} = \frac{\text{平均流通费用额}}{\text{平均商品零售额}}$$

$$= \frac{(108 + 102 + 98 + 95 + 100 + 104) \div 6}{(1\,107 + 1\,160 + 1\,150 + 1\,170 + 1\,200 + 1\,370) \div 6}$$

$$= 8.48\%$$

(四) 由平均数时间数列计算平均发展水平

平均数也是由两个相关的指标对比计算得到的派生指标。对平均数时间数列求平均发展水平,其基本方法与求相对数时间数列的平均发展水平的方法一样,先分别求出分子数列和分母数列的平均发展水平,然后将两个平均发展水平对比,即为平均数时间数列的平均发展水平。

例 9.8 某企业 2006 年上半年工人人数及月平均工资资料如表 9-9 所示。

表 9-9 某企业 2006 年职工人数与工资资料

时间	1月	2月	3月	4月	5月	6月	7月
平均工资(元)(y)	3 400	3 000	3 200	3 550	3 150	3 000	3 250
月初职工人数(人)(b)	650	670	680	730	655	710	690

试计算该企业 2006 年上半年的职工月平均工资。

解 依据题意,将该企业有关工资总额和平均职工人数的计算资料列表如下(表 9-10)。

表 9-10 企业工资总额和平均职工人数计算表

时间	1月	2月	3月	4月	5月	6月
工资总额(元)(a)	2 244 000	2 025 000	2 256 000	2 458 375	2 149 875	2 100 000
平均职工人数(人)(b)	660.0	675.0	705.0	692.5	682.5	700.0

表 9-10 中,工资总额 = 平均工资 × 平均职工人数

如 1 月份工资总额 = $3\,400 \times \dfrac{650 + 670}{2} = 2\,244\,000$(元)

该企业上半年月平均工资为:

$$\bar{y} = \dfrac{\bar{a}}{\bar{b}}$$

$$= \dfrac{\dfrac{2\,244\,000 + 2\,025\,000 + 2\,256\,000 + 2\,458\,375 + 2\,149\,875 + 2\,100\,000}{6}}{\dfrac{660 + 675 + 705 + 692.5 + 682.5 + 700}{6}}$$

$$= 3\,126(元)$$

二、平均增减量

平均增减量,是时间数列中各逐期增减量的序时平均数,用以说明社会经济现象在一段时期内平均每期增加或减少的数量。

其公式为:

$$平均增减量 = \dfrac{逐期增减量之和}{逐期增减量个数}$$

$$= \dfrac{\sum(y_i - y_{i-1})}{n} = \dfrac{y_n - y_0}{n} \tag{9.18}$$

式中,n 表示逐期增减量的个数。

例 9.9 依据表 9-1 的资料,计算我国 1992—2001 年国内生产总值平均每年增减量。

解 1992—2001 年国内生产总值平均增减量为:

$$国内生产总值年平均增减量 = \dfrac{4\,989.4 + 7\,908.6 + \cdots + 7\,610.1 + 6\,156.9}{10}$$

$$= \dfrac{72\,683.9}{10} = 7\,268.39(亿元)$$

三、平均发展速度和平均增降速度

（一）平均发展速度

平均发展速度,是环比发展速度时间数列的序时平均数,用以揭示社会经济现象在一段较长时期内发展的平均程度和一般水平。

根据现象的不同特点,计算平均发展速度的方法有两种:水平法和累计法。

1. 水平法

水平法,又称为几何平均法。它的基本出发点是:从时间数列的初期水平 y_0 出发,假定每期以一个固定的发展速度即平均发展速度 $\bar{x}$ 发展,则按此假设推算的第 n 期的理论值 $y_0 \bar{x}^n$ 应等于第 n 期的实际水平 y_n,即：

$$\underbrace{y_0 \cdot \bar{x} \cdot \bar{x} \cdot \bar{x} \cdots \bar{x}}_{n\text{个}} = y_n$$

则有：

$$\bar{x}^n = \frac{y_n}{y_0}$$

平均发展速度 $\qquad \bar{x} = \sqrt[n]{\dfrac{y_n}{y_0}}$ （9.19）

式中,$\bar{x}$ 表示平均发展速度；y_n 表示时间数列的第 n 期发展水平；y_0 表示时间数列的初期发展水平。

式(9.19)中,$\dfrac{y_n}{y_0}$ 实际上是第 n 期的定基发展速度。因为环比发展速度的连乘积等于相应的定基发展速度,若已知时间数列的各期环比发展速度 $x_1, x_2, \cdots, x_n$,平均发展速度的计算公式也可以表示为：

$$\bar{x} = \sqrt[n]{\frac{y_n}{y_0}} = \sqrt[n]{x_1 \cdot x_2 \cdots x_n} = \sqrt[n]{\prod x} \qquad (9.20)$$

例 9.10 依据表 9-1 的资料,计算我国 1996—2000 年国内生产总值的平均发展速度。

解 1996—2000 年国内生产总值的平均发展速度为：

$$\bar{x} = \sqrt[n]{\frac{y_n}{y_0}} = \sqrt[5]{\frac{88\,189.5}{57\,494.5}} = 108.93\%$$

例 9.11 依据表 9-3 中第 5 行的资料,计算"九五"时期国内生产总值的年平均发展速度。

解 $\bar{x} = \sqrt[n]{x_1 \cdot x_2 \cdots x_n}$

$\qquad = \sqrt[5]{1.1627 \times 1.0941 \times 1.0523 \times 1.0469 \times 1.0944}$

$\qquad = \sqrt[5]{1.5337} = 108.93\%$

例 9.10、9.11 的计算结果均为 108.93%,它表明 1996—2000 年五年内,我国国内生产总值每年的平均发展速度为 108.93%。

2. 累计法

累计法,又称高次方程法。它的基本出发点是:从时间数列的最初发展水平 y_0 出发,假定每期以固定的发展速度即平均发展速度 $\bar{x}$ 发展,由此推算出各期的理论值 $y_0\bar{x}, y_0\bar{x}^2, y_0\bar{x}^3, \cdots, y_0\bar{x}^n$ 之和应等于各期的实际值之和,即:

$$y_0\bar{x} + y_0\bar{x}^2 + y_0\bar{x}^3 + \cdots + y_0\bar{x}^n = \sum_{i=1}^{n} y_i$$

则有:
$$\bar{x} + \bar{x}^2 + \bar{x}^3 + \cdots + \bar{x}^n = \frac{\sum_{i=1}^{n} y_i}{y_0} \tag{9.21}$$

式(9.21)高次方程的正根即为所求的平均发展速度。

通常,解此高次方程非常麻烦,计算时一般借助于国家统计局编制的《平均增长速度查对表》。使用时,先计算 $\sum_{i=1}^{n} y_i / y_0$,再除以 n,所得结果若大于 1,则表示现象是递增的,查找表中递增速度部分相应栏;所得结果若小于 1,则表明现象是递减的,查找表中递减部分相应栏。

例 9.12 我国"十五"期间全社会固定资产投资额累计为 295 531 亿元,2000 年全社会固定资产投资额为 32 917.7 亿元。试计算"十五"期间我国全社会固定资产投资额年平均发展速度。

解 先计算 $\sum_{i=1}^{n} y_i / y_0$ 的值,即:

$$\frac{\sum_{i=1}^{n} y_i}{y_0} = \frac{295\,531}{32\,917.7} = 8.9779 = 897.79\%$$

再计算 $\frac{1}{n}\left(\frac{\sum_{i=1}^{n} y_i}{y_0}\right)$ 的值,即:

$$\frac{1}{n}\left(\frac{\sum_{i=1}^{n} y_i}{y_0}\right) = \frac{1}{5} \times \frac{295\,531}{32\,917.7} = 179.5575\% > 100\%$$

查表 9-11 中五年期间与 897.79% 相近的数字 896.75%—899.26%,与此相对应的左栏内的百分比为 20.2%,所以,"十五"期间,我国全社会固定资产投资额年平均发展速度为 120.2%。

表 9-11　五年期间年平均增长速度累计法查对表

平均年增长(%)	五年发展水平之和与基期之比(%)
……	……
20.0	891.75—894.34
20.1	894.25—896.74
20.2	896.75—899.26
20.3	899.27—901.77
20.4	901.78—901.80
……	……

(二) 平均增降速度

平均增降速度,是时间数列中各期环比增降速度的序时平均数,用以表明现象在较长时期内逐期递增或递减的平均程度。

计算时,应先计算出平均发展速度,再将所得的结果减1,即为平均增降速度,即:

$$\text{平均增降速度} = \text{平均发展速度} - 1 \quad (9.22)$$

平均增降速度的计算结果有正负之分,正值表明现象在一定时期内逐期平均递增的程度,也称其为平均增长率;负值表明现象在一定时期内逐期平均递减的程度,也称为平均递减率。

需要说明的是,计算和运用平均速度应注意如下问题:

(1) 根据研究的需要,选择合适的计算方法。水平法和累计法是目前计算平均发展速度的基本计算方法,但侧重点、出发点不同。前者计算时只涉及初期水平和末期水平,而不管中间各期所达到的水平,侧重于考察最末一年所达到的水平指标;后者计算时利用了各个时期的资料,侧重于考察全时期累计发展总量。因此,它们使用的条件不同,对同一资料,运用两种方法计算平均发展速度,其结果是不相同的。

(2) 根据研究需要,用分段平均发展速度补充说明全时期的平均发展速度。因为全时期的平均发展速度虽然能够反映现象在较长时期内逐期平均发展的程度,但是,它掩盖了现象在不同时期的波动情况。因此,为了全面、客观地反映现象的发展变化情况,有必要计算分段平均发展水平补充说明总平均发展速度。

(3) 注意与环比发展速度、发展水平结合运用。几何平均法计算平均发展速度时,只考虑初期水平和末期水平,中间水平无论怎样变化,对平均速度的计算均无影响。若中间水平或初期水平、末期水平受到特殊影响,就会降低甚至失去平均速度的意义。因此,平均发展速度应与环比发展速度、发展水平结合运用。

(三) 年度化增长率

增长率(或增长速度)既可以按年度资料计算,也可以依据月份或季度资料计算,前者称为年增长率,后者称为月(或季度)增长率。统计研究中,常常需要将各种速度进行比较研究,此时,通常是将月(或季度)增长率进行年度化处理,使各增长率具有相同的比较基础。

增长率以年为单位表示的称为年增长率。将月增长率(或季度增长率)换算为以年为时间单位表示的增长率称为增长率年度化处理,所得结果为年度化增长率。

年度化增长率的计算公式为

$$年度化增长率 = \left(\frac{y_n}{y_0}\right)^{\frac{m}{n}} - 1 \tag{9.23}$$

式中,n 表示现象由 y_0 发展到 y_n 所跨的总的月份数(或总季度数);m 表示一年中时期的个数,若是月增长率年度化,则 $m=12$;若是季度增长率年度化,则 $m=4$。

例 9.13 已知某地已有如下数据,要求计算年度化增长率。

(1) 2003 年第四季度投资总额 10 亿元,2006 年第一季度投资总额 20 亿元;

(2) 2003 年第一季度社会商品零售总额 200 亿元,2006 年第一季度社会商品零售总额 400 亿元;

(3) 2003 年 1 月实现的销售利润 50 亿元,2007 年 2 月实现销售利润 90 亿元。

解 依据所掌握的资料,各小题的计算过程及结果如下:

(1) 从 2003 年第四季度到 2006 年第一季度所跨越的总季度数为 9。因为是季度资料,$m=4$,则有

$$年度化增长率 = \left(\frac{20}{10}\right)^{\frac{4}{9}} - 1 = 36.079\%$$

(2) 从 2003 年第一季度到 2006 年第一季所跨越的总季度数为 12。因为是季度资料,$m=4$,则有

$$年度化增长率 = \left(\frac{400}{200}\right)^{\frac{4}{12}} - 1 = 25.9921\%$$

(3) 2003 年 1 月到 2007 年 2 月所跨越的总月份数为 49。因为是月份资料,$m=12$,则有

$$年度化增长率 = \left(\frac{90}{50}\right)^{\frac{12}{49}} - 1 = 15.4824\%$$

第四节 长期趋势的测定

一、时间数列影响因素及分解模型

（一）时间数列的影响因素

社会经济现象的发展变化是由许多错综复杂的因素共同作用的结果。在这些影响因素中，有些是基本的、系统的，对事物的发展起着决定性的作用，使事物的发展呈现出某种规律性；有些是偶然的、非本质的，对事物的发展只起局部的、临时的作用，使事物的发展出现不规则性的波动。

为了研究社会经济现象发展变化的趋势和规律，就需要将这些因素所起的作用和影响程度一一测定出来。但是，影响事物发展变化的因素众多，要将每一种因素的影响趋势和影响程度一一测定出来是不可能的。在实际分析中，只能将各种因素按性质不同加以概括分类，然后，按类测定它们对事物发展变化的影响状况。

影响时间数列的因素归纳起来，可分为四种：长期趋势、季节变动、循环变动和不规则变动。

长期趋势，指社会经济现象在一个较长时期内，因受某种系统因素的影响所呈现出的一种持续发展变动的趋势，如上升或下降，通常用 T 表示。

季节波动，指社会经济现象受季节更替或社会因素的影响，在一年或更短的时间内所呈现的周期性波动，通常用 S 表示。

循环变动，指社会经济现象以若干年为周期的涨落起伏大致相等的变动，通常用 C 表示。

不规则性变动，指社会经济现象由于受突发事件或偶然因素的影响而引起的难以预测的变动，通常用 I 表示。

（二）时间数列的分解模型及分析的基本原理

将影响时间数列的因素分量——长期趋势、季节变动、循环变动和不规则变动进行分离和测定，并对各个因素分量进行分析研究，依据各因素分量对时间数列作用的方式不同构建某种分解模型，然后，依据分解模型，欲求时间数列中某种因素分量的影响，用一定的方法将其他三种因素的影响予以消除或加以控制即可。统计中，分解模型很多，但常用的有两种假定模型。

一种是假定四种因素存在着某种相互影响的关系，互不独立，则时间数列中各期发展水平是四种因素相乘之积，它们之间的结构可以表述为乘法模型，即：

$$Y_i = T_i \cdot S_i \cdot C_i \cdot I_i \quad (i = 1, 2, \cdots, n) \qquad (9.24)$$

式(9.24)中,Y_i代表时间数列第i期的观察值。

依据这一模型,欲求某种因素的变动影响,用其余的因素去除时间数列即可。

另一种是假定四种影响因素是相互独立的,则时间数列各期发展水平是四种因素相加的总和,它们之间的结构可以表述为加法模型,即：

$$Y_i = T_i + S_i + C_i + I_i \quad (i = 1, 2, \cdots, n) \tag{9.25}$$

根据这一模型,欲求某种影响因素的值,将时间数列减去其余的影响因素即可。若已经计算出长期趋势值,用y减去T,即$Y_i - T_i = S_i + C_i + I_i$为不含长期趋势影响的派生时间数列。

一个时间数列可能有长期趋势、季节变动、循环变动这三个分量中的某些或全部再加不规则变动分量。一般而言,长期趋势和季节变动属于常态现象,二者的结合,即为$T_i \cdot S_i$或$T_i + S_i$称为常态变动。因此,可将$C_i \cdot I_i$或$C_i + I_i$称为剩余变动。

式(9.24)和式(9.25)所述的两种模型均是以趋势值为主干的。在乘法模型中,除T与Y的量纲相同外,其他的分量都是以对趋势值T的比例表示的。在加法模型中,四个分量的影响值的量纲与Y相同。

在统计实践中,采用哪一种模型进行分析,需根据研究对象的性质和掌握的资料情况而定。本章主要以乘法模型为依据分别介绍各影响因素的分析方法,本节介绍长期趋势的测定方法。

二、长期趋势的测定

测定时间数列的长期趋势,描述社会经济现象发展变动的基本方向及发展模式,其目的是为了认识现象的变动规律,预测事物的未来。同时,测定长期趋势可用来从原时间数列中消除长期趋势的影响,为研究季节变动和循环变动提供依据。

测定长期趋势的方法很多,如序时平均法、移动平均法和模型拟合法等,这里仅介绍常用的移动平均法、模型拟合法。

(一) 移动平均法

移动平均法,是将原时间数列采用逐项移动并按一定时期分别计算出一系列序时平均数,形成一个新的序时平均数时间数列,以削弱或消除偶然因素的影响,呈现出现象在较长时期内持续发展变动的基本态势。

移动平均法是一种被广泛采用的平滑方法。它通过计算移动平均值力图消除时间数列中出现的波动,使时间数列的图像呈现出一条比较平滑的时间序列曲线,这条曲线能较清晰地描绘出长期趋势。

现以我国1990—2001年的农村用电量资料为例,说明移动平均法的具体计算方法。

例 9.14 已知我国 1990—2001 年的农村用电量资料(表 9-12),用移动平均法计算 4 年移动平均值和 5 年移动平均值。

表 9-12 我国 1990—2001 年农村用电量移动平均数计算表

(单位:亿千瓦小时)

年份 (1)	农村用电量 (2)	5 年移动平均 (3)	4 年移动平均	
			第一次平均 (4)	第二次平均 (5)
1990	844.5	—	—	—
1991	963.2	—	—	—
			1 039.85	
1992	1 106.9	1 126.66		1 118.53
			1 197.2	
1993	1 244.8	1 288.9		1 283.76
			1 370.33	
1994	1 473.9	1 458.8		1 458.55
			1 546.78	
1995	1 655.7	1 633.44		1 638.69
			1 730.6	
1996	1 812.7	1 792.9		1 801.63
			1 872.65	
1997	1 980.1	1 932.8		1 937.36
			2 002.08	
1998	2 042.1	2 085.92		2 078.15
			2 154.23	
1999	2 173.4	2 245.34		2 232.94
			2 311.65	
2000	2 421.3	—	—	—
2001	2 609.8	—	—	—

表 9-12 中,第三栏 5 年移动平均的第一个数 1 126.66 是 1990—1994 年农村用电量的平均值,即:

$$1\,126.66 = (844.5 + 963.2 + 1\,106.9 + 1\,244.8 + 1\,473.9) \div 5$$

第二个数 $1\,288.90 = (963.2 + 1\,106.9 + 1\,244.8 + 1\,473.9 + 1\,655.7) \div 5$
其余的以此类推。

采用移动平均法修匀时间数列时,计算出的移动平均数应写在规定时期的中间位置,如 1 126.66 写在 1992 年。凡是采用奇数项移动平均,一次就得到长

期趋势值 T；若用偶数项移动平均，需要平均两次才能到位。如表 9-12 中，第四栏 4 年第一次移动平均数的 1 039.85 是 1990—1993 年的农村用电量的平均值，即 1 039.85 = (844.5 + 963.2 + 1 106.9 + 1 244.8) ÷ 4，它应对准 1991 年与 1992 年的中间；该栏的第二个移动平均数 1 197.20 是 1991—1994 年农村用电量的平均值，即 1 197.20 = (963.2 + 1 106.9 + 1 244.8 + 1 473.9) ÷ 4，它应对准 1992 年与 1993 年的中间。其余的以此类推。表 9-12 中的第五栏 4 年第二次移动平均数，是对第一次移动平均数再按两项平均得到的，用以校正长期趋势值即"正位"，把移动平均数定在各个时期上。第五栏的第一个移动平均数 1 118.53 = (1 039.85 + 1 197.2) ÷ 2，正好对准中间位置 1992 年。

采用移动平均法测定长期趋势时，应注意以下问题：

第一，合理选择移动平均的项数 k。移动平均所取的项数越多，使用移动平均法对原数列修匀的效果越好；反之，则越差。但移动平均的项数多少又直接影响计算的复杂程度和修匀后新数列的项数。移动平均的项数究竟以多少为宜，还应视研究现象本身的变化特点而定。一般说来，若现象本身存在自然变动周期，就以波动的长度为移动平均的长度，如按季度资料排列的时间数列，移动平均的项数以四项为宜；若时间数列各期水平无明显波动，则以奇数项移动平均为宜。

第二，注意新数列指标值的排列。凡是采用奇数项移动平均，其平均值正好对准平均时期的中间时期，一次就得长期趋势值；若采用偶数项移动平均，需进行两次移动平均，才能得到长期趋势值。

第三，注意移动平均的局限。移动平均法的作用主要在于修匀时间数列，呈现现象发展的总趋势。但移动平均所得的趋势值项数比原时间数列的项数少，奇数项移动平均时，首尾各少 $\frac{k-1}{2}$ 项；偶数项移动平均时，首尾各少 $\frac{k}{2}$ 项。一般而言，移动时距越长，修匀的作用越大，所得到的新数列越平滑。但移动项数越多，首尾失掉的项数越多，原有数列的信息损失越多。因此，这种方法虽然操作简便，但考虑到它的局限性，当数据量不足够多时，不宜采用这种方法。

（二）模型拟合法

测定长期趋势的另一种方法是为时间数列拟合一个合适的数学模型，然后，依据此模型预测趋势值来分析长期趋势。

时间数列变动的趋势有直线趋势和曲线趋势之分。在建立模型之前，先要确定现象变动的形态。

判定趋势变动形态的方法常用的有两种：

一种是画散点图的方法，即用直角坐标系做折线图，若图形大致呈直线，就配合直线趋势方程；若图形大致呈曲线，就配合曲线趋势方程。

例 9.15 依据表 9-1 中 1991—2001 年我国国内生产总值的资料，做散点图，以观察现象的发展趋势。

解 依据1991—2001年我国国内生产总值时间数列资料,以年份作为横轴,国民生产总值作为纵轴,画散点图,如图9-1所示。图形显示,1991—2001年我国国内生产总值呈现直线发展趋势。

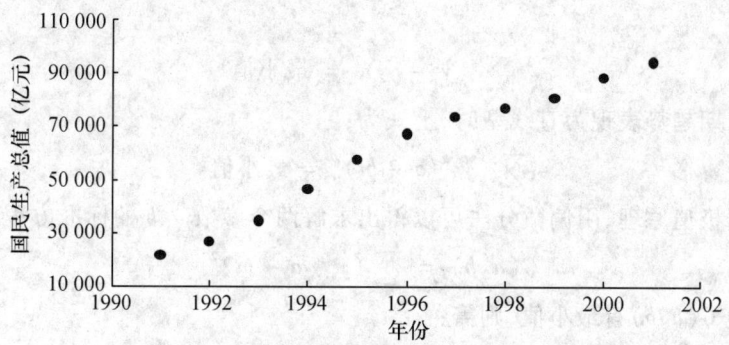

图9-1 1991—2001年我国国内生产总值散点图

另一种是指标判别法。若时间数列的逐期增减量大致相等,则现象的发展趋势近似于一条直线,就配合直线方程;若时间数列的二次逐期增减量大致相等,则现象的发展趋势近似于一条抛物线,就配合抛物线方程;若时间数列的各期环比发展速度大致相等,则现象的发展趋势近似于一条指数曲线,就配合一条指数曲线方程;若时间数列各逐期增减量的环比值大致相等,则现象的发展趋势近似于一条修正的指数曲线,就配合修正的指数曲线方程;若时间数列各期观察值对数的一次差的环比值大致相等,则现象的发展趋势近似于一条龚珀资(Gompertz)曲线,就配合龚珀资曲线方程;若时间数列各期观察值倒数的一次差的环比值大致相等,则现象的发展趋势近似于一条罗吉斯蒂(Logistic)曲线,就配合罗吉斯蒂曲线方程。其他曲线都有相应的判断标准,在此不一一列举。

社会经济现象的发展趋势呈曲线形是大量存在的,研究现象趋势变动的曲线类型是必要而且有意义的。但是,对于曲线型的现象,就某一段时间段的变化情况进行研究,它又具有线性变化的特点。因此,研究长期趋势变动的直线型是研究曲线型的基础。

1. 直线趋势测定法

时间数列大体呈直线发展趋势,应配合一个直线模型,即直线趋势方程。

直线趋势方程的一般形式为:

$$\hat{y}_t = a + bt \tag{9.26}$$

式中,$\hat{y}_t$ 表示时间数列的长期趋势值;t 表示时间数列的时间序号;a 表示 $t=0$ 时,$\hat{y}_t$ 的值;b 为趋势方程的斜率,即 t 每变动一个时间单位时,$\hat{y}_t$ 平均增加或减少的数量。

利用直线趋势方程测定长期趋势,关键是确定直线模型中参数 a、b 的值。

参数 a、b 值的确定常运用最小二乘法。

最小平方法的基本原理是：要求拟合的长期趋势直线的理论值与原数列的实际值之间的离差平方和为最小，在这一前提下，用偏微分法来确定参数 a、b 的值，即：

$$\sum (y_i - \hat{y}_i)^2 = 最小值$$

当长期趋势表现为直线型时，上式为：

$$\sum (y - a - bt)^2 = 最小值$$

根据极值原理，用偏微分法可以得出求解两个参数 a、b 的标准方程组。

令

$$G(a,b) = \sum (y - a - bt)^2$$

要使 $G(a,b)$ 有最小值，则需：

$$\frac{\partial G}{\partial a} = 0 \quad \frac{\partial G}{\partial b} = 0$$

整理得到下面的标准方程组：

$$\begin{cases} \sum y = na + b\sum t \\ \sum ty = a\sum t + b\sum t^2 \end{cases}$$

解上述方程组得：

$$\begin{cases} b = \dfrac{n\sum ty - \sum t \sum y}{n\sum t^2 - (\sum t)^2} \\ a = \bar{y} - b\bar{t} \end{cases} \tag{9.27}$$

式中，n 表示时间数列的项数。

例 9.16 现仍用表 9-1 的资料，用最小平方法计算国内生产总值直线趋势方程，并依据直线趋势方程计算各年国内生产总值的趋势值。

解 依据上述公式，将计算时所需资料列于表 9-13 中。

表 9-13 国内生产总值直线趋势方程计算表

年份	年份序号 t	国内生产总值 y_i	$t \cdot y$	t^2	$\hat{y}_i$
1991	1	21 662.5	21 662.5	1	23 198.282
1992	2	26 651.9	53 303.8	4	30 687.998
1993	3	34 560.5	103 681.5	9	38 177.715
1994	4	46 670.0	186 680.0	16	45 667.431
1995	5	57 494.9	287 474.5	25	53 157.147
1996	6	66 850.5	401 103.0	36	60 646.864
1997	7	73 142.7	511 998.9	49	68 136.580

（续表）

年份	年份序号 t	国内生产总值 y_i	$t \cdot y$	t^2	$\hat{y}_i$
1998	8	76 967.2	615 737.6	64	75 626.296
1999	9	80 579.4	725 214.6	81	83 116.013
2000	10	88 189.5	881 895.0	100	90 605.729
2001	11	94 346.4	1 037 810.4	121	98 095.445
合计	66	667 115.5	4 826 561.8	506	—

设 $\hat{y}_i = a + bt$

$$b = \frac{n\sum ty - \sum t \sum y}{n\sum t^2 - (\sum t)^2}$$

$$= \frac{11 \times 4\,826\,561.8 - 66 \times 667\,115.5}{11 \times 506 - 66^2} = \frac{9\,062\,556.8}{1\,210} = 7\,489.716$$

$$a = \bar{y} - b\bar{t}$$

$$= \frac{667\,115.5}{11} - 7\,489.716 \times \frac{66}{11} = 15\,708.57$$

$\therefore \hat{y}_i = 15\,708.57 + 7\,489.716t$

将各年的时间序号代入直线趋势方程，即得各年的国内生产总值趋势值，仍如表 9-13 所示。

1991—2001 年国内生产总值趋势图如图 9-2 所示。

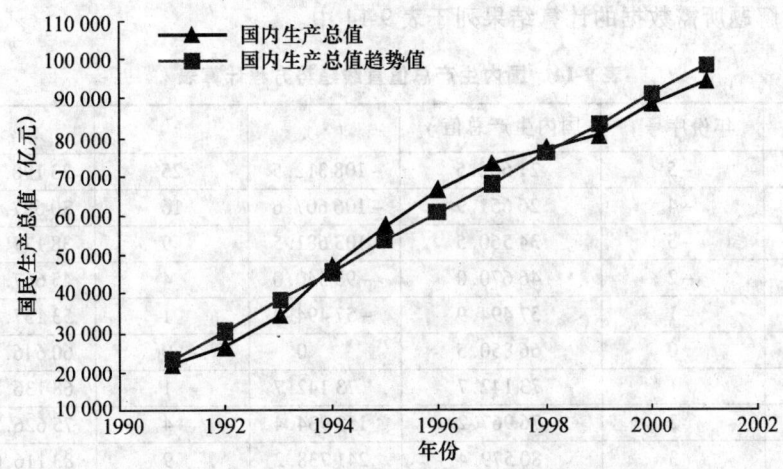

图 9-2　1991—2001 年国内生产总值趋势图

需要说明的是，在用最小平方法建立直线趋势方程时，为了简化计算，时间采用序号代替。同时，t 的取值还表明建立直线趋势方程时设计的原点所在的位置，即 $t=0$ 所代表的时间为直线方程的原点，例 9.16 中的原点是 1990 年。

在求直线趋势方程的过程中,时间序号 t 的取值实际上只起了一个符号的作用。因此,求解方程时,可以适当地调整 t 的取值,将方程的原点移动若干期,使得 $\sum t = 0$,以便更进一步简化 a、b 的计算。

其具体做法是,若时间数列为奇数项,t 的取值可以分别为:$\cdots$,-4,-3,-2,-1,0,1,2,3,4,$\cdots$;若时间数列为偶数项,t 的取值可以分别为:$\cdots$,-7,-5,-3,-1,1,3,5,7,$\cdots$。这样,$\sum t = 0$,于是求参数 a、b 的标准方程组简化为:

$$\begin{cases} \sum y = na \\ \sum ty = b \sum t^2 \end{cases}$$

则求参数 a、b 的计算公式可简化为:

$$\begin{cases} b = \dfrac{\sum ty}{\sum t^2} \\ a = \bar{y} = \dfrac{\sum y}{n} \end{cases} \tag{9.28}$$

例 9.17 根据表 9-1 的资料,用最小平方法的简化法求国内生产总值直线趋势方程,并计算各年的趋势值。

解 设 $\hat{y}_i = a + bt$

将解题所需数据的计算结果列于表 9-14 中。

表 9-14 国内生产总值直线趋势方程计算表

年份	年份序号 t	国内生产总值 y_i	$t \cdot y$	t^2	$\hat{y}_i$
1991	-5	21 662.5	-108 312.5	25	23 198.282
1992	-4	26 651.9	-106 607.6	16	30 687.998
1993	-3	34 560.5	-103 681.5	9	38 177.715
1994	-2	46 670.0	-93 340.0	4	45 667.431
1995	-1	57 494.9	-57 494.9	1	53 157.147
1996	0	66 850.5	0	0	60 646.864
1997	1	73 142.7	73 142.7	1	68 136.580
1998	2	76 967.2	153 934.4	4	75 626.296
1999	3	80 579.4	241 738.2	9	83 116.013
2000	4	88 189.5	352 758.0	16	90 605.729
2001	5	94 346.4	471 732.0	25	98 095.445
合计	0	667 115.5	823 868.8	110	—

将表 9-14 的计算数据代入计算公式,得:

$$b = \frac{\sum ty}{\sum t^2} = \frac{823\,868.8}{110} = 7\,489.716$$

$$a = \frac{\sum y}{n} = \frac{667\,115.5}{11} = 60\,646.86$$

∴ $\hat{y}_i = 60\,646.86 + 7\,489.716t$

然后,将时间序号 $t = -5, -4, -3, -2, -1, 0, 1, 2, 3, 4, 5$ 分别代入方程 $\hat{y}_i = 60\,646.86 + 7\,489.716t$,就得到各年的趋势值,仍如表9-14所示。

2. 曲线趋势的测定方法

现实生活中,大量的社会经济现象的变化趋势,并非呈直线上升或下降的,而更多地表现为各种不同类型的曲线趋势,如二次曲线、指数曲线、罗吉斯蒂曲线等。下面介绍几种常用的曲线趋势的测定方法。

(1) 二次抛物线

二次抛物线的一般表达式为:

$$\hat{y}_i = a + bt + ct^2 \tag{9.29}$$

式中,$\hat{y}_i$ 表示第 i 期的长期趋势值;t 表示时间数列的时间序号;a、b、c 为三个待定参数。

求解三个待定参数 a、b、c 的值,最常用的方法是最小平方法。

用最小平方法求参数 a、b、c 的基本原理与确定直线趋势方程的参数 a、b 的方法相同,即要求:

$$\sum (y_i - \hat{y}_i)^2 = 最小值$$

亦即:

$$\sum (y - a - bt - ct^2)^2 = 最小值$$

依据极值原理,用偏微分方法可以得到下面的求解参数 a、b、c 的标准方程组:

$$\begin{cases} \sum y = na + b\sum t + c\sum t^2 \\ \sum ty = a\sum t + b\sum t^2 + c\sum t^3 \\ \sum t^2 y = a\sum t^2 + b\sum t^3 + c\sum t^4 \end{cases} \tag{9.30}$$

解上面的方程组,即可得到 a、b、c 的值,也就可以确定二次抛物线趋势方程。

对多个方程联立求解,计算工作量较大。为计算简便起见,同直线趋势方程的求解一样,可以通过移动原点,使 $\sum t = 0$,$\sum t^3 = 0$,这时,上述标准方程组可简化为:

$$\begin{cases} \sum y = na + c\sum t^2 \\ \sum ty = b\sum t^2 \\ \sum t^2 y = a\sum t^2 + c\sum t^4 \end{cases}$$

解此方程组,得:

$$\begin{cases} a = \dfrac{\sum y \sum t^4 - \sum t^2 \sum t^2 y}{n\sum t^4 - (\sum t^2)^2} \\ b = \dfrac{\sum ty}{\sum t^2} \\ c = \dfrac{n\sum t^2 y - \sum y \sum t^2}{n\sum t^4 - (\sum t^2)^2} \end{cases} \qquad (9.31)$$

例 9.18 根据表 9-15 的资料,试配合二次曲线趋势方程,并计算 1985—2001 年人口总数的趋势值。

表 9-15 1985—2001 年我国年末人口资料

年份	年末人口数(万人)	年份	年末人口数(万人)
1985	105 851	1994	119 850
1986	107 507	1995	121 121
1987	109 300	1996	122 389
1988	111 026	1997	123 626
1989	112 704	1998	124 761
1990	114 333	1999	125 786
1991	115 823	2000	126 743
1992	117 171	2001	127 627
1993	118 517	—	

资料来源:《中国统计年鉴 1996》、《中国统计年鉴 2002》。

解

设 $\hat{y}_i = a + bt + ct^2$

将所需资料列表计算,如表 9-16 所示。

表 9-16 二次曲线最小平方法计算表

年份	t	y	t^2	t^4	$t \cdot y$	$t^2 y$	$\hat{y}_i$
1985	−8	105 851	64	4 096	−846 808	6 774 464	105 800.9
1986	−7	107 507	49	2 401	−752 549	5 267 843	107 601.0
1987	−6	109 300	36	1 296	−655 800	3 934 800	109 343.4
1988	−5	111 026	25	625	−555 130	2 775 650	111 027.9

(续表)

年份	t	y	t^2	t^4	$t \cdot y$	$t^2 y$	$\hat{y}_i$
1989	−4	112 704	16	256	−450 816	1 803 264	112 654.7
1990	−3	114 333	9	81	−342 999	1 028 997	114 223.6
1991	−2	115 823	4	16	−231 646	463 292	115 734.7
1992	−1	117 171	1	1	−117 171	117 171	117 188.1
1993	0	118 517	0	0	0	0	118 583.6
1994	1	119 850	1	1	119 850	119 850	119 921.3
1995	2	121 121	4	16	242 242	484 484	121 201.2
1996	3	122 389	9	81	367 167	1 101 501	122 423.3
1997	4	123 626	16	256	494 504	1 978 016	123 587.7
1998	5	124 761	25	625	623 805	3 119 025	124 694.2
1999	6	125 786	36	1 296	754 716	4 528 296	125 742.9
2000	7	126 743	49	2 401	887 201	6 210 407	126 733.8
2001	8	127 627	64	4 096	1 021 016	8 168 128	127 666.9
合计	0	2 004 135	408	17 544	557 582	47 875 188	—

$$a = \frac{\sum y \sum t^4 - \sum t^2 \sum t^2 y}{n \sum t^4 - (\sum t^2)^2}$$

$$= \frac{2\,004\,135 \times 17\,544 - 408 \times 47\,875\,188}{17 \times 17\,544 - 408^2} = 118\,583.594$$

$$b = \frac{\sum ty}{\sum t^2} = \frac{557\,582}{408} = 1\,366.623$$

$$c = \frac{n \sum t^2 y - \sum y \sum t^2}{n \sum t^4 - (\sum t^2)^2}$$

$$= \frac{17 \times 47\,875\,188 - 2\,004\,135 \times 408}{17 \times 17\,544 - 408^2} = -28.902$$

所以,抛物线趋势方程为:

$$\hat{y}_i = 118\,583.594 + 1\,366.623t - 28.902t^2$$

将各年的序号代入抛物线趋势方程,即得各年的趋势值,仍如表9-16所示。

(2) 指数曲线

若时间数列的观察值呈现几何级数的变动趋势,可以配合指数曲线方程测定其长期趋势值。

指数曲线方程的一般表达式为:

$$\hat{y}_i = ab^t \tag{9.32}$$

指数曲线方程求解参数 a、b 时,一般是先将曲线转化为直线形式,再用最小平方法进行求解。

对方程 $\hat{y}_i = ab^t$ 进行线性化处理,两边取对数,得:
$$\log \hat{y}_i = \log a + t \cdot \log b$$

令
$$\hat{Y}_i = \log \hat{y}_i \quad A = \log a \quad B = \log b$$

则指数曲线方程转化为直线形式:
$$\hat{Y}_i = A + Bt$$

对直线方程 $\hat{Y}_i = A + Bt$,用最小平方法求出参数 A、B,即:

$$\begin{cases} A = \dfrac{\sum \log y}{n} - \log b \dfrac{\sum t}{n} = \overline{\log y} - \log b \cdot \bar{t} \\ B = \dfrac{n \sum t \cdot \log y - \sum t \sum \log y}{n \sum t^2 - (\sum t)^2} \end{cases} \quad (9.33)$$

若以时间数列的中点为原点,$\sum t = 0$,则式(9.33)可以简化为:

$$\begin{cases} A = \dfrac{\sum \log y}{n} = \overline{\log y} \\ B = \dfrac{\sum t \cdot \log y}{\sum t^2} \end{cases} \quad (9.34)$$

然后再用反对数求出参数 a、b,代入指数曲线方程 $\hat{y}_i = ab^t$ 得指数曲线模型。

例 9.19 已知某地 1998—2006 年的财政支出额资料如表 9-17 所示。

表 9-17 1998—2006 年某地财政支出额

年份	1998	1999	2000	2001	2002	2003	2004	2005	2006
财政支出额(百万元)	30	32	34	41	46	51	55	58	62

试根据上述资料,配合指数曲线方程,计算 1998—2006 年的趋势值,并绘制指数曲线趋势图。

解 设 $\hat{y}_i = ab^t$

将求解参数 A、B 所需的资料,列表计算如表 9-18 所示。

将表 9-18 的计算结果代入计算公式得:

$$\begin{cases} A = \dfrac{\sum \log y}{n} = \dfrac{14.7932}{9} = 1.6437 \\ B = \dfrac{\sum t \cdot \log y}{\sum t^2} = \dfrac{2.5484}{60} = 0.04247 \end{cases}$$

则有:
$$\log y_c = 1.6437 + 0.04247 t$$

表 9-18　指数曲线计算表

年份	年份序号 t	y	$\log y$	$t \cdot \log y$	t^2	$\hat{y}_i$
1998	-4	30	1.4771	-5.9084	16	29.77
1999	-3	32	1.5052	-4.5156	9	32.83
2000	-2	34	1.5315	-3.0630	4	36.20
2001	-1	41	1.6128	-1.6128	1	39.92
2002	0	46	1.6628	0	0	44.03
2003	1	51	1.7076	1.7076	1	48.55
2004	2	55	1.7404	3.4808	4	53.54
2005	3	58	1.7634	5.2902	9	59.04
2006	4	62	1.7924	7.1696	16	65.10
合计	0	409	14.7932	2.5484	60	—

将上式中的对数化为自然数,得:

$$y_c = ab^t = 44.025(1.103)^t$$

再将动态数列中的时间序号代入指数曲线趋势方程,即得各年的财政支出额的趋势值,见表 9-18 的第 7 栏。

财政支出指数曲线趋势图如图 9-3 所示。

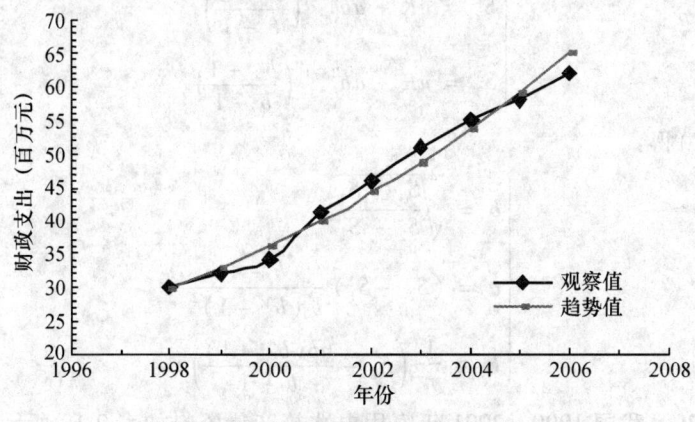

图 9-3　财政支出指数曲线趋势图

(3) 修正指数曲线

修正指数曲线的数学模型为:

$$\hat{y}_i = K + ab^t \qquad (9.35)$$

式中,K、a、b 是未知常数,通常 $K>0, a\neq 0, 0<b\neq 1$。

有些社会经济现象,在其发展过程中,呈现出这种特征:初期基数小增长迅速,随后增长速度放慢,最后趋向于增长极限值或饱和值 K。在时间数列的观察值上,表现为各期观察值的逐期增长量的环比值按等比级数变动,此时,可配合修正的指数曲线研究现象的发展趋势。

对于参数 K、a、b 的求解,如极限值 K 已知,可用最小平方法计算;如 K 无法知道,则常用三和法计算。

三和法的基本思想是:首先将时间数列等分为三部分,若时间数列不是 3 的整数倍数,可舍弃最前面的一个或两个观察值,使每部分有 n 个时期,根据每部分趋势值的总和与观察值的总和相等建立三元联立方程式,求解三个参数 K、a、b。

设时间数列三部分的观察值的总和分别为 S_1、S_2、S_3,即:

$$S_1 = \sum_{i=1}^{n} y_i \quad S_2 = \sum_{i=n+1}^{2n} y_i \quad S_3 = \sum_{i=2n+1}^{3n} y_i$$

依据三和法的思想,有:

$$\begin{cases} S_1 = nK + ab(b^{n-1} + b^{n-2} + b^{n-3} + \cdots + b + 1) \\ S_2 = nK + ab^{n+1}(b^{n-1} + b^{n-2} + b^{n-3} + \cdots + b + 1) \\ S_3 = nK + ab^{2n+1}(b^{n-1} + b^{n-2} + b^{n-3} + \cdots + b + 1) \end{cases} \quad (9.36)$$

将式(9.36)求和整理,得:

$$\begin{cases} S_1 = nK + ab\left(\dfrac{b^n - 1}{b - 1}\right) \\ S_2 = nK + ab^{n+1}\left(\dfrac{b^n - 1}{b - 1}\right) \\ S_3 = nK + ab^{2n+1}\left(\dfrac{b^n - 1}{b - 1}\right) \end{cases} \quad (9.37)$$

解式(9.37)得:

$$\begin{cases} b = \sqrt[n]{\dfrac{S_3 - S_2}{S_2 - S_1}} \\ a = (S_2 - S_1)\dfrac{b - 1}{b(b^n - 1)^2} \\ K = \dfrac{1}{n}\left(S_1 - \dfrac{ab(b^n - 1)}{b - 1}\right) \end{cases} \quad (9.38)$$

例 9.20 我国 1990—2001 年家用电冰箱产量资料如表 9-19 所示。

表 9-19 1990—2001 年我国家用电冰箱产量   单位:万台

年份	家用电冰箱产量	年份	家用电冰箱产量
1990	463.1	1996	979.7
1991	469.9	1997	1 044.4
1992	485.8	1998	1 060.0
1993	596.7	1999	1 210.0
1994	768.1	2000	1 279.0
1995	918.5	2001	1 349.1

资料来源:《中国统计摘要 2002》。

要求:配合修正指数曲线方程,计算 1990—2001 年的趋势值,并绘制修正指数曲线趋势图。

解 设 $\hat{y}_i = K + ab^t$

将求解参数 K、a、b 所需的资料列表计算,如表 9-20 所示。

表 9-20 家用电冰箱产量修正指数曲线计算表

年份	序号	家用电冰箱产量(万台)	家用电冰箱产量趋势值
1990	1	463.1	309.89
1991	2	469.9	446.80
1992	3	485.8	572.08
1993	4	596.7	686.71
S_1	—	2 015.5	—
1994	5	768.1	791.60
1995	6	918.5	887.57
1996	7	979.7	975.38
1997	8	1 044.4	1 055.73
S_2	—	3 710.7	—
1998	9	1 060.0	1 129.25
1999	10	1 210.0	1 196.52
2000	11	1 279.0	1 258.07
2001	12	1 349.1	1 314.40
S_3	—	4 898.1	—

则有:

$$\begin{cases} b = \sqrt[n]{\dfrac{S_3 - S_2}{S_2 - S_1}} = \sqrt[4]{\dfrac{4\,898.1 - 3\,710.3}{3\,710.3 - 2\,015.5}} = 0.915 \\ a = (S_2 - S_1)\dfrac{b-1}{b(b^n-1)^2} = (3\,710.3 - 2\,015.5)\dfrac{0.915 - 1}{0.915(0.915^4 - 1)^2} \\ \quad = -1\,760.42 \\ K = \dfrac{1}{n}\left(S_1 - \dfrac{ab(b^n-1)}{b-1}\right) \\ \quad = \dfrac{1}{4}\left(2\,015.5 - \dfrac{(-1\,760.42) \times 0.915(0.915^4 - 1)}{0.915 - 1}\right) \\ \quad = 1\,920.67 \end{cases}$$

修正指数曲线趋势方程为: $\hat{y}_i = 1\,920.67 - 1\,760.42 \times (0.915)^t$。

家用电冰箱产量修正指数曲线趋势图如图 9-4 所示。

(4) 龚珀资曲线

龚珀资曲线的数学模型为:

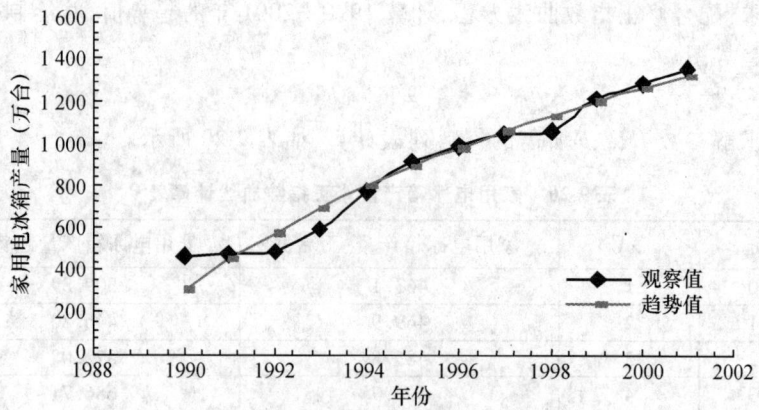

图 9-4 家用电冰箱产量修正指数曲线趋势图

$$\hat{y}_i = Ka^{b^t} \tag{9.39}$$

式中,K、a、b 是未知常数,通常 $K>0, 0<a<1, 0<b\neq 1$。

龚珀资曲线是 1825 年由英国统计学家、数学家龚珀资在研究人寿保险问题时提出的。它描述的现象在其发展过程中,呈现出这样一种发展特点:初期发展缓慢,随后增长速度加快,达到一定程度后增长放慢,最后达到饱和状态。在时间数列的观察值上,表现为每期观察值对数的逐期增长量的环比值大致相等。此时,可配合龚珀资曲线研究现象的发展趋势。

对于参数 K、a、b 的求解,通常把模型的表达式改写为对数形式,即:

$$\log \hat{y}_i = \log K + (\log a) b^t$$

改写后的曲线与修正指数曲线类似,常采用三和法计算参数,只是以每期观察数据的对数值为基础进行计算。

设时间数列各期观察值 y_i 的对数值 $\log y_i$ 三部分的观察值的总和分别为 S_1、S_2、S_3,即:

$$S_1 = \sum_{i=1}^{n} \log y_i, \quad S_2 = \sum_{i=n+1}^{2n} \log y_i, \quad S_3 = \sum_{i=2n+1}^{3n} \log y_i$$

依据三和法的思想,有:

$$\begin{cases} S_1 = n\log k + \log a \cdot b(b^{n-1} + b^{n-2} + b^{n-3} + \cdots + b + 1) \\ S_2 = n\log k + \log a \cdot b^{n+1}(b^{n-1} + b^{n-2} + b^{n-3} + \cdots + b + 1) \\ S_3 = n\log k + \log a \cdot b^{2n+1}(b^{n-1} + b^{n-2} + b^{n-3} + \cdots + b + 1) \end{cases}$$

解之得:

第九章 时间数列分析与预测

$$\begin{cases} b = \sqrt[n]{\dfrac{S_3 - S_2}{S_2 - S_1}} \\ \log a = (S_2 - S_1)\dfrac{b-1}{b(b^n-1)^2} \\ \log K = \dfrac{1}{n}\left(S_1 - \dfrac{(\log a)b(b^n-1)}{b-1}\right) \end{cases} \qquad (9.40)$$

例 9.21 已知我国 1990—2001 年家用电冰箱产量资料,如表 9-19 所示,试拟合龚珀资曲线方程,计算 1990—2001 年的趋势值,并绘制龚珀资曲线趋势图。

解 设 $\hat{y}_t = Ka^{b^t}$

将求解参数 K、a、b 所需的资料列表计算,如表 9-21 所示。

表 9-21 家用电冰箱产量龚珀资曲线计算表

年份	序号 t	家用电冰箱产量 y_i(万台)	$\log y_i$	家用电冰箱产量趋势值 $\hat{y}_i$
1990	1	463.1	2.6657	354.46
1991	2	469.9	2.6720	459.87
1992	3	485.8	2.6865	569.81
1993	4	596.7	2.7758	679.81
S_1	—	2 015.5	10.800	—
1994	5	768.1	2.8854	786.15
1995	6	918.5	2.9631	886.09
1996	7	979.7	2.9911	977.85
1997	8	1 044.4	3.0189	1 060.5
S_2	—	3 710.7	11.8585	—
1998	9	1 060.0	3.0253	1 133.77
1999	10	1 210.0	3.0828	1 197.88
2000	11	1 279.0	3.1069	1 253.38
2001	12	1 349.1	3.1300	1 301.01
S_3	—	4 898.1	12.3450	—

则有:

$$b = \sqrt[n]{\dfrac{S_3 - S_1}{S_2 - S_1}} = \sqrt[4]{\dfrac{12.345 - 11.8585}{11.8585 - 10.8}} = 0.8234$$

$$\log a = (S_2 - S_1)\dfrac{b-1}{b(b^n-1)^2}$$

$$= (11.8585 - 10.8)\dfrac{0.8234 - 1}{0.8234(0.8234^4 - 1)^2} = -0.7776$$

$\therefore\ a = 0.1669$

$$\log K = \frac{1}{n}\left[S_1 - \frac{b(b^n-1)}{b-1} \cdot \log a\right]$$

$$= \frac{1}{4}\left[10.8 - \frac{0.8234(0.8234^4-1)}{0.8234-1} \times (-0.7776)\right] = 3.1898$$

∴ $K = 1\,548.1035$

龚珀资曲线趋势方程为: $\hat{y}_i = 1\,548.1035\,(0.1669)^{0.8234^t}$

家用电冰箱产量的龚珀资曲线趋势图如图9-5所示。

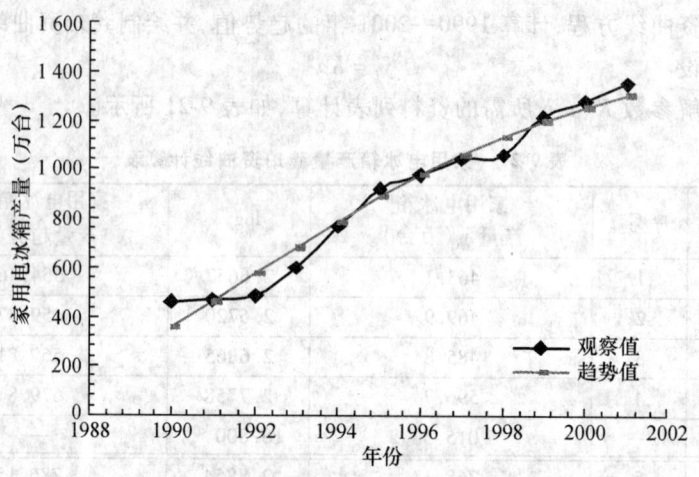

图 9-5 家用电冰箱产量龚珀资曲线趋势图

(5) 罗吉斯蒂曲线

罗吉斯蒂曲线的数学模型为:

$$\hat{y}_i = \frac{1}{K+ab^t} \tag{9.41}$$

式中, K、a、b 是未知参数, 通常 $K>0, a\neq 0, 0<b\neq 1$。

这种曲线与龚珀资曲线很相近, 所描述的现象在其发展过程中, 呈现出这样一种发展过程: 初期发展缓慢, 随后增长速度加快, 然后趋向于一个平稳的发展时期, 最后达到饱和状态。在时间数列的观察值上, 表现为各期观察值倒数的逐期增长量的环比值大致相等。此时, 可配合罗吉斯蒂曲线研究现象的发展趋势。

对于参数 K、a、b 的求解, 因 $\hat{y}_i$ 的倒数形式与修正指数曲线相同, 常采用三和法计算参数, 只是以每期观察值的倒数为基础进行计算。

设时间数列各期观察值 y_i 的倒数 y_i^{-1} 三部分的观察值的总和分别为 S_1、S_2、S_3, 即:

$$S_1 = \sum_{i=1}^{n} y_i^{-1}, \quad S_2 = \sum_{i=n+1}^{2n} y_i^{-1}, \quad S_3 = \sum_{i=2n+1}^{3n} y_i^{-1}$$

依据三和法的思想,有:

$$\begin{cases} S_1 = nK + ab(b^{n-1} + b^{n-2} + b^{n-3} + \cdots + b + 1) \\ S_2 = nK + ab^{n+1}(b^{n-1} + b^{n-2} + b^{n-3} + \cdots + b + 1) \\ S_3 = nK + ab^{2n+1}(b^{n-1} + b^{n-2} + b^{n-3} + \cdots + b + 1) \end{cases}$$

解之得:

$$\begin{cases} b = \sqrt[n]{\dfrac{S_3 - S_2}{S_2 - S_1}} \\ a = (S_2 - S_1)\dfrac{b-1}{b(b^n-1)^2} \\ K = \dfrac{1}{n}\left(S_1 - \dfrac{ab(b^n-1)}{b-1}\right) \end{cases} \quad (9.42)$$

例 9.22 已知我国 1990—2001 年家用电冰箱产量资料(表 9-19),试配合罗吉斯蒂曲线方程,计算 1990—2001 年的趋势值,并绘制罗吉斯蒂曲线趋势图。

解

设
$$\hat{y}_i = \frac{1}{K + ab^t}$$

将求解参数 K、a、b 所需的资料列表计算,如表 9-22 所示。

表 9-22 家用电冰箱产量罗吉斯蒂曲线计算表

年份	序号 t	家用电冰箱产量(万台)y_i	$\dfrac{1}{y_i} \cdot 10^5$	家用电冰箱产量趋势值 $\hat{y}_i$
1990	1	463.1	215.94	378.33
1991	2	469.9	212.81	468.43
1992	3	485.8	205.85	568.16
1993	4	596.7	167.59	673.90
S_1	—	2 015.5	802.19	—
1994	5	768.1	130.19	781.03
1995	6	918.5	108.87	884.68
1996	7	979.7	102.07	980.58
1997	8	1 044.4	95.75	1 065.73
S_2	—	3 710.7	436.88	—
1998	9	1 060.0	94.34	1 138.60
1999	10	1 210.0	82.64	1 199.01
2000	11	1 279.0	78.19	1 247.81
2001	12	1 349.1	74.12	1 286.40
S_3	—	4 898.1	329.29	—

则有:

$$\begin{cases} b = \sqrt[n]{\dfrac{S_3 - S_2}{S_2 - S_1}} = \sqrt[4]{\dfrac{329.29 - 436.88}{436.88 - 802.19}} = 0.737 \\ a = (S_2 - S_1)\dfrac{b-1}{b(b^n-1)^2} = (436.88 - 802.19)\dfrac{0.737 - 1}{0.737(0.737^2 - 1)^2} = 262.308 \\ K = \dfrac{1}{n}\left(S_1 - \dfrac{ab(b^n-1)}{b-1}\right) = \dfrac{1}{4}\left(802.19 - \dfrac{262.308 \times 0.737(0.737^4 - 1)}{0.737 - 1}\right) = 71 \end{cases}$$

罗吉斯蒂曲线趋势方程为：

$$\hat{y}_i = \dfrac{10^5}{71 + 262.308 \times 0.737^t}$$

家用电冰箱罗吉斯蒂曲线趋势图如图9-6所示。

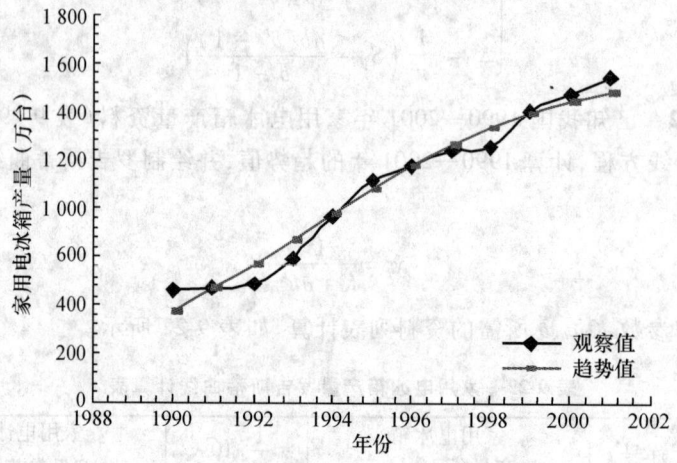

图 9-6　家用电冰箱罗吉斯蒂曲线趋势图

这里,需要说明的是,当同一时间数列可以配合多种趋势线时,往往以选择均方误差最小的为宜。

均方误差的计算公式为：

$$S_y = \sqrt{\dfrac{\sum_{i=1}^{n}(y_i - \hat{y}_i)^2}{n - k}} \tag{9.43}$$

式(9.43)中,S_y 表示估计标准误差;y_i 代表实际观察值;$\hat{y}_i$ 表示现象的趋势值;k 表示趋势方程中未知参数的个数。

如上所述,在例9.20、例9.21、例9.22中,依据我国1990—2001年家用电冰箱产量资料分别配合了修正指数趋势线、龚珀资趋势线、罗吉斯蒂趋势线,它们的估计标准误差分别为72.898、63.302、60.462。相比而言,依据我国1990—2001年家用电冰箱产量的资料配合罗吉斯蒂趋势线要好于修正指数曲线和龚珀资曲线。

第五节　季节波动与循环变动的测定

一、季节波动的概念及其特征

季节波动是指某些社会经济现象,由于受自然因素和社会因素的影响,在一年内某个时期(如某个月或某个季度)重复出现的波动。

在现实生活中,季节波动是一种极为普遍的现象。例如,时令商品如羊毛衫、水果、冷饮等商品的生产和销售量;各种传染病的发病周期;旅游服务的提供量和消费量;交通运输服务的提供量和消费量等都具有明显的季节变动规律。

测定和掌握季节波动的规律性是进行统计分析的一个重要内容,具有重要的意义。

首先,测定季节波动,总结季节波动规律,有利于指导当前的社会生产和各种经济活动;其次,测定季节波动,有利于消除季节波动对动态数列带来的影响,更好地研究长期趋势和循环变动;再次,测定季节波动可以根据季节波动的规律,配合适当的季节模型,结合长期趋势,进行预测。

季节波动一般有三个基本特征:周期性,季节波动会周而复始地出现,具有明显的周期性;重复性,季节波动每年重复出现,具有重复性;相似性,季节波动的波动轨迹具有相似性。

二、季节波动测定的一般方法

测定季节波动的方法很多,常用的方法主要有同期平均法和趋势剔除法。这两种方法的主要区别在于,前者不考虑长期趋势的影响,而后者考虑了长期趋势的影响。

(一) 同期平均法

同期平均法就是直接将各年同期平均数与各年各期的总平均数对比,计算季节指数,通过季节指数来反应季节波动的一种方法。

由于该方法没有考虑长期趋势对现象的影响,因此,当所给资料的长期趋势不明显或者长期趋势根本就不存在时,可采用此法来测定季节波动。

同期平均法测定季节波动的关键是计算季节指数,季节指数的计算公式为:

$$季节指数(S_j) = \frac{各年同期平均数(\bar{y}_j)}{各年各期总平均数(\bar{y})} \tag{9.44}$$

当季节指数 $S_j > 100\%$ 时,表明现象在此时处于旺季;当季节指数 $S_j < 100\%$ 时,表明现象此时处于淡季。

计算季节指数的基本步骤如下：
(1) 将所给若干年资料按各年同期对齐排列；
(2) 将各年同期的发展水平直接加总，并计算各年同期平均数 $\bar{y}_i$；
(3) 将各年各期的发展水平加总，并计算各年各期总平均数 $\bar{y}$；
(4) 计算季节指数 S_j。

例 9.23 某市某种商品的销售量如表 9-23 所示。试用同期平均法测定季节变动。

表 9-23 2003—2006 年某种商品销售量资料　　　　　（单位：千台）

年份	商品销售量											
	1月	2月	3月	4月	5月	6月	7月	8月	9月	10月	11月	12月
2003	5	3	8	9	13	20	37	44	26	14	5	1
2004	4	4	9	9	12	22	39	47	28	15	4	2
2005	6	4	10	10	14	23	40	48	30	17	4	2
2006	7	5	12	9	15	27	42	46	31	19	3	3
合计	22	16	39	37	54	92	158	185	115	65	16	8

解 根据表 9-23 的资料，可按以下步骤进行计算：
(1) 计算四年同月平均数 $\bar{y}_j$。

例如，　　　一月份的平均值 $\bar{y}_1 = \dfrac{5+4+6+7}{4} = 5.5$

其他各月平均数仿此计算，结果列于表 9-24 第(6)列中。
(2) 计算四年同期总平均数 $\bar{y}$。

$$\bar{y} = \frac{5.5+4+9.75+9.25+\cdots+2}{12} = 16.8125(千台)$$

(3) 计算季节指数 S_j。

例如，　　　一月份的季节指数 $S_1 = \dfrac{5.5}{16.8125} = 32.71\%$

其他各月的计算指数以此类推。
计算过程及结果列于表 9-24 中。从表 9-24 中可见，该市该种商品每年在 6—9 月份为销售旺季，其余为淡季。

(二) 趋势剔除法

趋势剔除法就是事先采用一定的方法将时间数列中的长期趋势剔除，然后依据已剔除长期趋势的数据计算季节指数来反映季节波动的方法。趋势剔除法通常利用移动平均数作为长期趋势值加以剔除。

趋势剔除法考虑了长期趋势的影响，因此，它适合长期趋势影响较明显或季节变动测定要求较高的现象。

表 9-24　某商品销售量季节指数计算表

月份	销售量 y_t（千台）				同月销售量合计	同月销售量平均 $\bar{y}_j$	季节指数 S_j(%)
	2003年(1)	2004年(2)	2005年(3)	2006年(4)	(5)	(6)	(7)
1	5	4	6	7	22	5.50	32.71
2	3	4	4	5	16	4.00	23.79
3	8	9	10	12	39	9.75	57.99
4	9	9	10	9	37	9.25	55.02
5	13	12	14	15	54	13.50	80.30
6	20	22	23	27	92	23.00	136.80
7	37	39	40	42	158	39.50	234.94
8	44	47	48	46	185	46.25	275.09
9	26	28	30	31	115	28.75	171.00
10	14	15	17	19	65	16.25	96.65
11	5	4	4	3	16	4.00	23.79
12	1	2	2	3	8	2.00	11.90
合计	185	195	208	219	807	—	1 200.00

趋势剔除法的理论依据是时间数列的两个基本假定模型。时间数列的各期发展水平受长期趋势、季节波动、循环变动和不规则变动四个因素共同作用。依据乘法模型,有:

$$Y_i = T_i \cdot S_i \cdot C_i \cdot I_i$$

若在短期内循环变动不明显(事实上季节性资料通常如此),则有:

$$Y_i = T_i \cdot S_i \cdot I_i$$

如果能计算出时间数列的长期趋势值 T,并将其从时间数列中剔除,即有:

$$\frac{Y_i}{T_i} = S_i \cdot I_i$$

将时间数列中的长期趋势剔除以后,各期的 $S_i I_i$ 形成了一个新的时间序列,该序列只包括季节波动和不规则变动的影响,那么,只需在此基础上,再消除不规则变动即可分离出季节波动分量。

剔除长期趋势的方法,通常是先计算移动平均数并视其为长期趋势值 T,然后依据上述的时间数列分解统计思想,将原时间数列的各期水平与其对应的移动平均值对比。

消除不规则变动的方法仍然是同期平均法,即将各年只包含季节波动和不规则变动的数据按各年同期排列,计算同期平均数,使得不规则变动在平均过程中相互抵消掉。

与同期平均法一样,趋势剔除法测定季节波动的关键在于计算季节指数。

在趋势剔除法下,季节指数的计算步骤可归纳如下:

(1) 计算移动平均数 M_{ij}(第 i 年第 j 期)。

(2) 剔除长期趋势,即将原数列各期发展水平 y'_{ij}(第 i 年第 j 期)与对应的

移动平均数 M_{ij} 对比得 y_{ij}。

(3) 将剔除长期趋势以后的数据 y_{ij} 按各年同期排列计算同期平均数 $\bar{y}_j$。

(4) 计算调整系数：

$$a = \frac{m}{\sum_{j=1}^{m} \bar{y}_j} \tag{9.45}$$

式(9.45)中，m 为一年内的期数，若是季度资料，则 m 为 4；若是月度资料，则 m 为 12。

(5) 计算季节指数。在时间数列中，若剔除长期趋势和不规则变动的影响以后，季节指数就是同期平均数进行调整以后的结果，即季节指数等于各年同期平均数与调整系数的乘积。

$$\text{季节指数 } S_j = \text{各年同期平均数 } \bar{y}_j \times \text{调整系数 } \alpha \tag{9.46}$$

例 9.24 设有某商品销售量资料如表 9-25 所示，试用趋势剔除法测定季节波动。

表 9-25 2002—2006 年某商品销售量资料　　　　　　　单位：万台

年份＼季度	2002	2003	2004	2005	2006
第一季度	15	16	18	23	28
第二季度	19	20	22	25	36
第三季度	7	10	10	15	16
第四季度	10	11	14	18	20

解 从表 9-25 的资料可以看出，该商品销售量在 2002—2006 年间有明显的上升趋势，因此，适合采用趋势剔除法测定季节波动。故列表计算，如表 9-26 所示。

1. 计算移动平均数 M_{ij}

由于所给的资料是四个季度资料，因此，首先按四项计算移动平均数列于表 9-26 中的第(3)列，然后按两期校正移动平均数，结果列于表中的第(4)列。

例如，
$$M_{13} = \frac{12.75 + 13}{2} = 12.875$$

$$M_{14} = \frac{13 + 13.25}{2} = 13.125$$

2. 剔除长期趋势值

剔除长期趋势值就是将原时间数列发展水平 y'_{ij} 除以移动平均数 M_{ij}，计算结果列于表 9-26 中的第(5)列。

表 9-26 季节波动趋势剔除法计算表

年份	季度 (1)	y'_{ij} (2)	四项移动平均 (3)	校正移动平均 M_{ij} (4)	$y_{ij}=\dfrac{y'_{ij}}{M_{ij}}(\%)$ (5)
2002	1	15	—	—	—
	2	19	—	—	—
			12.75		
	3	7		12.875	54.37
			13		
	4	10		13.125	76.19
			13.25		
2003	1	16		13.375	119.63
			13.5		
	2	20		13.625	146.79
			13.75		
	3	8		14	57.14
			14.25		
	4	11		14.5	75.86
			14.75		
2004	1	18		15	120
			15.25		
	2	22		15.625	140.8
			16		
	3	10		16.625	60.15
			17.25		
	4	14		17.625	79.43
			18		
2005	1	23		18.625	123.49
			19.25		
	2	25		19.75	126.58
			20.25		
	3	15		20.875	71.86
			21.5		
	4	18		22.875	78.69
			24.25		
2006	1	28		24.375	114.87
			24.5		
	2	36		24.75	145.45
			25		
	3	16	—	—	—
	4	20	—	—	—

例如， $y_{13} = \dfrac{y'_{13}}{M_{13}} = \dfrac{7}{12.875} = 54.37\%$

$y_{14} = \dfrac{y'_{14}}{M_{14}} = \dfrac{10}{13.125} = 76.19\%$

3. 将剔除长期趋势资料按各年同期排列成表 9-27，并计算各年同期平均数 $\bar{y}_j$。计算结果列于表 9-27 中的第 7 行。

4. 计算调整系数 α

$$\alpha = \dfrac{m}{\sum_{j=1}^{m} \bar{y}_j} = \dfrac{4}{397.83\%} = 1.005455$$

5. 计算季节指数 S_j

$$S_j = \bar{y}_j \cdot \alpha$$

例如， $S_1 = 119.5\% \times 1.005455 = 120.15\%$

$S_2 = 139.905\% \times 1.005455 = 140.67\%$

$S_3 = 60.88\% \times 1.005455 = 61.21\%$

$S_4 = 77.5425\% \times 1.005455 = 77.97\%$

表 9-27　季节指数计算表　　　　　　　　单位：%

	A	B	C	D	E	F
1	年份	一季度	二季度	三季度	四季度	合计
2	2002	—	—	54.37	76.19	—
3	2003	119.63	146.79	57.14	75.86	—
4	2004	120.00	140.80	60.15	79.43	—
5	2005	123.49	126.58	71.86	78.69	—
6	2006	114.87	145.45	—	—	—
7	同季平均 $\bar{y}_j$	119.50	139.91	60.88	77.54	397.83
8	季节指数 S_j	120.15	140.67	61.21	77.97	400

三、循环变动的概念及特征

循环变动是指现象在发展过程中呈现出的以若干年为周期的涨落起伏、周而复始的变动。

循环变动不同于长期趋势，它所描述的并不是朝着某单一方向（上升或下降）的持续运动，而是涨落相间的波浪式变动。循环变动也不同于季节波动：季节波动一般是以季度或月份为周期，它们都在一年以内。而循环变动的循环周期，一般在数年以上；季节波动的强度各年大致相同，无明显的差异，而循环变动在不同时期的变动强度不一,振幅有明显的差异。

研究现象循环变动的规律性,探讨社会经济活动的内在联系及本质特征,对保证我国国民经济协调、稳定的发展,具有重要的现实意义。

四、循环变动的测定方法

循环变动因周期的长短和振幅的强度不一,而且常常与不规则性变动交杂在一起,往往很难用单一的方法加以描述。测定循环变动,常采用剩余法。该方法的基本原理是:先从影响时间数列变动的基本因素中,通过分解法逐步消除长期趋势(T)和季节波动(S),然后,再用移动平均法消除不规则性变动(I),余下的即为循环变动值。

由于对非循环变动因素所采取的剔除步骤不同,剩余法又可以分为三种。

第一种,先消除季节波动,后消除长期趋势。计算步骤用公式表示为:

第一步,消除季节波动,即:

$$\frac{y_i}{s_i} = \frac{T_i \cdot S_i \cdot C_i \cdot I_i}{S_i} = T_i \cdot C_i \cdot I_i$$

第二步,消除长期趋势,即:

$$\frac{y_i}{S_i \cdot T_i} = \frac{T_i \cdot S_i \cdot C_i \cdot I_i}{S_i \cdot T_i} = C_i \cdot I_i$$

第二种,先消除长期趋势,再消除季节波动。计算步骤用公式表示为:

第一步,消除长期趋势,即:

$$\frac{y_i}{T_i} = \frac{T_i \cdot S_i \cdot C_i \cdot I_i}{T_i} = S_i \cdot C_i \cdot I_i$$

第二步,消除季节波动,即:

$$\frac{y_i}{T_i \cdot S_i} = \frac{T_i \cdot S_i \cdot C_i \cdot I_i}{T_i \cdot S_i} = C_i \cdot I_i$$

第三种,同时消除长期趋势和季节波动。用公式表示为:

$$\frac{y_i}{T_i \cdot S_i} = \frac{T_i \cdot S_i \cdot C_i \cdot I_i}{T_i \cdot S_i} = C_i \cdot I_i$$

以上三种方法均以乘法模型为基础,计算结果完全相同,但究竟采用哪种方法为好,应视具体资料而定。

例9.25 根据表9-25的资料,用剩余法测定循环变动,并绘制图形。

解 根据表9-25的资料,用剩余法测定循环变动,计算结果列于表9-28中。其中,第(2)列是原始数据,第(3)列来源于表9-27。根据表9-25的资料配合的直线趋势方程为$\hat{y}_i = 10.879 + 0.635t$,然后将$t = 1,2,3,\cdots,20$代入方程,得到表9-28的第(5)列数据。

表 9-28 某商品销售量循环变动计算表

年份 (1)	季度 (2)	y_i	季节指数 S_i(%)(3)	消除季节波动 $\dfrac{y_i}{S_i}$(4)	趋势值 T_i (5)	消除趋势变动 $\dfrac{y_i}{S_i T_i}$(%)(6)	循环变动 C_i(%)(7)
2002	1	15	120.15	12.48	11.51	108.43	—
	2	19	140.67	13.51	12.15	111.17	—
	3	7	61.21	11.44	12.79	89.45	99.44
	4	10	77.97	12.83	13.42	95.57	95.93
2003	1	16	120.15	13.32	14.06	94.74	93.61
	2	20	140.67	14.22	14.69	96.78	92.19
	3	8	61.21	13.07	15.33	85.28	90.74
	4	11	77.97	14.11	15.96	88.38	89.42
2004	1	18	120.15	14.98	16.60	90.26	89.44
	2	22	140.67	15.64	17.23	90.76	91.29
	3	10	61.21	16.34	17.87	91.43	93.59
	4	14	77.97	17.96	18.50	97.04	94.70
2005	1	23	120.15	19.14	19.14	100.02	98.17
	2	25	140.67	17.77	19.77	89.88	103.34
	3	15	61.21	24.51	20.41	120.07	105.85
	4	18	77.97	23.09	21.04	109.70	109.89
2006	1	28	120.15	23.30	21.68	107.49	112.22
	2	36	140.67	25.59	22.32	114.68	111.33
	3	16	61.21	26.14	22.95	113.90	—
	4	20	77.97	25.65	23.59	108.75	—

将循环变动的所有值绘制成散点图,如图 9-7 所示。

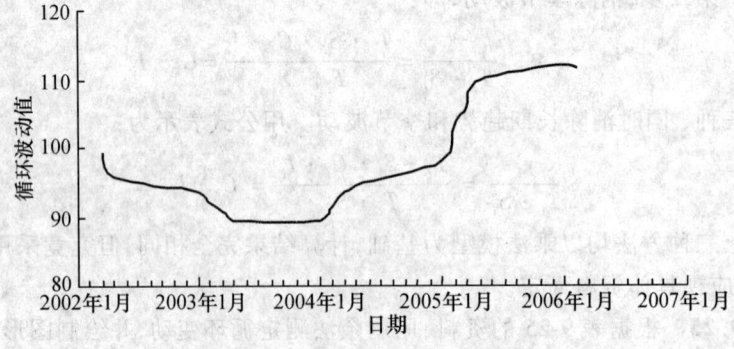

图 9-7 商品销售量循环波动图

从图 9-7 可以看到,该商品的销售量 2003 年的第四季度是这一循环变动周期的低谷,以后在逐步回升。因为循环变动的周期一般是好几年,要观察一个完整的周期需要好多年的资料。本例题表明,通过这种方法,可以测定循环变动。

第六节 时间数列的预测

时间数列分析的重要内容之一是根据有关的经济理论及现象历史数据,利用统计方法,对事物未来的发展状况作出科学判断和预见。影响时间数列的四类因素中,长期趋势与季节波动的测定相对容易一些,循环波动与不规则性变动的测定较为困难。在上述关于时间数列的分析中,长期趋势与季节波动可以用相应的方法进行测定,并可依此预测未来时期的趋势值以及相应的季节变动值,之后用分解过程所运用的分解模型合成,便可得到现象的预测值。本节所介绍的预测方法主要是针对含有长期趋势及季节变动影响的时间数列。

一、移动平均法

时间数列中,如果各期观察值不含长期趋势及季节变动成分,只是受不规则性波动这一随机因素的影响,则称这类序列为平稳时间数列。对于平稳时间数列,只需用平均的方法就可消除不规则性波动,可运用移动平均法进行预测。

（一）简单序时平均预测法

简单序时平均预测法就是把研究时期的全部观察值都考虑在内,采用简单算术平均法,求出该时期的序时平均数,作为下一期的预测值。其公式为:

$$\hat{y}_{t+1} = \frac{y_1 + y_2 + y_3 + \cdots + y_t}{t} = \frac{\sum_{i=1}^{t} y_i}{t} \qquad (9.47)$$

式中,$\hat{y}_{t+1}$ 为向前外推 1 期的预测值。

例 9.26 某地区 1995—2005 年某种产品产量的资料如表 9-29 所示。

表 9-29　某地区产品产量统计资料　　　　　　（单位:万吨）

时间	1995	1996	1997	1998	1999	2000	2001	2002	2003	2004	2005
产量	385	444	413	420	433	439	467	450	468	470	448

要求:用简单序时平均法预测该地区 2006 年该种产品的产量。

解

$$\hat{y}_{t+1} = \frac{y_1 + y_2 + y_3 + \cdots + y_t}{t}$$

$$= \frac{385 + 444 + 413 + 420 + 433 + 439 + 467 + 450 + 468 + 470 + 448}{11}$$

$$= \frac{4\,837}{11} = 439.73(\text{万吨})$$

此法只适用于没有明显增减变动趋势的资料。它比只简单地用一个最近期观察值作为预测值使用要可靠些。待有了 2006 年实际的资料后,再求全时期 12 年的总平均数,作为 2007 年的预测值。以后各年预测值,以此类推。

(二) 移动平均数预测法

移动平均数预测法是指通过对时间数列逐期递移求得平均数作为预测值的方法。

移动平均法既可用于时间数列分解分析中测定长期趋势,也可用来对平稳时间序列进行短期预测。移动平均预测法有简单移动平均法与加权移动平均法之分。

1. 简单移动平均法

简单移动平均是将最近的 k 期数据进行平均,结果作为下一期的预测值。设时间数列的观察值为 $y_t(t=1,2,3,\cdots,n)$,移动间隔为 $k(1<k<n)$,则第 t 期的移动平均数为:

$$M_t = \frac{y_t + y_{t-1} + y_{t-2} + \cdots + y_{t-k+1}}{k} \qquad (9.48)$$

第 $t+1$ 期的预测值为:

$$\hat{y}_{t+1} = M_t \qquad (9.49)$$

2. 加权移动平均法

简单移动平均法在预测时将每个观察值同等看待。实际上,近期观察值和远期观察值对预测期的影响大小是不同的。加权移动平均法就是在计算预测值时,依据具体情况给近期观察值、远期观察值赋予适当的权数,采用加权平均方法计算移动平均数,以此加重近期观察值在平均数中的影响。

设观察值 $y_t, y_{t-1}, y_{t-2}, \cdots, y_{t-k+1}$ 的权数分别为 $\omega_t, \omega_{t-1}, \omega_{t-2}, \cdots, \omega_{t-k+1}$,则第 t 期的加权移动平均数为:

$$M_t = \frac{\omega_t y_t + \omega_{t-1} y_{t-1} + \omega_{t-2} y_{t-2} + \cdots + \omega_{t-k+1} y_{t-k+1}}{\omega_t + \omega_{t-1} + \omega_{t-2} + \cdots + \omega_{t-k+1}} \qquad (9.50)$$

第 $t+1$ 期的预测值为:

$$\hat{y}_{t+1} = M_t \qquad (9.51)$$

移动平均是局部平均,有别于简单平均预测法的整体平均,一般反映的是近期平均水平。

例 9.27 依据表 9-29 的数据,取 $k=5$,$\omega_t=0.5$,$\omega_{t-1}=0.4$,$\omega_{t-2}=0.3$,$\omega_{t-3}=0.2$,$\omega_{t-4}=0.1$,采用 Excel 分别进行简单移动平均和加权移动平均预测。

解 用 Excel 进行移动平均预测的步骤如下:

第一步:选择"工具"下拉菜单。

第二步:选择"数据分析"选项,并选择"移动平均",然后确定。

第三步：当对话框出现时，在"输入区域"中输入数据区域；在"间隔"中输入移动平均的项数 k 值；在"输出区域"中选择预测结果的输出位置（为使预测值与相应的观察值对应，在选择输出区域时，应将输出区域的第一个单元格设置在第一个观察值的下一行）；单击"确定"。

依据题意要求，计算结果列示于表 9-30 中。

表 9-30　Excel 输出的移动平均法预测结果表

年份	产量	5 项简单移动平均	预测误差	误差平方	5 项加权移动平均	预测误差	误差平方
1995	385	—	—	—	—	—	—
1996	444	—	—	—	—	—	—
1997	413	—	—	—	—	—	—
1998	420	—	—	—	—	—	—
1999	433	—	—	—	—	—	—
2000	439	419	20	400	423.8	15.2	231.0
2001	467	429.8	37.2	1 383.8	430.47	36.5	1 334.7
2002	450	434.4	15.6	243.4	442.87	7.1	50.9
2003	468	441.8	26.2	686.4	448.07	19.9	397.3
2004	470	451.4	18.6	346.0	456.80	13.2	174.2
2005	448	458.8	-10.8	116.6	463.00	-15	225
2006	—	460.6	—	—	459.4	—	—
合计	—	—	—	3 176.24	—	—	2 413.1867

表 9-30 中，2006 年的预测值计算过程如下：

简单移动平均预测为：

$$\hat{y}_{2006} = \frac{467 + 450 + 468 + 470 + 448}{5} = 460.6（万吨）$$

加权移动平均预测为：

$$\hat{y}_{2006} = \frac{448 \times 0.5 + 470 \times 0.4 + 468 \times 0.3 + 450 \times 0.2 + 467 \times 0.1}{0.5 + 0.4 + 0.3 + 0.2 + 0.1}$$

$$= 459.4（万吨）$$

二、趋势外推预测法

趋势外推预测就是利用时间数列的长期趋势函数来预测未来情况的一种方法。如果时间数列不受季节波动的影响，而长期趋势是它的主要因素，并假定事物未来的发展趋势与过去的轨迹大致一样，那么就可以用趋势外推法进行预测。

假设依据长期趋势分析法得到长期趋势方程，将预测期的 t 值代入趋势方

程中即可计算出 t 期的预测值,即:

$$\hat{y}_t = f(t) \tag{9.52}$$

例9.28 依据例9.16的数据,利用趋势外推法预测2003年、2004年的国民生产总值。

解 在例9.16中,已建立的直线趋势方程为:

$$\hat{y}_t = 15\,708.57 + 7\,489.716t$$

依题意,2003年、2004年的 t 值分别应取13、14,代入上式即可得到相应年份的预测值:

$$\hat{y}_{2003} = 15\,708.57 + 7\,489.716 \times 13 = 113\,074.878(亿元)$$

$$\hat{y}_{2004} = 15\,708.57 + 7\,489.716 \times 14 = 120\,564.594(亿元)$$

例9.29 依据例9.20的数据,利用趋势外推法预测2004年、2005年我国家用电冰箱的产量。

解 在例9.20中,已建立的修正指数曲线趋势方程为:

$$\hat{y}_t = 1\,920.67 - 1\,760.42 \times (0.915)^t$$

依题意,2004年、2005年的 t 值分别应取15、16,代入上式即可得到相应年份的预测值:

$$\hat{y}_{2004} = 1\,920.67 - 1\,760.42 \times (0.915)^{15} = 1\,456.23(万台)$$

$$\hat{y}_{2005} = 1\,920.67 - 1\,760.42 \times (0.915)^{16} = 1\,495.70(万台)$$

三、趋势季节预测法

(一) 趋势季节模型的建立

在预测中,如果一个时间数列存在明显的长期趋势、季节波动影响,则应考虑季节因素的影响,建立趋势季节模型进行预测。

趋势季节模型的一般表达式为:

$$\hat{y}_s = \hat{y} \cdot s \tag{9.53}$$

式中,$\hat{y}_s$ 为考虑季节变动影响的预测值;$\hat{y}$ 为未考虑季节变动影响的预测值;S 为各预测值对应时期的季节指数。

例9.30 依据统计调查与分析,测定出某种商品季度销售量(万件)的直线趋势方程及各季的季节指数如表9-31所示。

$$\hat{y} = 16 + 1.5t \quad (t = 1, 2, 3, \cdots, n) \quad (t = 1 \text{ 时,为1995年第一季度})$$

表9-31 某商品销售量季节指数表

季度	第一季度	第二季度	第三季度	第四季度
季节指数(%)	50	77	125	148

要求:依据趋势季节模型 $\hat{y}_s = \hat{y} \cdot s$,预测 2007 年第一、二、三、四季度的销售量。

解 依题意,2007 年第一、二、三、四季度的 t 值应分别为:49、50、51、52。根据直线趋势方程 $\hat{y} = 16 + 1.5t$,可以计算出 2007 年各季不考虑季节波动影响的预测值为:

$$\hat{y}_1 = 16 + 1.5 \times 49 = 89.5(万件)$$
$$\hat{y}_2 = 16 + 1.5 \times 50 = 91(万件)$$
$$\hat{y}_3 = 16 + 1.5 \times 51 = 92.5(万件)$$
$$\hat{y}_4 = 16 + 1.5 \times 52 = 94(万件)$$

然后,依据趋势季节模型 $\hat{y}_s = \hat{y} \cdot s$ 计算出 2007 年各季的预测值为:

$$\hat{y}_{s1} = 89.5 \times 50\% = 44.75(万件)$$
$$\hat{y}_{s2} = 91 \times 77\% = 70.07(万件)$$
$$\hat{y}_{s3} = 92.5 \times 125\% = 115.63(万件)$$
$$\hat{y}_{s4} = 94 \times 148\% = 139.12(万件)$$

(二) 年值模型与月值模型的转换

趋势方程若是以月份或季度资料为依据建立的,那么就可以直接与季节波动分析结合起来进行预测。事实上,实际工作中的长期趋势模型很多时候是依据年值资料计算的,如果要作季节波动的预测,就需要将年值模型转换为月值或季值趋势模型。

若令时间数列的第一年为 $t=1$,且以此资料建立的直线趋势方程为:

$$\hat{y}_T = a + bt$$

则以此为依据转换成的月值或季值模型为:

月值模型为:

$$\hat{y}_i = \frac{a}{12} + 5.5\frac{b}{144} + \frac{b}{144}t \quad (9.54)$$

季值模型为:

$$\hat{y}_i = \frac{a}{4} + 1.5\frac{b}{16} + \frac{b}{16}t \quad (9.55)$$

下面以月值模型为例说明模型的转换过程。

第一步:将年趋势值转换为月趋势值,将方程 $\hat{y}_T = a + bt$ 的两边同除以 12,得:

$$\frac{\hat{y}_T}{12} = \frac{a}{12} + \frac{b}{12}t$$

第二步:将按年计算的时间序号改为按月计算的序号 t,也就是将年序号 t

改为按 $\frac{1}{12}$ 计算,这相当于把 $\frac{b}{12}$ 再除以 12,得:

$$\frac{\hat{y}_T}{12} = \frac{a}{12} + \frac{b}{144}t$$

第三步:变换原点。年值模型的原点年,即 $t=0$ 代表的是时间数列第一年的前一年,当 $t=0$ 时的年值模型的预测值对准的是原点年的年中,即 6 月 30 日。要将原点移到原点年的 12 月 15 日,使它成为月值模型的原点月。由于 6 月 30 日与 12 月 15 日相隔 5.5 个月,于是将其后移 5.5 个月,若记月份预测值为 $\hat{y}_i$,则得到变换完毕的月值模型为:

$$\hat{y}_i = \frac{a}{12} + 5.5\frac{b}{144} + \frac{b}{144}t$$

这样转换以后,当 $t=1,2,3,4,\cdots,12$ 时,所得预测值就是时间数列第一年 1—12 月份各月的预测值。

例 9.31 依据统计调查与分析,测定出某种商品年销售量(万件)的直线趋势方程及各季的季节指数如表 9-32 所示。

$$\hat{y} = 32 + 5t \quad (t = 1 \text{ 代表 } 1995 \text{ 年})$$

表 9-32 某商品销售量季节指数

季度	第一季度	第二季度	第三季度	第四季度
季节指数(%)	50	123	153	74

要求:依据趋势季节模型 $\hat{y}_s = \hat{y} \cdot s$ 预测 2007 年第一、二、三、四季度的销售量。

解 依题意,首先将年值模型 $\hat{y} = 32 + 5t$ 转换为季值模型为:

$$\hat{y}_i = \frac{a}{4} + 1.5\frac{b}{16} + \frac{b}{16} \cdot t = \frac{32}{4} + 1.5\frac{5}{16} + \frac{5}{16}t = 8.46875 + 0.3125t$$

在季值模型中,2007 年第一、二、三、四季度的 t 值应分别为:49、50、51、52。根据直线趋势方程 $\hat{y}_i = 8.46875 + 0.3125t$,可以计算出 2007 年各季不考虑季节波动影响的预测值为:

$$\hat{y}_1 = 8.46875 + 0.3125 \times 49 = 23.78125(\text{万件})$$
$$\hat{y}_2 = 8.46875 + 0.3125 \times 50 = 24.09375(\text{万件})$$
$$\hat{y}_3 = 8.46875 + 0.3125 \times 51 = 24.40625(\text{万件})$$
$$\hat{y}_4 = 8.46875 + 0.3125 \times 52 = 24.71875(\text{万件})$$

然后,依据趋势季节模型 $\hat{y}_s = \hat{y} \cdot s$ 计算出 2007 年各季的预测值分别为:

$$\hat{y}_{s1} = 23.78125 \times 50\% = 11.890625(\text{万件})$$
$$\hat{y}_{s2} = 24.09375 \times 123\% = 29.63531(\text{万件})$$

$$\hat{y}_{s3} = 24.40625 \times 153\% = 37.34156(万件)$$
$$\hat{y}_{s4} = 24.71875 \times 74\% = 18.29188(万件)$$

四、预测准确性的度量

在选择了特定的预测方法后,人们最关心的是预测的准确度。预测的准确度,即预测结果与实际发生情况的接近程度。实际值与预测值应该是越接近越好。测量预测准确度,实质上就是测定预测误差。

预测误差是社会经济现象的观察值与预测值之差。显然,预测误差越小越好。预测误差的计算方法主要有单个预测值的误差、平均绝对误差、均方误差等。

(一)单个预测值的误差

它是任一观察值与其对应的预测值之差。其计算公式为:

$$e_t = y_t - \hat{y}_t \quad (t = 1, 2, \cdots, n) \tag{9.56}$$

式中,e_t 为预测误差,如 $e_t = 0$,则表明是准确预测;$e_t > 0$,则是低估预测;$e_t < 0$,即是高估预测。

(二)平均绝对误差

平均绝对误差是 n 个误差绝对值的平均数,通常用 MAD 表示,计算公式为:

$$\text{MAD} = \frac{\sum_{t=1}^{n} |e_t|}{n} = \frac{\sum_{t=1}^{n} |y_t - \hat{y}_t|}{n} \tag{9.57}$$

(三)均方误差

它是实际值与预测值离差平方和的算术平均数的算术根,通常用 s_y 表示。其计算公式为:

$$s_y = \sqrt{\frac{\sum_{t=1}^{n}(y_t - \hat{y}_t)^2}{n-k}} \tag{9.58}$$

或

$$S_y = \sqrt{\frac{\sum_{t=1}^{n}(y_t - \hat{y}_t)^2}{n}} \tag{9.59}$$

以上指标都可用来对预测的准确性进行度量。依据不同的公式,计算出的测度值也会不同。

例 9.32 利用例 9.20、例 9.21、例 9.22 的资料,计算依据 1990—2001 年我国家用电冰箱产量拟合的修正指数曲线、龚珀资曲线、罗吉斯蒂曲线的均方误差。

解 依题意,均方误差计算过程列于表 9-33 中。

表 9-33　三种趋势线均方误差计算表

年份	观察值	修正指数曲线		龚珀资曲线		罗吉斯蒂曲线	
		趋势值	误差平方	趋势值	误差平方	趋势值	误差平方
1990	463.1	309.89	23 473.30	354.46	11 802.65	378.33	7 185.95
1991	469.9	446.80	533.61	459.87	100.60	468.43	2.16
1992	485.8	572.08	7 444.24	569.81	7 057.68	568.16	6 783.17
1993	596.7	686.71	8 101.80	679.81	6 907.27	673.90	5 959.84
1994	768.1	791.60	552.25	786.15	325.80	781.03	167.18
1995	918.5	887.57	956.66	886.91	1 050.41	884.68	1 143.79
1996	979.7	975.38	18.66	977.85	3.42	980.58	0.77
1997	1 044.4	1 055.73	128.37	1 060.50	259.21	1 065.73	454.97
1998	1 060.0	1 129.25	4 795.56	1 133.77	5 442.01	1 138.60	6 177.96
1999	1 210.0	1 196.52	181.71	1 197.88	146.89	1 199.01	120.78
2000	1 279.0	1 258.07	438.06	1 253.38	656.38	1 247.81	972.82
2001	1 349.1	1 314.40	1 204.09	1 301.01	2 312.65	1 286.40	3 931.29
—	—	—	47 828.33	—	36 064.99	—	32 900.69

修正指数曲线的均方误差为：

$$S_y = \sqrt{\frac{\sum_{i=1}^{n}(y_i - \hat{y}_i)^2}{n-k}} = \sqrt{\frac{47\,828.33}{12-3}} = 72.898$$

龚珀资曲线的均方误差为：

$$S_y = \sqrt{\frac{\sum_{i=1}^{n}(y_i - \hat{y}_i)^2}{n-k}} = \sqrt{\frac{36\,064.99}{12-3}} = 63.302$$

罗吉斯蒂曲线的均方误差为：

$$S_y = \sqrt{\frac{\sum_{i=1}^{n}(y_i - \hat{y}_i)^2}{n-k}} = \sqrt{\frac{32\,900.69}{12-3}} = 60.462$$

预测实践中,人们关心的是如何获得最为准确的预测结果,至于如何测定准确度,可根据需要来选择预测误差度量的方法。一般来说,最好的预测方法是预测误差最小的方法。进行外推预测时,其效果如何,还必须根据现象本身的进一步发展来判定。此外,还可运用预测误差分布图来研究预测误差。

本章小结

（1）时间数列,指同一现象不同时间的观察值按时间顺序排列构成的序列。依据观察值表现形式的不同,时间数列有绝对数时间数列、相对数时间数列及平均数时间数列之分。

(2) 将时间数列中的观察值进行比较,可以反映现象的变动方向及变动幅度。因比较的方法不同,可以得到逐期增减量与累计增减量、环比发展速度与定基发展速度、环比增长速度与定基增长速度以及增降1%的绝对值。

(3) 对于时间数列,可以计算现象在一段时期内观察值的平均水平,常用的指标有平均发展水平、平均增长量、平均发展速度以及平均增长速度等。

(4) 时间序列的各期观察值是长期趋势、季节变动、循环变动以及不规则性变动综合作用的结果,依据其作用方式,构建了加法模型及乘法模型,这是进行时间序列分解分析的理论基础。长期趋势的测定,可用移动平均法、模型拟合法进行计算与分析。模型拟合法,依据时间数列呈现出的长期趋势的不同特点,可拟合的模型许许多多,常用的有直线趋势模型、二次曲线趋势模型、指数曲线趋势模型、抛物线趋势模型、修正指数曲线趋势模型、龚珀资曲线趋势模型以及罗吉斯蒂曲线趋势模型等。季节波动的测定,常用的有同期平均法及趋势剔除法。借助于这些方法,计算出一套季节指数以反应季节波动的幅度及变化规律。循环波动的测定常常采用的是剩余法。例如,以乘法模型为依据,从各期观察值中剔除长期趋势值T、季节变动值S、不规则变动值I,余下的即是循环变动量。

(5) 依据不同类型的时间数列,应分别采用相应的方法进行预测。平稳时间数列,可用序时平均法、简单平均法及加权平均法进行短期预测。对于以长期趋势为主要影响变量的时间数列,可采用趋势外推法。对于以长期趋势和季节变动为主要影响变量的时间数列,可采用趋势季节模型进行预测。预测准确性的度量常用预测误差反映。预测误差的计算方法主要有单个预测值的误差、平均绝对误差、均方误差等。一般来说,最好的预测方法是预测误差最小的方法。

思考与练习

9.1 简述依据相对数时间数列计算平均发展水平的基本思想。

9.2 举例说明时期数列和时点数列的特点。

9.3 简述时间数列的影响因素。

9.4 简述依据具体的时间数列选择适合的趋势模型的指标判别标准。

9.5 简述同期平均法计算季节指数的基本原理。

9.6 简述年度模型转换为季度模型的思想。

9.7 武汉市人均 GDP 数据如下:

年份	1995	1996	1997	1998	1999	2000	2001	2002	2003
人均 GDP (元)	8 608.5	10 969.9	12 672.7	13 765.0	14 751.1	16 206.0	17 882.0	19 560.0	21 460.0

试计算武汉市"九五"期间人均 GDP 的：
(1) 逐期增减量和累计增减量；
(2) 环比增降速度和定基增降速度；
(3) 增降 1% 的绝对值。

9.8 我国 2000—2005 年有关资料如下：

年份	2000	2001	2002	2003	2004	2005
年末人口数（亿人）	12.6743	12.7627	12.8453	12.9227	12.9988	13.0756
国民生产总值（亿元）	98 000.5	108 068.2	119 095.7	135 174.0	159 586.7	183 956.1

要求：根据上述资料计算：
(1) "十五"期间年平均国民生产总值；
(2) "十五"期间年平均人口数；
(3) "十五"期间国民生产总值的平均增长速度。

9.9 某企业 2006 年工业总产值及职工人数资料如下：

	第一季度	第二季度	第三季度	第四季度
总产值（万元）	565	597	614	636
季末职工人数（人）	2 018	2 070	2 120	2 200

2005 年末职工人数为 2 010 人。

试计算：(1) 该企业年平均职工人数；(2) 该企业全年劳动生产率。

9.10 某建筑企业 2006 年第二季度全体职工及工人人数资料如下：

日期	3月31日	4月30日	5月31日	6月30日
全体职工人数（人）	580	580	600	620
其中：工人人数（人）	435	450	462	576

试计算该企业第二季度工人占全体职工人数的平均比重。

9.11 某商场 2006 年下半年的零售额、库存额及流通费用额资料如下（单位：万元）：

月份	7	8	9	10	11	12
零售额	1 107	1 160	1 150	1 170	1 200	1 370
月初库存额	680	675	670	650	670	690
流通费用额	108	102	98	96	100	104

另知 2006 年末的商品库存额为 710 万元。

试计算该企业 2006 年下半年商品的平均流转次数和平均流通费用率。

9.12 某地区 2003 年粮食产量为 500 万吨，若 2007 年要求达到 600 万吨，则每年必须以怎样的速度递增？如该地区一直以这一速度增长，到 2008 年时粮食产量将达到多少？

9.13 某企业 2002—2006 年某种产品的产量资料如下（单位：万吨）：

年份	2002	2003	2004	2005	2006
产品产量	20	22	24	27	30

要求：

（1）用最小平方法配合直线趋势方程，并预测该地区 2007 年、2008 年该种产品可能的产量；

（2）该产品产量季节指数的经验数据如下表，试预测 2007 年、2008 年该产品各季的产量。

季度	第一季度	第一季度	第一季度	第一季度
季节指数（%）	50	123	153	74

9.14 已知某地 2000—2006 年地方财政支出额资料如下：

年份	2000	2001	2002	2003	2004	2005	2006
财政支出额（亿元）	34	41	46	51	55	58	62

要求：

试用最小平方法分别配合：

（1）直线趋势方程；

（2）指数曲线趋势方程；

（3）二次曲线趋势方程。

9.15 某企业某种商品的销售资料如下：

年份	第一季度	第二季度	第三季度	第四季度	合计
2002	—	—	13	18	31
2003	5	8	14	18	45
2004	6	10	16	22	54
2005	8	12	19	25	64
2006	15	17	—	—	32

试用按月（季）平均法测定该商品的季节变动情况。

第十章 统计指数

如何反映不同商品价格的综合变化幅度

试根据表 10-1 的资料回答以下问题:

(1) 各种商品的价格变动方向及变动幅度怎样?
(2) 各种商品的销售量变动方向及变动幅度怎样?
(3) 六种商品的价格总体变动方向及变动幅度怎样?
(4) 六种商品的销售量总体变动方向及变动幅度如何?
(5) 六种商品销售总额的变动方向及变动幅度如何?
(6) 商品销售价格及销售量的变动对销售总额有何影响?
(7) 如资料为同类商品时,分析商品平均价格的变动情况及影响因素。

表 10-1 某商场六种商品的销售价格和销售量资料

商品名称	计量单位	商品销售量		商品价格(元)	
		基期	报告期	基期	报告期
皮鞋	双	400	450	200	260
毛巾	条	1 500	1 600	5	6
脸盆	个	300	280	22	30
食盐	袋	1 000	900	1	1
服装	件	2 000	3 000	230	200
牙刷	把	1 500	2 000	2	3

为了回答上述问题,本章主要讨论:统计指数的概念以及从不同角度考察的分类问题;总指数编制的原理与方法;利用指数体系分析价值总量指标、平均数的变动中各因素指数的影响情况;指数数列的编制原理以及利用指数数列反映社会经济现象的相对变动趋势等内容。

第一节 统计指数概述

一、统计指数的概念

统计指数是实际经济工作中广泛应用的一种统计分析方法,它可以描述复杂的经济现象总体综合变动的情况,为制定宏观政策提供重要的依据。

例如,社会实践中,商品的价格是人们普遍关注的问题之一。一定时期内,有的商品价格上升,有的商品价格下降,有的商品价格持平,要综合反映该时期商品价格的总变动趋势,从客观上就要求人们寻求某种方法来解决这一问题,统计指数也就应运而生。

统计指数的概念有广义和狭义之分。广义的指数指一切反映社会经济现象数量变动的相对数。按照这一定义,总体或总体单位的静态对比数值、动态对比数值都属于指数这一范畴。如某企业劳动生产率的发展速度、某种商品报告期价格与基期价格之比、某种产品报告期单位成本与基期单位成本之比等。狭义的指数指反映复杂总体多种要素在数量上综合变动情况的相对数。狭义指数的概念及编制方法是统计指数理论的核心内容。

应该注意的是:

(1)统计指数是一种相对数,用百分数来表示。

(2)统计总指数反映的是总体的总变动、综合变动,而不是总体内的单一变动。

(3)统计指数反映的总变动是复杂总体的总变动。所谓复杂总体,并不是指容量很大、总体单位很多的庞大总体,而是指总体中各个体不同度量、不能直接相加的总体。例如,表10-1中,要反映该商场六种商品销售价格的总变动情况,由于商品类型、计量单位的差异,多种商品的价格、销售量就不能直接相加,这六种商品也就构成了一个复杂的总体。

二、统计指数的分类

统计指数从不同角度可以作如下分类:

(一)按研究范围分类

按研究范围的不同,统计指数可分为个体指数和总指数。

个体指数是表明复杂社会经济总体中个别要素或个别现象数量对比关系的相对数。例如,单个商品的销售量指数、单个商品的价格指数、单个产品的成本指数等都是个体指数。个体指数实际上就是一般相对数。

总指数是表明复杂经济现象中多种要素在数量上综合变动情况的一种特殊相对数。例如,工业生产指数、社会商品零售物价指数、职工生活费用价格指数等都是总指数。

有些特殊的情形如社会商品零售物价指数是在资料分组的条件下编制的,这时常常要计算类指数。类指数的考察范围比个体指数宽,比总指数窄,但其性质、计算方法与总指数相同,可视为总指数。总值指数如产值指数、销售额指数、总成本指数等都是直接加总计算的,其指数性质、计算方法与个体指数相同,可视为个体指数。

(二) 按编制的方法论原理分类

按编制指数的方法论原理的不同,指数可分为简单指数和加权指数。

简单指数是指直接将社会经济现象个别要素的报告期与基期数值简单对比(不加权)的相对数。

加权指数是依据各个体要素在总体中的重要程度不同加权计算的指数。加权指数是计算总指数广为采用的方法。综合指数也是一种加权指数。

(三) 按其性质分类

按性质的不同,指数可分为数量指数和质量指数。

数量指数是指用以反映社会经济总体的数量或规模变动方向和程度的指数,例如,职工人数指数、产品产量指数、商品销售量指数。

质量指数是指用以反映社会经济总体质量、内涵变动情况的指数,例如,单位成本指数、物价指数、劳动生产率指数等。

(四) 按反映的时态状况分类

按反映的时态状况的不同,指数可分为动态指数和静态指数。

动态指数是说明现象在不同时间上发展变化的指数。静态指数是反映现象在同时期不同空间对比情况的指数。

(五) 按选用的基期分类

指数是一种相对数,都有对比的基期。在指数数列中,按编制指数所选用的基期的不同,指数可分为环比指数和定基指数。

环比指数,是指指数数列中每个指数都以前一个时期的水平作为对比的基期计算的指数。定基指数,是指指数数列中每个指数都以一个固定时期的水平作为对比的基期计算的指数。例如,编制物价指数时,均选用相应的前一年物价水平作为比较的基期,即是环比指数。若每年的物价指数以某一固定年份的物价水平作为比较的基期,编制得到的就是定基指数。

(六) 按选用的权数分类

按选用的权数的不同,指数可分为可变权数指数和不变权数指数。

可变权数指数是用加权方法编制的总指数,所选用的权数随时间的变化而发生变化。不变权数指数是指用加权方法编制总指数时,所选用的权数在各个时期固定不变。我国按不变价格计算的工业产品产量指数,就是不变权数指数。

统计指数的作用主要有如下三个方面:

(1) 指数可以综合反映社会经济现象的总变动方向及变动幅度。在统计实践中,经常要研究多种商品价格的综合变动情况,多种商品的销量或产品产量的总变动,多种产品的成本总变动等这类问题。由于使用价值等的不同,所研究的总体中的各个个体不能直接相加。指数法的首要任务,就是把不能直接加总的现象过渡到可以加总对比,从而反映复杂经济现象的总变动方向及变动幅度。

(2) 指数可以分析现象总变动中各因素变动的影响方向及影响程度。利用指数可以测定复杂社会经济现象总变动中,各构成因素的变动对现象总变动的影响情况。任何一个复杂现象都是由多个因子构成的,例如,最直接的影响因素是销售额、价格、销售量,编制商品的价格指数和销售量指数,可分析它们的变动对销售额变动的影响。

(3) 指数可以反映社会经济现象的变动趋势。编制一系列反映同类现象变动情况的指数形成的指数数列,可以反映被研究现象的变动趋势。例如,根据1987—2002年共16年的零售商品价格资料,编制15个环比价格指数,从而构成价格指数数列。这样,就可以揭示价格的变动趋势,评判价格水平是上升还是下降。

第二节 统计指数的编制方法

一、编制指数的基本原理

指数是用来反映社会经济现象变动的相对程度的统计指标,对于一些简单的个别现象,如表10-1中,若分别考察六种商品销售量、价格各自的变动情况,只需将各种商品报告期的价格与基期的价格对比计算个体价格指数,将报告期的销售量与基期销售量对比计算个体销售量指数就可以了。通常,个体价格指数、个体销售量指数分别记作 k_p、k_q。

$$k_p = \frac{p_1}{p_0} \quad (10.1)$$

$$k_q = \frac{q_1}{q_0} \quad (10.2)$$

式中,p_1、q_1 分别代表报告期商品的价格和报告期的销售量;p_0、q_0 分别代表基期的商品价格和基期的商品销售量。

对于一些复杂的不能直接相加的社会经济现象总体,研究其综合变动情况时,必须计算总指数。

比如以本章案例的资料为例,研究六种商品销售量总体变动方向及变动幅度,就是要计算销售量总指数。但六种商品的销售量所组成的总体,因为各种商品的性质、计量单位各不相同,是不同度量的现象,不能简单直接相加。为了解决相加的问题,我们引入价格因素,将其转化为销售额,实现同度量化。如果研究这六种商品的价格总变动情况,计算价格总指数时,可以引入销售量因素,用每种商品价格乘以销售量得到销售额,实现同度量化,以解决各种商品的价格不能直接相加的问题。

本章案例的个体价格指数、个体销售量指数、各种销售额的计算结果列于表10-2中。

表 10-2 个体指数及销售额计算表

商品名称	计量单位	商品销售量 q		商品价格(元) p		$k_p(\%)$	$k_q(\%)$	销售额(元)			
		q_0	q_1	p_0	p_1			$p_0 q_0$	$p_1 q_1$	$p_1 q_0$	$p_0 q_1$
皮鞋	双	400	450	200	260	130.00	112.50	80 000	117 000	104 000	90 000
毛巾	条	1 500	1 600	5	6	120.00	106.67	7 500	9 600	9 000	8 000
脸盆	个	300	280	22	30	136.36	93.33	6 600	8 400	9 000	6 160
食盐	袋	1 000	900	1	1	100.00	90.00	1 000	900	1 000	900
服装	件	2 000	3 000	230	200	86.96	150.00	460 000	600 000	400 000	690 000
牙刷	把	1 500	2 000	2	3	150.00	133.33	3 000	6 000	4 500	4 000
合计	—	—	—	—	—	—	—	558 100	741 900	527 500	799 060

表 10-2 的计算结果表明:六种商品中,其中四种商品价格上升,一种商品价格下降,一种商品价格持平;四种商品销售量上升,两种商品销售量下降。

如上所述,为了解决现象不能直接加总的问题,引入相应的媒介因素,转化为销售额后就可以相加了。但是,我们知道,商品销售额的变动受价格的涨跌和销售量增减的影响,为了单纯研究六种商品销售量的总变动方向,还必须将价格固定下来,也就是说,各种商品报告期、基期的销售量乘以各自的固定价格得到相应的报告期销售额和基期销售额,然后用报告期销售总额除以基期销售总额即是销售量总指数。同理,为了单纯研究六种商品的价格总变动方向,也必须将引入的销售量固定下来,也就是说,各种商品报告期、基期的价格乘以各自的相同销售量得到相应的报告期销售额和基期销售额,然后用报告期销售总额除以基期销售总额即是价格总指数。销售量总指数、价格总指数分别记为 $\bar{k}_q$、$\bar{k}_p$,计算公式为:

$$\bar{k}_q = \frac{\sum pq_1}{\sum pq_0} \tag{10.3}$$

$$\bar{k}_p = \frac{\sum p_1 q}{\sum p_0 q} \tag{10.4}$$

综上所述,编制总指数的基本原理是:

(1) 引入相应的因素,将复杂现象同度量化,使各因素能直接相加;

(2) 应将引入的因素,根据实际情况固定在某个时期,以单纯考察复杂现象中研究的那个因素的综合变动情况。

指数理论中,通常将引入的使复杂现象同度量化的媒介因素(在指数计算公式中分子、分母处于相同水平的因素)称为同度量因素。它在编制指数中不仅起到同度量的作用,还起到权数的作用,所以又称为权数。

编制总指数时,依据所选用的权数及加权形式的不同,计算方法主要有加权综合法和加权平均法。下面分别介绍这两种方法。

二、加权综合法

加权综合法是指对复杂总体通过引入同度量因素(也即权数)并将其固定在某一时期来编制总指数,以反映总体综合变动程度的一种方法。它是编制总指数的基本形式。运用加权综合法编制的总指数,习惯上称为综合指数。

编制总指数时,由于同度量因素可以选择基期水平,也可以选择报告期水平,因此就有基期加权综合法和报告期加权综合法之分,以及在此基础上,对同度量因素进行改良产生的交叉加权综合法。

(一) 基期加权综合法

基期加权综合法,指编制质量总指数、数量总指数时,将同度量因素固定在基期的水平上,这种方法编制的综合指数又称为拉氏指数,因德国统计学家 E. 拉斯拜尔斯(E. Laspeyres)于 1864 年首次提出而得名。基期加权的数量指数和质量指数的公式分别为:

$$\bar{k}_q = \frac{\sum p_0 q_1}{\sum p_0 q_0} \tag{10.5}$$

$$\bar{k}_p = \frac{\sum p_1 q_0}{\sum p_0 q_0} \tag{10.6}$$

综合指数不仅可以综合反映复杂现象总体变动的相对程度,指数公式的分子与分母相减的差额也有实际意义。以式(10.6)为例,若 p、q 分别代表价格和销售量,则分子 $\sum p_1 q_0$ 表示基期销售的商品按报告期价格计算的假定销售额,分母 $\sum p_0 q_0$ 表示基期销售的商品按基期价格计算的真实的基期销售额,$\sum p_1 q_0 - \sum p_0 q_0$ 的结果则表示销售量维持基期水平前提下价格的涨跌变动情况对销售额所产生的绝对影响效果。

例 10.1 依据表 10-2 的资料,用基期加权法计算销售量总指数及价格总指数,以反映六种商品的销售量及价格的总体变动方向及变动幅度。

解
$$\bar{k}_q = \frac{\sum p_0 q_1}{\sum p_0 q_0} = \frac{799\,060}{558\,100} = 143.18\%$$

$$\sum p_0 q_1 - \sum p_0 q_0 = 799\,060 - 558\,100 = 240\,960(元)$$

$$\bar{k}_p = \frac{\sum p_1 q_0}{\sum p_0 q_0} = \frac{527\,500}{558\,100} = 94.52\%$$

$$\sum p_1 q_0 - \sum p_0 q_0 = 527\,500 - 558\,100 = -30\,600(元)$$

计算结果表明:六种商品的销售量报告期比基期平均上涨 43.18%,由于销售量上涨使商场的销售额增加了 240 960 元;六种商品的价格报告期比基期平均下跌了 5.48%,由于商品销售价格下跌使商场的销售额减少了 30 600 元。

实际工作中编制工业产品产量、商品销售量、农副产品收购量等数量总指数时,常采用这一方法。

(二) 报告期加权综合法

报告期加权综合法,指编制质量总指数、数量总指数时,将同度量因素固定在报告期的水平上,这种方法编制的综合指数又称为派氏指数,是因德国统计学家 H. 派斯(H. Paasche)于 1874 年首次提出而得名的。报告期加权的数量指数和质量指数的公式分别为:

$$\bar{k}_q = \frac{\sum p_1 q_1}{\sum p_1 q_0} \qquad (10.7)$$

$$\bar{k}_p = \frac{\sum p_1 q_1}{\sum p_0 q_1} \qquad (10.8)$$

用报告期加权综合法计算的综合指数,因为选用的权数(或同度量因素)有别于基期加权法,其计算结果与基期加权法也有着不同的经济意义。以式(10.8)为例,若 p、q 分别代表价格和销售量,则分子 $\sum p_1 q_1$ 表示报告期销售的商品按报告期价格计算的真实的报告期销售额,分母 $\sum p_0 q_1$ 表示报告期销售的商品按基期价格计算的假定销售额,$\sum p_1 q_1 - \sum p_0 q_1$ 的结果则表示销售量在当前水平条件下由于价格的涨落情况对销售额所产生的绝对影响效果。

例 10.2 依据表 10-2 的资料,用报告期加权法计算销售量总指数及价格总指数,以反映六种商品的销售量及价格的总体变动方向及变动幅度。

解　$\bar{k}_q = \dfrac{\sum p_1 q_1}{\sum p_1 q_0} = \dfrac{741\,900}{527\,500} = 140.64\%$

$\sum p_1 q_1 - \sum p_1 q_0 = 741\,900 - 527\,500 = 214\,400(元)$

$\bar{k}_p = \dfrac{\sum p_1 q_1}{\sum p_0 q_1} = \dfrac{741\,900}{799\,060} = 92.85\%$

$\sum p_1 q_1 - \sum p_0 q_1 = 741\,900 - 799\,060 = -57\,160(元)$

计算结果表明：六种商品的销售量报告期比基期平均上涨40.64%，由于销售量上涨使商场的销售额增加了214 400元；六种商品的价格报告期比基期平均下跌了7.15%，由于商品销售价格下跌使商场的销售额减少了57 160元。

上述内容表明，同一资料，分别采用基期加权综合法与报告期加权综合法编制总指数，其结果及经济含义均有差异。

就表10-2的六种商品而言，两种方法得到的两个销售量总指数，无论是销售量总体的相对变动幅度，还是销售额变动的绝对额都不相同，其原因是计算总指数时使用的是不同时期的同度量因素。

就销售量总指数来说，用基期销售价格作为同度量因素，即假定销售价格保持基期水平不变动的条件下考察商品销售量的增长情况；用报告期价格作为同度量因素，即假定商品销售价格变化为报告期水平时考察销售量的增长情况。两种结果的差额是由于两种价格差引起的，即：

$$\sum (p_1 - p_0)(q_1 - q_0) = 60 \times 50 + 1 \times 100 + 8 \times (-20)$$
$$+ 0 \times (-100) + (-30) \times 1\,000 + 1 \times 500$$
$$= -26\,560(元)$$

正好等于两个指数绝对额的差额(214 400 - 240 960)。

在实际工作中，计算销售量总指数时，一般采用基期价格作为同度量因素。因为编制销售量指数的目的是要排除价格因素变动的影响，单纯反映商品销售量的总变动。若把同度量因素(销售价格)固定在报告期，则包含了价格由过去到现在的变化。这里，销售量指数属于数量总指数，基期销售价格是同度量因素。因此，学术界多数人主张用基期加权综合法编制数量总指数。

同样，以表10-2资料为例计算的两个价格指数相比较，基期加权综合法编制的物价指数无论是价格总变动幅度，还是价格变化对销售额变动影响的绝对额都与报告期加权法编制的不同。产生这种差别的原因在于，计算总指数时两种方法采用的是不同时期的销售量作为同度量因素，也就是说两个指数的差额是由于两个销售量的差额引起的。

一般来讲，编制物价指数的目的不仅要反映市场物价水平变动的方向和程度,还要反映这种变动对社会经济生活带来的实际影响,即物价变化对国家、企业、人民群众货币收支和生活水平的实际影响。由于物价变化发生在报告期,国家、企业、居民因物价变动而得到的实惠或受到的损失也同报告期购买量有关,而不可能同物价变动以前的任何一个时期的购买量有关。所以,从应用的角度来讲,用加权综合法编制物价总指数应当以报告期的实际销售量作为同度量因素,才具有现实的经济意义。这里,物价指数是质量指数,报告期销售量是同度量因素。因此,学术界多数人主张用报告期加权综合法编制质量总指数。

(三) 交叉加权综合法

从经济学的观点来说,人们为了获得同样的满足,总想以较少的投入取得最大的报酬。因此,当商品涨价时就少买,跌价时就多买。据此,在编制商品物价指数时,对于涨价的商品应当减小权数,对于跌价的商品应当加大权数。然而,按基期加权综合法编制的物价指数的子项 $\sum p_1 q_0$ 违背了上述精打细算的原则。所以,经济学家们认为,用基期加权综合法计算的物价指数将比实际的指数偏高。与之相反,按报告期加权综合法计算的物价指数的母项 $\sum p_0 q_1$ 中,对于跌过价多买的数量按照高价计算,而对于涨过价少买的数量按照低价计算,因而使物价指数的母项偏高。所以,经济学家们认为,用报告期加权综合法计算的物价指数比实际的指数偏低。基于上述讨论,为了避免基期加权综合法公式"偏高"和报告期加权综合法公式"偏低",折中的办法之一就是采用交叉加权综合法,即在交叉加权综合法计算的指数中,引入的同度量因素就是基期加权综合指数和报告期加权综合指数中权数的平均值。

其销售量指数和物价指数的公式分别为:

销售量总指数:

$$\bar{k}_q = \frac{\sum q_1 \left(\frac{p_0 + p_1}{2}\right)}{\sum q_0 \left(\frac{p_0 + p_1}{2}\right)} = \frac{\sum q_1(p_0 + p_1)}{\sum q_0(p_0 + p_1)} = \frac{\sum (q_1 p_0 + q_1 p_1)}{\sum (q_0 p_0 + q_0 p_1)} \quad (10.9)$$

物价指数:

$$\bar{k}_p = \frac{\sum p_1 \left(\frac{q_0 + q_1}{2}\right)}{\sum p_0 \left(\frac{q_0 + q_1}{2}\right)} = \frac{\sum p_1(q_0 + q_1)}{\sum p_0(q_0 + q_1)} = \frac{\sum (p_1 q_0 + p_1 q_1)}{\sum (p_0 q_0 + p_0 q_1)} \quad (10.10)$$

该指数公式先后由英国的经济学家马歇尔(Marshall)和埃奇沃斯(Edgeworth)于1887—1890年提出,所以,这一指数通常称为马歇尔-埃奇沃斯(Marshall-Edgeworth)指数。

例 10.3　依据表 10-2 的资料,用交叉加权综合法计算销售量总指数及价格总指数。

解　销售量总指数：

$$\bar{k}_q = \frac{\sum(q_1 p_0 + q_1 p_1)}{\sum(q_0 p_0 + q_0 p_1)} = \frac{799\,060 + 741\,900}{558\,100 + 527\,500} = 141.95\%$$

价格总指数：

$$\bar{k}_p = \frac{\sum(p_1 q_0 + p_1 q_1)}{\sum(p_0 q_0 + p_0 q_1)} = \frac{527\,500 + 741\,900}{558\,100 + 799\,060} = 93.53\%$$

我们比较一下依据同一资料表 10-2 计算的三个销售量总指数及价格总指数的结果。

销售量总指数：基期加权综合法、报告期加权综合法、交叉加权综合法的计算结果分别为 143.18%、140.64% 和 141.95%；价格总指数：基期加权综合法、报告期加权综合法、交叉加权综合法的计算结果分别为 94.52%、92.85% 和 93.53%。

通过以上指数比较,读者将会发现,用交叉加权综合法编制出来的指数,结果一定会介于基期加权综合法和报告期加权综合法的计算结果之间。

统计实践中,地区物价比较指数的编制常采用交叉加权综合法。

例 10.4　甲乙两地销售橘子与苹果的有关资料如表 10-3 所示。

表 10-3　甲乙两地橘子与苹果销售价格指数计算表

商品名称	计量单位	销售量 q		销售价格(元/公斤) p		销售额(万元)			
		甲地 $q_甲$	乙地 $q_乙$	甲地 $p_甲$	乙地 $p_乙$	$p_甲 q_甲$	$p_乙 q_乙$	$p_乙 q_甲$	$p_甲 q_乙$
橘子	万公斤	20	5	1.4	2.0	28	10	40	7
苹果	万公斤	10	15	2.0	1.2	20	18	12	30
合计	—	30	20			48	28	52	37

要求：以乙地为对比基准城市,分别计算用甲地销售量、乙地销售量为权数的物价地区性指数以及甲乙两地销售量交叉加权的物价地区性指数。

解　以乙地为对比基准城市,若采用基期加权综合法,则物价地区性指数为：

$$\bar{k}_p = \frac{\sum p_甲 q_乙}{\sum p_乙 q_乙} = \frac{37}{28} = 132.14\%$$

计算结果表明,甲地这两种水果的价格平均来说比乙地高出 32.14%。

以乙地为对比基准城市,若采用报告期加权综合法,则物价地区性指数为：

$$\bar{k}_p = \frac{\sum p_{甲}q_{甲}}{\sum p_{乙}q_{甲}} = \frac{48}{52} = 92.31\%$$

计算结果表明,甲地这两种水果的价格平均来说比乙地低 7.69%。

从上面两种计算的结果看到,同样的资料,采用的同度量因素不同,得出的两地价格关系的结论方向是相反的,这是因两地物量构成差异巨大造成的。采用基期综合加权法,用乙地的销售量作为同度量因素,乙地的苹果销售量所占比重达 75%,而在甲地苹果的价格相对较高,这样加权放大了甲地价格较高的苹果的作用,使价格指数偏高。采用报告期综合加权法,用甲地的销售量作为同度量因素,而甲地价格相对较高的苹果销售量所占的比重只有 33.33%,这样加权计算的价格指数又有偏低的倾向。两地的销售量结构差异越大,这两种方法计算的价格指数的偏误越明显。

统计实践中,在两个地区物量构成差异较大的情况下,计算物价地区性指数时,采用两个地区物量平均数作为权数,可以抵消物量构成差异对物价对比带来的影响。也就是说,在这种情况下,最好采用交叉加权综合法来编制物价地区性指数。

交叉加权综合法计算的甲乙两地物价指数为:

$$\bar{k}_p = \frac{\sum (p_{甲}q_{乙} + p_{甲}q_{甲})}{\sum (p_{乙}q_{乙} + p_{乙}q_{甲})} = \frac{48 + 37}{52 + 28} = 106.25\%$$

计算结果表明,甲地的两种水果的价格平均比乙地高 6.25%。

显而易见,在销售量构成差别较大的情况下,采用交叉加权综合法来编制物价地区性指数是比较合理的。

三、加权平均法

运用加权综合法计算总指数,要求掌握研究总体全面的统计数据,而在很多情况下这是难以满足的。因此,除在较小范围内且商品品种较少的情况下,直接采用加权综合法编制总指数外,一般多采用加权平均法来计算总指数。

加权平均法是以个体指数 k 为基础,采用相应的总值数据 pq 为权数加权计算总指数的一种方法。

加权平均法,根据选用的权数以及加权形式的不同,可进一步分为加权算术平均法、加权调和平均法及固定加权平均法。

(一) 加权算术平均法

加权算术平均法,是以个体指数 k 为变量值,以一定时期的总值数据 pq 为权数,对个体指数加权算术平均计算总指数的方法。

例 10.5 某市场六种商品的资料如表 10-4 所示。

表 10-4 六种商品个体指数及销售额资料

商品名称	计量单位	个体价格指数(%)k_p	个体销售量指数(%)k_q	销售额(元)p_0q_0	$k_pp_0q_0$	$k_qp_0q_0$
皮鞋	双	130.00	112.50	80 000	104 000.00	90 000.00
毛巾	条	120.00	106.67	7 500	9 000.00	8 000.25
脸盆	个	136.36	93.33	6 600	8 999.76	6 159.78
食盐	袋	100.00	90.00	1 000	1 000.00	900.00
服装	件	86.96	150.00	460 000	400 016.00	690 000.00
牙刷	把	150.00	133.33	3 000	45 00.00	3 999.90
合计	—	—	—	558 100	527 515.76	799 059.93

要求:计算销售量总指数及价格总指数。

由于资料限制,无法直接用加权综合法计算,需将公式变形使用。

因为 $$k_q = \frac{q_1}{q_0}$$ 所以 $q_1 = k_q q_0$

则有:

$$\bar{k}_q = \frac{\sum p_0 q_1}{\sum p_0 q_0} = \frac{\sum k_q p_0 q_0}{\sum p_0 q_0} \quad (10.11)$$

又因为 $$k_p = \frac{p_1}{p_0}$$ 所以 $p_1 = k_p p_0$

则有:

$$\bar{k}_p = \frac{\sum p_1 q_0}{\sum p_0 q_0} = \frac{\sum k_p p_0 q_0}{\sum p_0 q_0} \quad (10.12)$$

解 六种商品销售量总指数为:

$$\bar{k}_q = \frac{\sum k_q p_0 q_0}{\sum p_0 q_0} = \frac{799\,059.93}{558\,100} = 143.18\%$$

$$\sum k_q p_0 q_0 - \sum p_0 q_0 = 799\,059.93 - 558\,100 = 240\,959.93(元)$$

六种商品价格总指数为:

$$\bar{k}_p = \frac{\sum k_p p_0 q_0}{\sum p_0 q_0} = \frac{527\,515.76}{558\,100} = 94.52\%$$

$$\sum k_p p_0 q_0 - \sum p_0 q_0 = 527\,515.76 - 558\,100 = -30\,584.24(元)$$

计算结果表明,六种商品销售量报告期比基期平均上涨了 43.18%,由于销售量增长使销售额增加了 240 959.93 元;六种商品价格报告期比基期平均下跌了 5.48%,由于价格下跌使销售额减少了 30 584.24 元。这一计算结果与前面基期加权综合法计算的结果是一致的,只是对销售额影响的绝对额有点差异,这是由于计算过程中的四舍五入引起的。

从上述的例 10.5 可知,当个体指数与基期总值数据之间存在着这样严格的一一对应关系时,加权算术平均法只是基期加权综合法的变形形式,其结果的实际意义与基期加权综合法完全相同。但是,在实际应用中,加权平均法既可以使用全面资料,也可以使用非全面资料。若依据的是非全面资料计算总指数,其结果的实际意义则与综合指数有一定的差别。

(二) 加权调和平均法

在统计实践中,计算总指数时,视掌握资料的情况,可采用加权调和平均法。

例 10.6 某商场六种商品的资料如表 10-5 所示。

表 10-5 六种商品个体指数及销售额资料

商品名称	计量单位	个体价格指数(%)k_p	个体销售量指数(%)k_q	销售额(元)$p_1 q_1$	$\dfrac{p_1 q_1}{k_p}$	$\dfrac{p_1 q_1}{k_q}$
皮鞋	双	130.00	112.50	117 000	90 000.00	104 000.00
毛巾	条	120.00	106.67	9 600	8 000.00	8 999.72
脸盆	个	136.36	93.33	8 400	6 160.36	9 000.32
食盐	袋	100.00	90.00	900	900.00	1 000.00
服装	件	86.96	150.00	600 000	689 972.40	400 000.00
牙刷	把	150.00	133.33	6 000	4 000.00	4 500.11
合计	—	—	—	741 900	799 032.60	527 500.20

要求:计算销售量总指数及价格总指数。

由于资料限制,无法直接用加权综合法计算,需将公式变形使用。

因为 $\quad k_q = \dfrac{q_1}{q_0} \quad$ 所以 $q_0 = \dfrac{q_1}{k_q}$

则有:

$$\bar{k}_q = \dfrac{\sum p_1 q_1}{\sum p_1 q_0} = \dfrac{\sum p_1 q_1}{\sum \dfrac{1}{k_q} p_1 q_1} \tag{10.13}$$

又因为 $\quad k_p = \dfrac{p_1}{p_0} \quad$ 所以 $p_0 = \dfrac{p_1}{k_p}$

则有:

$$\bar{k}_p = \dfrac{\sum p_1 q_1}{\sum p_0 q_1} = \dfrac{\sum p_1 q_1}{\sum \dfrac{1}{k_p} p_1 q_1} \tag{10.14}$$

公式 $\dfrac{\sum p_1 q_1}{\sum p_1 q_1 / k_q}$、$\dfrac{\sum p_1 q_1}{\sum p_1 q_1 / k_p}$ 与计算加权调和平均数的公式相似，个体指数 k 是变量值、$p_1 q_1$ 是权数，所以，用这种形式计算总指数的方法称为加权调和平均法。

解 六种商品销售量总指数为：

$$\bar{k}_q = \frac{\sum p_1 q_1}{\sum \dfrac{1}{k_q} p_1 q_1} = \frac{741\,900}{527\,500.2} = 140.64\%$$

$$\sum p_1 q_1 - \sum \frac{1}{k_q} p_1 q_1 = 741\,900 - 527\,500.2 = 214\,399.8(元)$$

六种商品价格总指数为：

$$\bar{k}_p = \frac{\sum p_1 q_1}{\sum \dfrac{1}{k_p} p_1 q_1} = \frac{741\,900}{799\,032.2} = 92.85\%$$

$$\sum p_1 q_1 - \sum \frac{1}{k_p} p_1 q_1 = 741\,900 - 799\,032.2 = -57\,132.2(元)$$

计算结果表明，六种商品销售量报告期比基期平均上涨了 40.64%，由于销售量增长使销售额增加了 214 399.8 元；六种商品价格报告期比基期平均下跌了 7.15%，由于价格下跌使销售额减少了 57 132.2 元。这一计算结果与前面报告期加权综合法计算的结果是一致的，只是对销售额影响的绝对额有点差异，这是由于计算过程中的四舍五入引起的。

同样，从上述的例 10.6 可知，当个体指数与报告期总值数据之间存在这样严格的一一对应关系时，加权调和平均法只是报告期加权综合法的变形形式，其结果的实际意义与报告期加权综合法完全相同。但是，在实际应用中，加权平均法既可以使用全面资料，也可以使用非全面资料。若依据的是非全面资料计算总指数，个体指数与报告期总值数据之间不存在严格的一一对应关系时，其结果的实际意义则与综合指数有一定的差别。

（三）固定加权平均法

从理论上讲，编制指数时，也应有固定加权算术平均法和固定加权调和平均法之分，但在实际应用中极少采用固定加权调和平均法，故这里仅介绍固定加权算术平均法。

前面所讨论的加权综合法及作为加权综合法变形的加权平均法，要求有全面的统计资料，实际工作中往往很难满足。因此，在统计实践中，很多情况下是根据非全面资料，运用固定加权平均法计算总指数。如我国的商品零售价格指数、工业生产指数、职工生活费用指数等都是采用这种方法编制的。

以我国零售物价指数为例,说明固定加权平均法的应用。

我国零售物价指数是在商品分类的基础上编制的。零售物价指数是反映城市、农村商品零售价格变动趋势的一种经济指数,其具体做法是:

首先,将全部零售商品分为 16 个大类,包括食品、饮料烟酒、服装鞋帽、纺织品、家用电器及音像器材、文化办公用品、日用品、体育娱乐用品、交通通信用品、家具、化妆品、金银珠宝、中西药品及医疗保健用品、书报杂志及电子出版物、燃料、建筑材料及五金电料等。在每个大类下分若干中类,中类下分若干小类,再在各小类下选出若干种代表规格品。根据统计调查或统计报表资料结合社会商品零售额统计资料,计算各类商品零售额在社会商品零售总额中所占的比重 w,以此作为权数,并固定下来若干年不变。根据调查获取代表规格品价格资料,以计算不同层次的价格个体(类)指数。然后,用固定加权算术平均法计算全部商品零售物价总指数。

计算公式为:

$$\bar{k}_p = \frac{\sum kw}{\sum w} \quad (10.15)$$

式中,k 为价格个体(类)指数;w 为各类商品零售额所占的比重。

例 10.7 已知某地区 2000 年各类零售商品的价格类指数(表 10-6),试编制该地区商品零售物价总指数。

表 10-6 零售商品类指数及固定权数表

商品类别	类指数(%)k_p	权数 w(%)	$k_p w$
食品类	99.7	40	3 988.00
家庭设备和用品类	102.8	18	1 850.40
衣着类	101.5	15	1 522.50
医疗保健类	104.8	5	524.00
交通及通信工具类	97.7	3	293.10
娱乐教育文化用品类	102.3	7	716.10
居住类	112.6	7	788.20
服务项目	120.4	5	602.00
合计	—	100	10 284.00

解 该地区商品零售物价总指数:

$$\bar{k}_p = \frac{\sum kw}{\sum w} = \frac{10\,284}{100} = 102.84\%$$

第三节 统计指数的应用

一、工业生产指数

工业生产指数是概括反映一个地区和国家各种工业产品产量综合变动程度的统计指数,也是反映工业生产发展速度的指标之一。这一物量指数在西方国家已普遍使用,我国从1997年开始试算工业生产指数,并将以生产指数法代替以前的不变价格法。

工业生产指数是用工业个体产量指数加权平均计算的综合产量指数,以此来反映工业生产的综合发展速度。计算工业生产指数使用的公式是拉氏物量指数的变形公式。它是以基期的增加值 $p_0 q_0$ 为权数,以代表产品的个体指数 k_q 为变量,采用加权算术平均法的形式计算的总指数。其公式为:

$$\bar{k}_q = \frac{\sum k_q p_0 q_0}{\sum p_0 q_0} \qquad (10.16)$$

式中,k_q 为代表产品的个体产量指数;$p_0 q_0$ 指相应的代表产品的基期增加值。

从式(10.16)可以看出,计算工业生产指数的两个关键要素:一个是产品产量,一个是工业增加值的权数,掌握好这两点,就能保证生产指数的准确性。确定产品产量不可能用全部产品,只能选取代表产品。要掌握适度原则,选太多,工作量大,选太少,不足以反映产品结构。根据国家规定,年度代表产品约1 000多种,月度代表产品约500多种。权数是对产品的个体指数在生产指数形成过程中的重要性进行界定的指标,在工业总体中比重大的产品或行业,权数也大,对生产指数的作用也大,权数正确与否直接影响总指数的准确性。

在实际应用中,也有采用各工业部门增加值在全部工业增加值中所占的比重 W 作为权数的办法。如美国和日本就是采用这种固定加权算术平均法编制工业生产指数的。其公式为:

$$\bar{K}_q = \frac{\sum K_q W}{\sum W} \qquad (10.17)$$

新中国成立以来,我国一直采用不变价格工业总产值计算工业发展速度,随着经济体制改革的深入发展,此法渐渐偏离了工业经济发展的实际。随着新国民经济核算制度的实施,工业生产的总量指标是增加值,再以总产值计算速度已不合适,因此编制工业生产指数,也便于国际对比。

二、居民消费价格指数

居民消费价格指数是反映一定时期内城乡居民所购买的生活消费品价格和服务项目价格变动趋势和程度的相对数。利用居民消费价格指数,可以观察和分析消费品的零售价格和服务价格变动对城乡居民实际生活费支出的影响程度。

居民消费价格指数又可就城市居民、农村居民和全国居民编制,分别得到城市居民消费价格指数、农村居民消费价格指数和全国居民消费价格指数。

城市居民消费价格指数是反映城市居民家庭所购买的生活消费品价格和服务项目价格变动趋势和程度的相对数,它可以观察和分析消费品的零售价格和服务项目价格变动对职工货币工资的影响,作为研究职工生活和确定工资政策的依据。农村居民消费价格指数是反映农村居民家庭所购买的生活消费品价格和服务项目价格变动趋势和程度的相对数,它可以观察农村消费品的零售价格和服务项目价格变动对农村居民生活消费支出的影响,直接反映农民生活水平的实际变化情况,为分析和研究农村居民生活问题提供依据。全国居民消费价格指数是对城市居民消费价格指数和农村居民消费价格指数进行综合汇总计算的结果。

为了分析价格变动对居民家庭生活费支出的影响,一般需要对各阶层的居民家庭调查他们日常生活开支的内容,即生活费用构成,以作为编制消费者价格指数的基础。大多数国家都是以各类生活消费品消费额占全部生活消费品消费额的比重 w 为权数,对各类代表性生活消费品(包括商品和劳务)的价格个体指数 k_p,采用固定加权算术平均法来计算消费者价格总指数的。其公式为:

$$\bar{k}_p = \frac{\sum k_p w}{\sum w} \tag{10.18}$$

式(10.18)中的权数(w)通常根据家庭生活收支调查资料确定。

三、农产品收购价格指数

农产品收购价格指数是反映各种经济类型的商业企业和有关部门收购的农产品价格变动趋势和程度的相对数。农产品收购价格指数可以观察和研究农产品收购价格总水平的变化情况,以及对农民货币收入的影响,作为制定和检查农产品价格政策的依据。由于农副产品收购季节性强,时间比较集中,产品品种比较少。这样,在年末能够较快地取得各类农副产品实际收购金额和各代表规格品收购价格的资料,从而可以用报告期农副产品实际收购金额作为权数,对各类代表规格品价格个体指数采用加权调和平均法计算农副产品收购价格总指数。

其公式为：

$$\bar{k}_p \frac{\sum p_1 q_1}{\sum \frac{p_1 q_1}{k_p}} \qquad (10.19)$$

式(10.19)中，k_p 为各类代表规格品的收购价格指数；$p_1 q_1$ 为相应各类代表规格品的报告期收购金额。

在编制经济指数时也广泛采用加权平均法，诸如社会商品零售物价总指数、工业产品出厂价格指数、外贸价格指数等的编制均采用上述三种加权平均法之一，限于篇幅，不再逐一进行介绍。

四、股票价格指数

股票价格的变动是股票市场最重要的经济现象之一，它既可以为投资者带来利润，也可能使投资者遭受损失。股票价格指数是用来表示多种股票价格一般变化趋势的相对数。

股票价格指数一般由证券交易所、金融服务机构、咨询研究机构或新闻单位编制和发布。其编制的步骤如下：(1) 根据上市公司的行业分布、经济实力、资信等级等因素，选择适当数量的有代表性的股票，作为编制指数的样本股票。样本股票可以随时更换或作数量上的增减，以保持良好的代表性。(2) 按期到股票市场上采集样本股票的价格，简称采样。(3) 利用科学的方法和先进的手段计算出指数值。(4) 通过新闻媒体向社会公众公开发布。为保持股价指数的连续性，使各个时期计算出来的股价指数相互可比，有时还需要对指数值作相应的调整。

编制股票价格指数的几种主要方法和公式如下：

（一）总和法

即将报告期的股价总和与基期股价总和直接对比计算股价指数。其公式为：

$$总和股价指数 = \frac{\sum p_1}{\sum p_0} \qquad (10.20)$$

式(10.20)中，p_1 为报告期某种样本股票的价格；p_0 为基期某种样本股票的价格。

（二）简单平均法

即对所有样本股票的个体股价指数按简单算术平均法求得总体股票指数。其计算公式为：

$$简单平均股价指数 = \frac{1}{n} \sum \frac{p_1}{p_0} \qquad (10.21)$$

用此法求出的股价指数可以灵敏地反映股价的短期波动。英国《经济学家》杂志"普通股股价指数"就是采用此法编制的。

（三）加权综合法

它是以样本股票的发行量或交易量为同度量因素（或称权数）计算的股价指数。其计算公式按同度因素所属时期的不同分为两种。

基期加权综合股价指数：

$$\bar{k}_p = \frac{\sum p_1 q_0}{\sum p_0 q_0} \qquad (10.22)$$

报告期加权综合股价指数：

$$\bar{k}_p = \frac{\sum p_1 q_1}{\sum p_0 q_1} \qquad (10.23)$$

式(10.22)和式(10.23)中，p_0、p_1 分别为基期、报告期的股价；q_0、q_1 分别为基期、报告期的发行量或交易量。

其中，以发行量加权的综合股价指数，称为市价总额指数；以交易量加权的综合股价指数，称为成交总额指数。

五、货币购买力指数

所谓货币购买力，是指单位货币所能购买商品和服务的数量。货币购买力的变化，直接反映币值的变化。根据货币流通规律，如果货币发行量过多，货币就会贬值，货币购买力就会下降。对人民生活来说，货币购买力的变化，直接影响生活水平的变化。影响人民生活水平提高的不只是货币收入的多少，还有货币购买力的大小。因此，反映货币购买力的变化，对分析货币流通量是否正常，对研究人民生活水平的变动都有重要的意义。

货币购买力的大小同商品和服务价格的变动成反比。根据这种关系，通过编制货币购买力指数，来反映货币购买力的变化。其计算公式为：

$$货币购买力指数 = \frac{1}{居民消费价格指数} \qquad (10.24)$$

由于物价的变动影响了货币购买力，因此，不同时期等量的货币收入，其实际收入就存在着差异。所以，在观察居民收入水平变化时，必须考虑到物价变动或者货币购买力的变化。它们之间存在如下的关系：

实际收入指数 = 货币收入指数 × 货币购买力指数

对职工而言，则有：

实际工资指数 = 货币工资指数 × 货币购买力指数

第四节 指数体系和因素分析

一、指数体系及其作用

社会经济现象总量的变动是由多个因素的影响而形成的。有许多因素,它们彼此之间在数量上有严格的依存关系,可以用经济方程式表现出来。

例如:

商品销售额 = 商品销售量 × 商品价格
生产总成本 = 产品产量 × 单位成本
原材料费用总额 = 产品产量 × 单耗 × 原材料单价
平均工资 = 职工结构 × 职工工资水平

上述这些方程式,用指数形式来描述,同样也存在这种数量上的对等关系,即:

商品销售额指数 = 商品销售量指数 × 商品价格指数
生产总成本指数 = 产品产量指数 × 单位成本指数
原材料费用总额指数 = 产品产量指数 × 单耗指数 × 原材料单价指数
平均工资指数 = 职工结构指数 × 职工工资水平指数

在统计分析中,将多个相互联系、相互影响、在数量上存在严格的推算关系的统计指数所构成的整体称为指数体系。

从上面所举的例子中,我们可以看到,指数体系一般具有两个特点:一是指数体系必须具备三个或三个以上的指数;二是体系中各个指数在数量上可以相互推算。如已知销售额指数和销售量指数可以推算出价格指数;已知平均工资指数和职工构成指数可以推算出职工工资水平指数。

指数体系是进行因素分析的基础。构建指数体系的目的,就是要分析多种因素的变动对经济总体变动的影响情况。例如,利用指数体系,可以分析价格和销售量的变动对销售额的影响情况,分析职工结构及工资水平的变动对企业总平均工资变动的影响。

利用指数体系进行因素分析应注意三点:

(1) 因素分析的对象一般是复杂现象。这里所说的复杂现象,是指受多因素影响的现象,它的量表现为若干因素量的乘积,其中任一因素的变动都会使总量发生变化。如生产总成本表现为单位产品成本和产量的乘积,单位成本和产量任一个发生变化,都会使总成本产生变动。因素分析的目的就是要测定这些因素的变动对总体变动的影响方向和影响程度。

（2）因素分析中的指数体系以等式的形式来表现。编制指数体系的基本思想是：测定一个因素的变动时假定其他因素不变，并以等式来表现体系。例如，将原材料耗用额的变动分解为产量、单耗（单位产品的原材料消耗）、原材料单价三个因素的影响，进行因素分析时，以固定价格、单耗来编制产量指数；以固定价格、产量来编制单耗指数；以固定单耗、产量来编制价格指数。

（3）因素分析的结果有相对数也有绝对数。指数体系的表现形式表明，若干因素指数的乘积应等于总变动指数；若干因素的影响差额之和应等于总体变动实际发生的总变差。

二、因素分析

依据指数体系进行因素分析时，按被研究现象性质的不同可分为两类：价值总量的因素分析和平均数的因素分析。前者分析价值总量变动中所受因素的影响，如销售额的变动中受价格水平、销售量的影响情况；后者分析加权平均数的变动中受变量值、权数结构的影响情况。

把上面两种分类结合起来，利用指数体系进行因素分析可进一步分为多种情形，如价值总量的两因素分析、价值总量的多因素分析、平均数的两因素分析等。

（一）价值总量的两因素分析

这里分析的对象是价值总量的变动，包括个体现象的总量变动和总体现象的总量变动。价值总量的两因素分析，在指数体系上表现为总变动指数等于两个因素指数的乘积。要保证两个因素指数之积等于被研究现象变动的总指数，最关键的是确定同度量因素时期。可以遵循这样的原则：一个因素指数的同度量因素固定在报告期，则另一个因素指数的同度量因素要固定在基期。

编制指数体系时，依据综合指数的编制原理及选择的同度量因素的不同，可以形成不同的指数体系。实际分析中，最常用的是数量指数采用基期加权法，质量指数采用报告期加权法。运用这一方法，前面所述的"商品销售额指数 = 商品销售量指数 × 商品价格指数"指数体系用公式可写成：

$$\frac{\sum p_1 q_1}{\sum p_0 q_0} = \frac{\sum p_1 q_1}{\sum p_0 q_1} \times \frac{\sum p_0 q_1}{\sum p_0 q_0} \qquad (10.25)$$

$$\sum p_1 q_1 - \sum p_0 q_0 = \left(\sum p_1 q_1 - \sum p_0 q_1 \right) + \left(\sum p_0 q_1 - \sum p_0 q_0 \right)$$

$$(10.26)$$

即： 销售额指数 = 商品价格指数 × 商品销售量指数

销售额实际增减变动额 = 各因素指数影响变动额之和

编制上面的指数体系,质量指数即价格指数 $\dfrac{\sum p_1 q_1}{\sum p_0 q_1}$ 的同度量因素销售量固定在报告期(q_1),数量指数即销售量指数 $\dfrac{\sum p_0 q_1}{\sum p_0 q_0}$ 的同度量因素价格固定在基期(p_0),这样形成的指数体系,各指数的实际意义如下:

(1)销售额指数 $\dfrac{\sum p_1 q_1}{\sum p_0 q_0}$,表明总体中多种商品销售总额的变动方向及变动幅度。指数的分子与分母之差,即 $\sum p_1 q_1 - \sum p_0 q_0$ 说明销售额实际增加或减少的绝对数额。

(2)价格指数 $\dfrac{\sum p_1 q_1}{\sum p_0 q_1}$ 表明多种商品价格的综合变动方向及变动幅度。指数的分子与分母之差,即 $\sum p_1 q_1 - \sum p_0 q_1$ 说明由于价格的涨跌变动,对销售额影响的绝对数额。

(3)销售量指数 $\dfrac{\sum p_0 q_1}{\sum p_0 q_0}$ 表明多种商品销售量的综合变动方向及变动幅度。指数的分子与分母的差,即 $\sum p_0 q_1 - \sum p_0 q_0$ 说明由于销售量的增减变动,对销售额影响的绝对数额。

例 10.8 依据表 10-1 的资料,利用指数体系,计算分析价格和销售量的变动对销售额的影响情况。

解 这是价值总量的两因素分析问题。依据题意,构建指数体系如下:

$$\dfrac{\sum p_1 q_1}{\sum p_0 q_0} = \dfrac{\sum p_1 q_1}{\sum p_0 q_1} \times \dfrac{\sum p_0 q_1}{\sum p_0 q_0}$$

$$\sum p_1 q_1 - \sum p_0 q_0 = \left(\sum p_1 q_1 - \sum p_0 q_1\right) + \left(\sum p_0 q_1 - \sum p_0 q_0\right)$$

有:

$$\dfrac{741\,900}{558\,100} = \dfrac{741\,900}{799\,060} \times \dfrac{799\,060}{558\,100}$$

$$132.93\% = 92.85\% \times 143.18\%$$

$$183\,800(元) = -57\,160(元) + 240\,960(元)$$

计算结果表明,由于价格报告期比基期平均下降了 7.15%,使销售额减少了 57 160 元;又由于销售量报告期比基期平均上升了 43.18%,使销售额增加了 240 960 元,价格与销售量两个因素综合作用的结果,使企业的销售额报告期比基期增加了 183 800 元。

例 10.9 某商场三种商品的销售资料如表 10-7 所示,要求分析价格的调整和销售量的变动对销售额的影响情况。

表 10-7 三种商品销售额及价格变动数据

商品名称	价格下调幅度(%)	商品销售额(万元)	
		调价前月销售额	调价后月销售额
手表	20	30	40
电视机	10	25	30
收音机	30	10	12
合计	—	65	82

解 依据公式(10.25)、(10.26),结合本题给定的资料,指数体系的公式可以改写为:

$$\frac{\sum p_1 q_1}{\sum p_0 q_0} = \frac{\sum p_1 q_1}{\sum \frac{p_1 q_1}{k_p}} \times \frac{\sum \frac{p_1 q_1}{k_p}}{\sum p_0 q_0} \quad (10.27)$$

$$\sum p_1 q_1 - \sum p_0 q_0 = \left(\sum p_1 q_1 - \sum \frac{p_1 q_1}{k_p}\right) + \left(\sum \frac{p_1 q_1}{k_p} - \sum p_0 q_0\right) \quad (10.28)$$

有关计算过程所需的资料列示在表 10-8 中。

表 10-8 商品销售额指数计算资料

商品名称	价格下调幅度(%)	个体价格指数 k_p	商品销售额(万元)		$\frac{p_1 q_1}{k_p}$
			调价前月销售额 $p_0 q_0$	调价后月销售额 $p_1 q_1$	
手表	20	0.8	30	40	50
电视机	10	0.9	25	36	40
收音机	30	0.7	10	14	20
合计	—	—	65	90	110

依据表 10-8 的资料和公式(10.27),得:

$$\frac{90}{65} = \frac{90}{110} \times \frac{110}{65}$$

$$138.46\% = 81.82\% \times 169.23\%$$

$$25(万元) = -20(万元) + 45(万元)$$

计算结果表明:由于三种商品的价格报告期比基期平均下调了 18.18%,使销售额减少了 20 万元;又由于销售量报告期比基期平均上升了 69.23%,使销售额增加了 45 万元,价格与销售量两个因素综合作用的结果,使该企业的销售额报告期比基期增加了 25 万元。

（二）价值总量的多因素分析

价值总量的多因素分析在指数体系上，表现为被研究现象总变动指数可以分解为三个或三个以上因素指数的乘积。

同样，要保证三个或三个以上因素指数之积等于被研究现象总变动的指数，最关键的是确定同度量因素的时期。在实际分析时应注意处理好以下几个问题：

（1）多因素分析必须遵循连环代替法的原则，即在分析受多因素影响的事物的发展变化时，要逐项分析，逐项确定同度量因素。分析第一个因素变动影响后，接着分析第二个因素的影响，然后再分析第三个因素的影响，以此类推。

（2）在多因素分析中，为了分析某一因素的影响，要求把其余因素固定不变。具体方法是：当分析第一个因素的变动影响时，就把其他所有因素固定不变，并都作为同度量因素固定在基期。当分析第二个因素的变动影响时，则把已经分析过的因素固定在报告期，没有分析过的因素仍固定在基期。当分析第三个因素的变动影响时，就把已经分析过的两个因素固定在报告期，没有分析过的因素固定在基期，以此类推。

（3）对多因素的排列顺序，要具体分析现象总体的经济内容，使之符合客观事物的联系或逻辑。各因素顺序的排列一般应遵循数量指标因素在前，质量指标因素在后的原则。

例如，要对某企业生产活动原材料费用额进行因素分析时，我们知道，企业生产耗用这些原材料的产品数量、单耗（即单位产品原材料耗用量）以及这些原材料价格的变动都会对原材料费用额有直接的影响，按这些因素内在的逻辑关系，原材料费用额可以写成如下的分解式：

$$原材料费用额 = 产品生产量(q) \times 单耗(m) \times 原材料单价(p)$$

在排序上，它们的逻辑关系表现为：

$$原材料耗用额 = \overbrace{原材料耗用量}^{产品生产量 \times 单耗} \times 原材料单价$$

指数体系可以写成：

$$\frac{\sum q_1 m_1 p_1}{\sum q_0 m_0 p_0} = \frac{\sum q_1 m_0 p_0}{\sum q_0 m_0 p_0} \times \frac{\sum q_1 m_1 p_0}{\sum q_1 m_0 p_0} \times \frac{\sum q_1 m_1 p_1}{\sum q_1 m_1 p_0} \quad (10.29)$$

$$\sum q_1 m_1 p_1 - \sum q_0 m_0 p_0$$
$$= \left(\sum q_1 m_0 p_0 - \sum q_0 m_0 p_0\right) + \left(\sum q_1 m_1 p_0 - \sum q_1 m_0 p_0\right)$$
$$+ \left(\sum q_1 m_1 p_1 - \sum q_1 m_1 p_0\right) \quad (10.30)$$

例 10.10 某企业生产产品耗用原材料的资料如表 10-9 所示，要求分析产品产量、单耗及原材料单价的变动对原材料费用额的影响情况。

表 10-9 原材料耗用情况资料

原材料	产品名称	计量单位	产品产量 q		单耗(公斤)m		原材料单价(元)p	
			基期 q_0	报告期 q_1	基期 m_0	报告期 m_1	基期 p_0	报告期 p_1
甲	A	万件	5	6	100	90	15	14
乙	B	万套	6	4	50	45	40	38

解 依题意,构建指数体系:

$$\frac{\sum q_1 m_1 p_1}{\sum q_0 m_0 p_0} = \frac{\sum q_1 m_0 p_0}{\sum q_0 m_0 p_0} \times \frac{\sum q_1 m_1 p_0}{\sum q_1 m_0 p_0} \times \frac{\sum q_1 m_1 p_1}{\sum q_1 m_1 p_0}$$

将计算过程所需资料的计算结果列于表 10-10 中。

表 10-10 原材料费用额因素分析计算表

原材料种类	原材料费用额(万元)			
	$q_0 m_0 p_0$	$q_1 m_0 p_0$	$q_1 m_1 p_0$	$q_1 m_1 p_1$
甲	7 500	9 000	8 100	7 560
乙	12 000	8 000	7 200	6 840
合计	19 500	17 000	15 300	14 400

则有:

$$\text{产品产量指数} = \frac{\sum q_1 m_0 p_0}{\sum q_0 m_0 p_0} = \frac{17\,000}{19\,500} = 87.18\%$$

$$\sum q_1 m_0 p_0 - \sum q_0 m_0 p_0 = 17\,000 - 19\,500 = -2\,500(\text{万元})$$

$$\text{原材料单耗指数} = \frac{\sum q_1 m_1 p_0}{\sum q_1 m_0 p_0} = \frac{15\,300}{17\,000} = 90\%$$

$$\sum q_1 m_1 p_0 - \sum q_1 m_0 p_0 = 15\,300 - 17\,000 = -1\,700(\text{万元})$$

$$\text{原材料单价指数} = \frac{\sum q_1 m_1 p_1}{\sum q_1 m_1 p_0} = \frac{14\,400}{15\,300} = 94.12\%$$

$$\sum q_1 m_1 p_1 - \sum q_1 m_1 p_0 = 14\,400 - 15\,300 = -900(\text{万元})$$

$$\text{原材料费用额指数} = \frac{\sum q_1 m_1 p_1}{\sum q_0 m_0 p_0} = \frac{14\,400}{19\,500} = 73.85\%$$

$$\sum q_1 m_1 p_1 - \sum q_0 m_0 p_0 = 14\,400 - 19\,500 = -5\,100(\text{万元})$$

综合影响:

$$73.85\% = 87.18\% \times 90\% \times 94.12\%$$
$$-5\,100(万元) = -2\,500(万元) - 1\,700(万元) - 900(万元)$$

以上计算结果表明:由于产品产量减少了 12.82%,使原材料费用额少支出了 2 500 万元;由于单位产品原材料耗用量降低了 10%,使原材料费用额节约了 1 700 元;又因为原材料价格下降了 5.88%,使原材料费用少支出了 900 万元。三个因素共同作用,使原材料总费用额报告期比基期下降了 26.15%,从而原材料费用额减少了 5 100 万元。

(三) 平均数的因素分析

在实际工作中,常常需要将两个不同时间的算术平均数对比,以研究现象平均水平的变动状况,即:

$$\frac{\bar{x}_1}{\bar{x}_0} = \frac{\sum x_1 f_1}{\sum f_1} \div \frac{\sum x_0 f_0}{\sum f_0}$$

在总体分组的情况下,算术平均数的变动受两个因素的影响:一是变量值的水平(x);二是权数结构$\left(f \big/ \sum f\right)$。如果平均数发生变动($\bar{x}_1 / \bar{x}_0$),显然是 x 和 $f \big/ \sum f$ 影响的结果。这里,也可以利用指数体系及因素分析的原理,分析 x 和 $f \big/ \sum f$ 的变动对总平均数变动的影响情况。

要分析变量值水平及权数结构的变动对平均数变动的影响情况,需引入同度量因素,编制关于变量值水平 x 的指数及权数结构 $f \big/ \sum f$ 的指数,以形成指数体系。

编制平均数指数体系,可以遵循这样的原则:编制关于变量值水平 x 的指数,引入权数结构 $f \big/ \sum f$ 作为同度量因素并固定在报告期;编制关于权数结构 $f \big/ \sum f$ 的指数,引入变量值 x 作为同度量因素并固定在基期,这样平均数的两因素分析的指数体系为:

$$\frac{\dfrac{\sum x_1 f_1}{\sum f_1}}{\dfrac{\sum x_0 f_0}{\sum f_0}} = \frac{\dfrac{\sum x_1 f_1}{\sum f_1}}{\dfrac{\sum x_0 f_1}{\sum f_1}} \times \frac{\dfrac{\sum x_0 f_1}{\sum f_1}}{\dfrac{\sum x_0 f_0}{\sum f_0}} \tag{10.31}$$

$$\frac{\sum x_1 f_1}{\sum f_1} - \frac{\sum x_0 f_0}{\sum f_0} = \left(\frac{\sum x_1 f_1}{\sum f_1} - \frac{\sum x_0 f_1}{\sum f_1}\right) + \left(\frac{\sum x_0 f_1}{\sum f_1} - \frac{\sum x_0 f_0}{\sum f_0}\right) \tag{10.32}$$

各指数的实际意义如下:

(1) 平均数指数 $\dfrac{\sum x_1 f_1}{\sum f_1} \Big/ \dfrac{\sum x_0 f_0}{\sum f_0}$,又称可变组成指数,它反映的是总体平均水平的实际变动方向及变动幅度。指数的分子与分母之差 $\dfrac{\sum x_1 f_1}{\sum f_1} - \dfrac{\sum x_0 f_0}{\sum f_0}$ 是总体平均水平实际增加或减少的绝对量。

(2) 变量值水平指数 $\dfrac{\sum x_1 f_1}{\sum f_1} \Big/ \dfrac{\sum x_0 f_1}{\sum f_1}$,又称固定构成指数,它反映的是变量值水平的总变动方向及变动幅度。指数的分子与分母之差 $\dfrac{\sum x_1 f_1}{\sum f_1} - \dfrac{\sum x_0 f_1}{\sum f_1}$ 反映的是变量值水平的变化对总体平均水平实际影响的绝对量。

(3) 指数 $\dfrac{\sum x_0 f_1}{\sum f_1} \Big/ \dfrac{\sum x_0 f_0}{\sum f_0}$ 称为结构影响指数,它反映的是总体结构的变动对总体平均水平的影响情况。指数的分子与分母之差 $\dfrac{\sum x_0 f_1}{\sum f_1} - \dfrac{\sum x_0 f_0}{\sum f_0}$ 反映的是总体结构的变化对总体平均水平影响的绝对量。

平均数的两因素分析指数体系,用文字可表述为:

可变组成指数 = 固定构成指数 × 结构影响指数

总平均水平的实际变动额 = 各因素影响的变动额之和

利用这一指数体系,可以从相对数和绝对额两方面分析平均数的变动方向及变动的原因。

例 10.11 某企业职工工资的资料如表 10-11 所示,要求利用指数体系分析工资水平及职工结构的变动对总平均工资的影响。

表 10-11 某企业职工工资的资料

工资级别	工资水平(元)x		职工人数(人)f		工资额(元)xf		
	基期 x_0	报告期 x_1	基期 f_0	报告期 f_1	$x_0 f_0$	$x_1 f_1$	$x_0 f_1$
1	800	1 000	50	30	40 000	30 000	24 000
2	1 300	1 500	80	90	104 000	135 000	117 000
3	1 600	1 900	100	120	160 000	228 000	192 000
4	2 300	2 600	30	40	69 000	104 000	92 000
合计	—	—	260	280	373 000	497 000	425 000

解

$$\text{平均数指数} = \frac{\dfrac{\sum x_1 f_1}{\sum f_1}}{\dfrac{\sum x_0 f_0}{\sum f_0}} = \frac{\dfrac{497\,000}{280}}{\dfrac{373\,000}{260}} = \frac{1\,775}{1\,434.62} = 123.726\%$$

$$\frac{\sum x_1 f_1}{\sum f_1} - \frac{\sum x_0 f_0}{\sum f_0} = 1\,775 - 1\,434.62 = 340.38(\text{元})$$

$$\text{固定构成指数} = \frac{\dfrac{\sum x_1 f_1}{\sum f_1}}{\dfrac{\sum x_0 f_1}{\sum f_1}} = \frac{\dfrac{497\,000}{280}}{\dfrac{425\,000}{280}} = \frac{1\,775}{1\,517.86} = 116.941\%$$

$$\frac{\sum x_1 f_1}{\sum f_1} - \frac{\sum x_0 f_1}{\sum f_1} = 1\,775 - 1\,517.86 = 257.14(\text{元})$$

$$\text{结构影响指数} = \frac{\dfrac{\sum x_0 f_1}{\sum f_1}}{\dfrac{\sum x_0 f_0}{\sum f_0}} = \frac{\dfrac{425\,000}{280}}{\dfrac{373\,000}{260}} = \frac{1\,517.86}{1\,434.62} = 105.802\%$$

$$\frac{\sum x_0 f_1}{\sum f_1} - \frac{\sum x_0 f_0}{\sum f_0} = 1\,517.86 - 1\,434.62 = 83.24(\text{元})$$

$123.726\% = 116.941\% \times 105.802\%$

综合影响:$123.726\% = 116.941\% \times 105.802\%$

$340.38(\text{元}) = 257.14(\text{元}) + 83.24(\text{元})$

分析:由于工资水平报告期比基期平均上升了 16.941%,使总平均工资增加了 257.14 元;又由于工人结构变动使平均工资上涨了 5.802%,使总平均工资的绝对额增加了 83.24 元;二者综合作用的结果,使企业的总平均工资上涨了 23.726%,使总平均工资的绝对额增加了 340.38 元。

第五节 指数数列

一、指数数列的概念及种类

(一) 指数数列的概念

指数数列,是指反映同一现象在不同时期综合变动情况的一系列指数,按时间顺序排列所组成的序列。

统计指数是描述社会经济现象变动状况的重要测度值,通常定期进行编制,这样得到一系列的统计指数。如1991—2001年的零售物价指数,依据时间顺序排列,即形成指数数列。

指数数列的概念表明:第一,指数数列中的各测度值是反映同一现象不同时期的变动情况的,因此,研究对象不同的指数不能组成指数数列,如不能将物价指数、销售量指数混合在一起组成指数数列。第二,指数数列有别于指数体系。在指数体系中,各指数之间存在严格的数量依存关系,彼此可以相互推算。指数数列一般不具备这一功能。

(二) 指数数列的种类

指数数列可以由个体指数组成,也可以由总指数组成;可以由数量指数组成,也可以由质量指数组成。指数数列在编制时同样要涉及对比的基期及同度量因素的问题,它可以从不同的角度进行分类。

1. 定基指数数列和环比指数数列

按各指数对比方式的不同,指数数列可分为定基指数数列和环比指数数列。定基指数数列,是指数列中的各指数以某一固定时期的水平作为对比基期所形成的指数序列;环比指数数列,是指数列中的各指数分别以报告期的前一时期的水平作为对比基期所形成的指数序列。

2. 不变权数指数数列和可变权数指数数列

按各指数权数选择的不同,指数数列可分为不变权数指数数列和可变权数指数数列。

不变权数指数数列,是数列中各期指数的同度量因素都固定在同一时期所形成的序列;可变权数指数数列,是数列中各期指数的同度量因素都固定在不同的时期所形成的序列。

二、指数数列的编制和应用

编制指数数列,目的是要反映现象在一段时期内连续发展变动的趋势。下面以价格指数、产量指数为例来说明各种指数数列的编制和应用问题。

例 10.12 某企业某种产品 2001—2006 年的价格(p)和产量(q)资料如下：

$$p_{2001} \quad p_{2002} \quad p_{2003} \quad p_{2004} \quad p_{2005} \quad p_{2006}$$

$$q_{2001} \quad q_{2002} \quad q_{2003} \quad q_{2004} \quad q_{2005} \quad q_{2006}$$

要求编制价格指数数列和产量指数数列。

解 依题意，编制的指数数列如表 10-12 所示。

表 10-12 价格指数和产量指数数列表

指数种类	年份	2002	2003	2004	2005	2006
价格指数(%)	定基指数	$\dfrac{p_{2002}}{p_{2001}}$	$\dfrac{p_{2003}}{p_{2001}}$	$\dfrac{p_{2004}}{p_{2001}}$	$\dfrac{p_{2005}}{p_{2001}}$	$\dfrac{p_{2006}}{p_{2001}}$
	环比指数	$\dfrac{p_{2002}}{p_{2001}}$	$\dfrac{p_{2003}}{p_{2002}}$	$\dfrac{p_{2004}}{p_{2003}}$	$\dfrac{p_{2005}}{p_{2004}}$	$\dfrac{p_{2006}}{p_{2005}}$
产量指数(%)	定基指数	$\dfrac{q_{2002}}{q_{2001}}$	$\dfrac{q_{2003}}{q_{2001}}$	$\dfrac{q_{2004}}{q_{2001}}$	$\dfrac{q_{2005}}{q_{2001}}$	$\dfrac{q_{2006}}{q_{2001}}$
	环比指数	$\dfrac{q_{2002}}{q_{2001}}$	$\dfrac{q_{2003}}{q_{2002}}$	$\dfrac{q_{2004}}{q_{2003}}$	$\dfrac{q_{2005}}{q_{2004}}$	$\dfrac{q_{2006}}{q_{2005}}$

这里的个体指数，实际上就是发展速度。定基个体指数数列就是各期的定基发展速度依时间顺序排列所形成的数列；环比个体指数数列就是各期的环比发展速度依时间顺序排列所形成的数列。所以，在个体指数数列中，存在着环比指数的连乘积等于相应的定基指数这一数量关系。

在产量指数数列中，有：

$$\frac{q_{2002}}{q_{2001}} \times \frac{q_{2003}}{q_{2002}} \times \frac{q_{2004}}{q_{2003}} \times \frac{q_{2005}}{q_{2004}} \times \frac{q_{2006}}{q_{2005}} = \frac{q_{2006}}{q_{2001}}$$

在价格指数数列中，有：

$$\frac{p_{2002}}{p_{2001}} \times \frac{p_{2003}}{p_{2002}} \times \frac{p_{2004}}{p_{2003}} \times \frac{p_{2005}}{p_{2004}} \times \frac{p_{2006}}{p_{2005}} = \frac{p_{2006}}{p_{2001}}$$

例 10.13 已知某市场多种商品 2001—2006 年的价格(p)和销售量(q)资料如下：

$$p_{2001} \quad p_{2002} \quad p_{2003} \quad p_{2004} \quad p_{2005} \quad p_{2006}$$

$$q_{2001} \quad q_{2002} \quad q_{2003} \quad q_{2004} \quad q_{2005} \quad q_{2006}$$

要求编制价格指数数列和产量指数数列。

解 如前所述，要考察多种商品的销售量、价格的总变动情况，需引入同度量因素，采用加权综合法编制总指数，因为选用的权数及同度量因素的不同，可编制出如下的指数数列列于表 10-13 中。

表 10-13 价格指数和产量指数数列表

指数种类 \ 年份		2002	2003	2004	2005	2006
价格指数（%）	可变权数定基指数	$\dfrac{\sum p_{02}q_{02}}{\sum p_{01}q_{02}}$	$\dfrac{\sum p_{03}q_{03}}{\sum p_{01}q_{03}}$	$\dfrac{\sum p_{04}q_{04}}{\sum p_{01}q_{04}}$	$\dfrac{\sum p_{05}q_{05}}{\sum p_{01}q_{05}}$	$\dfrac{\sum p_{06}q_{06}}{\sum p_{01}q_{06}}$
	可变权数环比指数	$\dfrac{\sum p_{02}q_{02}}{\sum p_{01}q_{02}}$	$\dfrac{\sum p_{03}q_{03}}{\sum p_{02}q_{03}}$	$\dfrac{\sum p_{04}q_{04}}{\sum p_{03}q_{04}}$	$\dfrac{\sum p_{05}q_{05}}{\sum p_{04}q_{05}}$	$\dfrac{\sum p_{06}q_{06}}{\sum p_{05}q_{06}}$
产量指数（%）	不变权数定基指数	$\dfrac{\sum p_{01}q_{02}}{\sum p_{01}q_{01}}$	$\dfrac{\sum p_{01}q_{03}}{\sum p_{01}q_{01}}$	$\dfrac{\sum p_{01}q_{04}}{\sum p_{01}q_{01}}$	$\dfrac{\sum p_{01}q_{05}}{\sum p_{01}q_{01}}$	$\dfrac{\sum p_{01}q_{06}}{\sum p_{01}q_{01}}$
	可变权数环比指数	$\dfrac{\sum p_{01}q_{02}}{\sum p_{01}q_{01}}$	$\dfrac{\sum p_{02}q_{03}}{\sum p_{02}q_{02}}$	$\dfrac{\sum p_{03}q_{04}}{\sum p_{03}q_{03}}$	$\dfrac{\sum p_{04}q_{05}}{\sum p_{04}q_{04}}$	$\dfrac{\sum p_{05}q_{06}}{\sum p_{05}q_{05}}$

从表 10-13 中可以看到，总指数数列中由于引入了同度量因素及同度量因素固定时期的不同，环比指数的连乘积通常不会等于相应的定基指数。要使这一关系在总指数数列中成立，必须具备环比指数、定基指数都是不变权数并且都固定在相同的时期这一条件。

根据同一资料，可以编制出不同的指数数列，其意义也不同。定基指数数列可以反映社会经济现象在较长时期内总的发展变化的方向和程度；环比指数数列反映的是社会经济现象前后两时期的变化方向和变动的程度。因此，在实际工作中，应根据研究目的加以选择运用。

本章小结

（1）统计指数是用以测度复杂的经济现象总体相对变动程度的一种统计方法，在实际工作中应用很广。从不同的角度来看，指数可进行多种分类，如个体指数与总指数、质量指数与数量指数等。无论是哪种指数，都是对于研究总体综合变动幅度的一种相对度量。

（2）在编制指数时，其基本原理是，为了研究受多因素影响的复杂总体综合变动的状况，需引入同度量因素，将不能直接相加的量同度量化，并将引入的同度量因素固定在某个时期，以便单纯地考察复杂总体中研究的那个现象变动的情况。依据掌握资料的不同，编制指数常用的方法有加权综合法和加权平均法。而加权综合法有基期加权法和报告期加权法之分，在实际工作中，编制数量指数时多采用基期加权法，编制质量指数时多采用报告期加权法，因为这样现实意义更强。加权平均法实际上是加权综合法的变形与引申，在实际工作中得到广泛运用。

（3）在经济工作中，指数的方法常常用来量化复杂现象的变动程度，为相关部门作决策提供参考依据。如工业生产指数、居民消费价格指数、农产品收购价格指数、货币购买力指数以及股票价格指数等都是经济工作中常常需要编制以及运用的指数。

(4) 社会经济现象总量的变动是由多个因素影响而形成的,有许多因素,它们之间在数量上有严格的依存关系,可以用经济方程式表现出来,即形成指数体系。因素分析是以指数体系为依据,分解量化各种因素的变动对经济总量变动的影响情况。例如,利用指数体系可以分析价格和销售量的变动对销售额的影响情况,分析职工结构及工资水平的变动对企业总平均工资变动的影响。因素分析法可以用来分析价值总量及平均数的变动情况和变动原因。依据影响价值总量变动的因素指数多少的不同,对于价值总量进行的因素分析可进一步分为价值总量的两因素分析、价值总量的多因素分析。平均数的变动可以分解为固定构成指数和结构影响指数。

(5) 将反映同一现象在不同时期综合变动情况的一系列指数按时间顺序排列所组成的序列即为指数数列,它是描述社会经济现象在一段时期内连续发展变动趋势的重要测度值。依据掌握的数据及研究目的的不同,常编制的指数数列有定基指数数列和环比指数数列、不变权数指数数列和可变权数指数数列等。必须注意的是,在个体指数数列中,存在着环比指数的连乘积等于相应的定基指数这一数量关系。总指数数列中由于引入了同度量因素及同度量因素固定时期的不同,环比指数的连乘积通常不会等于相应的定基指数。

思考与练习

10.1 什么是统计指数?它有何作用?

10.2 简述报告期加权综合法与交叉加权综合法在计算价格指数时的异同。

10.3 指数体系和指数数列有何区别?

10.4 什么是同度量因素?同度量因素在统计指数中有何作用?

10.5 简述基期加权综合法与加权算术平均法在计算数量指数时的区别与联系。

10.6 某商店四种主要商品的销售价格、销售量资料如下:

商品种类	单位	价格(元)		销售量	
		基期	报告期	基期	报告期
甲	件	10	12	200	240
乙	公斤	54	68	100	88
丙	米	26	32	410	400
丁	个	8	8	600	640

要求:(1) 计算价格总指数;

(2) 计算销售量总指数;

(3) 利用指数体系分析销售额变动方向及变动原因。

10.7 已知某车间各小组生产同一种产品,有关资料如下:

小组	报告期	
	实际产量	比基期增长(%)
一	220	10
二	276	15
三	300	20

另已知全车间职工劳动生产率为基期的120%。

要求:计算全车间总产量指数和全车间职工人数指数。

10.8 某企业三种产品的生产产量和生产成本资料如下:

产品	产量		总成本(元)	
	第三季度	第四季度	第三季度	第四季度
甲	3 000	3 200	24 000	28 800
乙	5 000	5 400	15 000	21 600
丙	6 000	6 200	36 000	31 000

要求:(1) 用报告期加权综合法计算单位产品成本总指数;

(2) 用基期加权综合法计算产品产量总指数。

10.9 某工厂三种产品的生产总值及产量资料如下:

产品	生产总值(万元)		产量个体指数(%)
	1999 年 $p_0 q_0$	2000 年 $p_1 q_1$	
甲	5 000	5 200	105
乙	6 000	6 400	110
丙	3 000	2 800	95

要求:计算产品产量总指数。

10.10 三种商品的销售额及价格变动资料如下:

商品	商品销售额(万元)		价格变动率(%)
	基期	报告期	
甲	400	450	+2
乙	300	280	−5
丙	2 000	2 200	0
合计	2 700	2 930	—

要求:(1) 用报告期加权综合法计算商品价格总指数;

(2) 用基期加权综合法计算商品销售量总指数。

10.11 三种产品的出口价及其出口量资料如下：

产品名称	计量单位	出口价（美元）		出口量	
		2004 年	2005 年	2004 年	2005 年
甲	吨	100	150	80	82
乙	件	80	140	800	1 000
丙	套	120	120	60	65

要求：运用指数体系从相对数和绝对数两方面分析出口价和出口量的变动对出口额的影响。

10.12 某企业三种产品的有关资料如下：

产品	单位成本（百元）		产品产量	
	z_0	z_1	q_0	q_1
甲	10	8	100	140
乙	20	20	300	280
丙	12	10	700	800

要求：运用因素分析法从相对数和绝对数两方面分析单位成本和产品产量的变动对总成本的影响。

10.13 某企业工人的工资资料如下：

	月工资水平（元）		工人人数（人）	
	基期 x_0	报告期 x_1	基期 f_0	报告期 f_1
技术工	1 880	1 920	245	250
辅助工	1 700	1 720	120	800
合计	—	—	365	1 050

要求：运用指数体系分析工人工资水平和工人结构的变动对工人平均工资的影响情况。

10.14 某种农产品在甲、乙、丙三地销售，有关统计资料如下：

地区	价格（元/公斤）		销售量（公斤）	
	p_0	p_1	q_0	q_1
甲	22	20	100	180
乙	18	20	300	320
丙	20	18	200	250

要求：运用指数体系和因素分析理论分析该种农产品价格水平和销售量的变动对销售总额变动的影响。

10.15 已知三种产品的单位产品原材料耗用量(单耗)、原材料价格及产量资料如下:

产品名称	消耗原材料	单耗(公斤)		原材料单价(元)		产量(件)	
		m_0	m_1	p_0	p_1	q_0	q_1
甲	铸铁	8	7	18	22	100	120
乙	生铁	10	12	15	20	25	30
丙	钢材	3	5	40	45	60	65

要求:运用指数多因素分析原理分析产品产量、原材料单耗、原材料单价对原材料总费用的影响。

第十一章 综合评价方法

案例

哪个地区经济发展水平最高

为对全国 31 个省、市、自治区的经济发展水平进行综合评价,根据《2005 年中国统计年鉴》取得了若干反映经济发展水平的统计数据,如表 11-1 所示。

表 11-1 2004 年中国 31 个省级单位的主要经济指标

	2004 年就业人员（万人）	2004 年农村居民人均纯收入（元）	2004 年城镇居民人均收入（元）	2004 年人均 GDP（元）	2004 年资本形成总额（亿元）	2004 年最终消费（亿元）	2004 年人均工资（元）	2004 年财政收入（万元）
北京	895.0	6 170.33	15 637.84	37 058	2 707.87	2 264.55	29 674	7 444 874
天津	422.0	5 019.53	11 467.16	31 550	1 673.73	1 272.60	21 754	2 461 800
河北	3 416.4	3 171.06	7 951.31	12 918	3 997.15	3 743.05	12 925	4 078 273
山西	1 474.6	2 589.60	7 902.86	9 150	1 601.79	1 581.58	12 943	2 563 634
内蒙古	1 019.1	2 606.37	8 122.99	11 305	1 918.06	1 411.61	13 324	1 967 589
辽宁	1 951.6	3 307.14	8 007.56	16 297	3 271.08	3 287.27	14 921	5 296 405
吉林	1 115.6	2 999.62	7 840.61	10 932	1 350.36	1 868.58	12 431	1 662 807
黑龙江	1 623.3	3 005.18	7 470.71	13 897	1 664.85	2 793.53	12 557	2 894 200
上海	812.3	7 066.33	16 682.82	55 307	3 607.10	3 261.42	30 085	11 061 932
江苏	3 719.7	4 753.85	10 481.93	20 705	8 026.08	6 667.64	18 202	9 804 939
浙江	3 092.0	5 944.06	14 546.38	23 942	5 748.87	4 723.33	23 506	8 059 479
安徽	3 453.2	2 499.33	7 511.43	7 768	1 983.21	2 835.44	12 928	2 746 284
福建	1 817.5	4 089.38	11 175.37	17 218	2 824.14	3 019.07	15 603	3 335 230
江西	2 039.8	2 786.78	7 559.64	8 189	1 736.79	1 822.14	11 860	2 057 667
山东	4 939.7	3 507.43	9 437.80	16 925	7 625.31	6 810.20	14 332	8 283 306
河南	5 587.4	2 553.15	7 704.90	9 470	3 889.17	4 673.62	12 114	4 287 799
湖北	2 588.6	2 890.01	8 022.75	10 500	2 680.96	3 564.14	11 855	3 104 464
湖南	3 599.6	2 837.76	8 617.48	9 117	2 254.00	3 315.51	13 928	3 206 279
广东	4 316.0	4 365.87	13 627.65	19 707	6 365.35	8 774.75	22 116	14 185 056
广西	2 649.1	2 305.22	8 689.99	7 196	1 344.73	2 079.28	13 579	2 377 721
海南	366.5	2 817.62	7 735.78	9 450	366.16	401.85	12 652	570 358
重庆	1 689.5	2 510.41	9 220.96	9 608	1 640.82	1 579.20	14 357	2 006 241

（续表）

	2004年就业人员（万人）	2004年农村居民人均纯收入（元）	2004年城镇居民人均收入（元）	2004年人均GDP（元）	2004年资本形成总额（亿元）	2004年最终消费（亿元）	2004年人均工资（元）	2004年财政收入（万元）
四川	4 503.4	2 518.93	7 709.87	8 113	2 728.10	3 824.88	14 063	3 857 848
贵州	2 168.8	1 721.55	7 322.05	4 215	870.73	1 086.53	12 431	1 492 855
云南	2 401.4	1 864.19	8 870.88	6 733	1 450.44	1 889.20	14 581	2 633 618
西藏	134.8	1 861.31	9 106.07	7 779	173.97	187.11	30 873	10 0188
陕西	1 884.7	1 866.52	7 492.47	7 757	1 844.24	1 336.39	13 024	2 149 586
甘肃	1 321.7	1 852.22	7 376.74	5 970	731.77	901.11	13 623	1 041 600
青海	263.1	1 957.65	7 319.67	8 606	322.67	301.72	17 229	269 960
宁夏	298.1	2 320.05	7 217.87	7 880	391.04	318.75	14 620	374 677
新疆	744.5	2 244.93	7 503.42	11 199	1 362.40	1 150.81	14 484	1 557 040

试根据表11-1回答以下问题：

（1）你认为反映一个地区的经济发展水平只用国内生产总值合适吗？

（2）你认为一个地区的经济发展水平可以用哪些指标来反映？

（3）在评价体系中，各指标单位不同、数量级别有异、变动方向不一致，你将如何处理？

（4）综合反映一个地区经济发展水平时，各评价指标的重要程度如何权衡？

（5）如何利用各评价指标综合地比较各地区的经济发展水平？

综合评价是人类社会中一项经常性的、极重要的认识活动，也是决策中的一项基础性工作。它对于决策者洞察下情、预见未来、拓展思维空间、实施科学决策具有重大的理论意义和实用价值。如何进行综合评价呢？为了回答这个问题，本章将讨论综合评价的一般性问题、特征指标的选择与评价数据的处理、权数的确定和常用的综合评价方法等问题。

第一节　综合评价概述

一、综合评价问题的引入

无论在现实生活中，还是在经济管理和经济决策中，综合评价问题似乎无处不在。事实上，无论你作出什么决策，在你的头脑里都有一个综合评价问题。但在以前，人们忽略了这一点。

例如，假如你要买一台电脑，你就必须将不同品牌电脑的性能、容量、外观、适用程度以及价格作一个综合比较，才能决定购买何种电脑。你要进行一项投资，如果既可以买股票，也可以存银行，还可以购买企业债券，甚至实体投资办工厂，你到底会选择哪一种投资方式呢？你在作出最终决定之前，一定会将这些投资方式,在安全性、收益性和回收期限等方面进行全面的、综合的比较,这实际上就是在进行综合评价。中国与印度同属人口众多、经济欠发达的第三世界国家,在国际竞争中有一个相互比较的问题:谁的发展速度快?谁在国际上的竞争优势大?一句话,谁的综合国力强?所有这些都是综合评价问题。中国与美国等西方发达国家在发展水平上属于不同层次的国家,中国与美国相比,肯定是有差距的,但是差距是在扩大,还是在缩小?如果不进行综合评价就很难回答这一问题,全面评价中美两国在各个领域的发展状况是发现差距的前提。近年来可持续发展评价、综合国力评价、城市竞争力评价、城市功能综合评价、企业和区域经济效益评价等,已相继成为人们研究的热门问题,甚至人与人的比较也都用到了综合评价方法。由此可见,综合评价已成为人们日常生活中应用十分广泛的分析工具,综合评价方法对于进行经济决策、经济分析和不同单位的综合比较、排序等,都是十分有用和必不可少的重要方法。

二、综合评价的含义和类型

(一)综合评价的含义

所谓综合评价,就是对评价客体在不同侧面的数量特征给出系统的量化描述,并以此为基础,运用一系列数学、统计学和其他定量方法进行适当综合,得出反映各评价客体较为真实的综合数量水平,以便进行决策、排序和比较的统计方法。

综合评价问题从本质上来说是一个信息处理问题,开展评价的过程实际上就是将无序的数量信息有序化。在这一过程中,需要我们选取适当的数量特征、规范处理数量信息、确定不同数量特征的重要程度、给出综合数量模型,最终将无序的信息有序化。

综合评价的根本目的是要灵敏、全面和客观地凸显不同客体之间的数量差异,以便决策。

例如,某大学为了更为客观、公正地评选"优秀学生",需要对学生的综合素质进行测评,并将这一目标具体化为一套如图11-1所示的评价指标体系。评价者根据此指标体系,运用某些方法将每一个学生不同侧面、无序的数量特征换算成一个有序的综合指标,即计算出每一个学生的综合分值。按照综合分值的大小来推举"优秀学生",取得十分满意的效果。

所以,在某种程度上说,综合评价问题,也可以看做是系统决策问题和系统选优问题。

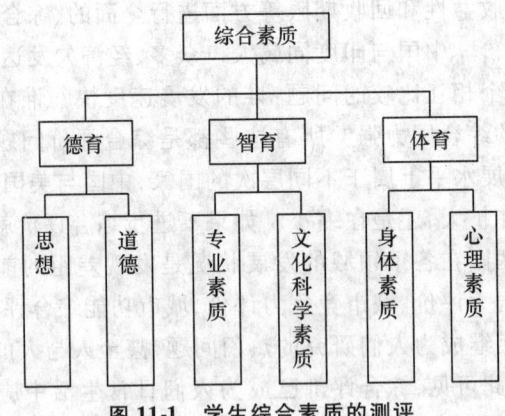

图 11-1 学生综合素质的测评

(二) 综合评价的分类

1. 按照综合评价的目的划分

按照综合评价的目的划分,综合评价可分为三类:分类问题、排序问题和整体水平评价问题。

(1) 分类问题。把多个具有相同或者相近属性的事物归为一类,有利于对客观事物进行科学管理。这种分类过程实际上就是综合评价过程,因为只要将各客体的综合分值计算出来,分类问题就会变得十分简便,其目的就是将各评价对象区分为不同的类别。例如,将高等学校区分为优质高等学校和一般高等学校时,通常可以将各高等学校按照有关指标进行综合评价,然后在综合得分的基础上加以区分,这就是一个综合评价问题。

(2) 排序问题。是在分析和综合评价的基础上,按照优劣程度或其他某种次序对客观事物排出顺序的一类问题。其目的就是要将被研究对象在某一统一标准下,区分出一定的顺序。例如,某班学生按照其综合素质排序的问题就是综合评价问题。

(3) 整体水平评价问题。这类问题的目的是对事物整体状况作出评价,依据是最终得出的综合水平分值。整体水平评价,不需要将被评价对象与其他被评价对象进行比较,而是评价者自身在心目中掌握着一个优劣标准。例如,三峡工程的综合能力评价等。显然,三峡工程的综合能力越强越好,但综合能力水平达到什么标准属于"优",评价者自己可以给出不同的判断标准。

2. 按照综合评价反映的时间状况划分

按照综合评价反映的时间状况划分,综合评价可分为两类:纵向评价问题和横向评价问题。

(1) 纵向评价问题。这类问题就是将同一单位在不同时间上的发展状况进行综合评判、比较。揭示现象在某一方面的综合水平的动态特征是其目的。例如,某地区可持续发展水平的动态变动等。

(2)横向评价问题。这类问题就是将同一时间上不同单位的发展状况进行综合评判、比较。目的就是发现在同一方面的综合水平上不同单位的差异情况。例如,某年企业经济效益综合评价就属于横向综合评价问题。

3. 按照综合评价所使用的方法划分

按照综合评价所使用的方法划分,综合评价通常可分为两类:使用传统评价方法的综合评价问题和使用现代评价方法的综合评价问题。

(1)使用传统评价方法的综合评价问题。在综合评价中,通常按照这样的程序完成评价活动:选取适当指标、进行规范化(无量纲化和同向化)处理、确定权数和选择适当的综合模型进行综合评价。我们一般将这类综合评价统称为使用传统评价方法的综合评价问题。这类综合评价具有简单易行、规范性差、客观性弱和不全面的特点。

(2)使用现代评价方法的综合评价问题。这类方法一般不需要遵循传统方法中的四个基本步骤(选取指标、处理指标、赋权和综合评价),而是借助现代统计方法和数学方法,直接使用整体数学模型,给出综合评价的结果,我们将此类方法统称为使用现代评价方法的综合评价问题。例如,主成分分析法、聚类分析法、模糊数学法、包络分析法等。

4. 按照定量化程度划分

按照定量化程度划分,综合评价可分为三类:定性评价方法、半定性评价方法和定量评价方法。

(1)定性评价方法。主要采用定性方法。例如德尔菲法。

(2)半定性评价法。主要采用定量与定性相结合的评价方法。例如AHP——层次分析法。

(3)定量评价方法。主要采用数学模型进行定量评价的方法。这类方法在综合评价中大量存在。

5. 按照赋权方式划分

按照赋权方式,综合评价可划分为三类:主观赋权法、客观赋权法和主观与客观相结合的赋权法。

(1)主观赋权法。人为因素确定权重。例如,通过专家调研访问的德尔菲法等。

(2)客观赋权法。按照数学工具非人为地确定权重。例如,利用向量特征根来确定权重的最优权法。

(3)主观与客观相结合的赋权法。这是主观赋权法与客观赋权法的结合。

例如,层次分析法就属于此类方法。

三、综合评价的产生与发展

综合评价问题的历史可以追溯到有文字记载的远古时期。"论功行赏"之说足以佐证综合评价的存在。但现代综合评价理论的产生,始于19世纪80年代。1888年,英国统计学家艾奇沃斯(Edgeworth)发表了一篇题为"考试中的统计学"的论文,提出了对考试中不同部分如何加权比较的问题。经济统计中实物指标的综合问题也促进了综合评价问题的研究。在随后的1913年,斯皮尔曼(Spearman)发表了"和与差的相关性"一文,讨论了不同加权方法的基本作用,此文实际上已将多元分析中的多元回归和典型相关分析等相关内容应用于综合评价问题。20世纪30年代,瑟斯通(Thurstone)和利克特(Likert)对定性记分方法进行了深入研究。20世纪60年代开始出现的模糊数学研究为综合评价的发展起到了极大的推动作用,形成了基于模糊理论的模糊评价法。20世纪70—80年代,又相继产生了多指标多方案排序的消去与选择转换法(简记为ELECTRE,1983年)、多维偏好分析的线性规划法(简记为LINMAP,1973年)、层次分析法(简记为AHP,1977年)、数据包络分析法(简记为DEA,1978年),以及逼近于理想解的排序方法(简记为TOPSIS,1981年),等等。这些现代数量分析方法均已引入综合评价领域,使得综合评价方法丰富多彩,也大大扩展了综合评价的应用领域。目前,在国民经济活动中,综合评价问题得以大量开展:综合国力评价;可持续发展评价;城市(国家)、企业竞争力评价;企业综合经济效益评价;小康进程综合评价;科技实力综合评价;现代化进程综合评价等。

四、综合评价的要素和基本步骤

(一) 综合评价问题的基本要素

正如前面所述,综合评价本质上是一个信息处理系统,开展评价的过程是将客观对象的无序属性信息,运用一定的方法、模型进行有序化处理的过程。一般来说,在这一有序化处理的过程中,一个综合评价问题总是会涉及以下基本要素,是这些基本要素所构成的一个系统。

(1) 目的性,即综合评价应该达到的目标,或者说应该说明的问题。不言而喻,没有目的的综合评价问题是不存在的。既然进行综合评价,首先就必须明确其研究目的,也只有明确了研究目的,选取综合评价的特征指标和综合评价的方法才具备可靠的依据。

(2) 主体,即评价者。评价目的的确定、指标的建立、权重的确定和评价价值函数(也叫评价模型)的选择都与评价者有关。评价者的文化水平、认识方式等对综合评价结果和评价过程都会产生相当大的影响。

(3) 客体,即评价对象。没有评价对象,就不需要综合评价。在一般的综合评价问题中,评价对象可能包括多个单位(因为比较需要),也可能只有一个单位,这主要取决于综合评价的目的。

(4) 特征指标集,也就是所谓的指标集或指标体系。特征指标集是全部客体一系列属性特征的集合,它一般具有层次性、多样性和变异性。属性集的确定是综合评价问题研究的关键之一。只有选取恰当的特征指标,并构成与问题紧密相关的指标体系,才能使综合评价过程建立在科学的基础之上,也才能保证综合评价结果的科学性和可靠性。

(5) 评价方法,通常是数据的处理方法、权重系数的确定方法和综合评价值函数(模型)的总称,一般又称为综合评价模型,是综合评价的核心内容。

可见,从某种程度上看,综合评价就是评价者运用评价方法,对客体有关属性特征按照预期的目标进行综合评判的过程。

(二) 综合评价的基本步骤

进行综合评价,一般需要经过以下几个步骤:

(1) 确定评价目的。确定综合评价目的,就是要明确为什么进行综合评价。也只有这样,才能确定评价对象及其属性特征,整个综合评价活动才能够有序进行。

(2) 确定评价对象和属性集。评价对象就是被评价的客体也即被评价单位。属性集就是被评价客体基本特征的总称。在明确了综合评价目的以后就应该明确对哪些单位进行评价,主要应该选取评价对象的哪些基本属性特征作为评价依据。

(3) 对属性集中的指标数据进行搜集和处理。在选取的评价属性特征确定以后,就应该按照要求搜集有关数据,并对搜集的数据进行处理(对数据的处理是综合评价问题的核心之一)。

(4) 确定权重系数和价值函数。确定权重系数和价值函数,就是要确定各属性指标在整个属性集中的地位,以及采用什么样的综合模型将各属性特征综合起来(这是综合评价问题的另一个重要的核心问题)。

(5) 给出评价结果。将数据代入模型,就可以给出综合评价的基本结果——排序、分类和水平比较。评价结果具体以何种形式表现,完全取决于综合评价的研究目的。

(6) 对结果进行检验。检验的主要内容包括:代表性、客观性、一致性、差异性。

(7) 分析和运用评价结果。

第二节 特征指标的选择与数据的处理

一、特征指标的选择

(一) 特征指标选择概述

特征指标的选择(以后简称指标的选择)是构建指标体系的重要内容。指标选择的是否恰当,直接关系到评价结果的准确与否。然而,由于受多种因素的影响,不同的评价者,选择的评价指标各不相同;即使同一评价者对同一评价客体,在不同目的、时间和环境条件下,也会选择不同的评价指标。

例如,在综合国力评价指标体系中,指标的选择,随着时代和环境的变迁,也发生着具有时代特征的变化。

20世纪60年代开始,一些学者开始研究综合国力比较问题。美国的I.P.考尔是第一个对综合国力进行研究的学者,他把反映综合国力状况的指标选为人口、国土面积、钢消费量、能源消费量、国民生产总值、总军事力等。显然,他的指标体系主要强调物质力量,基本不包括精神力量。到80年代初,美国乔治敦大学教授R.S.可莱茵提出了更具影响力的综合国力评价指标体系和评价方法,并首次提出了综合国力方程,如图11-2所示。

图11-2 综合国力评价指标体系

再如,企业经济效益综合评价指标体系的指标选择,也随着时代和环境的变化而变化。国家统计部门和业务主管部门在不同时期给出了不同版本的评价指标体系:

(1) 1983年,国家统计局等部门联合制发了包括16项指标的经济效益指标体系;

(2) 1992年,国家统计局等部门联合制发了一套新指标体系(12个指标);

(3) 1998年,国家统计局等部门又给出了所谓修订版指标体系(包括7项指标),即总资产贡献率、资本保值率、资产负债率、流动资产周转率、成本费用率、全员劳动生产率、产品销售率。

从以上给出的指标体系可以看出,指标体系中所包含的指标,一方面与当时的政治、经济、环境密切相关;另一方面与评价者对评价对象的认识程度相关。此外,在指标体系中,选择的指标一般不宜过多或过少,同时还应该尽量避免所选指标信息上的重复。

(二) 指标体系建构的原则和步骤

指标体系建构的原则就是在选择指标体系时必须遵循的一般规则。但无论什么规则都不是一成不变的,应该根据实际需要进行调整。总体来看,在选择评价指标时,一般应遵循以下原则:(1)目的性原则;(2)层次性原则;(3)综合性原则;(4)操作性原则;(5)代表性原则;(6)简要性原则(不重复);(7)实际需要性原则。

指标体系的建构步骤:首先,充分认识评价对象的基本特征;其次,切实明确综合评价的目的;再次,按照一般原则,初步选择若干指标构成指标体系;最后,对指标进行筛选。其中,对指标的筛选是关键之一。

(三) 指标筛选的基本方法

一般来说,除了要遵循以上原则之外,特征指标的选择还可以根据评价者所关心的问题和研究对象的某些基本特征,利用一些专门的方法来进行。这些专门的方法包括:

1. 德尔菲法

德尔菲法的基本思想就是向专家请教,征求专家意见,经过多次征询,待专家意见比较一致以后,评价者再根据专家意见结合评价项目和评价对象的特征确定指标体系。

2. 最小均方差法

最小均方差法的基本思想是:在评价对象中,若某项指标数值相差不大,即方差很小,即使该指标在理论分析上是重要的,但对于对象集中的若干单位而言,该指标对各单位的排序并不起作用,则该指标可以舍去。

设有 $s_1, s_2, \cdots, s_n$,即对象集为 $S = \{s_1, s_2, \cdots, s_n\}$,每一评价对象有 m 个特征指标 $x_{ij} (i=1,2,\cdots,n; j=1,2,\cdots,m)$,则

$$\sigma_j = \sqrt{\frac{1}{n} \sum_{i=1}^{n} (x_{ij} - \bar{x}_j)^2} \quad (j = 1, 2, \cdots, m) \quad (11.1)$$

$$\sigma_h = \min_{j=1,2,\cdots,m} (\sigma_j) \quad (h = 1, 2, \cdots, m) \quad (11.2)$$

或者,当各指标的均值不等、量纲不同时利用离散系数比较,即:

$$v_h = \min_{j=1,2,\cdots,m} \left(\frac{\sigma_j}{\bar{x}_j}\right) \quad (h = 1,2,\cdots,m) \tag{11.3}$$

所以,第 h 项指标可以被剔除。

需要指出的是,用来计算均方差的 m 个指标,必须具有相同的量纲和相同的均值,否则,由这些指标计算的均方差不可比,必须用离散系数进行比较。

实际上,该方法的思想是十分明确的,如果某一指标的数值在各被评对象中几乎都一样,那么该指标尽管在该项评价中是一个十分重要的指标(理论上),在进行综合评价时仍然可以舍去。

例 11.1 为了比较各地区的综合经济实力,搜集了各地区相关指标数据如表 11-2 所示。利用最小均方差法筛选指标。

表 11-2 地区主要经济指标

地区	人均 GDP x_1(元)	财政收支比 x_2(%)	人均投资规模 x_3(元)	人均消费水平 x_4(元)	人均零售总额 x_5(元)
地区 1	19 846	79	9 287	5 784	10 448
地区 2	15 976	72	6 011	5 551	6 854
地区 3	6 932	64	2 677	2 312	2 206
地区 4	4 727	59	1 491	1 833	1 832
地区 5	5 350	43	1 474	2 279	1 852
地区 6	10 086	61	2 684	4 128	4 066
地区 7	6 341	43	1 881	3 132	2 761
地区 8	7 660	50	1 982	3 431	2 680
地区 9	30 805	79	12 590	10 328	10 790

解 根据表 11-2 的有关资料,可以计算其均方差和离散系数,如表 11-3 所示。

表 11-3 地区经济综合评价计算表

地区	人均 GDP x_1(元)	财政收支比 x_2(%)	人均投资规模 x_3(元)	人均消费水平 x_4(元)	人均零售总额 x_5(元)
地区 1	19 846	79	9 287	5 784	10 448
地区 2	15 976	72	6 011	5 551	6 854
地区 3	6 932	64	2 677	2 312	2 206
地区 4	4 727	59	1 491	1 833	1 832
地区 5	5 350	43	1 474	2 279	1 852
地区 6	10 086	61	2 684	4 128	4 066
地区 7	6 341	43	1 881	3 132	2 761

地区	人均 GDP x_1(元)	财政收支比 x_2(%)	人均投资规模 x_3(元)	人均消费水平 x_4(元)	人均零售总额 x_5(元)
地区 8	7 660	50	1 982	3 431	2 680
地区 9	30 805	79	12 590	10 328	10 790
均值	11 969.22	61.11	4 453	4 308.6667	4 832.1111
均方差	2 906.68	4.64	1 336.76	884.8651	1 209.9637
离散系数	0.2428	0.0759	0.3002	0.2054	0.2504

所以,根据最小均方差法的基本思想和以上计算结果,财政收支比 x_2 可以舍弃。

3. 极小极大离差法

这一方法与最小均方差法的思想基本一致,判断的准则也是特征指标之间差异的大小,只是判断的角度略有不同。其基本步骤为:

第一,计算 S 中第 j 项指标在各单位之间的差异值 r_j,即:

$$r_j = \max_{1 \leqslant i,k \leqslant n} \{|x_{ij} - x_{kj}|\} \quad j = 1,2,\cdots,m \tag{11.4}$$

x_{kj}, x_{ij} 分别是第 j 项指标在第 k 和第 i 个单位的取值。r_j 实际上就是极差。

第二,求 r_j 中的最小值,即:

$$r_h = \min_{1 \leqslant j \leqslant m} \{r_j\} \tag{11.5}$$

所以,第 h 项指标可以剔除。

4. 极大不相关法

极大不相关法的基本思想是:若第 i 项指标与其余的 $m-1$ 项指标不相关,即它所提供的信息几乎不能用其他指标来代替,则该指标应该被保留下来。可见,保留某指标的原则就是该指标与其他指标之间的相关性越小越有可能。极大不相关法的步骤为:

第一,计算指标 x_i 与其余指标之间的相关矩阵。设有 m 项指标 $x_1, x_2, \cdots, x_m$,对应的相关矩阵为 $R = (r_{ij})_{m \times m}$,其中,$r_{ij} = \dfrac{s_{ij}^2}{s_{ii}s_{jj}}(i,j = 1,2,\cdots,m)$,且有:

$$s_{ij}^2 = \frac{1}{n}\sum_{a=1}^{n}(x_{ai} - \bar{x}_i)(x_{aj} - \bar{x}_j)$$

第二,计算 x_i 与其余指标之间的复相关系数。记 $\rho_{x_i|x_1,x_2,\cdots,x_{i-1},x_{i+1},\cdots,x_n} = \rho_i$ 为相对于余下的 $m-1$ 个指标的复相关系数。按矩阵计算一般有:

$$\rho_i^2 = r_i^T R_{-i}^{-1} r_i \quad i = 1,2,\cdots,m$$

其中,r_i, R_{-i} 均是矩阵 $R = (r_{ij})_{m \times m}$ 的分块。R_{-i}^{-1} 是 R_{-i} 的逆矩阵。

一般有:

$$R' = \begin{pmatrix} R_{-i} & r_i \\ r_i^T & 1 \end{pmatrix}$$

其中，r_i^T 是 r_i 的转置。

第三，判别。给定一个可接受的临界值 D，判断规则如下：

(1) 当 $\rho_i > D$ 时，就可舍去第 i 项指标；

(2) 当 $\rho_i < D$ 时，就可保留第 i 项指标。

二、数据的处理

(一) 数据的无量纲化处理

综合评价需要按照一定的权重和价值模型将不同的指标综合起来，但是评价对象的属性特征是多方面的，而且往往各指标的量纲（即计量单位）不尽相同。所以，为了使各指标能够综合，特别是在常规方法中，常常需要事先对各指标数值进行无量纲化。在综合评价方法中，无量纲化的方法很多，在此只介绍几种常用的无量纲化方法。

1. 阈值法

阈值也称临界值，是经济现象中衡量经济变量发展变化的一些重要的特征指标值，如极大值、极小值、满意值和不允许值等。因此，阈值法也就是临界值法。

阈值法就是将实际值与阈值对比，以消除不同指标的量纲，使所有指标都调整为统一的数量级的方法。

阈值法中常用的无量纲化的基本公式有以下几种：

(1) 增加型无量纲化公式

$$y_i = \frac{x_i}{\max\limits_{1 \leq i \leq n}(x_i)} \tag{11.6}$$

或

$$y_i = \frac{x_i - \min x_i}{\max x_i - \min x_i} \text{①} \tag{11.7}$$

其中，x_i 为实际值，y_i 为无量纲化值。

显然，y_i 为 x_i 的函数。一般无量纲化值 y_i 会随实际值 x_i 的增大而增大，无量纲化值一般不会为零（$x > 0$）。增加型无量纲化适合对正指标进行无量纲化处理，如图 11-3 和图 11-4 所示。

(2) 减少型无量纲化公式

$$y_i = \frac{\max x_i + \min x_i - x_i}{\max x_i} \quad \text{或} \quad y_i = \frac{\max x_i - x_i}{\max x_i - \min x_i} \tag{11.8}$$

其中，x_i 为实际值，y_i 是无量纲化值。y_i 会随实际值 x_i 的增大而减少，适合对逆指标进行无量纲化处理，如图 11-5 和图 11-6 所示。

---

① 在系统工程的价值分析中，y_i 称为 x_i 的功效函数。

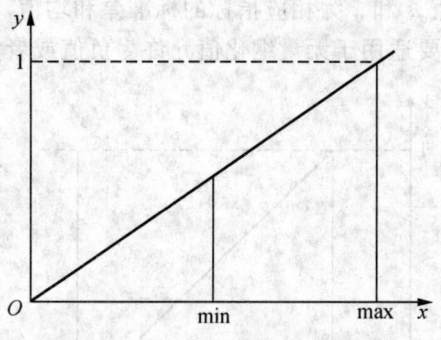

图 11-3　阈值法无量纲化示意图

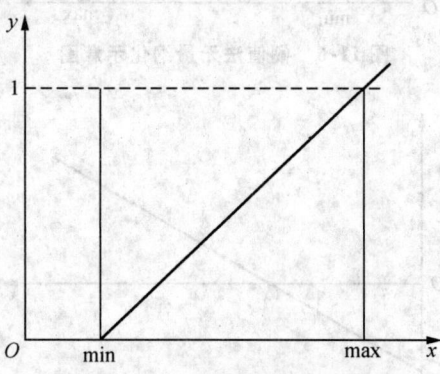

图 11-4　阈值法无量纲化示意图

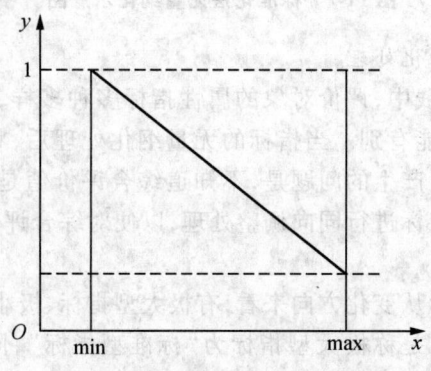

图 11-5　阈值法无量纲化示意图

2. 标准化法

这种方法就是常用的标准化方法。其基本做法就是用每一个变量值的算术离差除以变量值的标准差。几何意义如图 11-7 所示,计算公式为：

$$y_i = \frac{x_i - \bar{x}}{s}$$

其中,y_i 为无量纲化值,s 和 $\bar{x}$ 为相应指标的标准差和均值。

这种方法显然主要适用于无量纲化值允许为负值或者为零的情形。

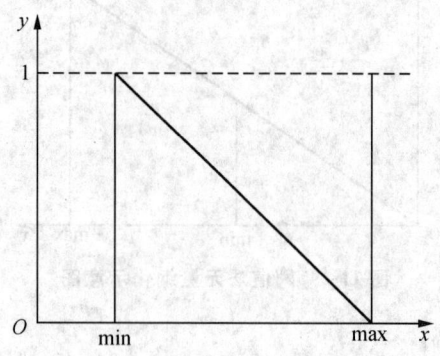

图 11-6　阈值法无量纲化示意图

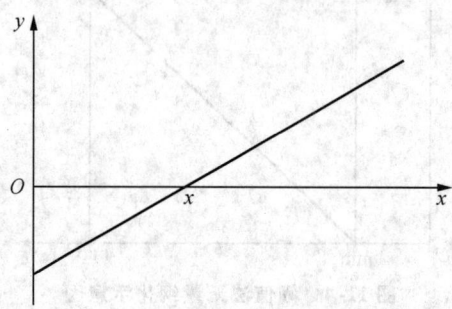

图 11-7　标准化法无量纲化示意图

（二）数据的同向化处理

在综合评价的实践中,评价对象的属性指标多种多样,除量纲可能不同外,指标变动的方向也可能有别。当指标的无量纲化处理后,将这些不同类型的指标进行综合,评价时所产生的问题是,不知道综合评价值是越大越好,还是越小越好,故需要对评价指标进行同向调整处理,以便对综合评价值有一个统一的评价标准。

一般地,属性指标从变化方向来看,有极大型指标、极小型指标、居中型指标和区间型指标,我们总是称极大型指标为"标准型指标",同向处理就是将其他变化方向的指标转化为标准型指标的过程。

1. 极小型指标的同向处理

设 x_i 为极小型指标值,x_i' 为同向处理后的指标值。

若 x_i 存在一允许上限 M,则可通过如下变换将其转化为标准型指标数值:

$$x_i' = M - x_i \quad -\infty < x_i < +\infty$$

若 x_i 不存在一允许上限 M,且 $x_i > 0$,则通过如下变换将其转化为标准型指标数值：
$$x_i' = \frac{1}{x_i}$$

若 x_i 不存在一允许上限 M，且 $x_i < 0$，则通过如下变换将其转化为标准型指标数值：
$$x_i' = -x_i \quad \text{或} \quad |x_i|$$

2. 居中型指标的同向处理

设 x_i 为居中型指标，a 为最适合值。

若 x_i 存在一个允许上限 M 和一个允许下限 m，a 为区间中点，则
$$x_i' = \begin{cases} \dfrac{2(x_i - m)}{M - m} & m \leq x_i \leq \dfrac{M+m}{2} = a \\ \dfrac{2(M - x_i)}{M - m} & a = \dfrac{M+m}{2} \leq x_i \leq M \end{cases}$$

若 x_i 不存在一个允许上限 M 和一个允许下限 m，a 为任意给定值，则
$$x_i' = \frac{1}{1 + |a - x_i|}$$

3. 区间型指标的同向处理

设 x_i 为区间型指标，q_1, q_2 分别为区间型指标值的上、下限，M 和 m 分别是最大和最小允许值，则
$$x_i' = \begin{cases} 1 - \dfrac{q_1 - x_i}{\max(q_1 - m, M - q_2)} & x_i < q_1 \\ 1 & x_i \in (q_1, q_2) \\ 1 - \dfrac{x_i - q_2}{\max(q_1 - m, M - q_2)} & x_i > q_2 \end{cases}$$

第三节 权数的确定和几种常用的综合评价方法

一、权数的确定方法

许多常用的综合评价方法在进行综合评价时，必须确定各指标在价值模型中的权重。权重的大小实际上反映了某一指标在整个综合评价中的作用。只有客观地、实际地确定各指标的相应权重，综合评价的结果才是真实可靠的、公允的。然而，权重的确定又是综合评价中的难点，直到目前为止，还没有一个统一的、让公众普遍接受的方法。在综合评价的实践中，人们确定权重的方法主要有两大类，即主观赋权法和客观赋权法。较为常见的赋权法有：等权法、德尔菲法、差异赋权法、最优赋权法、熵值赋权法和层次分析法等。下面介绍主观赋权法中

常用方法的两种。

(一) 等权法

这种赋权方法十分简单,从某种程度上来说,实际上就是不赋权(或无权)法。其本质就是在对指标进行综合时,对每一指标赋予相等的权重,即:

$$w_i = \frac{1}{p} \quad i = 1,2,\cdots,p$$

此时,若有 $\sum_{i=1}^{p} w_i = 1$,则称 w_i 为规范化权重。

(二) 离差权法

离差权法的基本思想是:若某一指标在每一个样品中的取值差异不大时,则只能认为该指标提供的信息量较少,因此,在进行属性指标综合时,赋予的权重应该相应较小;反过来,若某项属性指标在每个样品的取值差异较大,则认为该指标提供的信息量较多,则应该相应赋予较大的权重。

在这里,反映每一指标差异程度的测度指标采用标准差。设 σ_j 为第 j 个指标的标准差,则第 j 个指标的权重系数 w_j 为:

$$w_j = \frac{\sigma_j}{\sum_{j=1}^{m} \sigma_j} \quad j = 1,2\cdots,m \tag{11.9}$$

其中,

$$\sigma_j = \sqrt{\frac{1}{n-1} \sum_{i=1}^{n} (x_{ij} - \bar{x}_j)^2}$$

二、几种常用的综合评价(简易)方法

一个综合评价方法,实际上就是一种赋权方法和一种综合评价模型(价值函数)的组合。也就是说,一种赋权方法和一种综合评价模型就构成了一种综合评价方法。所以,以若干赋权方法和有关综合评价模型进行相互组合就可以形成多种多样的综合评价方法。这些综合评价方法一般都是比较简单的方法,所以我们将这类综合评价方法统称为常用的简易方法。常用的简易综合评价方法主要有综合指数法、标杆法、功效系数法、最有权法和其他方法等。

(一) 综合指数法

它是最简单和最常用的综合评价方法之一,当然也是较为粗糙的方法之一。其基本思想是通过各被评价单位的实际数据计算出单项指数(个体指数) k_{ij},再利用线性加权综合型综合评价模型进行综合排序。

单项指数即每一评价单位的实际数据 x_{ij} 与该指标某一具体的基准水平(值)之比。

$$k_{ij} = \frac{x_{ij}}{x_{0j}}$$

其中,x_{0j}为第j项指标的基准值。x_{0j}的选取可视x_{ij}的取值是否均大于零而定。一般地,当$x_{ij}>0$时,x_{0j}可取

$$x_{0j} = \min_i(x_{ij}) \quad \text{或} \quad x_{0j} = \bar{x}_j$$

这时,可利用线性综合评价模型

$$y_i = \sum_{j=1}^m w_j k_{ij} \tag{11.10}$$

例 11.2 设有甲乙两地区的有关资料如表 11-4 所示。

表 11-4 甲乙两地区的有关资料

指标	单位	权重(%)	基准值 $x_{0j}=\min x_{ij}$	指标值			
				甲地		乙地	
				实际值	单项指数	实际值	单项指数
社会成本净值率	元/百元	25	48	48	1.00	55	1.15
社会成本利税率	元/百元	25	28	28	1.00	30	1.07
社会劳动生产率	元/人	10	20 000	20 000	1.00	22 000	1.10
投资效果系数	元/百元	20	0.52	0.56	1.08	0.52	1.00
技术进步效益系数	元/百元	20	62	62	1.00	68	1.10

当$x_{0j}=\min x_{ij}$时,利用综合指数法进行综合评价,并比较甲乙两地的经济效益水平。

解 根据以上数据,利用公式(11.10)得:

$$y_\text{甲} = \sum_{j=1}^m w_j k_{ij}$$
$$= 25\% \times 1 + 25\% \times 1 + 10 \times 1 + 20\% \times 1.08 + 20\% \times 1$$
$$= 101.6\%$$

$$y_\text{乙} = \sum_{j=1}^m w_j k_{ij}$$
$$= 25\% \times 1.15 + 25\% \times 1.07 + 10 \times 1.1 + 20\% \times 1 + 20\% \times 1.1$$
$$= 108.5\%$$

可见,乙地经济效益好于甲地。

还可以取$x_{0j}=\bar{x}_j$来进行综合评价。

当x_{ij}存在不大于零的值时,x_{0j}分别可取x_{ij}的正、负均值,即:

$$\begin{cases} x_{0j}^+ = \bar{x}_j^+ = \dfrac{1}{n^+} \cdot \sum_{x_{ij}>0} x_{ij} \\ x_{0j}^- = \bar{x}_j^- = \dfrac{1}{n^-} \cdot \sum_{x_{ij}<0} x_{ij} \end{cases}$$

$$\begin{cases} k_{ij} = \dfrac{x_{ij}}{x_{0j}^+} & x_{ij} > 0 \\ k_{ij} = \dfrac{x_{ij}}{x_{0j}^-} & x_{ij} < 0 \end{cases}$$

这时,也可利用线性综合评价模型

$$y_i = \sum_{j=1}^{m} w_j k_{ij}$$

(二) 功效系数法

功效系数法的实质就是先采用功效函数无量纲化处理数据后,再用线性模型(价值函数)将无量纲化值综合在一起的一种综合评价方法。设 x_{ij} 为第 i 个单位的第 j 项指标的实际值。一般地,相对应的功效系数(无量纲化值)为 k_{ij},即:

$$k_{ij} = \dfrac{x_{ij} - \min\limits_{i} x_{ij}}{\max\limits_{i} x_{ij} - \min\limits_{i} x_{ij}} p + q \tag{11.11}$$

出于百分制(100 分为满分)的考虑,一般设有 $p=40, q=60$。在此可采用如下线性综合评价模型:

$$y_i = \sum_{j=1}^{m} w_j k_{ij}$$

其中,权重系数 w_j 一般可按照离差权法确定,即:

$$w_j = \dfrac{\sigma_j}{\sum\limits_{j=1}^{m} \sigma_j}$$

其中,σ_j 为功效系数值的标准差。

例 11.3 利用表 11-1 的有关数据,假定在全国范围内,各项指标的最大值和最小值是已知的(如表 11-5 所示),采用功效系数法评价甲乙两地的经济效益水平。设有 $p=40, q=60$。

解 根据表 11-1 的有关数据列计算表,如表 11-5 所示。

表 11-5 功效系数法计算表

指标	单位	权重(%)	极大值	极小值	指标值			
					甲地		乙地	
					实际值	功效系数	实际值	功效系数
社会成本净值率	元/百元	25	60	45	48	68.00	55	86.67
社会成本利税率	元/百元	25	35	24	28	75.55	30	81.82
社会劳动生产率	元/人	10	22 000	15 000	20 000	88.57	22 000	100.00
投资效果系数	元/百元	20	0.6	0.5	0.56	84.00	0.52	68.00
技术进步效益系数	元/百元	20	68	56	62	80.00	68	100.00

所以，由公式(11.10)可知：

$$y_甲 = \sum_{j=1}^{m} w_j k_{ij}$$
$$= 68 \times 25\% + 75.55 \times 25\% + 88.57 \times 10\%$$
$$+ 84 \times 20\% + 80 \times 20\%$$
$$= 77.5445$$

$$y_乙 = \sum_{j=1}^{m} w_j k_{ij}$$
$$= 86.67 \times 25\% + 81.82 \times 25\% + 100 \times 10\%$$
$$+ 68 \times 20\% + 100 \times 20\%$$
$$= 85.7225$$

可见，乙的经济效益好于甲地。

本章小结

（1）综合评价问题从本质上来说是一个信息处理问题。综合评价过程一般需要我们选取适当的数量特征，规范处理数量信息，确定不同数量特征的重要程度，给出综合数量模型，最终将无序的信息有序化。

（2）综合评价问题萌芽于19世纪80年代，发展于20世纪初至20世纪30年代，成熟于20世纪60年代，现代科学评价蓬勃发展于20世纪70—80年代，进入20世纪80年代以后，现代科学评价进入纵深发展的年代。

（3）综合评价的核心问题有两个：一是评价指标的选择；二是评价指标权重的确定。

（4）综合评价时，评价指标在综合之前应注意评价数据的无量纲化和同向调整，以便评价数据具有可比性。

（5）常用的简易综合评价方法主要有综合指数法、标杆法、功效系数法、最有权法和其他方法等。

思考与练习

11.1 什么是综合评价？
11.2 试述综合评价的分类。
11.3 请你谈谈综合评价的产生和发展过程。
11.4 综合评价问题的要素有哪些？
11.5 请你进一步说明综合评价的功能和步骤。
11.6 请你叙述一下指标选取的思想和步骤。
11.7 什么是离权法？
11.8 极大不相关法的基本思想是什么？
11.9 如何建构指标体系及其递阶结构？

11.10 请你简述综合评价模型的不同类型及其相应特征。

11.11 综合指数法的含义是什么?如何利用综合指数法进行综合评价?

11.12 功效系数法的思想是什么?

11.13 某特征集中有 3 个指标 x_1, x_2, x_3,现每个指标有 10 个观测值,如下表所示:

观测值	1	2	3	4	5	6	7	8	9	10
x_1	4	3	2	6	3	5	3	7	5	2
x_2	3	1	8	2	5	10	3	2	7	9
x_3	5	4	3	5	6	7	2	3	3	5

要求:用离差权法确定 x_1, x_2, x_3 的权重。

11.14 为对企业的生产经营活动进行评价,国家统计局在考查企业生产经营活动各方面后确定的考核指标体系共包含七个指标,现有甲、乙两个企业各项指标的值及权数如下表所示:

指标	单位	权重(%)	指标值	
			甲企业	乙企业
总资产贡献率	元/百元	20	15	10
资本保值增值率	元/百元	16	130	100
资产负债率	元/百元	12	70	50
流动资产周转率	元/百元	15	1.6	1.5
成本费用利润率	元/百元	14	3	4
全员劳动生产率	元/人	10	15 000	16 000
产品销售率	元/百元	13	105	100

当基准值取 $x_{0j} = \min x_{ij}$ 时,利用综合指数法对甲、乙两个企业的生产经营活动进行综合评价,并比较它们的生产经营水平。

11.15 为对企业的生产经营活动进行评价,国家统计局在考查企业生产经营活动各方面后确定的考核指标体系共包含七个指标,且在全国范围内,各项指标的最大值和最小值是已知的,如下表所示:

指标	单位	权重(%)	极大值	极小值	指标值	
					甲公司	乙公司
总资产贡献率	元/百元	20	20	8	15	10
资本保值增值率	元/百元	16	150	100	130	100
资产负债率	元/百元	12	75	40	70	50
流动资产周转率	元/百元	15	2	1.5	1.6	1.5
成本费用利润率	元/百元	14	4	2.5	3	4
全员劳动生产率	元/人	10	20 000	15 000	15 000	16 000
产品销售率	元/百元	13	120	80	105	100

采用功效系数法评价甲、乙两企业的经营水平($p = 40, q = 60$)。

参考文献

[1] 徐国祥等编著:《统计学》,上海财经大学出版社 2001 年版。
[2] Terry Sincichz 著:《例解商务统计学》,陈鹤琴、罗明安译,清华大学出版社 2001 年版。
[3] 贾俊平编著:《统计学》,清华大学出版社 2006 年版。
[4] 贾俊平、何晓群、金勇进编著:《统计学(第三版)》,中国人民大学出版社 2007 年版。
[5] 曾五一主编、朱平辉副主编:《统计学》,北京大学出版社 2006 年版。
[6] 杨虎、刘琼荪、钟波编著:《数理统计》,高等教育出版社 2004 年版。
[7] 潘维栋:《数理统计方法》,上海教育出版社 1980 年版。
[8] Douglas A. Lind 等著:《工商统计学(第三版)》,徐国祥等译,上海财经大学出版社 2004 年版。
[9] 吴喜之、王兆军编著:《非参数统计方法》,高等教育出版社 1996 年版。
[10] 吴喜之编著:《非参数统计》,中国统计出版社 1999 年版。
[11] 王星编著:《非参数统计》,中国人民大学出版社 2004 年版。
[12] 茆诗松、周纪芗、陈颖主编:《试验设计》,中国统计出版社 2004 年版。
[13] 现代应用数学手册编委会编:《现代应用数学手册——概率统计与随机过程卷》,清华大学出版社 2000 年版。
[14] 方开泰、马长兴著:《正交与均匀试验设计》,香港浸会大学印刷资料 2000 年版。
[15] 洪伟、吴承祯编著:《试验设计与分析——原理、操作、案例》,中国林业出版社 2004 年版。
[16] 李时编著:《应用统计学》,北京交通大学出版社 2005 年版。
[17] 邹顺华、肖腊珍主编:《统计学原理》,中国财政经济出版社 1999 年版。
[18] 王寿安主编:《统计学》,中国统计出版社 1994 年版。
[19] 张尧庭、方开泰主编:《多元统计分析引论》,科学出版社 1982 年版。
[20] 张综甫主编:《统计分析方法及其应用》,重庆大学出版社 1995 年版。
[21] 于秀林主编:《多元统计分析》,中国统计出版社 1999 年版。
[22] 胡永宏、贺思辉主编:《综合评价方法》,科学出版社 2000 年版。
[23] 周光亚、夏立显主编:《非定量数据分析及其应用》,科学出版社 1993 年版。
[24] 魏权龄主编:《评价相对有效性的 DEA 方法》,中国人民大学出版社 1987 年版。
[25] 萧筱南主编:《适用模糊学》,亚洲出版社 1993 年版。
[26] 王国梁主编:《多变量经济数据统计分析》,陕西科技出版社 1993 年版。
[27] 邱东主编:《多指标综合评价的系统分析》,中国统计出版社 1991 年版。
[28] 郭亚军主编:《综合评价理论与方法》,科学出版社 2002 年版。
[29] 张尧庭主编:《指标量化、序化的理论和方法》,科学出版社 2002 年版。

附录

常用统计表

表1 标准正态曲线下的面积

$$\Phi(Z) = \int_{-\infty}^{Z} \frac{1}{\sqrt{2\pi}} e^{-\frac{t^2}{2}} dt$$

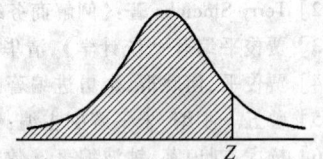

Z	$\Phi(Z)$	Z	$\Phi(Z)$	Z	$\Phi(Z)$	Z	$\Phi(Z)$
0.00	0.5000	0.80	0.7881	1.60	0.9452	2.35	0.9906
0.05	0.5199	0.85	0.8023	1.65	0.9505	2.40	0.9918
0.10	0.5398	0.90	0.8159	1.70	0.9554	2.45	0.9929
0.15	0.5596	0.95	0.8289	1.75	0.9599	2.50	0.9938
0.20	0.5793	1.00	0.8413	1.80	0.9641	2.55	0.9946
0.25	0.5987	1.05	0.8531	1.85	0.9678	2.58	0.9951
0.30	0.6179	1.10	0.8643	1.90	0.9713	2.60	0.9953
0.35	0.6368	1.15	0.8749	1.95	0.9744	2.65	0.9960
0.40	0.6554	1.20	0.8849	1.96	0.9750	2.70	0.9965
0.45	0.6736	1.25	0.8944	2.00	0.9772	2.75	0.9970
0.50	0.6915	1.30	0.9032	2.05	0.9798	2.80	0.9974
0.55	0.7088	1.35	0.9115	2.10	0.9821	2.85	0.9978
0.60	0.7257	1.40	0.9192	2.15	0.9842	2.90	0.9981
0.65	0.7422	1.45	0.9265	2.20	0.9861	2.95	0.9984
0.70	0.7580	1.50	0.9332	2.25	0.9878	3.00	0.9987
0.75	0.7734	1.55	0.9394	2.30	0.9893	4.00	1.0000

表2 t 统计量的临界值

$P(t > t_\alpha) = \alpha$

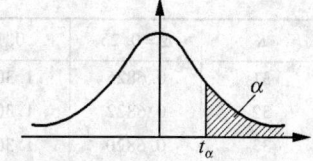

K	α = 0.25	0.10	0.05	0.025	0.01	0.005
1	1.0000	3.0777	6.3138	12.7062	31.8207	63.6574
2	0.8165	1.8856	2.9200	4.3027	6.9646	9.9248
3	0.7649	1.6377	2.3534	3.1824	4.5407	5.8409
4	0.7407	1.5332	2.1318	2.7764	3.7469	4.6041
5	0.7267	1.4759	2.0150	2.5706	3.3649	4.0322
6	0.7176	1.4398	1.9432	2.4469	3.1427	3.7074
7	0.7111	1.4149	1.8946	2.3646	2.9980	3.4995
8	0.7064	1.3968	1.8595	2.3060	2.8965	3.3554
9	0.7027	1.3830	1.8331	2.2622	2.8214	3.2498
10	0.6998	1.3722	1.8125	2.2281	2.7638	3.1693
11	0.6974	1.3634	1.7959	2.2010	2.7181	3.1058
12	0.6955	1.3562	1.7823	2.1788	2.6810	3.0545
13	0.6938	1.3502	1.7709	2.1604	2.6503	3.0123
14	0.6924	1.3450	1.7613	2.1448	2.6245	2.9768
15	0.6912	1.3406	1.7531	2.1315	2.6025	2.9467
16	0.6901	1.3368	1.7459	2.1199	2.5835	2.9208
17	0.6892	1.3334	1.7396	2.1098	2.5669	2.8982
18	0.6884	1.3304	1.7341	2.1009	2.5524	2.8784
19	0.6876	1.3277	1.7291	2.0930	2.5395	2.8609
20	0.6870	1.3253	1.7247	2.0860	2.5280	2.8453
21	0.6864	1.3232	1.7207	2.0796	2.5177	2.8314
22	0.6858	1.3212	1.7171	2.0739	2.5083	2.8188
23	0.6853	1.3195	1.7139	2.0687	2.4999	2.8073
24	0.6848	1.3178	1.7109	2.0639	2.4922	2.7969
25	0.6844	1.3163	1.7081	2.0595	2.4851	2.7874
26	0.6840	1.3150	1.7056	2.0555	2.4786	2.7787
27	0.6837	1.3137	1.7033	2.0518	2.4727	2.7707
28	0.6834	1.3125	1.7011	2.0484	2.4671	2.7633
29	0.6830	1.3114	1.6991	2.0452	2.4620	2.7564
30	0.6828	1.3104	1.6973	2.0423	2.4573	2.7500

表2(续)

K	α = 0.25	0.10	0.05	0.025	0.01	0.005
31	0.6825	1.3095	1.6955	2.0395	2.4528	2.7440
32	0.6822	1.3086	1.6939	2.0369	2.4487	2.7385
33	0.6820	1.3077	1.6924	2.0345	2.4448	2.7333
34	0.6818	1.3070	1.6909	2.0322	2.4411	2.7284
35	0.6816	1.3062	1.6896	2.0301	2.4377	2.7238
36	0.6814	1.3055	1.6883	2.0281	2.4345	2.7195
37	0.6812	1.3049	1.6871	2.0262	2.4314	2.7154
38	0.6810	1.3042	1.6860	2.0244	2.4286	2.7116
39	0.6808	1.3036	1.6849	2.0227	2.4258	2.7079
40	0.6807	1.3031	1.6839	2.0211	2.4233	2.7045
41	0.6805	1.3025	1.6829	2.0195	2.4208	2.7012
42	0.6804	1.3020	1.6820	2.0181	2.4185	2.6981
43	0.6802	1.3016	1.6811	2.0167	2.4163	2.6951
44	0.6801	1.3011	1.6802	2.0154	2.4141	2.6923
45	0.6800	1.3006	1.6794	2.0141	2.4121	2.6896

表3 χ^2 统计量的临界值

$P(\chi^2 > \chi^2_\alpha) = \alpha$

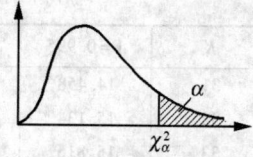

K	$\alpha = 0.995$	0.99	0.975	0.95	0.90	0.75
1	—	—	0.001	0.004	0.016	0.102
2	0.010	0.020	0.051	0.103	0.211	0.575
3	0.072	0.115	0.216	0.352	0.584	1.213
4	0.207	0.297	0.484	0.711	1.064	1.923
5	0.412	0.554	0.831	1.145	1.610	2.675
6	0.676	0.872	1.237	1.635	2.204	3.455
7	0.989	1.239	1.690	2.167	2.833	4.255
8	1.344	1.646	2.180	2.733	3.490	5.071
9	1.735	2.088	2.700	3.325	4.168	5.899
10	2.156	2.558	3.247	3.940	4.865	6.737
11	2.603	3.053	3.816	4.575	5.578	7.584
12	3.074	3.571	4.404	5.226	6.304	8.438
13	3.565	4.107	5.009	5.892	7.042	9.299
14	4.075	4.660	5.629	6.571	7.790	10.165
15	4.601	5.229	6.262	7.261	8.547	11.037
16	5.142	5.812	6.908	7.962	9.312	11.912
17	5.697	6.408	7.564	8.672	10.085	12.792
18	6.265	7.015	8.231	9.390	10.865	13.675
19	6.844	7.633	8.907	10.117	11.651	14.562
20	7.434	8.260	9.591	10.851	12.443	15.452
21	8.034	8.897	10.283	11.591	13.240	16.344
22	8.643	9.542	10.982	12.338	14.042	17.240
23	9.260	10.196	11.689	13.091	14.848	18.137
24	9.886	10.856	12.401	13.848	15.659	19.037
25	10.520	11.524	13.120	14.611	16.473	19.939
26	11.160	12.198	13.844	15.379	17.292	20.843
27	11.808	12.879	14.573	16.151	18.114	21.749
28	12.461	13.565	15.308	16.928	18.939	22.657
29	13.121	14.257	16.047	17.708	19.768	23.567
30	13.787	14.954	16.791	18.493	20.599	24.478

表3(续一)

K	α = 0.995	0.99	0.975	0.95	0.90	0.75
31	14.458	15.655	17.539	19.281	21.434	25.390
32	15.134	16.362	18.291	20.072	22.271	26.304
33	15.815	17.074	19.047	20.867	23.110	27.219
34	16.501	17.789	19.806	21.664	23.952	28.136
35	17.192	18.509	20.569	22.465	24.797	29.054
36	17.887	19.233	21.336	23.269	25.643	29.973
37	18.586	19.960	22.106	24.075	26.492	30.893
38	19.289	20.691	22.878	24.884	27.343	31.815
39	19.996	21.426	23.654	25.695	28.196	32.737
40	20.707	22.164	24.433	26.509	29.051	33.660
41	21.421	22.906	25.215	27.326	29.907	34.585
42	22.138	23.650	25.999	28.144	30.765	35.510
43	22.859	24.398	26.785	28.965	31.625	36.436
44	23.584	25.148	27.575	29.787	32.487	37.363
45	24.311	25.901	28.366	30.612	33.350	38.291

表3(续二)

K	α=0.25	0.10	0.05	0.025	0.01	0.005
1	1.323	2.706	3.841	5.024	6.635	7.879
2	2.773	4.605	5.991	7.378	9.210	10.597
3	4.108	6.251	7.815	9.348	11.345	12.838
4	5.385	7.779	9.488	11.143	13.277	14.860
5	6.626	9.236	11.071	12.833	15.086	16.750
6	7.841	10.645	12.592	14.449	16.812	18.548
7	9.037	12.017	14.067	16.013	18.475	20.278
8	10.219	13.362	15.507	17.535	20.090	21.955
9	11.389	14.684	16.919	19.023	21.666	23.589
10	12.549	15.987	18.307	20.483	23.209	25.188
11	13.701	17.275	19.675	21.920	24.725	26.757
12	14.845	18.549	21.026	23.337	26.217	28.299
13	15.984	19.812	22.362	24.736	27.688	29.819
14	17.117	21.064	23.685	26.119	29.141	31.319
15	18.245	22.307	24.996	27.488	30.578	32.801
16	19.369	23.542	26.296	28.845	32.000	34.267
17	20.489	24.769	27.587	30.191	33.409	35.718
18	21.605	25.989	28.869	31.526	34.805	37.156
19	22.718	27.204	30.144	32.852	36.191	38.582
20	23.828	28.412	31.410	34.170	37.566	39.997
21	24.935	29.615	32.671	35.479	38.932	41.401
22	26.039	30.813	33.924	36.781	40.289	42.796
23	27.141	32.007	35.172	38.076	41.638	44.181
24	28.241	33.196	36.415	39.364	42.980	45.559
25	29.339	34.382	37.652	40.646	44.314	46.928
26	30.435	35.563	38.885	41.923	45.642	48.290
27	31.528	36.741	40.113	43.194	46.963	49.645
28	32.620	37.916	41.337	44.461	48.278	50.993
29	33.711	39.087	42.557	45.722	49.588	52.336
30	34.800	40.256	43.773	46.979	50.892	53.672
31	35.887	41.422	44.985	48.232	52.191	55.003
32	36.973	42.585	46.194	49.480	53.486	56.328
33	38.058	43.745	47.400	50.725	54.776	57.648
34	39.141	44.903	48.602	51.966	56.061	58.964
35	40.223	46.059	49.802	53.203	57.342	60.275
36	41.304	47.212	50.998	54.437	58.619	61.581
37	42.383	48.363	52.192	55.668	59.892	62.883
38	43.462	49.513	53.384	56.896	61.162	64.181
39	44.539	50.660	54.572	58.120	62.428	65.476
40	45.616	51.805	55.758	59.342	63.691	66.766
41	46.692	52.949	56.942	60.561	64.950	68.053
42	47.766	54.090	58.124	61.777	66.206	69.336
43	48.840	55.230	59.304	62.990	67.459	70.616
44	49.913	56.369	60.481	64.201	68.710	71.893
45	50.985	57.505	61.656	65.410	69.957	73.166

表 4 F 统计量的临界值

$P(F > F_\alpha) = \alpha$

$\alpha = 0.10$

K_2 \ K_1	1	2	3	4	5	6	7	8	9	10	12	15	20	24	30	40	60	120	8
1	39.86	49.50	53.59	55.83	57.24	58.20	58.91	59.44	59.86	60.19	60.71	61.22	61.74	62.00	62.26	62.53	62.79	63.06	63.33
2	8.53	9.00	9.16	9.24	9.29	9.33	9.35	9.37	9.38	9.39	9.41	9.42	9.44	9.45	9.46	9.47	9.47	9.48	9.49
3	5.54	5.46	5.39	5.34	5.31	5.28	5.27	5.25	5.24	5.23	5.22	5.20	5.18	5.18	5.17	5.16	5.15	5.14	5.13
4	4.54	4.32	4.19	4.11	4.05	4.01	3.98	3.95	3.94	3.92	3.90	3.87	3.84	3.83	3.82	3.80	3.79	3.78	3.76
5	4.06	3.78	3.62	3.52	3.45	3.40	3.37	3.34	3.32	3.30	3.27	3.24	3.21	3.19	3.17	3.16	3.14	3.12	3.10
6	3.78	3.46	3.29	3.18	3.11	3.05	3.01	2.98	2.96	2.94	2.90	2.87	2.84	2.82	2.80	2.78	2.76	2.74	2.72
7	3.59	3.26	3.07	2.96	2.88	2.83	2.78	2.75	2.72	2.70	2.67	2.63	2.59	2.58	2.56	2.54	2.51	2.49	2.47
8	3.46	3.11	2.92	2.81	2.73	2.67	2.62	2.59	2.56	2.54	2.50	2.46	2.42	2.40	2.38	2.36	2.34	2.32	2.29
9	3.36	3.01	2.81	2.69	2.61	2.55	2.51	2.47	2.44	2.42	2.38	2.34	2.30	2.28	2.25	2.23	2.21	2.18	2.16
10	3.29	2.92	2.73	2.61	2.52	2.46	2.41	2.38	2.35	2.32	2.28	2.24	2.20	2.18	2.16	2.13	2.11	2.08	2.06
11	3.23	2.86	2.66	2.54	2.45	2.39	2.34	2.30	2.27	2.25	2.21	2.17	2.12	2.10	2.08	2.05	2.03	2.00	1.97
12	3.18	2.81	2.61	2.48	2.39	2.33	2.28	2.24	2.21	2.19	2.15	2.10	2.06	2.04	2.01	1.99	1.96	1.93	1.90
13	3.14	2.76	2.56	2.43	2.35	2.28	2.23	2.20	2.16	2.14	2.10	2.05	2.01	1.98	1.96	1.93	1.90	1.88	1.85
14	3.10	2.73	2.52	2.39	2.31	2.24	2.19	2.15	2.12	2.10	2.05	2.01	1.96	1.94	1.91	1.89	1.86	1.83	1.80
15	3.07	2.70	2.49	2.36	2.27	2.21	2.16	2.12	2.09	2.06	2.02	1.97	1.92	1.90	1.87	1.85	1.82	1.79	1.76
16	3.05	2.67	2.46	2.33	2.24	2.18	2.13	2.09	2.06	2.03	1.99	1.94	1.89	1.87	1.84	1.81	1.78	1.75	1.72
17	3.03	2.64	2.44	2.31	2.22	2.15	2.10	2.06	2.03	2.00	1.96	1.91	1.86	1.84	1.81	1.78	1.75	1.72	1.69
18	3.01	2.62	2.42	2.29	2.20	2.13	2.08	2.04	2.00	1.98	1.93	1.89	1.84	1.81	1.78	1.76	1.72	1.69	1.66
19	2.99	2.61	2.40	2.27	2.18	2.11	2.06	2.02	1.98	1.96	1.91	1.86	1.81	1.79	1.76	1.73	1.70	1.67	1.63

表4(续一) α=0.10

K_2\K_1	1	2	3	4	5	6	7	8	9	10	12	15	20	24	30	40	60	120	∞
20	2.97	2.59	2.38	2.25	2.16	2.09	2.04	2.00	1.96	1.94	1.89	1.84	1.79	1.77	1.74	1.71	1.68	1.64	1.61
21	2.96	2.57	2.36	2.23	2.14	2.08	2.02	1.98	1.95	1.92	1.87	1.83	1.78	1.75	1.72	1.69	1.66	1.62	1.59
22	2.95	2.56	2.35	2.22	2.13	2.06	2.01	1.97	1.93	1.90	1.86	1.81	1.76	1.73	1.70	1.67	1.64	1.60	1.57
23	2.94	2.55	2.34	2.21	2.11	2.05	1.99	1.95	1.92	1.89	1.84	1.80	1.74	1.72	1.69	1.66	1.62	1.59	1.55
24	2.93	2.54	2.33	2.19	2.10	2.04	1.98	1.94	1.91	1.88	1.83	1.78	1.73	1.70	1.67	1.64	1.61	1.57	1.53
25	2.92	2.53	2.32	2.18	2.09	2.02	1.97	1.93	1.89	1.87	1.82	1.77	1.72	1.69	1.66	1.63	1.59	1.56	1.52
26	2.91	2.52	2.31	2.17	2.08	2.01	1.96	1.92	1.88	1.86	1.81	1.76	1.71	1.68	1.65	1.61	1.58	1.54	1.50
27	2.90	2.51	2.30	2.17	2.07	2.00	1.95	1.91	1.87	1.85	1.80	1.75	1.70	1.67	1.64	1.60	1.57	1.53	1.49
28	2.89	2.50	2.29	2.16	2.06	2.00	1.94	1.90	1.87	1.84	1.79	1.74	1.69	1.66	1.63	1.59	1.56	1.52	1.48
29	2.89	2.50	2.28	2.15	2.06	1.99	1.93	1.89	1.86	1.83	1.78	1.73	1.68	1.65	1.62	1.58	1.55	1.51	1.47
30	2.88	2.49	2.28	2.14	2.05	1.98	1.93	1.88	1.85	1.82	1.77	1.72	1.67	1.64	1.61	1.57	1.54	1.50	1.46
40	2.84	2.44	2.23	2.09	2.00	1.93	1.87	1.83	1.79	1.76	1.71	1.66	1.61	1.57	1.54	1.51	1.47	1.42	1.38
60	2.79	2.39	2.18	2.04	1.95	1.87	1.82	1.77	1.74	1.71	1.66	1.60	1.54	1.51	1.48	1.44	1.40	1.35	1.29
120	2.75	2.35	2.13	1.99	1.90	1.82	1.77	1.72	1.68	1.65	1.60	1.55	1.48	1.45	1.41	1.37	1.32	1.26	1.19
∞	2.71	2.30	2.08	1.94	1.85	1.77	1.72	1.67	1.63	1.60	1.55	1.49	1.42	1.38	1.34	1.30	1.24	1.17	1.00

表4(续二) α=0.05

K_2\K_1	1	2	3	4	5	6	7	8	9	10	12	15	20	24	30	40	60	120	∞
1	161.4	199.5	215.7	224.6	230.2	234.0	236.8	238.9	240.5	241.9	243.9	245.9	248.0	249.1	250.1	251.1	252.2	253.3	254.3
2	18.51	19.00	19.16	19.25	19.30	19.33	19.35	19.37	19.38	19.40	19.41	19.43	19.45	19.45	19.46	19.47	19.48	19.49	19.50
3	10.13	9.55	9.28	9.12	9.01	8.94	8.89	8.85	8.81	8.79	8.74	8.70	8.66	8.64	8.62	8.59	8.57	8.55	8.53
4	7.71	6.94	6.59	6.39	6.26	6.16	6.09	6.04	6.00	5.96	5.91	5.86	5.80	5.77	5.75	5.72	5.69	5.66	5.63
5	6.61	5.79	5.41	5.19	5.05	4.95	4.88	4.82	4.77	4.74	4.68	4.62	4.56	4.53	4.50	4.46	4.43	4.40	4.36
6	5.99	5.14	4.76	4.53	4.39	4.28	4.21	4.15	4.10	4.06	4.00	3.94	3.87	3.84	3.81	3.77	3.74	3.70	3.67
7	5.59	4.74	4.35	4.12	3.97	3.87	3.79	3.73	3.68	3.64	3.57	3.51	3.44	3.41	3.38	3.34	3.30	3.27	3.23
8	5.32	4.46	4.07	3.84	3.69	3.58	3.50	3.44	3.39	3.35	3.28	3.22	3.15	3.12	3.08	3.04	3.01	2.97	2.93
9	5.12	4.26	3.86	3.63	3.48	3.37	3.29	3.23	3.18	3.14	3.07	3.01	2.94	2.90	2.86	2.83	2.79	2.75	2.71

表 4(续三)

$\alpha = 0.05$

K_2\K_1	1	2	3	4	5	6	7	8	9	10	12	15	20	24	30	40	60	120	∞
10	4.96	4.10	3.71	3.48	3.33	3.22	3.14	3.07	3.02	2.98	2.91	2.85	2.77	2.74	2.70	2.66	2.62	2.58	2.54
11	4.84	3.98	3.59	3.36	3.20	3.09	3.01	2.95	2.90	2.85	2.79	2.72	2.65	2.61	2.57	2.53	2.49	2.45	2.40
12	4.75	3.89	3.49	3.26	3.11	3.00	2.91	2.85	2.80	2.75	2.69	2.62	2.54	2.51	2.47	2.43	2.38	2.34	2.30
13	4.67	3.81	3.41	3.18	3.03	2.92	2.83	2.77	2.71	2.67	2.60	2.53	2.46	2.42	2.38	2.34	2.30	2.25	2.21
14	4.60	3.74	3.34	3.11	2.96	2.85	2.76	2.70	2.65	2.60	2.53	2.46	2.39	2.35	2.31	2.27	2.22	2.18	2.13
15	4.54	3.68	3.29	3.06	2.90	2.79	2.71	2.64	2.59	2.54	2.48	2.40	2.33	2.29	2.25	2.20	2.16	2.11	2.07
16	4.49	3.63	3.24	3.01	2.85	2.74	2.66	2.59	2.54	2.49	2.42	2.35	2.28	2.24	2.19	2.15	2.11	2.06	2.01
17	4.45	3.59	3.20	2.96	2.81	2.70	2.61	2.55	2.49	2.45	2.38	2.31	2.23	2.19	2.15	2.10	2.06	2.01	1.96
18	4.41	3.55	3.16	2.93	2.77	2.66	2.58	2.51	2.46	2.41	2.34	2.27	2.19	2.15	2.11	2.06	2.02	1.97	1.92
19	4.38	3.52	3.13	2.90	2.74	2.63	2.54	2.48	2.42	2.38	2.31	2.23	2.16	2.11	2.07	2.03	1.98	1.93	1.88
20	4.35	3.49	3.10	2.87	2.71	2.60	2.51	2.45	2.39	2.35	2.28	2.20	2.12	2.08	2.04	1.99	1.95	1.90	1.84
21	4.32	3.47	3.07	2.84	2.68	2.57	2.49	2.42	2.37	2.32	2.25	2.18	2.10	2.05	2.01	1.96	1.92	1.87	1.81
22	4.30	3.44	3.05	2.82	2.66	2.55	2.46	2.40	2.34	2.30	2.23	2.15	2.07	2.03	1.98	1.94	1.89	1.84	1.78
23	4.28	3.42	3.03	2.80	2.64	2.53	2.44	2.37	2.32	2.27	2.20	2.13	2.05	2.01	1.96	1.91	1.86	1.81	1.76
24	4.26	3.40	3.01	2.78	2.62	2.51	2.42	2.36	2.30	2.25	2.18	2.11	2.03	1.98	1.94	1.89	1.83	1.79	1.73
25	4.24	3.39	2.99	2.76	2.60	2.49	2.40	2.34	2.28	2.24	2.16	2.09	2.01	1.96	1.92	1.87	1.82	1.77	1.71
26	4.23	3.37	2.98	2.74	2.59	2.47	2.39	2.32	2.27	2.22	2.15	2.07	1.99	1.95	1.90	1.85	1.80	1.75	1.69
27	4.21	3.35	2.96	2.73	2.57	2.46	2.37	2.31	2.25	2.20	2.13	2.06	1.97	1.93	1.88	1.84	1.79	1.73	1.67
28	4.20	3.34	2.95	2.71	2.56	2.45	2.36	2.29	2.24	2.19	2.12	2.04	1.96	1.91	1.87	1.82	1.77	1.71	1.65
29	4.18	3.33	2.93	2.70	2.55	2.43	2.35	2.28	2.22	2.18	2.10	2.03	1.94	1.90	1.85	1.81	1.75	1.70	1.64
30	4.17	3.32	2.92	2.69	2.53	2.42	2.33	2.27	2.21	2.16	2.09	2.01	1.93	1.89	1.84	1.79	1.74	1.68	1.62
40	4.08	3.23	2.84	2.61	2.45	2.34	2.25	2.18	2.12	2.08	2.00	1.92	1.84	1.79	1.74	1.69	1.64	1.58	1.51
60	4.00	3.15	2.76	2.53	2.37	2.25	2.17	2.10	2.04	1.99	1.92	1.84	1.75	1.70	1.65	1.59	1.53	1.47	1.39
120	3.92	3.07	2.68	2.45	2.29	2.17	2.09	2.02	1.96	1.91	1.83	1.75	1.66	1.61	1.55	1.50	1.43	1.35	1.25
∞	3.84	3.00	2.60	2.37	2.21	2.10	2.01	1.94	1.88	1.83	1.75	1.67	1.57	1.52	1.46	1.39	1.32	1.22	1.00

表 4（续四）

$\alpha = 0.025$

K_2\K_1	1	2	3	4	5	6	7	8	9	10	12	15	20	24	30	40	60	120	∞
1	647.8	799.5	864.2	899.6	921.8	937.1	948.2	956.7	963.3	968.6	976.7	984.9	993.1	997.2	1001	1006	1010	1014	1018
2	38.51	39.00	39.17	39.25	39.30	39.33	39.36	39.37	39.39	39.40	39.41	39.43	39.45	39.46	39.46	39.47	39.48	39.49	39.50
3	17.44	16.04	15.44	15.10	14.88	14.73	14.62	14.54	14.47	14.42	14.34	14.25	14.17	14.12	14.08	14.04	13.99	13.95	13.90
4	12.22	10.65	9.98	9.60	9.36	9.20	9.07	8.98	8.90	8.84	8.75	8.66	8.56	8.51	8.46	8.41	8.36	8.31	8.26
5	10.01	8.43	7.76	7.39	7.15	6.98	6.85	6.76	6.68	6.62	6.52	6.43	6.33	6.28	6.23	6.18	6.12	6.07	6.02
6	8.81	7.26	6.60	6.23	5.99	5.82	5.70	5.60	5.52	5.46	5.37	5.27	5.17	5.12	5.07	5.01	4.96	4.90	4.85
7	8.07	6.54	5.89	5.52	5.29	5.12	4.99	4.90	4.82	4.76	4.67	4.57	4.47	4.42	4.36	4.31	4.25	4.20	4.14
8	7.57	6.06	5.42	5.05	4.82	4.65	4.53	4.43	4.36	4.30	4.20	4.10	4.00	3.95	3.89	3.84	3.78	3.73	3.67
9	7.21	5.71	5.08	4.72	4.48	4.32	4.20	4.10	4.03	3.96	3.87	3.77	3.67	3.61	3.56	3.51	3.45	3.39	3.33
10	6.94	5.46	4.83	4.47	4.24	4.07	3.95	3.85	3.78	3.72	3.62	3.52	3.42	3.37	3.31	3.26	3.20	3.14	3.08
11	6.72	5.26	4.63	4.28	4.04	3.88	3.76	3.66	3.59	3.53	3.43	3.33	3.23	3.17	3.12	3.06	3.00	2.94	2.88
12	6.55	5.10	4.47	4.12	3.89	3.73	3.61	3.51	3.44	3.37	3.28	3.18	3.07	3.02	2.96	2.91	2.85	2.79	2.72
13	6.41	4.97	4.35	4.00	3.77	3.60	3.48	3.39	3.31	3.25	3.15	3.05	2.95	2.89	2.84	2.78	2.72	2.66	2.60
14	6.30	4.86	4.24	3.89	3.66	3.50	3.38	3.29	3.21	3.15	3.05	2.95	2.84	2.79	2.73	2.67	2.61	2.55	2.49
15	6.20	4.77	4.15	3.80	3.58	3.41	3.29	3.20	3.12	3.06	2.96	2.86	2.76	2.70	2.64	2.59	2.52	2.46	2.40
16	6.12	4.69	4.08	3.73	3.50	3.34	3.22	3.12	3.05	2.99	2.89	2.79	2.68	2.63	2.57	2.51	2.45	2.38	2.32
17	6.04	4.62	4.01	3.66	3.44	3.28	3.16	3.06	2.98	2.92	2.82	2.72	2.62	2.56	2.50	2.44	2.38	2.32	2.25
18	5.98	4.56	3.95	3.61	3.38	3.22	3.10	3.01	2.93	2.87	2.77	2.67	2.56	2.50	2.44	2.38	2.32	2.26	2.19
19	5.92	4.51	3.90	3.56	3.33	3.17	3.05	2.96	2.88	2.82	2.72	2.62	2.51	2.45	2.39	2.33	2.27	2.20	2.13
20	5.87	4.46	3.86	3.51	3.29	3.13	3.01	2.91	2.84	2.77	2.68	2.57	2.46	2.41	2.35	2.29	2.22	2.16	2.09
21	5.83	4.42	3.82	3.48	3.25	3.09	2.97	2.87	2.80	2.73	2.64	2.53	2.42	2.37	2.31	2.25	2.18	2.11	2.04
22	5.79	4.38	3.78	3.44	3.22	3.05	2.93	2.84	2.76	2.70	2.60	2.50	2.39	2.33	2.27	2.21	2.14	2.08	2.00
23	5.75	4.35	3.75	3.41	3.18	3.02	2.90	2.81	2.73	2.67	2.57	2.47	2.36	2.30	2.24	2.18	2.11	2.04	1.97
24	5.72	4.32	3.72	3.38	3.15	2.99	2.87	2.78	2.70	2.64	2.54	2.44	2.33	2.27	2.21	2.15	2.08	2.01	1.94

表 4（续五） $\alpha = 0.025$

K_2\K_1	1	2	3	4	5	6	7	8	9	10	12	15	20	24	30	40	60	120	∞
25	5.69	4.29	3.69	3.35	3.13	2.97	2.85	2.75	2.68	2.61	2.51	2.41	2.30	2.24	2.18	2.12	2.05	1.98	1.91
26	5.66	4.27	3.67	3.33	3.10	2.94	2.82	2.73	2.65	2.59	2.49	2.39	2.28	2.22	2.16	2.09	2.03	1.95	1.88
27	5.63	4.24	3.65	3.31	3.08	2.92	2.80	2.71	2.63	2.57	2.47	2.36	2.25	2.19	2.13	2.07	2.00	1.93	1.85
28	5.61	4.22	3.63	3.29	3.06	2.90	2.78	2.69	2.61	2.55	2.45	2.34	2.23	2.17	2.11	2.05	1.98	1.91	1.83
29	5.59	4.20	3.61	3.27	3.04	2.88	2.76	2.67	2.59	2.53	2.43	2.32	2.21	2.15	2.09	2.03	1.96	1.89	1.81
30	5.57	4.18	3.59	3.25	3.03	2.87	2.75	2.65	2.57	2.51	2.41	2.31	2.20	2.14	2.07	2.01	1.94	1.87	1.79
40	5.42	4.05	3.46	3.13	2.90	2.74	2.62	2.53	2.45	2.39	2.29	2.18	2.07	2.01	1.94	1.88	1.80	1.72	1.64
60	5.29	3.93	3.34	3.01	2.79	2.63	2.51	2.41	2.33	2.27	2.17	2.06	1.94	1.88	1.82	1.74	1.67	1.58	1.48
120	5.15	3.80	3.23	2.89	2.67	2.52	2.39	2.30	2.22	2.16	2.05	1.94	1.82	1.76	1.69	1.61	1.53	1.43	1.31
∞	5.02	3.69	3.12	2.79	2.57	2.41	2.29	2.19	2.11	2.05	1.94	1.83	1.71	1.64	1.57	1.48	1.39	1.27	1.00

表 4（续六） $\alpha = 0.01$

K_2\K_1	1	2	3	4	5	6	7	8	9	10	12	15	20	24	30	40	60	120	∞
1	4052	4999.5	5403	5625	5764	5859	5928	5982	6022	6056	6106	6157	6209	6235	6261	6287	6313	6339	6366
2	98.50	99.00	99.17	99.25	99.30	99.33	99.36	99.37	99.39	99.40	99.42	99.43	99.45	99.46	99.47	99.47	99.48	99.49	99.50
3	34.12	30.82	29.46	28.71	28.24	27.91	27.67	27.49	27.35	27.23	27.05	26.87	26.69	26.60	26.50	26.41	26.32	26.22	26.13
4	21.20	18.00	16.69	15.98	15.52	15.21	14.98	14.80	14.66	14.55	14.37	14.20	14.02	13.93	13.84	13.75	13.65	13.56	13.46
5	16.26	13.27	12.06	11.39	10.97	10.67	10.46	10.29	10.16	10.05	9.89	9.72	9.55	9.47	9.38	9.29	9.20	9.11	9.02
6	13.75	10.92	9.78	9.15	8.75	8.47	8.26	8.10	7.98	7.87	7.72	7.56	7.40	7.31	7.23	7.14	7.06	6.97	6.88
7	12.25	9.55	8.45	7.85	7.46	7.19	6.99	6.84	6.72	6.62	6.47	6.31	6.16	6.07	5.99	5.91	5.82	5.74	5.65
8	11.26	8.65	7.59	7.01	6.63	6.37	6.18	6.03	5.91	5.81	5.67	5.52	5.36	5.28	5.20	5.12	5.03	4.95	4.86
9	10.56	8.02	6.99	6.42	6.06	5.80	5.61	5.47	5.35	5.26	5.11	4.96	4.81	4.73	4.65	4.57	4.48	4.40	4.31

表 4（续七）

$\alpha = 0.01$

K_1 \ K_2	1	2	3	4	5	6	7	8	9	10	12	15	20	24	30	40	60	120	∞
10	10.04	7.56	6.55	5.99	5.64	5.39	5.20	5.06	4.94	4.85	4.71	4.56	4.41	4.33	4.25	4.17	4.08	4.00	3.91
11	9.65	7.21	6.22	5.67	5.32	5.07	4.89	4.74	4.63	4.54	4.40	4.25	4.10	4.02	3.94	3.86	3.78	3.69	3.60
12	9.33	6.93	5.95	5.41	5.06	4.82	4.64	4.50	4.39	4.30	4.16	4.01	3.86	3.78	3.70	3.62	3.54	3.45	3.36
13	9.07	6.70	5.74	5.21	4.86	4.62	4.44	4.30	4.19	4.10	3.96	3.82	3.66	3.59	3.51	3.43	3.34	3.25	3.17
14	8.86	6.51	5.56	5.04	4.69	4.46	4.28	4.14	4.03	3.94	3.80	3.66	3.51	3.43	3.35	3.27	3.18	3.09	3.00
15	8.68	6.36	5.42	4.89	4.56	4.32	4.14	4.00	3.89	3.80	3.67	3.52	3.37	3.29	3.21	3.13	3.05	2.96	2.87
16	8.53	6.23	5.29	4.77	4.44	4.20	4.03	3.89	3.78	3.69	3.55	3.41	3.26	3.18	3.10	3.02	2.93	2.84	2.75
17	8.40	6.11	5.18	4.67	4.34	4.10	3.93	3.79	3.68	3.59	3.46	3.31	3.16	3.08	3.00	2.92	2.83	2.75	2.65
18	8.29	6.01	5.09	4.58	4.25	4.01	3.84	3.71	3.60	3.51	3.37	3.23	3.08	3.00	2.92	2.84	2.75	2.66	2.57
19	8.18	5.93	5.01	4.50	4.17	3.94	3.77	3.63	3.52	3.43	3.30	3.15	3.00	2.92	2.84	2.76	2.67	2.58	2.49
20	8.10	5.85	4.94	4.43	4.10	3.87	3.70	3.56	3.46	3.37	3.23	3.09	2.94	2.86	2.78	2.69	2.61	2.52	2.42
21	8.02	5.78	4.87	4.37	4.04	3.81	3.64	3.51	3.40	3.31	3.17	3.03	2.88	2.80	2.72	2.64	2.55	2.46	2.36
22	7.95	5.72	4.82	4.31	3.99	3.76	3.59	3.45	3.35	3.26	3.12	2.98	2.83	2.75	2.67	2.58	2.50	2.40	2.31
23	7.88	5.66	4.76	4.26	3.94	3.71	3.54	3.41	3.30	3.21	3.07	2.93	2.78	2.70	2.62	2.54	2.45	2.35	2.26
24	7.82	5.61	4.72	4.22	3.90	3.67	3.50	3.36	3.26	3.17	3.03	2.89	2.74	2.66	2.58	2.49	2.40	2.31	2.21
25	7.77	5.57	4.68	4.18	3.85	3.63	3.46	3.32	3.22	3.13	2.99	2.85	2.70	2.62	2.54	2.45	2.36	2.27	2.17
26	7.72	5.53	4.64	4.14	3.82	3.59	3.42	3.29	3.18	3.09	2.96	2.81	2.66	2.58	2.50	2.42	2.33	2.23	2.13
27	7.68	5.49	4.60	4.11	3.78	3.56	3.39	3.26	3.15	3.06	2.93	2.78	2.63	2.55	2.47	2.38	2.29	2.20	2.10
28	7.64	5.45	4.57	4.07	3.75	3.53	3.36	3.23	3.12	3.03	2.90	2.75	2.60	2.52	2.44	2.35	2.26	2.17	2.06
29	7.60	5.42	4.54	4.04	3.73	3.50	3.33	3.20	3.09	3.00	2.87	2.73	2.57	2.49	2.41	2.33	2.23	2.14	2.03
30	7.56	5.39	4.51	4.02	3.70	3.47	3.30	3.17	3.07	2.98	2.84	2.70	2.55	2.47	2.39	2.30	2.21	2.11	2.01
40	7.31	5.18	4.31	3.83	3.51	3.29	3.12	2.99	2.89	2.80	2.66	2.52	2.37	2.29	2.20	2.11	2.02	1.92	1.80
60	7.08	4.98	4.13	3.65	3.34	3.12	2.95	2.82	2.72	2.63	2.50	2.35	2.20	2.12	2.03	1.94	1.84	1.73	1.60
120	6.85	4.79	3.95	3.48	3.17	2.96	2.79	2.66	2.56	2.47	2.34	2.19	2.03	1.95	1.86	1.76	1.66	1.53	1.38
∞	7.63	4.61	3.78	3.32	3.02	2.80	2.64	2.51	2.41	2.32	2.18	2.04	1.88	1.79	1.70	1.59	1.47	1.32	1.00

表 4（续八）

$\alpha = 0.005$

K_2 \ K_1	1	2	3	4	5	6	7	8	9	10	12	15	20	24	30	40	60	120	8
1	16 211	20 000	21 615	22 500	23 056	23 437	23 715	23 925	24 091	24 224	24 426	24 630	24 836	24 940	25 044	25 148	25 253	25 359	25 465
2	198.5	199.0	199.2	199.2	199.3	199.3	199.4	199.4	199.4	199.4	199.4	199.4	199.4	199.5	199.5	199.5	199.5	199.5	199.5
3	55.55	49.80	47.47	46.19	45.39	44.84	44.43	44.13	43.88	43.69	43.39	43.08	42.78	42.62	42.47	42.31	42.15	41.99	41.83
4	31.33	26.28	24.26	23.15	22.46	21.97	21.62	21.35	21.14	20.97	20.70	20.44	20.17	20.03	19.89	19.75	19.61	19.47	19.32
5	22.78	18.31	16.53	15.56	14.94	14.51	14.20	13.96	13.77	13.62	13.38	13.15	12.90	12.78	12.66	12.53	12.40	12.27	12.14
6	18.63	14.54	12.92	12.03	11.46	11.07	10.79	10.57	10.39	10.25	10.03	9.81	9.59	9.47	9.36	9.24	9.12	9.00	8.88
7	16.24	12.40	10.88	10.05	9.52	9.16	8.89	8.68	8.51	8.38	8.18	7.97	7.75	7.65	7.53	7.42	7.31	7.19	7.08
8	14.69	11.04	9.60	8.81	8.30	7.95	7.69	7.50	7.34	7.21	7.01	6.81	6.61	6.50	6.40	6.29	6.18	6.06	5.95
9	13.61	10.11	8.72	7.96	7.47	7.13	6.88	6.69	6.54	6.42	6.23	6.03	5.83	5.73	5.62	5.52	5.41	5.30	5.19
10	12.81	9.43	8.08	7.34	6.87	6.54	6.30	6.12	5.97	5.85	5.66	5.47	5.27	5.17	5.07	4.97	4.86	4.75	4.64
11	12.23	8.91	7.60	6.88	6.42	6.10	5.86	5.68	5.54	5.42	5.24	5.05	4.86	4.76	4.65	4.55	4.44	4.34	4.23
12	11.75	8.51	7.23	6.52	6.07	5.76	5.52	5.35	5.20	5.09	4.91	4.72	4.53	4.43	4.33	4.23	4.12	4.01	3.90
13	11.37	8.19	6.93	6.23	5.79	5.48	5.25	5.08	4.94	4.82	4.64	4.46	4.27	4.17	4.07	3.97	3.87	3.76	3.65
14	11.06	7.92	6.68	6.00	5.56	5.26	5.03	4.86	4.72	4.60	4.43	4.25	4.06	3.96	3.86	3.76	3.66	3.55	3.44
15	10.80	7.70	6.48	5.80	5.37	5.07	4.85	4.67	4.54	4.42	4.25	4.07	3.88	3.79	3.69	3.58	3.48	3.37	3.26
16	10.58	7.51	6.30	5.64	5.21	4.91	4.69	4.52	4.38	4.27	4.10	3.92	3.73	3.64	3.54	3.44	3.33	3.22	3.11
17	10.38	7.35	6.16	5.50	5.07	4.78	4.56	4.39	4.25	4.14	3.97	3.79	3.61	3.51	3.41	3.31	3.21	3.10	2.98
18	10.22	7.21	6.03	5.37	4.96	4.66	4.44	4.28	4.14	4.03	3.86	3.68	3.50	3.40	3.30	3.20	3.10	2.99	2.87
19	10.07	7.09	5.92	5.27	4.85	4.56	4.34	4.18	4.04	3.93	3.76	3.59	3.40	3.31	3.21	3.11	3.00	2.89	2.78
20	9.94	6.99	5.82	5.17	4.76	4.47	4.26	4.09	3.96	3.85	3.68	3.50	3.32	3.22	3.12	3.02	2.92	2.81	2.69
21	9.83	6.89	5.73	5.09	4.68	4.39	4.18	4.01	3.88	3.77	3.60	3.43	3.24	3.15	3.05	2.95	2.84	2.73	2.61
22	9.73	6.81	5.65	5.02	4.61	4.32	4.11	3.94	3.81	3.70	3.54	3.36	3.18	3.08	2.98	2.88	2.77	2.66	2.55
23	9.63	6.73	5.58	4.95	4.54	4.26	4.05	3.88	3.75	3.64	3.47	3.30	3.12	3.02	2.92	2.82	2.71	2.60	2.48
24	9.55	6.66	5.52	4.89	4.49	4.20	3.99	3.83	3.69	3.59	3.42	3.25	3.06	2.97	2.87	2.77	2.66	2.55	2.43

表4（续九） $\alpha = 0.005$

K_1 \ K_2	1	2	3	4	5	6	7	8	9	10	12	15	20	24	30	40	60	120	∞
25	9.48	6.60	5.46	4.84	4.43	4.15	3.94	3.78	3.64	3.54	3.37	3.20	3.01	2.92	2.82	2.72	2.61	2.50	2.38
26	9.41	6.54	5.41	4.79	4.38	4.10	3.89	3.73	3.60	3.49	3.33	3.15	2.97	2.87	2.77	2.67	2.56	2.45	2.33
27	9.34	6.49	5.36	4.74	4.34	4.06	3.85	3.69	3.56	3.45	3.28	3.11	2.93	2.83	2.73	2.63	2.52	2.41	2.29
28	9.28	6.44	5.32	4.70	4.30	4.02	3.81	3.65	3.52	3.41	3.25	3.07	2.89	2.79	2.69	2.59	2.48	2.37	2.25
29	9.23	6.40	5.28	4.66	4.26	3.98	3.77	3.61	3.48	3.38	3.21	3.04	2.86	2.76	2.66	2.56	2.45	2.33	2.21
30	9.18	6.35	5.24	4.62	4.23	3.95	3.74	3.58	3.45	3.34	3.18	3.01	2.82	2.73	2.63	2.52	2.42	2.30	2.18
40	8.83	6.07	4.98	4.37	3.99	3.71	3.51	3.35	3.22	3.12	2.95	2.78	2.60	2.50	2.40	2.30	2.18	2.06	1.93
60	8.49	5.79	4.73	4.14	3.76	3.49	3.29	3.13	3.01	2.90	2.74	2.57	2.39	2.29	2.19	2.08	1.96	1.83	1.69
120	8.18	5.54	4.50	3.92	3.55	3.28	3.09	2.93	2.81	2.71	2.54	2.37	2.19	2.09	1.98	1.87	1.75	1.61	1.43
∞	7.88	5.30	4.28	3.72	3.35	3.09	2.90	2.74	2.62	2.52	2.36	2.19	2.00	1.90	1.79	1.67	1.53	1.36	1.00

表4（续十） $\alpha = 0.001$

K_1 \ K_2	1	2	3	4	5	6	7	8	9	10	12	15	20	24	30	40	60	120	∞
1	4 053*	5 000*	5 404*	5 625*	5 764*	5 859*	5 929*	5 981*	6 023*	6 056*	6 107*	6 158*	6 209*	6 235*	6 261*	6 287*	6 313*	6 340*	6 366*
2	998.5	999.0	999.2	999.2	999.3	999.3	999.4	999.4	999.4	999.4	999.4	999.4	999.4	999.5	999.5	999.5	999.5	999.5	999.5
3	167.0	148.5	141.1	137.1	134.6	132.8	131.6	130.6	129.9	129.2	128.3	127.4	126.4	125.9	125.4	125.0	124.5	124.0	123.5
4	74.14	61.25	56.18	53.44	51.71	50.53	49.66	49.00	48.47	48.05	47.41	46.76	46.10	45.77	45.43	45.09	44.75	44.40	44.05
5	47.18	37.12	33.20	31.09	29.75	28.84	28.16	27.64	27.24	26.92	26.42	25.91	25.39	25.14	24.87	24.60	24.33	24.06	23.79
6	35.51	27.00	23.70	21.92	20.81	20.03	19.46	19.03	18.69	18.41	17.99	17.56	17.12	16.89	16.67	16.44	16.21	15.99	15.75
7	29.25	21.69	18.77	17.19	16.21	15.52	15.02	14.63	14.33	14.08	13.71	13.32	12.93	12.73	12.53	12.33	12.12	11.91	11.70
8	25.42	18.49	15.83	14.39	13.49	12.86	12.40	12.04	11.77	11.54	11.19	10.84	10.48	10.30	10.11	9.92	9.73	9.53	9.33
9	22.86	16.39	13.90	12.56	11.71	11.13	10.70	10.37	10.11	9.89	9.57	9.24	8.90	8.72	8.55	8.37	8.19	8.00	7.81

* 表示要将所列数乘以100。

表 4（续十一）

$\alpha = 0.001$

K_1 \ K_2	1	2	3	4	5	6	7	8	9	10	12	15	20	24	30	40	60	120	8
10	21.04	14.91	12.55	11.28	10.48	9.92	9.52	9.20	8.96	8.75	8.45	8.13	7.80	7.64	7.47	7.30	7.12	6.94	6.76
11	19.69	13.81	11.56	10.55	9.58	9.05	8.66	8.35	8.12	7.92	7.63	7.32	7.01	6.85	6.68	6.52	6.35	6.17	6.00
12	18.64	12.97	10.80	9.63	8.89	8.38	8.00	7.71	7.48	7.29	7.00	6.71	6.40	6.25	6.09	5.93	5.76	5.59	5.42
13	17.81	12.31	10.21	9.07	8.35	7.86	7.49	7.21	6.98	6.80	6.52	6.23	5.93	5.78	5.63	5.47	5.30	5.14	4.97
14	17.14	11.78	9.73	8.62	7.92	7.43	7.08	6.80	6.58	6.40	6.13	5.85	5.56	5.41	5.25	5.10	4.94	4.77	4.60
15	16.59	11.34	9.34	8.25	7.57	7.09	6.74	6.47	6.26	6.08	5.81	5.54	5.25	5.10	4.95	4.80	4.64	4.47	4.31
16	16.12	10.97	9.00	7.94	7.27	6.81	6.46	6.19	5.98	5.81	5.55	5.27	4.99	4.85	4.70	4.54	4.39	4.23	4.06
17	15.72	10.66	8.73	7.68	7.02	6.56	6.22	5.96	5.75	5.58	5.32	5.05	4.78	4.63	4.48	4.33	4.18	4.02	3.85
18	15.38	10.39	8.49	7.46	6.81	6.35	6.02	5.76	5.56	5.39	5.13	4.87	4.59	4.45	4.30	4.15	4.00	3.84	3.67
19	15.08	10.16	8.28	7.26	6.62	6.18	5.85	5.59	5.39	5.22	4.97	4.70	4.43	4.29	4.14	3.99	3.84	3.68	3.51
20	14.82	9.95	8.10	7.10	6.46	6.02	5.69	5.44	5.24	5.08	4.82	4.56	4.29	4.15	4.00	3.86	3.70	3.54	3.38
21	14.59	9.77	7.94	6.95	6.32	5.88	5.56	5.31	5.11	4.95	4.70	4.44	4.17	4.03	3.88	3.74	3.58	3.42	3.26
22	14.38	9.61	7.80	6.81	6.19	5.76	5.44	5.19	4.99	4.83	4.58	4.33	4.06	3.92	3.78	3.63	3.48	3.32	3.15
23	14.19	9.47	7.67	6.69	6.08	5.65	5.33	5.09	4.89	4.73	4.48	4.23	3.96	3.82	3.68	3.53	3.38	3.22	3.05
24	14.03	9.34	7.55	6.59	5.98	5.55	5.23	4.99	4.80	4.64	4.39	4.14	3.87	3.74	3.59	3.45	3.29	3.14	2.97
25	13.88	9.22	7.45	6.49	5.88	5.46	5.15	4.91	4.71	4.56	4.31	4.06	3.79	3.66	3.52	3.37	3.22	3.06	2.89
26	13.74	9.12	7.36	6.41	5.80	5.38	5.07	4.83	4.64	4.48	4.24	3.99	3.72	3.59	3.44	3.30	3.15	2.99	2.82
27	13.61	9.02	7.27	6.33	5.73	5.31	5.00	4.76	4.57	4.41	4.17	3.92	3.66	3.52	3.38	3.23	3.08	2.92	2.75
28	13.50	8.93	7.19	6.25	5.66	5.24	4.93	4.69	4.50	4.35	4.11	3.86	3.60	3.46	3.32	3.18	3.02	2.86	2.69
29	13.39	8.85	7.12	6.19	5.59	5.18	4.87	4.64	4.45	4.29	4.05	3.80	3.54	3.41	3.27	3.12	2.97	2.81	2.64
30	13.29	8.77	7.05	6.12	5.53	5.12	4.82	4.58	4.39	4.24	4.00	3.75	3.49	3.36	3.22	3.07	2.92	2.76	2.59
40	12.61	8.25	6.60	5.70	5.13	4.73	4.44	4.21	4.02	3.87	3.64	3.40	3.15	3.01	2.87	2.73	2.57	2.41	2.23
60	11.97	7.76	6.17	5.31	4.76	4.37	4.09	3.87	3.69	3.54	3.31	3.08	2.83	2.69	2.55	2.41	2.25	2.08	1.89
120	11.38	7.32	5.79	4.95	4.42	4.04	3.77	3.55	3.38	3.24	3.02	2.78	2.53	2.40	2.26	2.11	1.95	1.76	1.54
8	10.83	6.91	5.42	4.62	4.10	3.74	3.47	3.27	3.10	2.96	2.74	2.51	2.27	2.13	1.99	1.84	1.66	1.45	1.00

表5　Wilcoxon 符号秩检验 W_n^+

n \ α	0.05(单边) 0.1(双边)	0.025(单边) 0.05(双边)	0.005(单边) 0.01(双边)
5	0		
6	2	0	
7	3	2	
8	5	3	0
9	8	5	1
10	10	8	3
11	13	10	5
12	17	13	7
13	21	17	9
14	25	21	12
15	30	25	15
16	35	29	19
17	41	34	23
18	47	40	27
19	53	46	32
20	60	52	37
21	67	58	42
22	75	65	48
23	83	73	54
24	91	81	61
25	100	89	68

表 6 游程检验 $P(R\leq c_1)\leq\alpha, P(R\geq c_2)\leq\alpha$

$\alpha = 0.025$

n_2 \ n_1	2	3	4	5	6	7	8	9	10	11	12	13	14	15	16	17	18	19	20
2																			
3																			
4																			
5				2	2	2	2	2	2	2	2	2	2	2	2	2	2	2	2
6			2	2	3	3	3	3	3	3	3	3	3	3	3	3	3	3	3
7			2	3	3	3	3	4	4	4	4	4	4	4	4	4	4	4	4
8		2	3	3	3	4	4	5	5	5	5	5	5	5	5	5	5	5	5
9		2	3	3	4	4	5	5	5	6	6	6	6	6	6	6	6	6	6
10		2	3	3	4	5	5	5	6	6	7	7	7	7	7	7	7	7	7
11		2	3	4	4	5	5	6	6	7	7	7	7	8	8	8	8	8	8
12	2	2	3	4	4	5	6	6	7	7	7	8	8	8	8	9	9	9	9
13	2	2	3	4	5	5	6	6	7	7	8	8	9	9	9	9	10	10	10
14	2	2	3	4	5	5	6	7	7	8	8	9	9	9	10	10	10	10	11
15	2	3	3	4	5	6	6	7	7	8	8	9	9	10	10	11	11	11	12
16	2	3	4	4	5	6	6	7	8	8	9	9	10	10	11	11	11	12	12
17	2	3	4	4	5	6	7	7	8	9	9	10	10	11	11	11	12	12	13
18	2	3	4	5	5	6	7	8	8	9	9	10	10	11	11	12	12	13	13
19	2	3	4	5	6	6	7	8	8	9	10	10	11	11	12	12	13	13	13
20	2	3	4	5	6	6	7	8	9	9	10	10	11	12	12	13	13	13	14

表 6（续）

α = 0.05

$n_1 \backslash n_2$	2	3	4	5	6	7	8	9	10	11	12	13	14	15	16	17	18	19	20
2																			
3									2	2	2	2	2	2	2	2	2	2	2
4					2	2	2	3	3	3	3	3	3	3	4	4	4	4	4
5				2	3	3	3	3	3	4	4	4	4	4	4	4	5	5	5
6			2	3	3	3	3	4	4	4	4	5	5	5	5	5	5	6	6
7			2	3	3	3	4	4	5	5	5	5	5	6	6	6	6	6	6
8		2	3	3	3	4	4	5	5	5	6	6	6	6	6	7	7	7	7
9		2	3	3	4	4	5	5	5	6	6	6	7	7	7	7	8	8	8
10		2	3	3	4	5	5	5	6	6	7	7	7	7	8	8	8	8	9
11		2	3	4	4	5	5	6	6	7	7	7	8	8	8	9	9	9	9
12	2	2	3	4	4	5	6	6	7	7	7	8	8	8	9	9	9	10	10
13	2	2	3	4	5	5	6	6	7	7	8	8	9	9	9	10	10	10	10
14	2	2	3	4	5	5	6	7	7	8	8	9	9	9	10	10	10	11	11
15	2	3	3	4	5	6	6	7	7	8	8	9	9	10	10	11	11	11	12
16	2	3	4	4	5	6	6	7	8	8	9	9	10	10	11	11	11	12	12
17	2	3	4	4	5	6	7	7	8	9	9	10	10	11	11	11	12	12	13
18	2	3	4	5	5	6	7	8	8	9	9	10	10	11	11	12	12	13	13
19	2	3	4	5	6	6	7	8	8	9	10	10	11	11	12	12	13	13	13
20	2	3	4	5	6	6	7	8	9	9	10	10	11	12	12	13	13	13	14

表 7 Wilcoxon(Mann-Whitney)秩和分布

		α = 0.05				α = 0.025	
n_1	n_2	T_1	T_2	n_1	n_2	T_1	T_2
2	4	3	11	2	6	3	15
2	5	3	13	2	7	3	17
2	6	4	14	2	8	3	19
2	7	4	16	2	9	3	21
2	8	4	18	2	10	4	22
2	9	4	20	3	4	6	18
2	10	5	21	3	5	6	21
3	3	6	15	3	6	7	23
3	4	7	17	3	7	8	25
3	5	7	20	3	8	8	28
3	6	8	22	3	9	9	30
3	7	9	24	3	10	9	33
3	8	9	27	4	4	11	25
3	9	10	29	4	5	12	28
3	10	11	31	4	6	12	32
4	4	12	24	4	7	13	35
4	5	13	27	4	8	14	38
4	6	14	30	4	9	15	41
4	7	15	33	4	10	16	44
4	8	16	36	5	5	18	37
4	9	17	39				
4	10	18	42				

α = 0.025 (continued)			
n_1	n_2	T_1	T_2
5	6	19	41
5	7	20	45
5	8	21	49
5	9	22	53
5	10	24	56
6	6	26	52
6	7	28	56
6	8	29	61
6	9	31	65
6	10	33	69
7	7	37	68
7	8	39	73
7	9	43	83
7	10	49	87
8	8	51	93
8	9	54	98
8	10	63	108
9	9	66	114
9	10	79	131

表8 Pearson 相关系数检验临界值表($H_0: \rho = 0$)

$n-2$	α 0.05	0.01	$n-2$	α 0.05	0.01
1	0.997	1.000	23	0.396	0.505
2	0.950	0.990	24	0.388	0.496
3	0.878	0.959	25	0.381	0.487
4	0.811	0.917	26	0.374	0.478
5	0.754	0.874	27	0.367	0.470
6	0.707	0.834	28	0.361	0.463
7	0.666	0.798	29	0.355	0.456
8	0.632	0.765	30	0.349	0.449
9	0.602	0.735	35	0.325	0.418
10	0.576	0.708	40	0.304	0.393
11	0.553	0.684	45	0.288	0.372
12	0.532	0.661	50	0.273	0.354
13	0.514	0.641	60	0.250	0.325
14	0.497	0.623	70	0.232	0.302
15	0.482	0.606	80	0.217	0.283
16	0.468	0.590	90	0.205	0.267
17	0.456	0.575	100	0.195	0.254
18	0.444	0.561	150	0.159	0.208
19	0.433	0.549	200	0.138	0.181
20	0.423	0.537	300	0.113	0.148
21	0.413	0.526	400	0.098	0.128
22	0.404	0.515	1000	0.062	0.081

表9 Spearman 秩相关系数检验
临界值 $P(r_s \geq c_\alpha) \leq \alpha$

$\alpha(2)$	0.20	0.10	0.05	$\alpha(2)$	0.20	0.10	0.05
$\alpha(1)$	0.10	0.05	0.025	$\alpha(1)$	0.10	0.05	0.025
n				n			
4	1.000	1.000		29	0.245	0.312	0.368
5	0.800	0.900	1.000	30	0.240	0.306	0.362
6	0.657	0.829	0.886	31	0.236	0.301	0.356
7	0.571	0.714	0.786	32	0.232	0.296	0.350
8	0.524	0.643	0.738	33	0.229	0.291	0.345
9	0.483	0.600	0.700	34	0.225	0.287	0.340
10	0.455	0.564	0.648	35	0.222	0.283	0.335
11	0.427	0.536	0.618	36	0.219	0.279	0.330
12	0.406	0.503	0.587	37	0.216	0.275	0.325
13	0.385	0.484	0.560	38	0.212	0.271	0.321
14	0.367	0.464	0.538	39	0.210	0.267	0.317
15	0.354	0.446	0.521	40	0.207	0.264	0.313
16	0.341	0.429	0.503	41	0.204	0.261	0.309
17	0.328	0.414	0.485	42	0.202	0.257	0.305
18	0.317	0.401	0.472	43	0.199	0.254	0.301
19	0.309	0.391	0.460	44	0.197	0.251	0.298
20	0.299	0.380	0.447	45	0.194	0.248	0.294
21	0.292	0.370	0.435	46	0.192	0.246	0.291
22	0.284	0.361	0.425	47	0.190	0.243	0.288
23	0.278	0.353	0.415	48	0.188	0.240	0.285
24	0.271	0.344	0.406	49	0.186	0.238	0.282
25	0.265	0.337	0.398	50	0.184	0.235	0.279
26	0.259	0.331	0.390	51	0.182	0.233	0.276
27	0.255	0.324	0.382	52	0.180	0.231	0.274
28	0.250	0.317	0.375	53	0.179	0.228	0.271
54	0.177	0.226	0.268	78	0.147	0.188	0.223
55	0.175	0.224	0.266	79	0.146	0.186	0.221
56	0.174	0.222	0.264	80	0.145	0.185	0.220
57	0.172	0.220	0.261	81	0.144	0.184	0.219
58	0.171	0.218	0.259	82	0.143	0.183	0.217
59	0.169	0.216	0.257	83	0.142	0.182	0.216
60	0.168	0.214	0.255	84	0.141	0.181	0.215
61	0.166	0.213	0.252	85	0.140	0.180	0.213
62	0.165	0.211	0.250	86	0.139	0.179	0.212
63	0.163	0.209	0.248	87	0.139	0.177	0.211
64	0.162	0.207	0.246	88	0.138	0.176	0.210
65	0.161	0.206	0.244	89	0.137	0.175	0.209
66	0.160	0.204	0.243	90	0.136	0.174	0.207
67	0.158	0.203	0.241	91	0.135	0.173	0.206
68	0.157	0.201	0.239	92	0.135	0.173	0.205
69	0.156	0.200	0.237	93	0.134	0.172	0.204
70	0.155	0.198	0.235	94	0.133	0.171	0.203
71	0.154	0.197	0.234	95	0.133	0.170	0.202
72	0.153	0.195	0.232	96	0.132	0.169	0.201
73	0.152	0.194	0.230	97	0.131	0.168	0.200
74	0.151	0.193	0.229	98	0.130	0.167	0.199
75	0.150	0.191	0.227	99	0.130	0.166	0.198
76	0.149	0.190	0.226	100	0.129	0.165	0.197
77	0.148	0.189	0.224				

表10 Kendall τ 检验临界值 $P(K \geq c_\alpha) \leq \alpha$

n	α		
	0.025	0.05	0.10
5	1.000	.800	.800
6	.867	.733	.600
7	.714	.619	.524
8	.643	.571	.429
9	.556	.500	.389
10	.511	.467	.378
11	.491	.418	.345
12	.455	.394	.303
13	.436	.359	.308
14	.407	.363	.275
15	.390	.333	.276
16	.383	.317	.250
17	.368	.309	.250
18	.346	.294	.242
19	.333	.287	.228
20	.326	.274	.221
21	.314	.267	.210
22	.307	.264	.203
23	.296	.257	.202
24	.290	.246	.196
25	.287	.240	.193
26	.280	.237	.188
27	.271	.231	.179
28	.265	.228	.180
29	.261	.222	.172
30	.255	.218	.172
31	.252	.213	.166
32	.246	.210	.165
33	.242	.205	.163
34	.237	.201	.159
35	.234	.197	.156
36	.232	.194	.152
37	.228	.192	.150
28	.223	.189	.149
39	.220	.188	.147
40	.218	.185	.144

表 11　正交表

1. 二水平正交表

$L_4(2^3)$

试验号＼列号	1	2	3
1	1	1	1
2	1	2	2
3	2	1	2
4	2	2	1

$L_8(2^7)$

试验号＼列号	1	2	3	4	5	6	7
1	1	1	1	1	1	1	1
2	1	1	1	2	2	2	2
3	1	2	2	1	1	2	2
4	1	2	2	2	2	1	1
5	2	1	2	1	2	1	2
6	2	1	2	2	1	2	1
7	2	2	1	1	2	2	1
8	2	2	1	2	1	1	2

2. 三水平正交表

$L_9(3^4)$

试验号＼列号	1	2	3	4
1	1	1	1	1
2	1	2	2	2
3	1	3	3	3
4	2	1	2	3
5	2	2	3	1
6	2	3	1	2
7	3	1	3	2
8	3	2	1	3
9	3	3	2	1

附录　常用统计表

$L_{27}(3^{13})$

试验号 \ 列号	1	2	3	4	5	6	7	8	9	10	11	12	13
1	1	1	1	1	1	1	1	1	1	1	1	1	1
2	1	1	1	1	2	2	2	2	2	2	2	2	2
3	1	1	1	1	3	3	3	3	3	3	3	3	3
4	1	2	2	2	1	1	1	2	2	2	3	3	3
5	1	2	2	2	2	2	2	3	3	3	1	1	1
6	1	2	2	2	3	3	3	1	1	1	2	2	2
7	1	3	3	3	1	1	1	3	3	3	2	2	2
8	1	3	3	3	2	2	2	1	1	1	3	3	3
9	1	3	3	3	3	3	3	2	2	2	1	1	1
10	2	1	2	3	1	2	3	1	2	3	1	2	3
11	2	1	2	3	2	3	1	2	3	1	2	3	1
12	2	1	2	3	3	1	2	3	1	2	3	1	2
13	2	2	3	1	1	2	3	2	3	1	3	1	2
14	2	2	3	1	2	3	1	3	1	2	1	2	3
15	2	2	3	1	3	1	2	1	2	3	2	3	1
16	2	3	1	2	1	2	3	3	1	2	2	3	1
17	2	3	1	2	2	3	1	1	2	3	3	1	2
18	2	3	1	2	3	1	2	2	3	1	1	2	3
19	3	1	3	2	1	3	2	1	3	2	1	3	2
20	3	1	3	2	2	1	3	2	1	3	2	1	3
21	3	1	3	2	3	2	1	3	2	1	3	2	1
22	3	2	1	3	1	3	2	2	1	3	3	2	1
23	3	2	1	3	2	1	3	3	2	1	1	3	2
24	3	2	1	3	3	2	1	1	3	2	2	1	3
25	3	3	2	1	1	3	2	3	2	1	2	1	3
26	3	3	2	1	2	1	3	1	3	2	3	2	1
27	3	3	2	1	3	2	1	2	1	3	1	3	2

3. 四水平正交表

$L_{16}(4^5)$

试验号 \ 列号	1	2	3	4	5
1	1	1	1	1	1
2	1	2	2	2	2
3	1	3	3	3	3
4	1	4	4	4	4
5	2	1	2	3	4
6	2	2	1	4	3
7	2	3	4	1	2
8	2	4	3	2	1
9	3	1	3	4	2
10	3	2	4	3	1
11	3	3	1	2	4
12	3	4	2	1	3
13	4	1	4	2	3
14	4	2	3	1	4
15	4	3	2	4	1
16	4	4	1	3	2

教师反馈及课件申请表

　　北京大学出版社以"教材优先、学术为本、创建一流"为目标,主要为广大高等院校师生服务。为更有针对性地为广大教师服务,提升教学质量,在您确认将本书作为指定教材后,请您填好以下表格并经系主任签字盖章后寄回,我们将免费向您提供相应教学课件。

书号/书名	
所需要的教学资料	教学课件
您的姓名	
系	
院/校	
您所讲授的课程名称	
每学期学生人数	_____人　　_____年级　　学时_____
您目前采用的教材	作者:_____　出版社:_____ 书名:_____
您准备何时用此书授课	
您的联系地址	
邮政编码	联系电话 　　　　　(必填)
E-mail(必填)	
您对本书的建议:	系主任签字 盖章

我们的联系方式:

北京大学出版社经济与管理图书事业部
北京市海淀区成府路 205 号,100871
联 系 人: 石会敏
电　　话: 010-62767312 / 62752926
传　　真: 010-62556201
电子邮件: em@pup.pku.edu.cn
网　　址: http://www.pup.cn